Edelstein/Oser/Schuster (Hrsg.)
Moralische Erziehung in der Schule

Moralische Erziehung in der Schule

Entwicklungspsychologie und pädagogische
Praxis

Herausgegeben von
Wolfgang Edelstein, Fritz Oser
und Peter Schuster

Beltz Verlag · Weinheim und Basel

Prof. Dr. *Wolfgang Edelstein*, emeritierter Direktor am Max-Planck-Institut für Bildungsforschung, Berlin, und Leiter des Forschungsbereichs Entwicklung und Sozialisation.
Prof. Dr. Dr. h. c. *Fritz Oser*, Ordinarius für Pädagogik und Pädagogische Psychologie an der Universität Fribourg/Schweiz.
Peter Schuster, Diplompsychologe. Managementberatung und Organisationsentwicklung; Förderung der sozial-kognitiven und moralischen Entwicklung durch Unterricht.

Gedruckt nach Typoskript

© 2001 Beltz Verlag · Weinheim und Basel
www.beltz.de
Druck: Druck Partner Rübelmann, Hemsbach
Umschlaggestaltung: Federico Luci, Köln
Umschlagabbildung: Getty Images Deutschland, München
Printed in Germany

ISBN 3-407-25246-3

Inhaltsverzeichnis

III Anwendungen

Vorwort

Die Politik, die Medien, die Wirtschaft: <u>Alle rufen nach Werteerziehung</u>. Angesichts der Konfrontation mit den psychologischen und sozialen Folgen von Säkularisierung und Traditionszerfall – zentralen Merkmalen der Moderne –, angesichts der Individualisierung und der daraus folgenden Korrosion institutionalisierter Solidargemeinschaften, vor allem der Familie, soll Werteerziehung plötzlich das Allheilmittel gegen die Probleme der Jugend sein.

Freilich weiß kaum jemand, wie er die gesuchten Werte definieren soll. Unklar sind die Vorstellungen über das Wünschenswerte, das unser Handeln lenken soll, die geschätzten Güter, die wir anstreben, die Maßstäbe, die wir anerkennen sollen. Ein Gefühl des Werteverlusts bestimmt das Urteil über die pluralistische Gegenwart; dem Wertezerfall soll durch erzieherische Maßnahmen Einhalt geboten, die beklagten Folgen der Modernisierung durch wertkonservative Integrationsleistungen kompensiert werden.

Doch wie? <u>Die Schule soll es richten. Was Sozialisation in den Familien offensichtlich nicht mehr zu leisten vermag, soll kompensatorisch durch Unterricht geschehen. Auch hier sind die Vorstellungen verschwommen.</u> Vielfach scheint ganz unreflektiert die Ansicht vorzuherrschen, dass Werte nach dem Modell des Inhaltslernens angeeignet werden sollen wie die Fakten der Erdkunde.

<u>Das Modell des Inhaltslernens ist freilich ganz ungeeignet für die Aufgabe der Werteaneignung.</u> Gedächtnisleistungen sind fragil, die Aneignung unvollständig, das Gelernte alsbald vergessen. Das Einbläuen von Gedächtnisinhalten durch stete Wiederholung ist keine viel versprechende Strategie. Damit haben bereits die sozialistischen Schulsysteme Schiffbruch erlitten, welche die vorgeschriebenen parteilichen Inhalte durch Dauerpräsenz im Unterricht und in den Schulbüchern in den Köpfen zu befestigen trachteten und doch nur eine mechanische Gewöhnung an das geltende Theorie- und Tugendvokabular erreichten. Die marxistische Indoktrination hat indessen in den Köpfen der Schüler kaum Spuren hinterlassen, von einer langfristigen Steuerung ihres Handelns ganz zu schweigen. <u>In der pluralistischen Gesellschaft lassen die allgegenwärtigen Wertekonflikte die Vorstellung einer Werteerziehung im Dienste eines einheitlichen Wertekanons mehr als fragwürdig erscheinen.</u> Denn diese setzt im Prinzip den Wertekonsens, den sie durchzusetzen versucht, bereits voraus. Schon der <u>Wertepluralismus</u> der Lehrer würde die Indoktrina-

tion einer Tugendlehre nicht zulassen: Sie würde dem Überwältigungsverbot und Mäßigungsgebot, Grundsätzen einer liberalen Schulverfassung, widersprechen.

Dafür halten Politiker neuerdings die Alternative bereit, Wertebildung dem Religionsunterricht und seinem Ersatzfach Ethik zu überlassen. Aber der Religionsunterricht ist wohlweislich nicht als Wertevermittlung ausgelegt. Auch verfügen wir nicht über Daten, welche eine Immunität katholischer oder evangelischer Schüler gegen Werteverlust belegen könnten. Vielmehr dürfte es sich so verhalten, dass der Werteverlust in der Gesellschaft nicht zuletzt auf deren Säkularisierung, das heißt auf Modernisierung und Individualisierung zurückgeht, welche auch vor Jugendlichen nicht Halt machen, die den Religionsunterricht besuchen. Das Dilemma des säkularen Staates lässt sich nicht lösen, indem das Problem der Werteerziehung privatisiert und in den Religionsunterricht abgeschoben wird, der im Auftrag der Kirchen durchgeführt und von den Familien verantwortet wird. Dabei wird unterstellt, dass eine religiös fundierte Wertebildung oder eine partikulare Ethik den liberalen Wertekonsens einer säkularen Gesellschaft repräsentieren kann. Das ist zumindest strittig, wenn nicht gar widersinnig. Auch das Ersatzfach Ethik löst das Problem nicht, selbst wenn es eine reflexive Perspektive auf partikulare Wertesysteme einnimmt. Die Wertebildung für die Gesellschaft kann das Fach schon aus systemischen Gründen nicht leisten, denn es stellt bloß ein Residualangebot für die Religionsverweigerer unter den Schülern dar und nicht eine an alle adressierte, universalistisch orientierte moralische Erziehung und Bildung für jedermann.

Die bequeme Lösung heißt also *business as usual:* Die Schule bleibt, wie sie ist, betreibt gedächtnisbezogenes Inhaltslernen und Religionsunterricht in ethischer Perspektive. Unbeachtet bleibt, dass die Schule selbst an den Prozessen der Anomie und Entfremdung beteiligt ist, die sie durch Wertebildungsmaßnahmen heilen soll.

Forschungen zur Bewertung der Schule durch die Schüler zeugen von tiefgreifender Unzufriedenheit. In einer neuen repräsentativen Jugendstudie in Brandenburg klagen durchschnittlich zwei Drittel der Schüler über die subjektive Bedeutungslosigkeit der Schule für ihr Leben, über Distanz und Desinteresse der Lehrer, über die Erfahrung von Langeweile und Sinnlosigkeit im Unterricht, ja über Schul- und Leistungsangst bis in den Schlaf hinein. Dabei wissen wir, dass erlebte Schulqualität das Auftreten von Gewalt an Schulen verhindert und dass rechtsextreme Einstellungen, Fremdenhass und Gewaltbereitschaft sich vorwiegend in Gruppen breit machen, die Schule als uninteressant und sinnlos wahrnehmen. Die Werte der Schüler haben eben durchaus etwas mit den Haltungen der Lehrer und der Gestalt des Erfahrungsraums Schule zu tun!

Wenn Schule ein Ort der Werteerziehung werden soll, muss Schule selbst eine wertebesetzte Erfahrung repräsentieren: Sie muss sinnerfülltes, verständnisintensives Lernen ermöglichen und eine durch erlebte Interaktionen positiv bestimmte Lebenswelt darstellen. Damit Schüler ihre Schule als Lebenswelt positiv erleben können, muss diese ihnen kollektive Gestaltungsrechte und Verantwortung einräumen – Voraussetzungen für ein moralisches Engagement an der Lebensform und der Entwicklung der Schulgemeinde. Verantwortlich handeln in der Gruppe impliziert immer (und früher oder später für jeden) Gerechtigkeitskonflikte und Gerechtigkeitsdiskurse zu ihrer Lösung – Erfahrungen, die zur Klärung von Wertedifferenzen und zu moralischen Entscheidungen führen. Damit Schulen als moralische Gemeinschaften erlebt werden können und moralische Erfahrungen erzeugen, muss Lehren und Lernen im Leben der Schüler Sinn machen und als befriedigend erlebt werden. Als subjektiv sinnvoll wird verständnisintensives Lernen erlebt, das Sachverhalte klärt, Interessen befriedigt, Erfahrungen eröffnet, Lernwege rekonstruktiv erhellt und dadurch die Überzeugung eigener Wirksamkeit im Lernprozess stärkt.

Werteerziehung in der Schule verweist folglich auf die moralische Struktur der Schule und den Kontext der Lernprozesse zurück, die in der Schule organisiert werden. Sie impliziert eine die moralische Entwicklung fördernde institutionelle Struktur. Moralische Erziehung kann einer amoralisch operierenden Institution nicht einfach aufgesetzt oder als zusätzliche Leistung von außen imponiert werden. Der Erwerb moralischer Werte setzt das moralische Leben der Institution voraus.

Die Einsicht in den natürlichen Zusammenhang von Moral und Institution, Kooperation und Wertebildung, von moralischen Urteilen, Gütern und Entscheidungen hat die Schulreformer zu Beginn des 20. Jahrhunderts zur Gründung von Schulrepubliken geführt, in denen auch die Schüler an Aufgaben der Gesetzgebung beteiligt waren. Umgekehrt lässt dieser Zusammenhang den Kontext der natürlichen Entwicklung erkennen, die aus dem Konflikt- und Kooperationszusammenhang menschlicher Gruppen- und Organisationsbeziehungen hervorgeht. Wertereflexion und moralisches Lernen sind immer die Reflexion sozialer Erfahrung. Dies gleichsam „naturalistische" Verständnis von Werteerziehung im Kontext eines an soziale Erfahrung gebundenen moralischen Lernens hat die entwicklungspsychologisch informierte Konzeption moralischer Erziehung zur Folge, die das vorliegende Buch bestimmt. Entscheidend sind dabei die sich entwickelnde kognitive Kompetenz der Individuen, die Kooperation und die Konflikte der Gleichaltrigen, die diskursive Struktur der Interaktion im Klassenzimmer. Es geht um die Einübung moralischer Diskurse unter gegenseitiger Anerkennung, um die Übernahme sozialer Verantwortung in Situationen gemeinsamen Handelns, um die Geltung von Gerechtigkeit und Fairness bei der Lösung sozialer Konflikte. Alle Beiträge des Bandes stützen sich auf diese Konzepte.

Die Autoren dieses Buchs verbindet eine lange Zusammenarbeit in der Forschung zur sozialkognitiven und soziomoralischen Entwicklung sowie die Erfahrung mit der Anwendung dieser Forschung auf Schule, Pädagogik und Didaktik. Sie hoffen, dass die dem Band zu Grunde liegende Konzeption einer entwicklungsorientierten Didaktik soziomoralischer Prozesse die Praktiker überzeugt und zur Weiterentwicklung ihrer Praxis anregt.

Besonderer Dank gebührt Christel Fraser und Dagmar Stenzel, die für Druckvorlage und Layout verantwortlich zeichnen. Dem Max-Planck-Institut für Bildungsforschung, der Redaktion unter der Leitung von Jürgen Baumgarten, insbesondere aber Peter Wittek danken wir für die anhaltende und zuverlässige Unterstützung dieses Projekts.

9

Der Erinnerung an Lawrence Kohlberg widmen wir dieses Buch. Er hat die Forschung zur moralischen Entwicklung in Kindheit und Jugend im Anschluss an Jean Piaget tiefgreifend erneuert und der moralischen Erziehung eine wissenschaftliche Grundlage gegeben.

Im Oktober 2000   Wolfgang Edelstein

I Grundlagen

Wolfgang Edelstein

Gesellschaftliche Anomie und moralpädagogische Intervention
Moral im Zeitalter individueller Wirksamkeitserwartungen

Einleitung

Menons Frage an Sokrates, ob Moralerziehung möglich sei, wird heute mit Nachdruck gestellt. Es dürfte sinnvoll sein, darüber nachzudenken, warum sie mit solcher Heftigkeit gestellt wird. Woher der Nachdruck, mit dem sich heute die Frage nach dem *Was* und dem *Wie* einer moralischen Erziehung stellt? Wenn es so dringlich ist, in der Schule Moralerziehung zu betreiben oder die Schule gar für die moralische Erziehung verantwortlich zu machen, liegt die weitere Frage nahe, ob die Vorkehrungen für eine moralische Erziehung, die der Schule administrativ, finanziell, nach der Schulverfassung und der curricularen Ordnung angesonnen werden, etwa durch ein Fach Ethik oder, wie in Brandenburg, durch das Modell „Lebensgestaltung-Ethik-Religionskunde" (LER) mit einem Unterrichtsangebot von einer oder zwei Wochenstunden, nicht geradezu lächerlich unverhältnismäßig sind. Genau dies ist ja immer dann der Fall, wenn die Schule zukunftsrelevante Fragen aufnehmen soll. Schließlich, aber vordringlich, stellt sich die Frage nach einer vernünftigen *psychologischen Theorie der Moralentwicklung* und welche Praxis sich aus ihr ergibt. Denn so weit ist klar, obwohl diese Wahrheit in Schule und Lehrerbildung nicht hoch im Kurs steht: Nur brauchbare psychologische Theorien eröffnen die Chance (aber noch keineswegs die Gewissheit) einer sinnvollen Praxis im Unterricht. Lernen und Lehren sind zentrale psychologische Prozesse, und die Probleme, die Lernen und Lehren im Unterricht belasten, werfen die Frage auf, ob wir überhaupt, sei es im Bereich der moralischen Erziehung, aber auch sonstwo im Unterricht, der schulischen Praxis und Didaktik brauchbare Theorien zu Grunde legen.

* * *

Wir versuchen, zunächst die Parameter der Situation historisch und soziologisch zu bestimmen, die heute den Ruf nach Moralerziehung begründet. Dabei geht es vor allem um Modernisierung und Säkularisierung. Modernisierung und Säkularisierung stellen die autoritätsgestützten Rahmenbedingungen für moralische Solidarität und individuelle Kompetenzerwartung infrage, die sowohl die Wirksamkeit als auch das Verantwortungsvermögen der Individuen fundieren. Wir wollen uns dann der Frage zuwenden, welche Moralentwicklungstheorien ihrem Typus nach (in der zuvor analysierten Situation und unter den Bedingungen der Schule) chancenreich sind. Das ist unter den gegebenen Bedingungen die Antwort auf Menons Frage – bei der freilich vieles offen bleiben muss.

Das lange Zeit anhaltende Vertrauen darauf, dass es immer besser bzw. nicht substantiell schlechter wird, der konstitutive Meliorisierungsglauben des Wohlfahrtsstaates, ist heute nachhaltig infrage gestellt. Die Selbstreformbereitschaft des politischen Systems scheint erlahmt. Politikverdrossenheit hat das Vertrauen in den parteiendemokratischen Pluralismus unterminiert. Der Wohlfahrtsstaat gilt den wirtschaftlichen und erheblichen Teilen der politischen Eliten der industriell entwickelten Länder mit der Globalisierung der kapitalistischen Wirtschaft als obsolet – je nach Standpunkt, weil er nicht finanzierbar oder weil er leistungswidrig und deshalb sozialpsychologisch oder gar biologisch unerwünscht erscheint. Angesichts neuer Belastungen durch Migration und Massenflucht ist der liberale Verfassungskonsens aufgebrochen. Nach dem Zusammenbruch ihrer Gegner scheint die westliche Gesellschaft ihre ökonomische, teilweise ihre politische, vor allem jedoch ihre psychologische Stabilität einzubüßen.

Wenn die innere Stabilität der Gesellschaft infrage steht, ist es an der Zeit, Strukturprobleme unserer Gesellschaftsordnung und ihre Entstehung ernst zu nehmen. Vielleicht ist sie weniger *pluralistisch und entwicklungsoffen* als psychologisch *instabil.* Dann dürfte sie einen hohen Stabilisierungsaufwand erforderlich machen. Fundamentalistische Programme sind zwar heute noch in Deutschland den meisten suspekt, aber die inneren Widersprüche und die normative Schwäche unserer Gesellschaft bereiten wachsendes Unbehagen und häufig genug Gefühle der Angst und der Hilflosigkeit angesichts wachsender Anomie, die nicht zuletzt, aber nicht allein unter Jugendlichen beunruhigende Formen annimmt. Als augenfälliges Anzeichen sei die quantitativ zunehmende und qualitativ veränderte Jugendgewalt erwähnt (Böhnisch, 1994; Eckert, 1995; Hornstein, 1996; Mansel, 1995; Otto & Merkens, 1993). Strukturelle Probleme der Finanz- und Arbeitsverfassung fördern die Voraussetzungen der Anomie: Während ungefähr 100.000 Jugendliche – und sicher sind dies nicht die stabilsten – 1995 keine Lehrstelle erhielten, haben etwa 25 Prozent der Jugendlichen bis 25 über unterschiedliche Zeitspannen nach der Lehre keine Arbeit (Grottian; vgl. Tagesspiegel vom 11. Nov. 1996). Unsere Einstellungen sind ambivalent: Wir genießen den Individualismus, die Freizügigkeit, die Normentlastung, die für unseren Gesellschaftstypus charakteristisch sind, als Wesensmerkmale einer freiheitlichen Lebensform, doch wir fürchten uns vor den sozialisatorischen Folgen, die in der jungen Generation moralische Tugenden wie Disziplin und Ordnung, Verantwortlichkeit und Rücksichtnahme infrage stellen und die Bindungsmächtigkeit von Institutionen und normativen Prinzipien erkennbar schwächen. Nun also setzen wir auf moralische Erziehung in der Schule, auf Ethik (und Religion), um die Wertschwäche der jungen Generation (die Folge ihrer Sozialisation) zu heilen. Die vieldeutige Aufforderung, Mut zur Erziehung aufzubringen (vgl. Wissenschaftszentrum Bonn-Bad Godesberg, 1978), erfährt diffuse Zustimmung, doch der Mut zu schärferen Analysen und aufwendigeren Antworten überfordert uns. Der Widerhall der schulischen Ethikprogramme geht weniger auf klare Vorstellungen über deren Inhalt und Funktion in der schulischen Bildung zurück als auf die eigentümlichen ideologischen Stellvertreterkonflikte, die sie auslösen und die angesichts der gesellschaftlichen Lage der Jugend und ihrer Lebenswirklichkeit vor allem Hilflosigkeit signalisieren.

Neben der Feststellung und Katalogisierung kritischer Befunde, die vielleicht eher an der Oberfläche der gesellschaftlichen Strukturen erscheinen, ist es wichtig zu ergründen, welchen Mechanismen der pluralistischen Gesellschaft die Wirkungen zuzuschreiben sind, denen wir auf der Ebene von Sozialisations- und Bildungsprozessen so ratlos begegnen, und vor allem, welche Leistungen von den Institutionen einzufordern sind, um Strukturen einer offenen, pluralistischen und freien Gesellschaft zu bewahren und dennoch deren kritische Folgen zu kompensieren. Bevor der Ruf nach autoritären Sicherungen gesellschaftlicher Stabilität stärker wird, sollte gefragt werden, ob es überhaupt institutionelle Arrangements gibt, die unter den Strukturbedingungen einer pluralistisch organisierten säkularistischen Gesellschaft kognitive und moralische Motivation erzeugen, Werte bilden und normative Standards internal sichern können.

Die hier aufgeworfenen Fragen werde ich in folgender Reihenfolge diskutieren:
- Zunächst skizziere ich unter Rückgriff auf Emile Durkheim einige Aspekte der gesellschaftlichen *Modernisierung,* die zu einer *psychologisch strukturschwachen* Gesellschaft führt und Maßnahmen oder Entwicklungen zur Stabilisierung erforderlich macht. Als psychologische Strukturschwäche gelten uns mangelnde moralische Solidarität und eine vielschichtige Hilflosigkeit angesichts der Kompetenzzumutungen des sozialen Lebens und der individuellen Lebensführung.
- Sodann zeichne ich einige der Probleme nach, die sich daraus für Lern- und Bildungsprozesse und deren institutionelle Verfassung ergeben.
- Die Aufzählung der Befunde leitet über zu dem Versuch, Antworten auf einige Problemlagen vorzuschlagen, die der Übergang zu einer modernen, autoritätsentlasteten und prinzipiell säkularistischen Bildungsverfassung erzeugt hat.
- In diesem Kontext erfolgt dann eine Plausibilisierung des moralentwicklungstheoretischen und moralpädagogischen Ansatzes von Lawrence Kohlberg, den wir freilich undogmatisch rezipieren und eklektisch anzuwenden vorschlagen. Denn einige Überlegungen zur *Relativierung* des Kohlberg-Ansatzes in der Schule drängen sich auf, wenn man gleichzeitig die moralische Entwicklung pädagogisch fördern, eine Sensibilisierung für moralisch relevante Probleme bewirken, Urteilskompetenz in Wertfragen (Gewissensentwicklung) ausbilden will, gleichwohl eine auch lokal wirksame Einübung in gemeinschaftsförderliche Tugenden anstrebt, die das soziale Leben vor Ort zu entwickeln erlaubt.
- Schließlich folgen, gleichsam zusammenfassend, einige Überlegungen zur praktischen Einführung und Gestaltung.

Aspekte der Modernisierung

Vor nunmehr 100 Jahren beschrieb Durkheim in seinen Analysen der heraufkommenden arbeitsteiligen Gesellschaft die Folgen für die sozialpsychologische Verfassung der Gesellschaft. Die *mechanische Solidarität* einer traditionsgestützten und autoritär fundierten Ordnung und ihre Gehorsamsmoral wird evolutionär abgelöst von einer *organischen Solidarität* und ihrer von den Individuen autonom regulierten, auf Kooperation angelegten konstruktiven Prinzipienmoral, die in rationalen, kommunikativen und diskursiven Bildungsprozessen nicht zuletzt auf der Ebene der einzelnen Schulklasse praktisch ausgebildet wird (Durkheim, 1973, 1977).

Mechanisch nennt Durkheim die moralische Ordnung oder Solidarität in „segmentierten" Gesellschaften, in der sich die meisten Individuen in ihrer gesellschaftlichen Lage prinzipiell wenig voneinander unterscheiden, von rituell verankerten Wertgewohnheiten gesteuert wenig Gelegenheit zu individuell verantwortetem Handeln mit individualisierten Leistungsanforderungen und spezifischen Kompetenzzumutungen besitzen. Der Begriff *organisch* dagegen spielt auf die funktionale Koordination unterschiedlich aktivierter Individuen in unterschiedlichen Struktursegmenten einer vielfältig arbeitsteiligen Gesellschaft an. Deren Einheit wird in einem übergreifenden „sozialen und moralischen Organismus" gefunden, dessen Träger indessen nicht mehr die überlieferten korporativen Glieder der traditionellen Gesellschaft sind, etwa Stamm, Dorf oder Hierarchie, sondern das zu sich selbst und seiner je eigenen Leistung und Verantwortung freigesetzte Individuum. Das Individuum, aus den hierarchischen Rängen der sozialen Verantwortlichkeit herausgelöst, ist nunmehr unmittelbar zur Gesellschaft (als ökonomisch, sozial und politisch aktiver Bürger) und genießt als Bürger absoluten (d.h. von Stand, Rolle, Besitz usw. gelösten) Respekt und unanfechtbare Würde, wie es die Rechtsverfassung verbürgt. Individuell aber muss er für sich selber, aber auch für andere und für die Gesellschaft insgesamt, Verantwortung übernehmen und seine Handlungskompetenz, sein Leistungsvermögen, seine Wirksamkeit kontinuierlich unter Beweis stellen und durchsetzen.

In den Mittelpunkt einer an Durkheims Theorie orientierten Psychologie rückt die Verbindung von Leistung und Verantwortung, Kompetenzerwartung und Moral. In der arbeitsteiligen Gesellschaft steht jeder zugleich individuell für seine kompetente Leistung und, angesichts der abstrakten Konstruktion einer Gesellschaft kooperierender und koordinierter, aber gleichsam absoluter Individuen, für eine diese Konstruktion verbürgende Moral ein. Der „Kult des Individuums" hat folglich zwei dominante Aspekte: die zivilreligiöse Fundierung moralischer Solidarität und die sozialpsychologische Fundierung der Kompetenzzumutung an das selbstwirksame Individuum. Dies ist die Überzeugung, *dass das Individuum wirksam, erfolgreich wirksam und verantwortlich wirksam sein kann*. Solche Überzeugungen eigener Wirksamkeit sind erst unter einer gesellschaftlichen Verfassung der Arbeitsteiligkeit möglich, die jedem individuell eigene Leistung und eigene (auch moralische) Verantwortlichkeit ansinnt. Sowohl die leistungsorientierte Wirksamkeit als auch die moralische Verpflichtung der Individuen sind auf die Sozialisation in einer dem zivilen Ideal verpflichteten Schule angewiesen.

Was Durkheim in seiner Abhandlung über die gesellschaftliche Arbeitsteilung beschreibt, sind die kognitiven, psychologischen und moralischen Folgen der Enttraditionalisierung und Säkularisierung, die mit einer die Individuen selbst und ihre kollektive Leistung transformierenden kapitalistischen Wirtschaftsordnung einhergehen. Durkheim hat früher als andere und intensiver als andere die psychosozialen Implikationen der autoritäts- und traditionsgestützten Ordnung wahrgenommen, die er in seinen Tagen durch die arbeitsteilige Gesellschaft, durch die Kultur der Moderne abgelöst sah. Kognitive Gewissheiten, Autoritäten, die nicht auf individuelle Sinnfindungsprozesse angewiesen waren, transzendentale Verankerungen kollektiver Überzeugungen hatten der *Tradition* die zentrale Rolle bei der Begründung kultureller Deutungen zugewiesen, bei der Fundierung und Organisation des Wissens, bei der Legitimierung moralischer Urteile und Handlungsentscheide, bei der Strukturierung der Ziele, der Mittel und Motive von Erziehung und Bildung. Die Gültigkeit des kognitiven und moralischen Kanons war unhinterfragt geblieben und keiner Kritik ausgesetzt gewesen, die Gegenstände des Lernens waren autoritätsgestützt und kritikentlastet, die Rolle der Lehrer war funktional gesichert und zentral in der fraglosen Ordnung der Dinge verankert. Sie verwalteten das geltende Weltbild als Autoritäten unter einer sozialen Hierarchie, die die Rollen mit den Institutionen verband und beide mit Legitimität versah.

Die Aufbruchstimmung des Wandels, die Durkheim zu seiner Analyse motivierte, ist heute, 100 Jahre später, der Resignation gewichen. Sozial und psychologisch sind wir für den erneuten Modernisierungsschub eines „postindustriellen" Kapitalismus (die informationstechnisch gesteuerte Globalisierung) schlecht gewappnet. Der krisenhafte Verlauf hat gerade nach dem Triumph der marktwirtschaftlichen Ordnung über die Kommandowirtschaft und die zentralstaatliche Bürokratie die westlichen Gesellschaften weitgehend unvorbereitet getroffen. Die Folgen der Strukturkrise der industriellen Arbeit und des Wohlfahrtsstaates für die moralische Sozialisation von Jugendlichen sind verlässlich kaum abzuschätzen. Die subjektive Gewissheit des auf die Verfügbarkeit beruflicher Arbeit begründeten Lebensverlaufs, die fast als angestammtes Individualrecht gilt, ist erschüttert. Auf den kulturellen Pluralismus und die nahegerückte Konfrontation mit mehr oder weniger fundamentalistischen Traditionen antwortet ein postuniversalistischer Relativismus. Er äußert sich in den Dekonstruktionstheorien von Foucault oder Derrida mit ihren durchweg relativistischen Implikationen für die Geltungsansprüche von Moralen oder gar *einer* Moral. Einen soziologischen Niederschlag findet er in den Individualisierungsanalysen eines Ulrich Beck (Beck, 1986; Beck & Beck-Gernsheim, 1993).

Die Begleitumstände des neuen Modernisierungsschubs sind leidlich bekannt. Dennoch erscheint es sinnvoll, die Implikationen der Enttraditionalisierung, einer neuen Qualität der Säkularisierung, speziell für die Bildungsinstitutionen und Bildungsprozesse, näher zu betrachten.

Die Verfassung der Bildungsprozesse im nachtraditionalen Zeitalter

Fast 100 Jahre alt ist Durkheims Analyse. Doch erst heute, so scheint es, sind Enttraditionalisierung und Säkularisierung auf die Bildungsprozesse der Individuen, auf die psychologischen Verhältnisse, die die Institution Schule charakterisieren, voll durchgeschlagen (vgl. Edelstein, 1995a, 1995b). Was die Verhältnisse in ihrem Fortschreiten in diesem Land so lange aufgehalten hat, kann nicht hier Gegenstand unserer Überlegungen sein. Nur im Vorübergehen sei vermutet, dass die „verspätete Nation" (Plessner), die Jugendbewegung, der Nationalsozialismus und danach die reumütige Restauration kirchlicher Macht und die surrogatäre Moral des Wirtschaftswunders insgesamt als sozialpsychologisch retardierende Faktoren gewirkt haben dürften. Erst in den 1960er und 1970er Jahren hat sich die Gesellschaft in Westdeutschland in ihrer Mentalität nachhaltig modernisiert. Erst jetzt wird der Individualismus rückhaltlos freigesetzt. Die Motivationsstrukturen der Individuen haben sich von der traditionellen Autorität des Lehrplans abgekoppelt, die Geltung der Inhalte steht durchweg infrage. Es ist in die Disposition der Lernenden gestellt, mit welchen Zielen sie ausstatten, was zu lernen sie rein funktional genötigt sind. So ist die Krise der Enttraditionalisierung, die Durkheim analytisch bestimmt hat, in Deutschland und in einer Anzahl weiterer Länder in der Schule real erst spät aufgebrochen, nachdem sie in den vergangenen zwei Jahrzehnten durch verschiedene Anläufe zu funktionalistisch motivierten Schulreformen mehr oder weniger verdeckt geblieben bzw. umgedeutet worden ist. Was als Strukturkrise, das heißt als Fehlanpassung der Schule an gesellschaftlich funktionale Imperative gedeutet wurde, entpuppt sich als Krise der Sozialisation und tritt als Krise der Bildungsinhalte, der Leistungsmotivation und des Autoritätszusammenhalts der Institutionen in Erscheinung. Auf Seiten der Schüler mit ihren teilweise düsteren Zukunftsperspektiven und der zerbrochenen Gewissheit eines „Aufstiegs durch Bildung" stehen Wissen, Lernen und Leistung zunehmend infrage. Auf Seiten der Lehrer verkehrt sich die berufliche Belastung angesichts der zunehmenden Demotivierung und Disziplinlosigkeit der Schüler häufig in ein Syndrom anhaltender Überforderung. Verlust der Motivation und des Eigen-Sinns schulischer Anstrengung bei Schülern, professionsbezogenes Ausbrennen von Lehrern sind häufige psychologische Folgen. Kontingente Aspekte einer fiskalisch begründeten politischen Vernachlässigung und Benachteiligung der Schule kommen verstärkend hinzu. Insgesamt führen diese Umstände zu einer funktionellen Schwächung, zur Destabilisierung der überlieferten Schule und ihrer sozialisatorischen Kraft.

Die Problemlagen und mögliche Reaktionen

Ich versuche in diesem Abschnitt, in fünf Thesen die Situation der Schule nach dem Verfall der Traditionsautorität zu bestimmen, welche herkömmlich ihre Inhalte, ihre Lernformen und ihre innere Gestalt strukturiert hat. Neu daran ist eigentlich nur der

Gesichtspunkt, dass es sich um *erwartbare* Folgen der traditionsentlasteten, säkularisierten und pragmatisierten Gesellschaft in einem Bereich handelt, der, wie es scheint, mehr als andere gesellschaftliche Bereiche auf transzendentale Geltungsgründe angewiesen war. Bildungsprozesse benötigen ja eine immense Kraft, um jene Energiebündelung im Individuum und in Gruppen zu vollbringen, die nötig ist, um Tag für Tag und Stunde um Stunde die fast unnatürliche Disziplinierung kognitiver Prozesse auf fremd gesetzte Ziele hin zu unterhalten. Die Gesellschaft hat früher diese Geltungskraft aus der religiösen Motivation der Bildung gewonnen, später aus dem Kult der Nation und der Kultur, die quasi-religiös überhöht als Nationalismus und Kulturalismus die disziplinspendende Kraft zur Fokussierung der Bildungsprozesse auf gleichsam transzendental gerechtfertigte Ziele bereitstellten. Schließlich blieb zur Fundierung der den Individuen aufgebürdeten Anstrengung nur ihr Vermögen zur wirksamen Gestaltung des eigenen Schicksals. So führen schulische Leistungen zu beruflicher Selbstverwirklichung. Alle diese Motive haben dazu gedient, die fremd gesetzten Ziele nach innen zu verlegen, sie als verinnerlichte zu eigenen zu machen. Vielleicht ist das ein Grund, warum die Schule in mancher Hinsicht länger als andere Bereiche unangefochten fortgeschrieben werden konnte. Nach einhelliger Meinung sind freilich nunmehr die Individuen, die die Institution jetzt bevölkern, in ihrer Struktur tiefgreifend verändert. Skepsis gegen den Sinn schulischer Angebote stellt die Motivation infrage, die Verhaltensdisziplin zerfällt zeitgleich mit der Perspektive einer selbstbestimmten Zukunft.

Nun zu den Thesen. Es ist zu beachten, dass unsere Analysen sich vor allem auf Probleme der Sekundarschule und die entsprechenden Jugendprobleme richten. Weil einerseits die Grundschüler entwicklungsspezifisch von anderen, nämlich kindlichen Voraussetzungen der Bewusstheit und der Identität bestimmt sind und folglich mit anderen Einstellungen zur Schule gehen und weil andererseits Grundschule und Grundschuldidaktik aus Gründen, die hier nicht zur Diskussion stehen, einen strukturtransformierenden Reformprozess durchlaufen haben, sind sie von den hier behandelten Problemen vorerst weniger betroffen als die Jugendlichen der Sekundarstufe, die Entwicklungsaufgaben der Identitätsbildung und des Erwerbs formaler Denkfähigkeiten zu lösen haben.

Erste These. Während Schule und Unterricht *vor* der Säkularisierung der Bildungsprozesse ihre Legitimität und folglich ihre die Lernprozesse organisierende Kraft aus der Geltung von Inhalten und Zielen bezogen, die in einer nicht hintergehbaren Tradition sanktioniert und abgesichert waren, bleibt *nach* der Säkularisierung als Quelle legitimen Lernzwangs vor allem das Individuum selbst: seine Motivation, seine Überzeugung, die Aneignung von Bildung als individuell verfügbares Gut. Das Individuum hat einen Lernprozess zu meistern, der gerade nicht nach dem alles beherrschenden Prinzip der Individualisierung von Zielen und Motiven organisiert ist, wie etwa Fernsehangebot oder Supermarkt. Gesellschaftlich etablierte Ziele des Lernens müssen über eine Motivation vermittelt werden, die vor allem „uneinsichtiges" Lernen aufrechtzuerhalten hat – und dies mit wechselndem und häufig eingeschränktem Erfolg. Wenn für Schule und Unterricht unter Bedingungen der Individualisierung auch nur ein mittlerer Erfolg gesichert werden soll, und das ist aus Gründen der Systemerhaltung eine unabweisbare Notwendigkeit, dann müssen sie sich orientieren an Erfordernissen, die sich aus der *individuellen* kognitiven Leistungsfähigkeit und der motivierten Handlungskompetenz von Jugendlichen ergeben. Dieses Erfordernis der *Individualisierung*, bezogen auf Entwicklung und Lernen, kann als ein das Lernen fundierendes Angebot einer entwicklungsangemessenen und individuumbezogenen Didaktik für die säkularisierte Schule formuliert werden, die statt auf kollektive kulturelle Imperative auf *individuelle* Motive und Leistungen angewiesen ist. Eine entwicklungsorientierte Didaktik, die sich auf die individuell unterschiedlichen Lernbedingungen einlässt, stellt eine Voraussetzung des *eigenständigen* Lernens dar, das individuelle Motivation, eine Erwartung eigener Wirksamkeit erst fundiert. Kollektive kulturelle Imperative werden durch *individuelle* Motive und persönliche Leistungen ersetzt. Und wenn die Ablösung bloß autoritätsgestützten Gedächtnislernens durch individuell verstehendes und eigenständiges Lernen für kognitives Lernen allgemein gilt, trifft dies umso mehr für *moralisches* Lernen zu, das definitionsgemäß nur als eigenes wirksam ist.

Zweite These. Während die Schule, und insbesondere die Schulklasse, in früheren Zeiten je Einheit eine viel größere Variabilität aufwies, etwa gemischte Altersgruppen, die gleichzeitig unterschiedliche Ziele verfolgten, ist die Variabilität im Verlauf der neuzeitlichen Entwicklung administrativ und bürokratisch-rational im Blick auf größere Gleichförmigkeit und administrative Beherrschbarkeit zunächst zurückgenommen worden, sodass das Schulsystem geradezu als prototypischer Fall rationaler Organisation und bürokratisch vereinheitlichender Verwaltung gelten durfte. Lehrer begegnen altersgleichen Schulklassen, in denen eine weitgehend identische Chancenstruktur aufgrund vergleichbarer Entwicklungsstände und vergleichbarer Selektionsergebnisse unterstellt wird. Sie operieren mit identischen Stundenplänen für die in identische Zeitsegmente zerlegten Gegenstände des Unterrichts und tragen das Ergebnis auf einer einzigen fünf- bzw. sechsstufigen Notenskala ab, die rechtsförmig verwaltet wird, sodass eine Skalenposition gegebenenfalls vor dem Verwaltungsgericht eingeklagt werden kann. Ähnlichkeit, Isomorphie und bürokratische Rationalität des institutionellen Zugriffs auf die pädagogischen Ereignisse kennzeichnen die „verwaltete Schule" (Becker, 1954).

Doch die Individualisierungsdynamik der Bedürfnisse und Sozialisationsschicksale konterkariert die den Individuen angesonnene Homogenität. Die Daten der pädagogischen Erfahrung widersetzen sich den Formierungsansprüchen einer bürokratischen Organisation. Schule und Unterricht werden mit einer Struktur von Schulklassen mit deutlich gewachsener Variabilität, Erfahrungsdiversität und Fremddeterminiertheit konfrontiert. Altersgleiche Schüler sind dem Individualisierungsdruck entsprechend trotz ihrer Marktkonformität unterschiedlicher geworden und trotz der Angleichung der Lebensverhältnisse von unterschiedlicheren Erfahrungsvoraussetzungen im sozialisatorischen Mikrobereich stärker bestimmt als zuvor. In letzter Zeit wird zudem die relative Einheitlichkeit der Lebensverhältnisse zurückgenommen und sogar als Verfassungsnorm infrage gestellt (vgl. die Ausführungen des bayerischen Ministerpräsidenten Stoiber im Oktober 1996). Mit der Entstehung neuer Armut werden neue Typen der Diversität in die Schule einziehen. Unabhängig von ihrem Ursprung erzeugt oder verstärkt Diversität das Erfordernis einer sozialpsychologisch fundierten, zur *Individualisierung und Differenzierung* befähigenden Unterrichtskompetenz der Lehrer, die wiederum eine Voraussetzung dafür bildet, dass individuelle Motivation und individuelle Lernwirksamkeit mit einer Erfolg verbürgenden Verantwortung für das eigene Lernen überhaupt greifen können. Der Anschluss an individuelle Erfahrung und Fähigkeit ist dabei für eine im Innern des Schülers wirkende moralische Bildung, die auf Einsicht setzt und nicht nur auf das Einschleifen von Verhaltensmustern, unerlässlich.

Dritte These. Die vormoderne Schule stützte sich vor allem auf ein in der Tradition unhintergehbar verankertes, durch die Tradition legitimiertes und sanktioniertes System kollektiv validierter *Inhalte,* die im Prinzip keiner Frage ausgesetzt waren. Didaktische Variationen, motivationsspendende Methodenangebote waren nicht gefordert. Es gab keinen Begründungszwang für den autoritativen, von Bildungsskepsis oder aber auch psychologisch begründeten Angemessenheitsüberlegungen nirgends in Zweifel gezogen Kanon, etwa der religiösen, der humanistischen, der nationalen Bildung.

Seit etwa 30 Jahren zeugen die wiederholten Ansätze zu einer *Curriculumreform* auf allen Ebenen und in allen Segmenten des Schulsystems von der Anfälligkeit dieses ehemals autoritativ stabilisierten Kanons: Schule und Unterricht sollen sich deutlicher orientieren an dem Erfordernis eines wissenschaftlich, gesellschaftlich, aber auch individuell sinnvollen und sinnvoll ausdifferenzierten Lehrplans. Die Bildungsangebote der Schule sollen im Blick auf funktionale Imperative der unterschiedlichsten Art definiert werden. Betrachtet man die Curriculumdiskussion in ihren globalen Dimensionen über Kulturgrenzen hinweg, fällt auf, dass diese Bildungsangebote sowohl im Blick auf individuelle, jugendspezifische und kollektive Sinnfindungserfordernisse („Lebensrelevanz", „Erfahrungsrelevanz") bestimmt als auch im Blick auf den Anspruch der Gesellschaft auf einen normativ verlässlichen Kanon gemeinsamen Wissens und gemeinsamer grundlegender Orientierungen fundiert werden. Es handelt sich folglich um das Erfordernis, die Curriculumfrage in Hinsicht vor allem auf die Individuen, aber auch auf die Gesellschaft und ihren unablässigen Wandel erneut aufzunehmen. Das bedeutet, die Motivation zum Lernen durch Sinnerfahrung im Lernen inhaltlich zu sichern – eine Sinnerfahrung, die heute auf höchst komplexe Weise über vielfach gebrochene Legitimationsdiskurse je neu konstituiert werden muss und nicht, wie ehemals, in der Tradition unbezweifelt gegeben ist.

Alle drei Thesen implizieren als nachhaltiges Motiv von Veränderungen im Nahbereich der Schule und des Unterrichts die vielseitig sich auswirkende *Individualisierung* der Schüler, ihres entwicklungsabhängigen Lernvermögens, ihrer Motivation, der Struktur ihrer Erfahrung. Ihre Voraussetzungen und Mitwirkung determinieren den Erfolg des Lehrers, und folglich sind Bedingungen, die aus Schülern aktive Lerner machen, Herausforderungen an die Lehrer. Entsprechend implizieren diese drei Thesen notwendige professionelle Handlungskompetenzen von Lehrern. Sowohl die Entwicklungsangemessenheit (These 1) als auch die Klassenzimmeradäquatheit (These 2) spezifizieren Handlungsanforderungen, die zwar in pädagogischen Traditionen seit langem repräsentiert, doch bislang kaum praxisadäquat entwickelt sind. Die dritte These zur Struktur des Curriculums verweist auf einen weiteren Aspekt der professionellen Handlungskompetenz. Sieht man von einer kurzen Reformphase in den 1970er Jahren ab, in der dies zumindest teilweise versucht wurde (Callies u.a., 1974; Gerbaulet & Herz, 1972), bietet weder die Profession noch die Ausbildung der Lehrer ein Wissen, das Lehrer individuell am Arbeitsplatz in der Schule oder kollektiv als Profession systematisch zu sachlich aufgeklärten, technisch angemessenen Entscheidungen befähigt. Für einen neuen Unterrichtsbereich wie „moralische Erziehung", für den es eine inhaltlich spezifizierte Struktur oder Tradition gar nicht gibt, ist ein solches Handlungswissen freilich konstitutiv.

Die beiden letzten Thesen wenden sich institutionellen Erfordernissen zu: den Professionalisierungsanforderungen an die Ausbildung und den Autonomievoraussetzungen funktionsgerechten schulischen Handelns.

Vierte These. Unter dem Regime der alten Schule zielte die Ausbildung der Lehrer auf die Aneignung der durch Tradition sanktionierten Inhalte. Eine besondere Ausbildung zu professionellem Handeln entfiel, denn dieses war wesensgleich mit der Verfügung über die Inhalte selbst, deren Vermittlung deshalb kein Problem aufwarf, weil sie in der Struktur der Inhalte selbst gesichert erschien. Wenn aber die Enttraditionalisierung der Gesellschaft und ihre strukturelle Diversifikation die kognitiven Strukturen sowohl der Kultur als auch der Individuen erfasst hat, wird die Selektion, Anpassung und Vermittlung der Inhalte zum problembezogenen Gegenstand professionellen Handelns – Lehrersein wird, ähnlich wie Arztsein, zum spezialisierten Beruf, und dieser ist so segmentiert wie seine Funktionen und Inhalte – Stufen, Schultypen und Fächer bestimmen die Gehalte und Ankerpunkte dieses höchst differenzierten, eigens zu erlernenden Berufs. Paradoxerweise ist das Erlernen dieses akademischen Berufs real abgespalten von dem akademischen Studium, das als Vorbedingung für die Zulassung zu diesem Beruf absolviert wird. Es bereitet nicht nur auf den Beruf nicht vor, sondern ignoriert diesen fast vollständig. Zwar handelt es sich historisch um Spuren der traditionellen Bindung des Lehrerberufs an die Weitergabe kanonisierten Wissens. Doch gerade das im Studium erworbene wissenschaftliche Wissen des Lehrers wird in der Schule *nicht* weitergegeben. Umgekehrt genießt der ohnehin geringe Anteil des auf die Profession gerichteten Wissens, die Fachdidaktik, im fachlichen Zusammenhang der studierten Disziplin minderen Status. Eine professionelle Psychologie des beruflichen Handelns wird praktisch nicht angeboten. So wird die Aufgabe, professionelle Kompetenz auszubilden, gleich aus zwei Richtungen verfehlt.

Zu der Bewältigung einer veränderten Situation, deren Bedingungen in den drei Thesen zum Erfordernis einer entwicklungspsychologisch aufgeklärten Didaktik, zur Unterrichtstätigkeit in sozial, persönlichkeitsstrukturell und kognitiv diversifizierten Schulklassen und zur Konstruktion subjektiv sinnstiftender Curricula skizziert sind, ist ein Bedarf an *Professionalisierung des Lehrerberufs* und der erforderlichen Kompetenzen von Lehrern getreten, den die herkömmliche Ausbildung der Lehrer an Universitäten und Seminaren nicht leistet, ja nicht einmal intendiert. Die Befähigung zu einer eigens gewollten und spezifizierten *moralischen Erziehung* artikuliert und intensiviert jedes dieser drei Erfordernisse noch einmal in besonderer Weise: Zum Erfordernis eines entwicklungspsychologisch aufgeklärten Unterrichts tritt die Entwicklungspsychologie der Moral als Voraussetzung für altersangemessene Förderungs- und Interventionsstrategien, treten spezifische Kenntnisse der moralrelevanten Konfliktpotentiale in den diversifizierten Schulklassen und Interaktionsformen einer posttraditionalen Schule, welche die soziale Homogenität und kulturelle Gleichförmigkeit verloren hat, auf die Lehrer früher vertrauen konnten. Die curriculumstheoretische Professionalität des didaktischen Experten muss sich im Kontext der moralischen Erziehung an der Einsicht und Findigkeit des Lehrers erweisen, in seinen Fächern geeignete Materialien für die Strukturierung moralischer oder moralrelevanter Diskurse zu erkennen und zu nutzen. Schließlich ist eine gewandelte *Lehrerbildung* und *Lehrerfortbildung* nötig, die auf eine differenzierte und komplexe professionelle Handlungskompetenz in Unterricht und Schule einschließlich ihrer moralischen Aspekte psychologisch, pädagogisch und administrativ sowohl theoretisch aufgeklärt als auch anwendungsorientiert vorbereitet.

Fünfte These. Die vormoderne war im Vergleich zur modernen Schule in viel höherem Maße als diese eine jeweils singuläre Einrichtung, von lokalen Gegebenheiten, individuellen Schulmeistern und idiosynkratischen Zwecksetzungen abhängig. Die moderne Entwicklung ist seit einem Jahrhundert auf die Gestaltung der Institution im Sinne administrativer Rationalität, bürokratischer Gleichförmigkeit und Verrechtlichung der Systembeziehungen angelegt[1]. Wenn nun die moderne Gesellschaft ein System diversifizierter Forderungen und entsprechend diversifizierter Angebote entfaltet, müssen Institutionen, die nicht nur mit marktförmiger Beliebigkeit (als „shopping mall high school") (Powell, Farrar & Cohen, 1985) darauf sollen antworten können, in gewissem Sinne wieder je singuläre Gestalt annehmen. Die Schule sollte als Institution soweit autonom und individuell eigenständig sein, dass sie die Handlungskompetenz der Lehrer entfalten, Organisations- und Curriculumentscheidungen in gemeinsamen, diskursiv organisierten Prozessen im Blick auf die für ihre Schüler gewollten Erziehungsziele vorantreiben kann. Dies ist das Erfordernis der *Schulautonomie* – in einem deutlich bestimmten und klar eingegrenzten Sinne: eine Schulverfassung, die dem Erfordernis der Handlungsautonomie ebenso Rechnung trägt wie der Rechtsgleichheit der an ihr beteiligten Individuen.

---

[1] Um nahe liegenden Missverständnissen vorzubeugen, soll verdeutlicht werden, dass der Bürokratisierungsprozess nicht bloß deswegen fortgeschritten ist, weil er die Schule nachhaltig und gründlich modernen Formen der Herrschaft und Staatsverwaltung unterwarf, sondern nicht zuletzt weil die Rechtsansprüche und Gleichbehandlungsforderungen der beteiligten Individuen den Verrechtlichungsprozess funktional zur Geltung brachten.

Aus Gründen, die noch klarer werden dürften, ist die Ausbildung eines Ethos und die Bildung einer moralischen Atmosphäre, eines moralischen Klimas in einer erziehungswirksamen Institution besonders auf solche Gestaltungsautonomie angewiesen.

Der moralpädagogische Ansatz

In den vorausgehenden Überlegungen wurde der gesellschaftliche, der schulsystemische und der didaktische Kontext angedeutet, in dem heute über moralische Erziehung nachgedacht werden muss. Säkularisierung, Individualisierung und Privatisierung der Sozialisationsverhältnisse haben die individuelle Lernfähigkeit und die individuelle Verantwortung für das je *eigene* Lernen als (freilich häufig verfehltes) Ziel des schulischen Prozesses bestimmt, mithin das Ethos individueller an Leistung ausgewiesener Wirksamkeit institutionalisiert. Zugleich aber haben diese Modernisierungsprozesse eine selbstverständliche und vor Geltungsdiskursen geschützte, unbestritten eingeforderte moralische Erziehung und ein System unbezweifelt anerkennungsfähiger Werte obsolet gemacht. Wir können ein *inhaltlich* bestimmtes Tugend- und Wertsystem in einer Schule für alle gar nicht absolut setzen und auch erzieherisch durchsetzen *wollen* – dagegen müsste uns die Verfassung immunisieren. Dafür sind zudem, so hoffen wir, das historische Gedächtnis und die politische Kritik zu wach, das Bewusstsein kultureller Relativität zu akut. Andererseits ist vielleicht der Abstand zwischen einer Generation, die von den Restbeständen früherer Verhaltensregulationen lebt, und einer nächsten, die auch in dieser Hinsicht mit der Individualisierung ernst macht, zu groß, um vor dieser Kluft nicht Hilflosigkeit zu verspüren. Warum, so heißt es generalisierend, sind „sie" – die Schüler heute – so wie sie sind (d.h. so anders als wir gestern waren): Typischerweise, so unsere Erinnerung, waren „wir" allgemein relativ friedfertig, fleißig, asketisch, fähig zum Triebaufschub usw., während „sie" heute als gewaltbereit, demotiviert, hedonistisch, ungesteuert usw. gelten. Eine Anschluss an Durkheims Theorie suchende Analyse identifiziert die nach dem Abbau der retardierenden Momente eine Generation nach dem zweiten Weltkrieg vielleicht erstmals deutlich ausbrechende (auch moralische) Anomie unter Jugendlichen und macht sie an den oben summarisch beschriebenen Transformationen von Wirtschaft und Gesellschaft fest. Freilich sind ihre Phänomenologie und ihre Implikationen für Persönlichkeit, Handlungsdispositionen und Lernbereitschaft damit noch keineswegs geklärt. Die erwähnten Erscheinungsbilder sind nämlich nicht generalisierte Eigenschaftsbeschreibungen „der" Jugendlichen, sondern in gehäufter Form auftretende *Symptome* eines strukturell verankerten gesellschaftlichen Zustands, den Durkheim als Anomie identifiziert hat. Nun wäre gewiss eine detaillierte Beschreibung und Klassifikation der vielfältigen Erscheinungsformen erforderlich, in denen Anomie auftritt. Wir wollen vorläufig die oben genannten Attribute gelten lassen, denen freilich die schul- und lerntypischen hinzugefügt werden müssten. Durkheim selbst hat seine Analyse im Blick auf ein bestimmtes Symptom, den anomischen Selbstmord, ausgeführt (Durkheim, 1983). Der anomische Selbstmord ist ebensowenig charakteristisch für das Ensemble der Individuen, wie die jugendtypischen Erscheinungen (der Aggression, des Vandalismus, der Gewalttätigkeit, des Hedonismus usw.) für alle Jugendlichen zutreffen. Charakteristisch ist dagegen die *Zunahme ihrer Häufigkeit* als *Symptom* einer Anomie erzeugenden Struktur der davon betroffenen Gesellschaft.

Durkheim hat gegen die Ohnmacht von außen gesetzter Regeln, an Kant orientiert, die über kognitive Einsicht vermittelten moralischen Regulationen einer von Prinzipien gesteuerten Pflichtenethik gesetzt, also eine Ethik, die rational zustimmungsfähig ist. Folglich kann sie auch ohne Stützung durch tendenziell totale und durch Autorität gesicherte Lebenswelten kognitiv kontrollierte Gewissensnormen für das je spezifische Individuum und sein Leben ausbilden und entsprechende Handlungsimperative in seinem Willen (d.h. seiner Motivation) kognitiv verankern.

Dieses regulative Prinzip entspricht der Individualisierung des gesellschaftlichen Handelns, dem Typus der auf die Leistungsbereitschaft von Individuen angewiesenen Arbeitsteilung, welche moderne Gesellschaften bestimmt, die für ihr Funktionieren ständig auf die individuellen Handlungsmotive und Kooperationseinsichten angewiesen sind. So muss im kollektiven Verband einer Schulklasse auch jeder im Prinzip für sich wirksam und verständig sein, sein je individuelles Lernen autonom selbst verantworten. Die Autonomie ist nicht deswegen als Norm weniger konstitutiv, weil sie eine Idealisierung darstellt. Die Voraussetzung, die wir dabei machen, ist das Vorhandensein im Individuum einer allgemeinen, der Aufgabe im Sinne einer logischen Prämisse zugrundegelegten Kompetenz. Die motivationalen, wirksamkeitsrelevanten, willensmäßigen Prämissen der Einsicht muss jeder darüber hinaus selbst aufbringen, soweit er das entsprechende Entgegenkommen der Gesellschaft bzw. der Institution erfährt. Dies *Entgegenkommen* ist die pädagogische Leistung der Institution, die sie rational zustimmungsfähig macht. Daher wird eine *entwicklungsbezogene* Didaktik gefordert, die auf die jeweiligen Entwicklungsvoraussetzungen eingeht und auf den durch die Entwicklung markierten Stand zurückgeht, um die individuelle Weiterentwicklung fördern zu können. Ohne dies Entgegenkommen im pädagogischen Handeln – das Angebot der Schule an das Kind als Voraussetzung ihres Leistungsanspruchs an den Schüler – können weder die für den Schulerfolg zentrale Überzeugung eigener Wirksamkeit noch die für die Ausbildung sozialer Solidarität grundlegende moralische Motivation kultiviert werden. Die Leistung muss das Individuum dann selbst erbringen, regulieren und verantworten.

Während die Moralisierung individueller Handlungsmotive in der Kooperation genau auf jene organische Solidarität verweist, die für Durkheim das moralische Korrelat der arbeitsteiligen Gesellschaft ist, stellen die autoritativ vermittelten Konzepte eines auf Regelwissen und Habitualisierung gestellten moralischen Lernens die Entsprechung eines traditionsgestützten Systems von Verhaltenstugenden dar (die Durkheim als mechanische Solidarität bezeichnete) – gleich als würde das zerbrochene Fundament der traditionalen Gesellschaft unzerstört fortbestehen. Das macht sie nicht illegitim oder sinnlos, wenn und wo ihnen die Verhältnisse in geschlossenen Gemeinschaften lebensweltlich entsprechen. Denn partikulare Gemeinschaften können durchaus dem Prinzip der mechanischen Solidarität genügen, auch wenn diese als regulative Norm der gesamtgesellschaftlichen Organisation zerfallen ist. Dem modernen Kommunitarismus geht es gerade um die Herstellung und Erhaltung solcher partikularer Lebenswelten. Und gerade das Anomiepotential der modernen Gesellschaft macht das kommunitaristische Programm so plausibel. Die öffentliche Schule ist indessen keine partikulare Gemeinschaft, sondern muss moralische Erziehung unter Bedingungen eines Wertpluralismus leisten, der die Grenzen zwischen Gemeinschaften offen halten und die Rechte ihrer Mitglieder über die Grenzen hinaus einfordern muss.

Der Struktur dieses Pluralismus entspricht ein System moralischer Erziehung und Entwicklung, das mit unterschiedlichen Wertoptionen kompatibel ist. Dieses Desiderat wird durch Kohlbergs Entwicklungstheorie des Gerechtigkeitsdenkens erfüllt (Colby & Kohlberg, 1986; Kohlberg, 1995). Auch wenn das Gerechtigkeitsdenken nur als *ein* Ausschnitt aus dem Bereich der Moral erscheint, wie Kritiker Kohlberg entgegenhalten, hat sich gezeigt, dass bereits dieser Bereich sehr umfassend ist, dass er überdies den Bereich der Verfahrensgerechtigkeit (fairness) enthält und mit den Begriffen des Wohlwollens und der Fürsorge unauflöslich verknüpft ist. Darüber hinaus ist die begriffliche und entwicklungslogische Struktur des Gerechtigkeitsdenkens empirisch offen für weitere moralrelevante Fragestellungen, sodass die Weiterentwicklung von Kohlbergs Paradigma sowohl dessen interne Beschränkungen korrigiert (z.B. hinsichtlich der kindlichen Stufen des moralischen Urteils) als auch die Grenzen des Ansatzes inhaltlich erweitert hat (Keller, 1996).

Kohlbergs Entwicklungspsychologie des moralischen Urteils ist aus Piagets Psychologie der kognitiven Entwicklung hervorgegangen und hat dessen Theorie des moralischen Urteils beim Kinde über Piaget hinausgeführt (Piaget, 1973). Dabei weist die Theorie alle wesentlichen Elemente der Entwicklungstheorie kognitiver Strukturen im Sinne Piagets auf: Stufen der Entwicklung als qualitativ unterschiedliche Organisationsformen des Denkens und Argumentierens (ganzheitliche Organisation der Entwicklungsstufen, „kognitive Weltbilder"); deren qualitative Transformation zu höherstufigen Formen, die invariante Abfolge der Stufen und die zentrale Bedeutung der Struktur im Verhältnis zu den Inhalten. Letzteres stellt für die Moralpädagogik eine besondere Herausforderung dar, da sich pädagogische Bemühungen in der Regel auf moralische Inhalte richten.

Die Bedeutsamkeit der Prozessaspekte in Piagets und Kohlbergs Theorie stellen einen moralpädagogischen Vorteil dar: Denn Entwicklung hängt von der Auseinandersetzung der Person mit Aspekten der Umwelt zusammen, vornehmlich mit dem erfahrenen Widerstand des Objekts und der Erfahrung interpersonaler Konflikte. Entwicklungsangemessene Förderung erfährt das Individuum durch Kooperation und Konflikt, Diskussion, Umgangserfahrung und Problemlösung, die jeweils auf dem erreichten Niveau der Entwicklung Herausforderungen darstellen, also Verarbeitungen auf dem nächsthöheren Niveau erforderlich machen und zugleich anregen.

Anders als die ethiktheoretische Auseinandersetzung über die „richtige" ethische Theorie muss die Diskussion über moralische Erziehung Plausibilität, Erfolgswahrscheinlichkeit und Angemessenheit ihrer Formen vor dem Hintergrund und im Kontext von Systembedingungen abschätzen, die in verstärktem Maße anomisch sind und individuelle Anomie als psychische Disposition erzeugen. Sie muss überdies die Bedingungen berücksichtigen, die für erfolgreiches Handeln in der Schule allgemein gelten, wie oben angeführt wurde: Entwicklungsabhängigkeit, differentielle Akzeptanz, curriculare Sinnhaftigkeit, Professionalität des Lehrerhandelns und lokale Autonomie der Institution.

Damit komme ich auf Platons Menon zurück. Der fragt (frei übersetzt): Kannst du mir sagen, Sokrates, ob die Moral (er sagt: die Tugend) durch Belehrung oder durch Praxis erworben wird? Und falls Moral weder durch Belehrung noch durch Praxis erworben wird – handelt es sich dann um eine natürliche Entwicklung? Oder wie sonst kommt es zum Erwerb der Moral? Sokrates gibt sich unwissend. Nicht nur, dass er nicht weiß, ob Moral gelehrt werden kann, er weiß auch nicht, was mit dem Begriff der Moral bzw. der Tugend überhaupt gemeint ist.

Typisierend und vereinfacht gibt es zwei unterschiedliche Antworten auf Menons Frage. Die eine insistiert auf erlernbaren Verhaltenstugenden und auf der Achtung moralischer Regeln, die auf Gehorsam verpflichten. Sie werden mithilfe von Sanktionen als Basis des Zusammenlebens in einer Gemeinschaft durchgesetzt und konstituieren diese als moralische.

Die andere appelliert nicht an Gehorsam, sondern an Einsicht. Und Einsicht hängt vor allem von der Entwicklung des Denkens ab und nicht von der autoritativen Durchsetzung von Regeln. Es geht um gerechte und faire Lösungen von Handlungs- und Verteilungskonflikten, die zunächst einer einsichtsvollen Beurteilung und dann einer konsensuellen Bearbeitung bedürfen. Und Lösungen werden nicht ein für allemal im Blick auf unveränderliche Regeln, sondern in Ansehung der situativen Bedingungen als kreative und adäquate Anwendung der Regeln stets neu konstruiert. Die Beteiligung an dieser heuristischen Prozedur der Urteils- und Konsensfindung bildet die Basis für eine moralische Gemeinschaft.

Offensichtlich unterscheiden sich die moralischen Lern- und Bildungsprozesse, die diesen unterschiedlichen Modellen zu Grunde liegen: Die Durchsetzung autoritätsgestützter Regeln setzt Autorität und Gehorsam voraus, die Konstruktion fairer Lösungen entwicklungsangemessene moralische Diskussionen. Entsprechend unterschiedlich erscheinen die moralpädagogischen Orientierungen, die diesen Modellen entsprechen. Gleichwohl sind, wie wir noch sehen werden, die idealtypisch kontrastierten Modelle nicht kontradiktorisch oder inkompatibel. Ehe mögliche Kompatibilitäten herausgearbeitet werden, sollten freilich die unterschiedlichen pädagogischen Implikationen der beiden Modelle deutlich sein: Entwicklungsoffen und relativ zum Alter des Kindes appelliert das zweite Modell an Verantwortung auf der Grundlage des moralischen Verstehens, der entwicklungsabhängigen Einsicht im Rahmen des

Fortschreitens zu höherer Komplexität, tieferer Einsicht, umfassenderem Verständnis. Das erste Modell dagegen stellt nicht die subjektive Einsicht, das moralische Urteil unter Bewertung der verschiedenen Parameter des verhandelten Konflikts heraus, sondern die Anerkennung gültiger Regeln. Deshalb kann in der Perspektive des Regelgehorsams Handeln im Einklang mit dem Diskursmodell durchaus als relativistische Zersetzung der moralischen Ordnung und ihrer Regeln erscheinen, als Störung der moralischen Gemeinschaft. Im Rahmen des entwicklungsorientierten Modells kann dagegen der Gehorsam gegen moralische Regeln zwar gegebenenfalls relativiert oder unter Umständen verworfen, aber in vielen Fällen, je nach Situation und Entwicklungsstatus, auch begründet und legitimiert sein. Deswegen sind die beiden Modelle zwar grundsätzlich verschieden, aber nicht kontradiktorisch.

Sokrates lässt sich auf die von den Philosophen diskutierte „Richtigkeit" ethischer oder metaethischer Prinzipien nicht ein. Auch wir wollen die Diskussion damit nicht belasten. Aus dem Menon und vor allem aus der Apologie des Sokrates ist herauszulesen, dass Sokrates dem Diskursprinzip folgt, um ein angemessenes Urteil zu finden und doch letztlich den Regeln gehorcht, die das moralische Leben der Gemeinschaft bestimmen. Wir müssen uns Menons Frage heute unter Bedingungen einer durch Säkularisierung und Traditionsverlust herbeigeführten Erosion der überlieferten moralischen Ordnung in neuer Form vorlegen: Welcher Typus einer Moralentwicklungstheorie ist geeignet, angesichts des Anomie erzeugenden Zerfalls traditionsgestützter Wertbindungen unter den Bedingungen der Schule zum Aufbau handlungsregulierender Prinzipien im Sinne der „organischen Solidarität" der Individuen untereinander in einer je individuell konsentierten Normengemeinschaft beizutragen.

Setzt man heute Hoffnung auf die von Aristoteles hergeleitete Sittlichkeit eingelebter Tugenden, die gegenwärtig von den Neu-Aristotelikern und den insoweit durchaus konservativen Kommunitaristen und Feministinnen vertreten wird, und stellt diese gegen eine von Kant ausgehende kognitive und universalistische Gerechtigkeitsethik, die in der Moderne vor allem als diskursive Form der Urteils- und Konsensbildung über moralische Standards Geltung beansprucht hat, hat man angesichts einer religiös und moralisch neutralen und liberalen Verfassung und einer der individuellen Option zur Verfügung gegebenen Lebensführung in der öffentlichen und säkularen Schule das Problem der Legitimation und Kanonisierung materialer Tugendlehren. Ein gleichsam religiös strukturierter Zwangskonsens über Tugendregeln dürfte trotz des verfassungsmäßigen Privilegs der Konfessionen zur Auslegung ihrer Weltbilder mit den Liberalitätsgarantien der staatlich organisierten Schule nicht ohne weiteres kompatibel sein. Stärker noch fällt freilich der praktische Einwand ins Gewicht, dass die lebensweltliche Gültigkeit vorgeblich eingelebter Tugenden dahin ist, die doch ihren Geltungsanspruch erst fundieren könnte. Es ist ja gerade der Zerfall von Lebenswelten – in Durkheims Begriffen: der Zerfall der mechanischen Solidarität traditionaler Gesellschaftsformationen –, der die Verbindlichkeit lebensweltlicher Tugendsysteme zum Schwinden gebracht hat. Wir mögen dieses Schwinden bedauern. Doch die Restauration der Tugend als Antwort auf ihren Zerfall zu fordern, ist bloße Beschwörung des seinerzeit von „Mut zur Erziehung" (1978) geforderten Ethos des Gehorsams, eine emotionale Folie, auf der vielfach Forderungen nach Moralerziehung und Ethikprogrammen als Religionssurrogat ausgebreitet werden.

In dieser Situation kann eine Adaptation der Diskursethik (Apel, 1990; Habermas, 1983, 1991) als *pragmatische* Antwort auf die Aporien begriffen werden, in die das Begründungsproblem aus entgegengesetzten Gründen sowohl die auf Kant zurückgehenden Ethiken als auch die kommunitaristischen Ethiken stürzt. Moralische Diskurse können als Verfahren der Konsensfindung über moralische Normen und die Gestaltung der moralischen Praxis dienen. Das Führen moralischer Diskussionen kann als Prozedur gelernt und selbst zur eingelebten Praxis werden. In Diskursen können ethische Normen etabliert und zugleich die Bedingungen entwickelt werden, die psychologisch die Deutung und Akzeptanz von Normen, das heißt ein moralisches Urteil, erst ermöglichen. Um die Entwicklung eben dieser moralischen Kompetenz geht es uns in der moralischen Erziehung im öffentlichen Raum der Schule.

Die kritische Einschätzung einer Tugendmoral und die Einwände gegen ihre Durchsetzung in der Schule bedeuten nun keineswegs, dass Tugenden in einer wohldefinierten Lebenswelt, einer Familie, einer Schule, zur Disposition gestellt werden müssten. Vielmehr bedeutet die Kritik, dass sie im jeweiligen Falle eigens konsentiert, durch einen deklarierten Willen verbindlich gemacht und schließlich auf dem Hintergrund einer lokalen Validierung gelehrt werden müssen. In dieser Form stellt die Anerkennung ihrer Geltung eine durch die Individuen idealiter in freier Option getroffene Entscheidung, *bestimmte* Tugenden zu leben, *bestimmte* Maximen zu achten, eine *bestimmte* Praxis in einer bestimmten Gemeinschaft zu kultivieren. So hat Kohlberg einerseits in der „Gerechten Schulgemeinde" (*„just community"*) (Kohlberg, 1986; Oser & Althof, 1992; Power, Higgins & Kohlberg, 1989) das Diskursprinzip im Dienste der Entwicklung der moralischen Kompetenz institutionalisiert, aber er nutzt es im konkreten Fall, um die entwicklungstheoretisch begründete gerechtigkeitsethische Orientierung mit dem kommunitaristischen Tugendprinzip zu versöhnen, das *innerhalb* der Gemeinschaft die Mitglieder durch konsentierte Regeln verpflichtet.

So erhalten moralische Vorbilder ihren lebensweltlichen, wenn nicht diskursiven, so demonstrativen Sinn. Hier gilt die moralische Atmosphäre, das moralische Klima eines sittlichen Lebens, in dem auch durch Nachahmung von Vorbildern die Verhaltensgewohnheiten eingelernt werden, welche die Zugehörigkeit zu einer moralischen Gemeinschaft ausweisen. Während der kommunitaristische Ansatz dem Prinzip folgt, Gemeinschaftsethiken zu kultivieren und dafür die universelle Geltung moralischer Standards als bedeutungsleer preiszugeben (oder sie auch in kulturrelativistischer Einstellung zu kritisieren), gehorcht die „Gerechte Schulgemeinde" Kohlbergs dem entgegengesetzten Imperativ: auf der Grundlage einer Entwicklungstheorie des reflexiven moralischen Urteils eine diskursive Praxis der Normauslegung und Normfindung mit einer kommunitären Praxis von Tugenden zu versöhnen, die *in Schulen mit eigenem Profil und starker Gemeinschaftsbindung* in Gestalt eines moralischen Kontrakts vereinbart und durch geregelte Diskurse aufrechterhalten, ausgelegt und fortentwickelt werden. Kohlbergs „Gerechte Schulgemeinden" sind also Schulen, die ein autonom entworfenes eigenes Profil mit einem universalistischen Ethos verbinden.

Diese Praxis entspringt der Einsicht, dass moralische Kompetenz nur ein – notwendiger – Teil der Moral ist, die Grundlage einer allgemeinen Norm und Wertbindung, aber nicht diese selbst. Die darüber hinausgehende Wertbindung, die moralische Orientierung der Institution bedarf freilich der Aushandlung mit den Betroffenen. Sie ist gleichsam der Niederschlag einer kontraktuellen Bindung an die Ordnung der Institution zur Herstellung einer moralischen Identität dieser Institution mit dem Ziel, eine spezifische moralische Atmosphäre zu erzeugen. Seit dem Untergang der traditionsgeleiteten Gesellschaft kann die moralische Identität einer Institution nur durch die explizite Zustimmung urteilskompetenter Beteiligter konstituiert werden, die dafür Verantwortung übernehmen. Umgekehrt gibt es gegen eine Verweigerung der Vorbilder bzw. der gelebten Regeln nur Belehrung, Bekehrung oder Ausstoßung. Nichts legitimiert unter Normalbedingungen die Schule dazu, wenn sie nicht eine private ist oder zumindest eine Schule, die ein hohes Konsenspotential zu mobilisieren vermag. Im *Normalfall* dagegen scheitern moralische Konsense am Widerspruch zwischen individuellen Motiven und institutionellen Regeln.

Fassen wir zusammen: Die kognitive Entwicklungstheorie Piagets beansprucht im Prinzip universelle Geltung für ihre Strukturaussagen. Die jeweils erreichte Entwicklungshöhe eines Individuums hängt von den entwicklungsrelevanten *Erfahrungen* ab, die den Entwicklungsprozess vorantreiben. Genau diese Strukturgesetzlichkeiten und Erfahrungsabhängigkeiten gelten nach Kohlberg für die moralische Entwicklung. Seine Entwicklungstheorie des moralischen Urteils zeichnet sich folglich durch eine Kombination von Eigenschaften aus, die sie pädagogisch interessant machen: Universalität und Erfahrungsabhängigkeit. Während die Entwicklung durch geeignete Interventionen und durch „entgegenkommende Verhältnisse" (Habermas) gefördert werden kann, wird sie in ihrer basalen Struktur intrinsisch, das heißt durch die eigene Strukturdynamik vorangetrieben, durch interne Ungleichgewichte in Wechselwirkung mit Widersprüchen der Erfahrung. Deshalb kann sie die sozialstrukturellen und kognitiven Begrenzungen des Imitationslernens (des Lernens am Vorbild oder am Modell) und die Beschränkungen des Inhaltslernens (der Einprägung von Gedächtnisinhalten) generalisierend überwinden. Denn die Dynamik der Entwicklung ist nicht in Vorkehrungen der Außenwelt, sondern in den kognitiven und motivationalen Strukturen des Individuums selbst verankert wie analog die Fähigkeit zum logischen oder mathematischen Denken. Insofern bietet Kohlbergs Theorie der moralischen Entwicklung für die Schule in einer nachtraditionalen, arbeitsteiligen, individualistisch verfassten Gesellschaft, die eine systematische Stützung durch feste, verlässliche, eingelebte Ordnungen in Familie, Schule und Gemeinde eingebüßt hat, für die Aufgabe, moralische Erziehung zu fundieren, jene strukturell verlässlichen Voraussetzungen, die der Erziehung für die inhaltliche Indoktrination ethischer Regeln unter Bedingungen des Wertpluralismus für alle erkennbar abhanden gekommen sind.

Wenn folglich einerseits ein inhaltlicher Katalog gemeinschaftlich konsentierter Tugenden aus pädagogischen und didaktischen wie auch sozialen und rechtlichen Gründen nicht verbindlich gemacht werden kann, andererseits Säkularisierung und Enttraditionalisierung die Einschließung der moralischen Erziehung in konfessionellen Gemeinschaften ad absurdum führt, wenn indessen weder Schule noch Gesellschaft auf moralische Erziehung und Kultivierung von Wertverstehen verzichten können, bietet die kognitive, formale und universalistische Theorie Kohlbergs eine Lösung, die materiale Ethiken und partikulare moralische Traditionen nicht mehr bieten können. So wie sich nach diesem Muster die logischen Operationen in der kognitiven Entwicklungstheorie Piagets als strukturell verankerte kognitive Kompetenzen begreifen lassen, die dem Ausdruck vielfältiger inhaltsgebundener Performanzen zu Grunde liegen, so lassen sich die stufenspezifischen Argumentationen im System Kohlbergs als moralische Urteilskompetenzen begreifen, die unterschiedlichen ethischen Positionen und Orientierungen zu Grunde liegen. Die Strukturen dieser Kompetenzen entwickeln sich im Verlauf der Entwicklung über mehrere Stufen hinweg zu höherer Differenziertheit, tieferer Vernetzung mit anderen Strukturen, größerer Verallgemeinerung, Stabilität und Störungsfreiheit.

Piaget hat uns gelehrt, dass erfolgreiches Lernen ein entwicklungsadäquates Fundament voraussetzt. Die detaillierte Ausführung dieses Satzes würde die Spezifizierung einer entwicklungsorientierten und zugleich bereichsspezifischen Didaktik bedeuten, für die hier nicht der Raum ist. (Bestimmte Aspekte einer solchen Didaktik werden in diesem Buch dargestellt.) Für Pädagogen ist wichtig, dass sie die Konsolidierung des Fundaments fördern können, wie sie auch Lernprozesse fördern können, die darauf gründen.

Wir kehren zurück zu den Bedingungen schulischer Bildungsprozesse, die wir oben beschrieben haben. Die angebotene Lösung war unter der Bezeichnung „entwicklungsorientierte Didaktik" die unterrichtliche Förderung und Kultivierung natürlichen Lernens, die *Naturalisierung der Lernprozesse.* Die moralischen Lernprozesse, die wir in Schule und Unterricht *didaktisch unmittelbar fördern können,* sind, wie alle Prozesse des Lernens in der Schule, vor allem (wenn auch nicht ausschließlich) kognitive Prozesse. Es geht also um den Erwerb und die kognitive Entwicklung des gerechtigkeitsbezogenen Urteils, nicht um den Erwerb „der Moral". Wenn wir also moralische Erziehung im Sinne der Theorie von Kohlberg auslegen, meinen wir zunächst unabhängig von der fachlichen Strukturierung die kognitiv orientierte Förderung der moralischen Urteilsbildung mit den dafür angemessenen, entwicklungsdidaktisch probaten Mitteln, insbesondere der Problemsensibilisierung in moralischen Diskussionen über lebensweltlich relevante Dilemmata. In der Schule bieten sich mannigfache Gelegenheiten für solche Diskussionen: eigens dafür konzipierte Unterrichtsveranstaltungen, ein spezifisches Fach wie Ethik (oder das in Brandenburg entwickelte Fach „Lebensgestaltung-Ethik-Religionskunde") oder auch unterschiedliche Fächer mit unterschiedlichen inhaltlichen Kontexten: etwa Geschichte, Deutsch, Religion, Biologie und, je nach Situation, jedes andere Fach, das Material für moralisch relevante Probleme und Diskurse über sie bereitstellt.

Eine „natürliche" Entwicklung der moralischen Urteilsfähigkeit ist vor allem auf solche Bildungsprozesse angewiesen, die moralische Sensibilität für Situationen schärfen und die Bereitschaft stärken, aus dem Urteil handlungsregulierende Konsequenzen zu ziehen. Eine kognitive Entwicklungstheorie verlegt die Gründe für moralisches Handeln (nicht die tatsächliche Performanz, die von zusätzlichen Determinanten abhängt) nach innen, in die entwickelte Kompetenz des Individuums selbst. Die entwicklungsförmig entfaltete moralische Kompetenz stellt indessen nur den Baugrund für die erzieherisch beeinflusste Konstruktion des moralischen Urteils dar: das moralische Handeln, die moralische Reflexion auf den jeweiligen Entwicklungsstufen, in Situationen moralischer Herausforderung, kurz: Die Bildung des Gewissens ist auf Schärfung und Verstärkung in Bildungsprozessen angewiesen. Kohlbergs Theorie und seine pädagogische Praxis werden an anderer Stelle systematisch dargestellt. Die Theorie der (kognitiven) Entwicklung des moralischen Urteils – der Gewissensentwicklung im Blick auf Gerechtigkeit und Fairness im menschlichen Handeln – muss dabei von der Theorie „entgegenkommender Verhältnisse", also der didaktischen Theorie der unterrichtlichen Förderung sowie der pädagogischen Theorie der institutionellen Förderung der moralischen Entwicklung, unterschieden werden.

Hier gilt es zu prüfen, welches Potential an Problemlösungen Kohlbergs Ansatz bietet und welche Modifikationen, Ergänzungen, Weiterentwicklungen für welche Zwecke angemessen und begründet sind. Im Erziehungskontext geht es vor allem um Anwendung, um Intervention. Anwendung muss weise verfahren und unvermeidlich eklektisch sein, denn dabei handelt es sich nicht um eine Ableitung aus Naturkonstanten durch Ingenieure, sondern um die Rekonstruktion von Wissen im Dienste einer vieldimensionalen sozialen Praxis. Entsprechend unvollständig ist unser Wissen. Die Materie ist komplex, und niemand hat sie vollständig durchdrungen. Fast jeder hat eine andere, eine eigene Kenntnis der Schule, des potentiellen Anwendungsfeldes, und damit andere Wahrnehmungen, andere Selektionsbedingungen für Information und Relevanz. In jeder einzelnen Institution, in jeder einzelnen Schule wird es aufwendiger Anstrengungen bedürfen, um die auf *ihre* Situation, *ihre* Lehrer und *ihre* Schüler abgestimmten Problemlösungen in notwendiger Spezifität und Autonomie ein paar Schritte voranzutreiben. Dennoch werden die notwendigen Variationen in der Anwendung der Wahrheitsgeltung der kognitiven Theorie der Moralentwicklung, auf die sie sich zurückführen lassen, keinen Abbruch tun. Sie werden einen eigenen konstruktiven Beitrag zur Theorie leisten, indem sie diese modifizieren und damit zugleich ihren Geltungsbereich spezifizieren und erweitern. Deshalb auch ist es widersinnig, die urteilsbestimmende Kraft einer universalistischen Theorie der moralischen Entwicklung dem partikularen moralischen Lernen umstandslos entgegenzusetzen: Beide wirken vielmehr, in kluger Einsicht pädagogisch gestützt, in entwicklungsstufenspezifischer Synergie zusammen.

Entscheidend für diese Synergie von allgemeiner entwicklungstheoretischer Begründung und lokaler Gestaltung ist die pädagogische Unterstützung des Prozesses, und am schwierigsten ist die didaktische Leistung des Lehrers. *Er* muss die Ent-

wicklungsdynamik der moralischen Kognition verstehen, die Ablösung stufenspe-
zifischer und urteilsbestimmender moralischer Weltbilder durch entwicklungs-
logisch nachfolgende bereits in den früher angelegten Strukturen fördern; zugleich
muss er das Beharrungsvermögen der älteren Struktur kennen, ihre Resistenz gegen
Veränderung. Zu berücksichtigen ist die Zeitstruktur langsamer Veränderung. Ge-
duld tut Not, neben Einsicht. Der Stufenwechsel kann, bis eine Stufe ganz durch die
nächste abgelöst ist, drei bis fünf Jahre benötigen: Entwicklung ist ein langwieriger
und mühevoller Prozess, an der Oberfläche reich an Widersprüchen und Inkonsistenzen, bis sich die Logik der neuen Struktur durchgesetzt hat, die ihrerseits schnell
neue Inkonsistenzen erzeugt. Ein Lehrer muss, gleichsam von oben, die Gesamt-
struktur einer Stufe begreifen und dennoch „von unten", auf der dominanten Stufe,
Entwicklungsanreize geben. Das setzt Sympathie und Neugier auch für ein stufen-
spezifisches Weltbild voraus, das Werte transportiert, die er selbst längst abgelegt
hat, das Talionsprinzip (Auge um Auge) zum Beispiel, oder die Geltung der Autorität, die Recht nur bei sich, Unrecht nur beim anderen, und absolute Strafen vor-
sieht. Er muss technisch-didaktisch moralische Diskussionen führen können, geeignete Themen und Dilemmata identifizieren, sei es in den Fächern (Deutsch, Geschichte, Sozialkunde, Politik, Biologie, Religion), sei es im Schulleben und in den
Institutionen der Schülermitverantwortung, sei es in einer für Ethik und Moralentwicklung speziell vorgesehenen Veranstaltung, etwa im Schulfach „Ethik", aber
nach Möglichkeit nicht nur dort. Die historische, soziale und politische Entwicklung des moralischen Umgangs der Menschen und Gemeinschaften miteinander
bilden eine privilegierte Möglichkeit moralischer Erziehung in der Schule. Anlässe
zu moralischen Diskursen bietet der schulische Alltag in Hülle und Fülle: Eine *normative* Erwartung an den moralischen Umgang miteinander bleibt gewiss auch
dann zulässig, wenn sie nicht bei jeder Gelegenheit mit guten Gründen gestützt
wird, sofern sie im Konfliktfall mit Gründen gerechtfertigt werden kann. Lehrer
müssen mit ihrer Klasse ein moralisches Leben führen können, eine Diskussion aufrechterhalten, die sie auch gelegentlich autoritativ müssen beenden können, um die
Entwicklung einer kooperativen, gerechten oder doch an Gerechtigkeit und Fairness orientierten Gemeinschaft zu fördern. Moralische Erziehung ist sicher eine allgemeine Aufgabe der Schule. Doch ihre Erschwernis durch die Zeitverhältnisse hat
gezeigt, dass es sich anders als früher um eine professionelle, im weiteren Sinne didaktische Aufgabe handelt. Um diese Aufgabe ist es zurzeit nicht gut bestellt –
weder in den Schulen noch in der Ausbildung der Lehrer. In einem Modellprojekt
zur Förderung von Selbstwirksamkeit in der Schule könnte sie gut aufgehoben sein.

Literatur

Apel, K.-O. (1990). *Diskurs und Verantwortung. Probleme des Übergangs zur postkonventionellen
    Moral.* Frankfurt a.M.: Suhrkamp.
Beck, U. (1986). *Risikogesellschaft. Auf dem Weg in eine andere Moderne.* Frankfurt a.M.: Suhr-
    kamp.

Beck, U., & Beck-Gernsheim, E. (1993). Nicht Autonomie, sondern Bastelbiographie. Anmerkungen zur Individualisierungsdiskussion am Beispiel des Aufsatzes von Günter Burkart. *Zeitschrift für Soziologie, 22,* 178–187.

Becker, H. (1954). Die verwaltete Schule. *Merkur, Dezember,* 1155–1177.

Böhnisch, L. (1994). Gewalt, die nicht nur von außen kommt. Die Schule in der Konfrontation mit sich selbst. In W. Heitmeyer (Hrsg.), *Das Gewalt-Dilemma* (S. 227–241). Frankfurt a.M.: Suhrkamp.

Callies, E., Edelstein, W., Hopf, D., Keller, M., Krappmann, L., Petry, C., Raschert, J., & Reindel, H. (1974). *Sozialwissenschaft für die Schule. Umrisse eines Struktur- und Prozeßcurriculums.* Stuttgart: Klett.

Colby, A., & Kohlberg, L. (1986). Das moralische Urteil: Der kognitionszentrierte entwicklungspsychologische Ansatz. In H. Bertram (Hrsg.), *Gesellschaftlicher Zwang und moralische Autonomie* (S. 130–162). Frankfurt a.M.: Suhrkamp.

Durkheim, E. (1973). *Moral education.* New York: Free Press.

Durkheim, E. (1977). *Über die Teilung der sozialen Arbeit.* Frankfurt a.M.: Suhrkamp.

Durkheim, E. (1983). *Der Selbstmord.* Frankfurt a.M.: Suhrkamp.

Eckert, R. (1995). Distinktion durch Gewalt? In W. Ferchoff, U. Sander & R. Vollbrecht (Hrsg.), *Jugendkulturen – Faszination und Ambivalenz* (S. 186–202). Weinheim: Juventa.

Edelstein, W. (1995a). Krise der Jugend – Ohnmacht der Institutionen. Eine Einleitung im Anschluß an Emile Durkheims Theorie. In W. Edelstein (Hrsg.), *Entwicklungskrisen kompetent meistern. Der Beitrag der Selbstwirksamkeitstheorie von Albert Bandura zum pädagogischen Handeln* (S. 13–24). Heidelberg: Asanger.

Edelstein, W. (1995b). Die offene Gesellschaft: Leitvorstellung oder Notlösung? In Deutsche Gesellschaft für Bildungsverwaltung (Hrsg.), *Lernen in einer offenen Gesellschaft. Dokumentation der 15. DGBV-Jahrestagung vom 15. bis 17. September 1994 in Bayreuth* (S. 65–83). Frankfurt a.M.: DGBV.

Gerbaulet, S., & Herz, O. (1972). *Schulnahe Curriculumentwicklung.* Stuttgart: Klett.

Habermas, J. (1983). *Moralbewußtsein und kommunikatives Handeln.* Frankfurt a.M.: Suhrkamp.

Habermas, J. (1991). *Erläuterungen zur Diskursethik.* Frankfurt a.M.: Suhrkamp.

Hornstein, W. (1996). Gewaltbereitschaft von Kindern und Jugendlichen. In K. Hilpert (Hrsg.), *Die ganz alltägliche Gewalt* (S. 19–43). Opladen: Leske + Budrich.

Keller, M. (1996). *Moralische Sensibilität: Entwicklung in Freundschaft und Familie.* Weinheim: Psychologie Verlags Union.

Kohlberg, L. (1986). Der „Just Community"-Ansatz der Moralerziehung in Theorie und Praxis. In F. Oser, R. Fatke & O. Höffe (Hrsg.), *Transformation und Entwicklung* (S. 21–55). Frankfurt a.M.: Suhrkamp.

Kohlberg, L. (1995). *Die Psychologie der Moralentwicklung.* Frankfurt a.M.: Suhrkamp.

Mansel, J. (1995). Quantitative Entwicklung von Gewalthandlungen Jugendlicher und ihrer offiziellen Registrierung. *Zeitschrift für Sozialisationsforschung und Erziehungssoziologie, 15,* 101–121.

Oser, F., & Althof, W. (1992). *Moralische Selbstbestimmung.* Stuttgart: Klett-Cotta.

Otto, H.-U., & Merkens, R. (Hrsg.). (1993). *Rechtsradikale Gewalt im vereinigten Deutschland.* Opladen: Leske + Budrich.

Piaget, J. (1973). *Das moralische Urteil beim Kinde.* Frankfurt a.M.: Suhrkamp.

Platon. (1958). *Sämtliche Werke* (Bd. II, übers. von Friedrich Schleiermacher). Reinbek: Rowohlt.

Powell, A. G., Farrar, E., & Cohen, D. K. (1985). *The shopping mall high school: Winners and losers in the educational marketplace.* Boston: Houghton Mifflin.

Power, C., Higgins, A., & Kohlberg, L. (1989). *Lawrence Kohlberg's approach to moral education.* New York: Columbia University Press.

Wissenschaftszentrum Bonn-Bad Godesberg. (1978). *Mut zur Erziehung. Beiträge zu einem Forum am 9./10. Januar 1978 im Wissenschaftszentrum Bonn-Bad Godesberg.* Stuttgart: Klett-Cotta.

Lawrence Kohlberg

Moralstufen und Moralerwerb
Der kognitiv-entwicklungstheoretische Ansatz (1976)[*]

In dieser Arbeit werde ich einen Überblick über die kognitiv-entwicklungsorientierte Theorie des Moralerwerbs geben, wie sie in Untersuchungen über Moralstufen von mir selbst und meinen Kollegen ausgearbeitet wurde. Zunächst werde ich die sechs Stufen theoretisch beschreiben, um dann darzulegen, wie sich unsere Methoden zur Identifizierung der Stufen bzw. der Ermittlung der Stufenzugehörigkeit von Denkäußerungen entwickelt haben. Nach diesem Umriss der Moralentwicklung und der Erhebungsmethoden werde ich die Theorie des Moralerwerbs präsentieren, die diesem Bild von moralischer Entwicklung am besten gerecht wird; und schließlich werde ich diese Theorie mit Ansätzen konfrontieren, die Moralentwicklung als Ergebnis von Sozialisation und sozialem Lernen begreifen.

In gewisser Weise bietet diese Arbeit eine „aufgefrischte" Version früherer Darstellungen meiner Theorie (Kohlberg, 1974). Es wird hier jedoch nicht versucht werden, den Forschungsstand umfassend zu diskutieren, da Forschungsübersichten schon früher veröffentlicht worden sind (Kohlberg, 1964) bzw. vorbereitet werden. Auch die philosophischen Voraussetzungen und Implikationen unserer Stufen werden nur kurz abgehandelt, nachdem sie an anderer Stelle bereits sorgfältig diskutiert worden sind (Kohlberg, 1971).

Der Stellenwert des moralischen Urteils in der Gesamtpersönlichkeit

Um die Moralstufen zu begreifen, wird es hilfreich sein, sie in eine Abfolge der Entwicklung der Gesamtpersönlichkeit einzuordnen. Wir wissen, dass die Individuen die Moralstufen Schritt für Schritt durchlaufen, wenn sie von der Grundlinie (Stufe 1) in Richtung der Spitze (Stufe 6) voranschreiten. Es gibt auch noch andere Stufen, die die Menschen durchlaufen müssen, wobei die grundlegendsten vielleicht die von Piaget untersuchten Stufen des logischen Denkens bzw. der Intelligenzentwicklung sind (Piaget, 1972). Nachdem das Kind sprechen gelernt hat, findet man drei Hauptphasen der Entwicklung des Denkens: intuitives, konkret-operatorisches

[*] Mit freundlicher Genehmigung der Inhaber der Urheberrechte und des Suhrkamp Verlags mit geringfügigen Veränderungen übernommen aus Kohlberg (1995) Die Psychologie der Moralentwicklung; Übersetzung von Döbert und Portele.

und formal-operatorisches Denken. Etwa im Alter von sieben Jahren treten die Kinder in das Stadium des konkreten logischen Denkens ein und können dann logisch schließen, Gegenstände klassifizieren und quantitative Relationen zwischen konkreten Dingen handhaben. In der Adoleszenz erreichen viele, jedoch nicht alle, Individuen das Niveau der formalen Operationen; auf dieser Ebene können sie in abstracto denken. Mithilfe formal-operatorischen Denkens können alle Möglichkeiten durchgespielt, die Beziehungen zwischen Elementen in einem System bedacht, Hypothesen gebildet, aus ihnen Implikationen abgeleitet und diese an der Realität überprüft werden. Viele Jugendliche und Erwachsene erreichen die Stufe der formalen Operationen nur teilweise; sie berücksichtigen alle tatsächlichen Beziehungen, die zu einer bestimmten Zeit zwischen einer Sache und einer anderen bestehen, sie erwägen jedoch nicht alle Möglichkeiten und bilden keine abstrakten Hypothesen.

Im Allgemeinen wird fast kein Jugendlicher oder Erwachsener mehr ganz dem konkret-operatorischen Denken verhaftet sein, viele werden das formal-operatorische Denken teilweise beherrschen, und die meisten werden die höchste Stufe der formalen Operationen erreicht haben (vgl. Kuhn u.a., 1977). Da moralisches Denken natürlich auch Denken ist, hängt ein fortgeschrittenes moralisches Denken von einem fortgeschrittenen logischen Denken ab. Es besteht eine Parallelität zwischen der logischen Stufe eines Individuums und seiner Moralstufe. Eine Person, die nur konkret-operatorisch denkt, kann über die präkonventionellen Moralstufen (Stufen 1und 2) nicht hinauskommen. Eine Person, deren Denken nur „knapp" formal-operatorisch ist, bleibt auf die konventionellen Moralstufen (Stufen 3 und 4) beschränkt. Die logische Entwicklung ist eine notwendige Bedingung für Moralentwicklung, sie ist aber keine hinreichende Voraussetzung. Viele Individuen haben eine höhere logische, aber noch nicht die parallele moralische Stufe erreicht; dagegen befindet sich so gut wie niemand auf einer höheren moralischen als logischen Stufe (vgl. Walker, 1980).

Nach den Stufen der logischen Entwicklung sind jene der sozialen Wahrnehmung oder sozialen Perspektiven- bzw. Rollenübernahme (vgl. Selman, 1982) zu beachten. Wenn wir die Moralstufen definieren, ist darin eine teilweise Beschreibung dieser Stufen der Rollenübernahme enthalten. Sie erfassen das Niveau, auf dem die Person andere Menschen wahrnimmt, ihre Gedanken und Gefühle interpretiert und ihre Rolle bzw. Stellung in der Gesellschaft versteht. Diese Stufen hängen sehr eng mit den Moralstufen zusammen, sind jedoch allgemeineren Charakters, da sie nicht nur mit Fairness und Entscheidungen zwischen „richtig" und „falsch" zu tun haben. Es ist schwieriger, ein Gerechtigkeitsurteil eines bestimmten Niveaus zu fällen, als die Welt einfach auf dieser Ebene wahrzunehmen. Somit geht, wie im Falle der Logik, die Entwicklung der sozialen Kognition eines bestimmten Stadiums der Entwicklung der parallelen Stufe moralischen Urteilens voran – sie ist weniger schwierig. So wie es eine vertikale Abfolge von Schritten in der Aufwärtsbewegung von der ersten zur zweiten und dann zur dritten Moralstufe gibt, so gibt es auch eine horizontale Abfolge von Schritten in Form einer Bewegung von der Logik zur sozialen Wahrnehmung und dann zum moralischen Urteil. Zuerst erreichen die Individuen ein logisches Stadium, etwa das der partiellen formalen Operationen, das es ihnen erlaubt, „Systeme" in der Welt zu erkennen, eine Reihe miteinander verknüpfter Variablen als System zu identifizieren. Danach erreichen sie ein Niveau der sozialen Wahrnehmung bzw. der Rollenübernahme, auf dem sie erkennen, wie andere Menschen einander unter Rekurs auf den Ort jedes Einzelnen innerhalb des Systems verstehen. Schließlich erreichen sie die Stufe 4 des moralischen Urteils, auf der das Wohl und die Ordnung der Gesamtgesellschaft zum Bezugspunkt des Urteils über „fair" und „richtig" werden. Wir haben festgestellt, dass Personen, die in unseren Programmen zur moralischen Erziehung Fortschritte machen, bereits über die logischen und oft auch die sozialkognitiven Fähigkeiten für die höhere Moralstufe verfügen, auf die sie sich zubewegen (vgl. Walker, 1980).

In dieser horizontalen Sequenz gibt es einen abschließenden Schritt: moralisches Verhalten. Um moralisch anspruchsvoll handeln zu können, bedarf es moralischer Urteile eines fortgeschrittenen Niveaus. Man kann nicht prinzipienorientiert handeln (Stufen 5 und 6), wenn man Prinzipien nicht versteht oder nicht an sie glaubt. Man kann allerdings in der Begrifflichkeit derartiger Prinzipien denken oder argumentieren, ohne nach ihnen zu leben. Ob eine bestimmte Person in einer bestimmten Situation den ihr jeweils – mit ihrer moralischen Urteilsstufe – zugänglichen moralischen Einsichten nachkommt, hängt von einer Vielzahl von Faktoren ab; immerhin jedoch hat sich die Moralstufe in verschiedenen experimentellen und natürlichen Kontexten als Variable erwiesen, die Handeln gut vorherzusagen erlaubt (vgl. Kohlberg, 1974).

Zusammengefasst lässt sich festhalten, dass die moralische Stufe mit vorausgehenden kognitiven Entwicklungen und mit dem moralischen Handeln zusammenhängt; die Bestimmung einer moralischen Stufe muss jedoch allein auf dem moralischen Urteilen gründen.

Eine theoretische Beschreibung der Moralstufen

Die sechs moralischen Stufen werden drei Hauptebenen zugeteilt: der präkonventionellen (Stufen 1 und 2), der konventionellen (Stufen 3 und 4) und der postkonventionellen Ebene (Stufen 5 und 6).

Man versteht die einzelnen Stufen besser, wenn man zuvor eine Vorstellung von den drei moralischen Niveaus gewonnen hat. Die präkonventionelle Ebene ist die moralische Denkebene der meisten Kinder bis zum neunten Lebensjahr, einiger Jugendlicher und vieler jugendlicher und erwachsener Straftäter. Der konventionellen Ebene sind in unserer und in anderen Gesellschaften die meisten Jugendlichen und Erwachsenen zuzurechnen. Die postkonventionelle Ebene wird von einer Minorität von Erwachsenen erreicht – und das in der Regel erst nach dem 20. Lebensjahr. Der Begriff „konventionell" bedeutet, dass man den Regeln, Erwartungen und Konventionen der Gesellschaft oder einer Autorität eben deshalb entspricht und sie billigt, weil sie die Regeln, Erwartungen und Konventionen der

Tabelle 1: Sechs Stufen des moralischen Urteilens

Inhalt der Stufe		Soziale Perspektive der Stufe
Was rechtens ist	Gründe, das Rechte zu tun	

Niveau I – Präkonventionell

Stufe 1 – Heteronome Moralität

Regeln einzuhalten, deren Übertretung mit Strafe bedroht ist. Gehorsam als Selbstwert. Personen oder Sachen keinen physischen Schaden zuzufügen.	Vermeiden von Bestrafung und die überlegene Macht der Autoritäten.	*Egozentrischer Gesichtspunkt.* Der Handelnde berücksichtigt die Interessen anderer nicht oder erkennt nicht, dass sie von den Seinen verschieden sind, oder er setzt zwei verschiedene Gesichtspunkte nicht miteinander in Beziehung. Handlungen werden rein nach dem äußeren Erscheinungsbild beurteilt und nicht nach den dahinter stehenden Intentionen. Die eigene und die Perspektive der Autorität werden miteinander verwechselt.

Stufe 2 – Individualismus, Zielbewusstsein und Austausch

Regeln zu befolgen, aber nur dann, wenn es irgendjemandes unmittelbaren Interessen dient; die eigenen Interessen und Bedürfnisse zu befriedigen und andere dasselbe tun zu lassen. Gerecht ist auch, was fair ist, was ein gleichwertiger Austausch, ein Handel oder ein Übereinkommen ist.	Um die eigenen Bedürfnisse und Interessen zu befriedigen, wobei anerkannt wird, dass auch andere Menschen bestimmte Interessen haben.	*Konkret individualistische Perspektive.* Einsicht, dass die verschiedenen individuellen Interessen miteinander im Konflikt liegen, sodass Gerechtigkeit (im konkret-individualistischen Sinne) relativ ist.

Niveau II – Konventionell

Stufe 3 – Wechselseitige Erwartungen, Beziehungen und interpersonelle Konformität

Den Erwartungen zu entsprechen, die nahe stehende Menschen oder Menschen überhaupt an mich als Träger einer bestimmten Rolle (Sohn, Bruder, Freund usw.) richten. ,Gut zu sein' ist wichtig und bedeutet, ehrenwerte Absichten zu haben und sich um andere zu sorgen. Es bedeutet, dass man Beziehungen pflegt und Vertrauen, Loyalität, Wertschätzung und Dankbarkeit empfindet.	(1) Das Verlangen, in den eigenen Augen und in denen anderer Menschen als ,guter Kerl' zu erscheinen; (2) die Zuneigung zu anderen; (3) der Glaube an die ,Goldene Regel'; (4) der Wunsch, die Regeln und die Autorität zu erhalten, die ein stereotypes ,gutes' Verhalten rechtfertigen.	*Perspektive des Individuums, das in Beziehung zu anderen Individuen steht.* Der Handelnde ist sich gemeinsamer Gefühle, Übereinkünfte und Erwartungen bewusst, die den Vorrang vor individuellen Interessen erhalten. Mittels der ,konkreten goldenen Regel' bringt er unterschiedliche Standpunkte miteinander in Beziehung, indem er sich in die Lage des jeweils anderen versetzt. Die verallgemeinerte ,System'-Perspektive bleibt noch außer Betracht.

Stufe 4 – Soziales System und Gewissen

Die Pflichten zu erfüllen, die man übernommen hat. Gesetze sind zu befolgen, ausgenommen in jenen extremen Fällen, in denen sie anderen festgelegten sozialen Verpflichtungen widersprechen. Das Recht steht auch im Dienste der Gesellschaft, der Gruppe oder der Institution.

Um das Funktionieren der Institution zu gewährleisten, um einen Zusammenbruch des Systems zu vermeiden, ‚wenn jeder es täte', oder um dem Gewissen Genüge zu tun, das an die selbst übernommenen Verpflichtungen mahnt. Leicht zu verwechseln mit dem für die Stufe 3 charakteristischen Glauben an Regeln und Autorität.

Macht einen Unterschied zwischen dem gesellschaftlichen Standpunkt und der interpersonalen Übereinkunft bzw. den auf einzelne Individuen gerichteten Motiven. Übernimmt den Standpunkt des Systems, das Rollen und Regeln festlegt. Betrachtet individuelle Beziehungen als Relationen zwischen Systemteilen.

Niveau III – Postkonventionell oder prinzipiengeleitet

Stufe 5 – Die Stufe des sozialen Kontrakts bzw. der gesellschaftlichen Nützlichkeit, zugleich die Stufe individueller Rechte

Sich der Tatsache bewusst zu sein, dass unter den Menschen eine Vielzahl von Werten und Meinungen vertreten wird, und dass die meisten Werte und Normen gruppenspezifisch sind. Diese ‚relativen' Regeln sollten im Allgemeinen jedoch befolgt werden, im Interesse der Gerechtigkeit und weil sie den sozialen Kontrakt ausmachen. Doch gewisse absolute Werte und Rechte wie *Leben* und *Freiheit* müssen in jeder Gesellschaft und unabhängig von der Meinung der Mehrheit respektiert werden.

(1) Ein Gefühl der Verpflichtung gegenüber dem Gesetz aufgrund der im Gesellschaftsvertrag niedergelegten Vereinbarung, zum Wohle und zum Schutz der Rechte aller Menschen Gesetze zu schaffen und sich an sie zu halten;
(2) Ein Gefühl der freiwilligen vertraglichen Bindung an Familie, Freundschaft, Vertrauen und Arbeitsverpflichtungen;
(3) Interesse daran, dass Rechte und Pflichten gemäß der rationalen Kalkulation eines Gesamtnutzens verteilt werden nach der Devise ‚Der größtmögliche Nutzen für die größtmögliche Zahl'.

Der Gesellschaft vorgeordnete Perspektive. Perspektive eines rationalen Individuums, das sich der Existenz von Werten und Rechten bewusst ist, die sozialen Bindungen und Verträgen vorgeordnet sind. Integriert unterschiedliche Perspektiven durch die formalen Mechanismen der Übereinkunft, des Vertrags, der Unvoreingenommenheit und der angemessenen Veränderung. Zieht sowohl moralische wie legale Gesichtspunkte in Betracht, anerkennt, dass sie gelegentlich in Widerspruch geraten, und sieht Schwierigkeiten, sie zu integrieren.

Stufe 6 – Die Stufe der universalen ethischen Prinzipien

Selbstgewählten ethischen Prinzipien zu folgen. Spezielle Gesetze oder gesellschaftliche Übereinkünfte sind im Allgemeinen deshalb gültig, weil sie auf diesen Prinzipien beruhen. Wenn Gesetze gegen diese Prinzipien verstoßen, dann handelt man in Übereinstimmung mit dem Prinzip. Bei den erwähnten Prinzipien handelt es sich um universale Prinzipien der Gerechtigkeit: Alle Menschen haben gleiche Rechte, und die Würde des Einzelwesens ist zu achten.

Der Glaube einer rationalen Person an die Gültigkeit universaler moralische Prinzipien und ein Gefühl persönlicher Verpflichtung ihnen gegenüber.

Perspektive eines ‚moralischen Standpunkts', von dem sich gesellschaftliche Ordnungen herleiten. Es ist dies die Perspektive eines jeden rationalen Individuums, das das Wesen der Moralität anerkennt bzw. anerkennt, dass jeder Mensch seinen (End-) Zweck in sich selbst trägt und entsprechend behandelt werden muss.

Gesellschaft sind. Das Individuum auf präkonventionellem Niveau ist noch nicht so weit, dass es die konventionellen oder gesellschaftlichen Regeln und Erwartungen wirklich verstehen oder unterstützen könnte. Jemand auf postkonventionellem Niveau versteht die Regeln der Gesellschaft und akzeptiert sie grundsätzlich, aber dieses grundsätzliche Einverständnis leitet sich daraus ab, dass die allgemeinen moralischen Prinzipien, die den gesellschaftlichen Regulierungen zu Grunde liegen, formuliert und anerkannt werden. Gelegentlich kommen diese Prinzipien mit den Regeln der Gesellschaft in Konflikt, und dann hält das postkonventionelle Individuum sich an das Prinzip und nicht an die Konvention.

Man kann sich die Bedeutung der drei Niveaus auch so plausibel machen, dass man sie als drei unterschiedliche Typen von Beziehungen zwischen dem *Selbst* und den *gesellschaftlichen Regeln und Erwartungen* begreift. Aus dieser Perspektive hat das präkonventionelle Subjekt (Ebene I) ein Selbst, dem die sozialen Normen und Erwartungen äußerlich bleiben; Ebene II bezieht sich auf die konventionelle Person, deren Selbst mit den Regeln und Erwartungen anderer, speziell der Autoritäten, identifiziert ist bzw. diese internalisiert hat; und Ebene III bezeichnet die postkonventionelle Person, die ihr Selbst von den Regeln und Erwartungen anderer unabhängig gemacht hat und die ihre Werte im Rahmen selbstgewählter Prinzipien definiert.

Innerhalb jedes der drei Moralniveaus gibt es zwei Stufen, wobei die zweite Stufe jeweils eine fortgeschrittenere und besser organisierte Variante der allgemeinen Perspektive des jeweiligen Hauptniveaus darstellt. Tabelle 1 definiert die sechs moralischen Stufen in drei Dimensionen: (1) Was gilt als richtig, (2) mit welchen Gründen wird das Richtige vertreten und (3) welche soziale Perspektive steht im Hintergrund der jeweiligen Stufe? Mit dem Begriff der sozialen Perspektive ist ein zentrales Konzept berührt, dem unser Bemühen um eine Definition des moralischen Urteilens sich nun zuwendet.

Die Sozialperspektiven der drei moralischen Niveaus

Um die Entwicklung des moralischen Denkens strukturell zu beschreiben, brauchen wir ein einzelnes, vereinheitlichendes Konstrukt, aus dem sich die strukturellen Hauptmerkmale einer jeden Stufe ableiten lassen. Selman (1982) schlug für die Suche nach einem derartigen vereinheitlichenden Konstrukt einen Ausgangspunkt vor; er hat Ebenen der Rollenübernahme definiert, die unseren Moralstufen parallel laufen und die eine kognitiv-strukturelle Hierarchie bilden. Selman definiert Rollenübernahme vor allem mit Bezug auf die Art, wie das Individuum die eigene Perspektive von anderen Perspektiven unterscheidet und diese Perspektiven miteinander verknüpft. Unseres Erachtens gibt es jedoch ein allgemeineres strukturelles Konstrukt, das sowohl der Rollenübernahme wie dem moralischen Urteil zu Grunde liegt. Dies ist das Konzept der *soziomoralischen Perspektive,* das sich auf den Standpunkt bezieht, den das Individuum bei der Vergegenwärtigung sozialer Fakten wie der Bestimmung soziomoralischer Werte, also von Sollensvorstellungen einnimmt.

In Entsprechung zu den drei Hauptniveaus des moralischen Urteils postulieren wir drei Hauptniveaus der sozialen Perspektive:

Moralisches Urteil	Soziale Perspektive
I. Präkonventionell	Konkret-individuelle Perspektive
II. Konventionell	Perspektive eines Mitglieds der Gesellschaft
III. Postkonventionell bzw. prinzipien-orientiert	Der Gesellschaft vorgeordnete Perspektive

Wir wollen nun die Bedeutung der Sozialperspektive an der Einheitsstiftung veranschaulichen, die sie für die verschiedenen Vorstellungen und Thematiken eines moralischen Niveaus ermöglicht. Die konventionelle Ebene unterscheidet sich zum Beispiel von der präkonventionellen durch die Verwendung der folgenden Begründungen: Besorgt-Sein um (1) soziale Zustimmung, (2) um die Loyalität gegenüber Personen, Gruppen und der Autorität und (3) um das Wohlergehen anderer und der Gesellschaft. Wir müssen die Frage stellen, was diesen Charakteristika des Urteilens zu Grunde liegt und sie zusammenhält. Es ist die *Sozialperspektive,* eine gemeinsame Sichtweise der Partner einer Beziehung oder der Mitglieder einer Gruppe, die die Besonderheiten des Denkens auf der konventionellen Ebene in grundlegender Weise definiert und vereinheitlicht. Das konventionelle Individuum ordnet die Bedürfnisse des Einzelnen dem Standpunkt und den Bedürfnissen der Gruppe oder der gemeinsamen Beziehung unter. Zur illustrativen Veranschaulichung der konventionellen Sozialperspektive mag die Antwort des 17-jährigen Joe auf folgende Frage dienen:

F: Warum sollte man keinen Ladendiebstahl begehen?

A: Das ist eine Frage des Gesetzes. Zu unseren Regeln gehört, dass wir versuchen, jedermann zu schützen, das Eigentum zu schützen, nicht nur ein Geschäft. So etwas benötigt man in unserer Gesellschaft. Wenn wir diese Gesetze nicht hätten, würden die Leute stehlen, sie müssten nicht für ihren Lebensunterhalt arbeiten, und unsere ganze Gesellschaft würde kaputtgehen.

Joe sorgt sich um die *Einhaltung der Gesetze,* und der Grund für seine Sorge ist, dass ihm am *Wohl der Gesellschaft als Ganzem* gelegen ist. Er redet unzweideutig als Mitglied der Gesellschaft: „Es ist eine *unserer* Regeln, die *wir* zum Schutze eines jeden in *unserer* Gesellschaft erlassen." Diese Sorge um das Wohl der Gesellschaft ergibt sich daraus, dass er den Standpunkt von „uns Mitgliedern der Gesellschaft" einnimmt, der den Standpunkt von Joe als einem konkreten, individuellen Selbst übersteigt.

Lassen Sie uns *diese konventionelle Perspektive eines Mitglieds der Gesellschaft* mit der *präkonventionellen, konkret-individualistischen Perspektive* vergleichen. Letztere ist die Sichtweise der individuell Handelnden, die in der gegebenen Situation über die eigenen Interessen und die anderer, deren Wohl ihnen am Herzen liegt, nachdenken. Sieben Jahre früher, als er zehn Jahre alt war, hatte Joes Antwort auf die gleiche Frage die konkret-individuelle Perspektive verkörpert:

> F: Warum sollte man in einem Laden nichts stehlen?
>
> A: Es ist nicht gut, in einem Laden zu stehlen. Das verstößt gegen das Gesetz. Irgendjemand könnte dich beobachten und die Polizei holen.

„Gegen das Gesetz" zu verstoßen, bedeutet also auf den beiden Ebenen ganz etwas Verschiedenes. Nach dem Verständnis von Ebene II ist das Gesetz – wie Joe mit 17 angibt – durch und für „jedermann" gesetzt worden. Auf Ebene I dagegen erscheint das Gesetz einfach als etwas, das von der Polizei durchgesetzt wird, und infolgedessen liegt der Grund für Gesetzestreue im Bestreben, Strafen zu vermeiden. Diese Begründung hat ihren Ursprung in der Begrenztheit einer Ebene I-Perspektive – als der Perspektive des Individuums, das nur die eigenen Interessen und die anderer, isolierter Individuen in Betracht zieht.

Betrachten wir nun die Perspektive der *postkonventionellen Ebene*. Sie ähnelt der präkonventionellen darin, dass sie zum Standpunkt des Individuums zurückkehrt und nicht mehr zunächst den Blickwinkel eines Gesellschaftsmitglieds einnimmt. Der individuelle Standpunkt, der auf dem postkonventionellen Niveau eingenommen wird, ist jedoch universalisierbar; es ist der eines *jeden rationalen, moralischen Subjekts*. Die postkonventionelle Person kennt die Perspektive des Mitglieds der Gesellschaft und befragt und revidiert sie aus einer individuumbezogenen moralischen Perspektive, sodass soziale Verpflichtungen in einer Weise definiert werden, die gegenüber einer jeden moralischen Person gerechtfertigt werden kann. Die Bindung des Individuums an eine fundamentale Moralität oder grundlegende moralische Prinzipien gilt gegenüber der Übernahme der Perspektive der Gesellschaft oder der Verpflichtung auf die gesellschaftlichen Gesetze und Werte als vorrangig, als deren notwendige Voraussetzung. Die Gesetze und Werte der Gesellschaft sollten ihrerseits derart beschaffen sein, dass sich jede vernünftige Person – welche Position auch immer sie in der Gesellschaft einnehmen sollte und zu welcher Gesellschaft sie auch immer gehören mag – auf sie verpflichten könnte. Die postkonventionelle Perspektive *geht somit der Gesellschaft voraus;* sie verkörpert den Standpunkt eines *Individuums, welches die moralischen Verpflichtungen eingegangen ist bzw. die Maßstäbe vertritt, denen eine gute oder gerechte Gesellschaft genügen muss.* Dies ist eine Perspektive, an der (1) einzelne Gesellschaften oder soziale Praxen gemessen werden können und von der her sich (2) eine Person auf rationaler Grundlage für eine Gesellschaft engagieren kann.

Als Beispiel mag wieder unser „longitudinaler" Proband Joe dienen, den wir als 24-Jährigen erneut befragten:

> F: Warum sollte man keinen Ladendiebstahl begehen?
>
> A: Man verletzt damit die Rechte einer anderen Person, in diesem Fall ihr Recht auf Eigentum.
>
> F: Kommt dabei das Gesetz ins Spiel?
>
> A: Nun, in den meisten Fällen basiert das Gesetz auf dem, was moralisch richtig ist, somit ist das kein separates Thema, sondern ein Aspekt, der berücksichtigt werden muss.

F: Was bedeutet „Moral" oder „moralisch richtig" für dich?

A: Dass man die Rechte anderer Individuen respektiert, und zwar erst mal ihr Recht auf Leben, dann ihr Recht, zu tun und zu lassen, was sie wollen, solange sie dabei nicht die Rechte von jemand anderem beeinträchtigen.

Diebstahl ist deshalb ein Unrecht, weil damit die moralischen Rechte von Personen, die gegenüber Gesetz und Gesellschaft vorrangig sind, verletzt werden. Eigentumsrechte ergeben sich aus universelleren Menschenrechten (wie z.B. den Freiheiten, die mit gleichen Freiheiten anderer kompatibel sind). Die Geltungsansprüche von Gesetz und Gesellschaft leiten sich von universellen moralischen Rechten her, und nicht umgekehrt.

Man sollte vermerken, dass die Verwendung der Wörter „Rechte", „moralisch richtig" oder „Gewissen" nicht schon zwangsläufig die postkonventionelle von der konventionellen Moralität unterscheidet. Wenn sich jemand dafür ausspricht, sich am moralisch Richtigen zu orientieren oder dem Gewissen statt dem Gesetz zu folgen, muss dies nicht unbedingt auf die postkonventionelle Perspektive des rationalen, moralischen Individuums hinweisen. Die Begriffe „Moral" und „Gewissen" können gebraucht werden, um sich auf Gruppenregeln und -werte zu beziehen, die mit den bürgerlichen Gesetzen oder Majoritätsnormen kollidieren. Für einen Zeugen Jehovas, der aus „Gewissensgründen" ins Gefängnis gegangen ist, mag „Gewissen" für das Gesetz Gottes stehen, so wie es von seiner religiösen Sekte oder Gruppe verstanden wird, und eben nicht für den Standpunkt eines jeden Individuums, das sich an universellen moralischen Prinzipien oder Werten orientiert. Um als Indikatoren für Postkonventionalität zu gelten, müssen solche Vorstellungen und Begriffe auf eine Weise benutzt werden, die deutlich macht, dass sie für ein rationales oder moralisches Subjekt als fundiert gelten können – ohne dass dieses sich schon irgendeiner Gruppe, Gesellschaft oder deren Moralität verschrieben hätte. „Vertrauen" beispielsweise ist sowohl auf konventionellem als auch auf postkonventionellem Niveau ein grundlegender Wert. Der konventionelle Denker erwartet von anderen Mitgliedern seiner Gesellschaft Vertrauenswürdigkeit. Dies bringt Joe mit 17 folgendermaßen zum Ausdruck:

F: Warum sollte man ein Versprechen überhaupt halten?

A: Freundschaft ist auf Vertrauen gegründet. Wenn du jemandem nicht vertrauen kannst, bleibt kaum eine Grundlage für eine Beziehung. Man sollte versuchen, so verlässlich wie möglich zu sein, denn die Leute merken sich das, und man genießt mehr Achtung, wenn andere auf einen bauen können.

Auf dieser konventionellen Ebene betrachtet Joe Vertrauen als jemand, der vertraut, aber auch Vertrauen brechen könnte. Er erkennt, dass der Mensch vertrauenswürdig sein muss, um Respekt zu erlangen und um seine sozialen Beziehungen aufrechtzuerhalten, aber auch, weil er als Mitglied der Gesellschaft im Allgemeinen von anderen Vertrauen erwartet.

Auf dem postkonventionellen Niveau gehen die Individuen einen Schritt weiter. Sie unterstellen nicht automatisch, dass sie in einer Gesellschaft leben, in der sie auf die Freundschaft und den Respekt anderer angewiesen sind. Vielmehr überlegen sie sich, warum jede Gesellschaft oder soziale Beziehung Vertrauen voraussetzt und warum Menschen, wenn sie in die Gesellschaft eintreten wollen, vertrauenswürdig sein müssen. Mit 24 Jahren argumentiert Joe postkonventionell, als er erläutert, warum Versprechen gehalten werden müssen:

> Ich glaube, dass Beziehungen zwischen Menschen generell auf Vertrauen und dem Glauben an andere aufbauen. Wenn man an überhaupt niemanden glauben kann, kann man mit niemandem umgehen, und jeder steht für sich allein. Was immer du im Verlauf eines Tages unternimmst, steht mit irgend jemandem in Beziehung, und wenn du da nicht auf einer fairen Basis (ver)handeln kannst, hast du das Chaos.

Wir haben eine postkonventionelle moralische Perspektive mit Blick auf die Begründungen definiert, *warum* etwas für das Individuum richtig oder falsch ist. Wir müssen nun illustrieren, wie diese Perspektive in eine tatsächliche Entscheidung bzw. in die Bestimmung dessen, *was richtig ist,* eingeht. Die postkonventionelle Person ist sich des moralischen Standpunkts bewusst, den sich jeder in einer moralischen Konfliktsituation zu Eigen machen sollte. Statt Erwartungen und Verpflichtungen von gesellschaftlichen Rollen her zu fassen, wie das jemand auf konventionellem Niveau täte, geht das postkonventionelle Subjekt davon aus, dass die Rolleninhaber sich an einem „moralischen Standpunkt" orientieren sollten. Der postkonventionelle moralische Standpunkt erkennt auch festgelegte rechtlich-soziale Verpflichtungen durchaus an, doch kann die Befolgung der moralischen Verpflichtungen den Vorrang genießen, wenn Moral und Recht in Widerspruch geraten.

Im Alter von 24 Jahren bedenkt Joe den postkonventionellen moralischen Standpunkt im Sinne einer Entscheidungsrichtlinie. In Antwort auf das Heinz-Dilemma – in dem es um die Frage geht, ob Heinz ein Medikament stehlen sollte, um das Leben seiner Ehefrau zu retten (vgl. Text des Forschungsdilemmas im Anhang) – hält er zunächst fest:

> Der Ehemann hat die Pflicht, seine Frau zu retten. Die Tatsache, dass ihr Leben in Gefahr ist, übersteigt jeden denkbaren anderen Maßstab, an dem sein Handeln gemessen werden könnte. Leben ist wichtiger als Eigentum.
>
> F: Angenommen, es handelte sich um einen Freund, nicht um die Ehefrau?
>
> A: Ich denke nicht, dass das, moralisch betrachtet, einen erheblichen Unterschied machen würde; da ist immer noch ein menschliches Leben in Gefahr.
>
> F: Angenommen, es handelte sich um einen Fremden?
>
> A: Folgerichtigerweise: ja, von einem moralischen Standpunkt aus.
>
> F: Worin besteht der moralische Standpunkt hier?
>
> A: Ich glaube, jeder Mensch hat ein Recht auf Leben, und wenn es eine Möglichkeit gibt, einen Menschen zu retten, sollte das geschehen.
>
> F: Sollte der Richter den Ehemann bestrafen?
>
> A: Normalerweise fallen moralische und rechtliche Gesichtspunkte zusammen. Hier geraten sie in Konflikt. Der Richter sollte dem moralischen Standpunkt mehr Gewicht einräumen, aber trotzdem das Recht wahren, indem er Heinz milde bestraft.

Die Sozialperspektiven der sechs Stufen

In diesem Abschnitt sollen die Unterschiede zwischen den Sozialperspektiven der Stufen innerhalb der verschiedenen Ebenen erläutert werden. Dabei soll versucht werden zu zeigen, inwiefern die zweite Stufe jeder Ebene die Entwicklung der Sozialperspektive, die mit dem Übergang zur jeweils ersten Stufe begonnen wurde, vervollständigt.

Beginnen wir mit dem Stufenpaar, das sich dieser Strategie am leichtesten fügt: den Stufen 3 und 4, die zusammen das konventionelle Niveau bilden. Im vorangehenden Abschnitt haben wir Beispiele für die Perspektive des isolierten Individuums der Ebene I angeführt und sie der flügge gewordenen Perspektive „des" Mitglieds der Gesellschaft gegenübergestellt, die Joe im Alter von 17 Jahren einnahm, einer Perspektive, die für Stufe 4 steht. Joes Aussagen über die Wichtigkeit von Vertrauen im Umgang mit anderen Menschen spiegeln deutlich die Sichtweise eines Subjekts wider, das sich auf den Standpunkt des sozialen Systems stellt. Aus der Sozialperspektive von Stufe 3 ist man sich des gesellschaftlichen Standpunkts oder des Wohls der Gesellschaft als Ganzem weniger bewusst. Nehmen wir als Beispiel für Stufe 3 Andys Reaktion auf ein Dilemma, in dem zu entscheiden ist, ob man dem Vater von einem ungehorsamen Verhalten des Bruders erzählen soll, nachdem der Bruder einen ins Vertrauen gezogen hat.

> Er sollte an seinen Bruder denken, aber wichtiger ist es, ein guter Sohn zu sein. Dein Vater hat so viel für dich getan. Ich hätte ein schlechtes Gewissen, wenn ich es nicht sagen würde, mehr als meinem Bruder gegenüber, weil mein Vater mir nicht mehr trauen könnte. Mein Bruder würde es verstehen, weil der Vater auch für ihn so viel getan hat.

Andys Perspektive baut nicht auf der Vorstellung eines sozialen Systems auf. Sie richtet sich eher auf zwei Beziehungen: der zu seinem Bruder und der zu seinem Vater. Sein Vater steht als Autoritätsperson und Helfer an erster Stelle. Andy erwartet, dass sein Bruder diese Sichtweise teilen wird, insoweit auch für ihn der Vater im Mittelpunkt steht. Auf die generellen Aspekte der Familienorganisation wird nicht Bezug genommen. Ein guter Sohn zu sein, gilt als wichtiger; aber nicht deshalb, weil dies gesamtgesellschaftlich oder gerade für eine als System verstandene Familie die wichtigere Rolle (als die des guten Bruders) wäre. Die für Stufe 3 charakteristische Perspektive eines Gruppenmitglieds ist die der durchschnittlich guten Person, sie richtet sich nicht auf die Gesellschaft oder eine Institution als Ganzes. Man sieht die Dinge aus dem Blickwinkel gemeinsamer Beziehungen (der Fürsorge, des Vertrauens, der Achtung usw.) zwischen zwei oder mehr Individuen, nicht vom Standpunkt institutioneller Ganzheiten. Insgesamt ist die Sozialperspektive von Stufe 3 also die eines Teilnehmers an gemeinsamen Beziehungen oder Gruppen, während die Perspektive des Mitglieds der Gesellschaft von Stufe 4 das System vor Augen hat.

Wir kommen zum präkonventionellen Niveau. Während auf Stufe 1 der Standpunkt des konkreten Einzelnen beherrschend ist, gehört zur Stufe 2 das Bewusstsein, dass es eine Reihe anderer Individuen gibt, von denen jedes seine eigene Sichtweise hat. Wenn ich auf Stufe 2 meinen Interessen folge, antizipiere ich die – positive oder negative – Reaktion der anderen Person, und sie antizipiert meine. Solange wir kein „Geschäft" machen, stellt jeder seinen eigenen Standpunkt an erste Stelle. Treffen wir eine Übereinkunft, wird jeder für den anderen etwas tun.

Der Übergang von Stufe 1 zu Stufe 2 zeigt sich an einer Veränderung der Einschätzung der Reaktionen anderer, die bei einem unserer Befragten im Alter zwischen 10 und 13 Jahren erfolgte. Im erwähnten Dilemma, bei dem es darum geht, ob der ältere Bruder eine Missetat des jüngeren, die dieser ihm unter dem Siegel der Verschwiegenheit offenbart hatte, dem Vater berichten sollte, gibt der Proband mit zehn Jahren eine Stufe 1-Antwort:

> Einerseits war es richtig, die Sache zu erzählen, weil sein Vater ihn verhauen könnte. Andererseits war es falsch, weil sein Bruder ihn verhauen wird, wenn er es sagt.

Mit 13 hat er den Schritt zur Stufe 2 getan:

> Der Bruder sollte das nicht erzählen, weil er seinen Bruder sonst in Schwierigkeiten bringt. Wenn er möchte, dass sein Bruder ein andermal für ihn den Mund hält, sollte er jetzt besser nicht petzen.

In der zweiten Antwort wird die Thematik auf das Wohl des Bruders, soweit es im vorweggenommenen Austausch die eigenen Interessen berührt, ausgeweitet. Es herrscht ein viel klareres Bild davon, welche Sichtweise der Bruder hat und wie diese in Beziehung zur eigenen steht.

Wenden wir uns nun dem postkonventionellen Niveau zu. Eine für Stufe 5 typische Orientierung unterscheidet zwischen moralischem und rechtlichem Gesichtspunkt, hat jedoch Schwierigkeiten, eine moralische Perspektive unabhängig von legalkontraktuellen Rechten zu gewinnen. Joe, der ein fortgeschrittenes Denken von Stufe 5 verkörpert, sagte mit Blick auf das Dilemma von Heinz, der das Leben seiner Frau nur mit einem Diebstahl retten kann:

> Normalerweise fallen moralische und rechtliche Gesichtspunkte zusammen. Hier geraten sie in Konflikt. Der Richter sollte dem moralischen Standpunkt mehr Gewicht einräumen (…).

Für Joe geht der moralische Standpunkt dem rechtlichen noch nicht voraus. Sowohl Gesetz wie Moral leiten sich für ihn aus individuellen Rechten und Werten ab, und beide liegen mehr oder weniger auf der gleichen Ebene. Auf Stufe 6 werden Verpflichtungen unter Rekurs auf universelle ethische Gerechtigkeitsprinzipien definiert.

Hier eine Reaktion auf das Heinz-Dilemma, die der Stufe 6 zugerechnet werden kann:

> Es ist rechtlich falsch, aber moralisch richtig. Rechtssysteme sind nur insoweit gültig, als sie die Art von moralischem Gesetz widerspiegeln, die alle rationalen Menschen akzeptieren können. Man muss die personale Gerechtigkeit berücksichtigen, die hier angesprochen ist und die die Wurzel des Sozialvertrags darstellt. Eine Gesellschaft wird erschaffen, um individuelle Gerechtigkeit herzustellen, nämlich das Recht einer jeden Person auf gleiche Berücksichtigung ihrer Ansprüche in allen Situationen zu gewährleisten, nicht nur in solchen, die sich gesetzlich kodifizieren lassen. Personale Gerechtigkeit bedeutet: ‚Behandle jede Person als Zweck, nicht als Mittel.'

In dieser Antwort drückt sich ein sehr klares Bewusstsein von einem moralischen Standpunkt aus, der auf einem Prinzip („Behandle jede Person als Zweck, nicht als

Mittel") ruht, das fundamentaler ist als der sozio-legale Standpunkt und aus dem letzterer abgeleitet werden kann.

Vier moralische Orientierungen und die Bildung eines stabileren Gleichgewichts innerhalb der Stufen

Bei der Erörterung der Sozialperspektiven haben wir bisher die *Perzeption* nicht von der *Präskription,* die Wahrnehmung sozialer Tatsachen (Rollenübernahme) nicht von normativen Vorstellungen über das Richtige oder Gute (Moralurteil) unterschieden. Worin bestehen aber die unterscheidenden Merkmale von Stufen des moralischen Urteilens gegenüber der Sozialperspektive im Allgemeinen?

Um das spezifisch Moralische herauszuarbeiten, wenden wir uns nun den moralischen Kategorien zu, wie sie von der Moralphilosophie analysiert worden sind. Diese umfassen „Modalkategorien" (wie Rechte, Pflichten, das moralisch zu Billigende, Verantwortung) und „Elementkategorien" (wie Wohlfahrt, Freiheit, Gleichheit, Reziprozität, Regeln und soziale Ordnung). Zur Typologisierung moralphilosophischer Theorien analysiert man gewöhnlich die zentralen Begriffe der jeweiligen Theorie, aus denen die übrigen Kategorien abgeleitet werden. Es gibt vier denkbare Gruppen von Hauptkategorien, die man *moralische* Orientierungen nennen kann. Sie lassen sich auch auf jeder unserer moralischen Stufen ausmachen, und sie definieren dort vier Arten von Entscheidungsstrategien, wobei jede auf eine von vier universellen Elementen von sozialen Situationen abstellt. Diese Orientierungen und Elemente sind die folgenden:

(1) *Normative Ordnung:* Orientierung an den (bzw. Ausrichtung auf die) vorgeschriebenen Regeln und Rollen der sozialen und der moralischen Ordnung. Bei der Entscheidungsfindung kreisen die Grundüberlegungen um das Element der *Regel.*

(2) *Nutzen-Implikationen:* Orientierung an den guten oder schädlichen *Folgen* des Handelns in der gegebenen Situation *für das Wohlergehen* von anderen und/ oder einem selbst.

(3) *Gerechtigkeit oder Fairness:* Orientierung an (bzw. Ausrichtung auf) *Relationen* der Freiheit, Gleichheit, Reziprozität und des Vertrags, die zwischen Personen herrschen.

(4) *Ideales Selbst:* Orientierung an einem Bild, das der oder die Handelnde von sich *selbst* als *gutem* Menschen oder als jemand mit Gewissen entwirft, und an den eigenen Motiven und Tugenden (relativ unabhängig von der Zustimmung anderer).

Bei der Abgrenzung des spezifischen Bereichs der Moral heben einige Autoren den Begriff der Regel und der Achtung vor den Regeln hervor (Kant, Durkheim, Piaget). Andere identifizieren die Moralität mit dem Abwägen von Konsequenzen für das Wohl anderer (Mill, Dewey). Wieder andere setzen sie mit einem idealisierten moralischen Selbst gleich (Bradley, Royce, Baldwin). Manche schließlich

(Rawls und ich) identifizieren Moral mit Gerechtigkeit. Tatsächlich können Individuen jede einzelne dieser Orientierungen oder auch sie alle benutzen. Beispielsweise findet man auf Stufe 3 die folgenden Einstellungen zur Frage des Eigentums:

Warum sollte man eigentlich keinen Ladendiebstahl begehen?

(1) *Normative Ordnung:* Stehlen ist immer falsch. Wenn man anfinge, die Regeln (Normen) gegen Stehlen zu brechen, würde alles zusammenbrechen.

(2) *Utilitaristisch:* Man schädigt andere Menschen. Der Ladenbesitzer muss eine Familie ernähren.

(3) *Gerechtigkeit:* Der Besitzer hat hart gearbeitet für sein Geld – du nicht. Warum solltest du es haben?

(4) *Ideales Selbst:* Jemand, der nicht redlich ist, taugt nicht viel. Stehlen und Betrügen laufen beide auf dasselbe hinaus: Unredlichkeit.

Obgleich Individuen alle Orientierungen benutzen mögen, behaupten meine Mitarbeiter und ich, dass die wesentlichste Struktur von Moral eine Gerechtigkeitsstruktur ist. In moralischen Situationen geraten Perspektiven oder Interessen in Widerstreit; Gerechtigkeitsprinzipien sind Lösungskonzepte für diese Konflikte, sie dienen dazu, jedem das Seine zu geben. In gewissem Sinne kann sich Gerechtigkeit auf alle vier Orientierungen beziehen. Man kann die Erhaltung von Gesetz und Ordnung als Gerechtigkeit verstehen (normative Ordnung), und man kann die Maximierung der Gruppenwohlfahrt als Gerechtigkeit fassen (Nutzen-Prinzip). Letztlich jedoch besteht der Kern von Gerechtigkeit in der Verteilung von Rechten und Pflichten, die durch Vorstellungen von Gleichheit und Reziprozität geleitet wird. Gerechtigkeit begriffen als „Balance" oder Äquilibrium entspricht dem strukturellen Fließgleichgewicht, wie es Piaget (1972) für die Logik aufgezeigt hat. Gerechtigkeit ist die normative Logik, das Gleichgewicht, sozialer Handlungen und Beziehungen.

Der Gerechtigkeitssinn eines Menschen ist das, was am ausgeprägtesten und fundamentalsten moralisch ist. Man kann alle Regeln infrage stellen und doch moralisch handeln. Man kann das größere Wohl infrage stellen und doch moralisch handeln. Aber man kann nicht zugleich moralisch handeln und die Notwendigkeit der Gerechtigkeit infrage stellen.

Was hat die entwicklungspsychologische Forschung im Hinblick auf die vier Orientierungen ausmachen können? Stützen die Befunde unsere These vom Primat der Gerechtigkeit? Unsere Längsschnittdaten ermöglichen eine Teilantwort. Wir fassen die Orientierungen an der normativen Ordnung und am Nutzenprinzip auf jeder Stufe, die wir – für diesen Zweck – als einander durchdringend verstehen, zu einem Typ A zusammen. Typ B vereinigt die sich durchdringenden Orientierungen der Gerechtigkeit und des idealen Selbst. Typ A fällt eher beschreibende und vorhersagende Urteile, wobei die entsprechende Person sich eher auf die äußeren Gegebenheiten stützt. Die Urteile von Typ B sind eher präskriptiv: Etwas soll sein, wird von der Person innerlich akzeptiert. Eine Orientierung dieses Typs setzt sowohl ein Regelbewusstsein wie eine Beurteilung der Fairness der Regeln voraus.

Unsere Longitudinaldaten untermauern tatsächlich die Vorstellung, dass die beiden Typen relativ klar abgegrenzte Unterstufen bilden. Die B-Unterstufe ist in dem Sinne reifer als die A-Unterstufe, dass sich ein Individuum von 3A nach 3B, aber niemals von 3B nach 3A hin bewegen kann (wohl aber nach 4A). Es ist möglich, die B-Teilstufe zu überspringen; wenn es jedoch zu einem Wechsel der Unterstufe kommt, dann immer von A nach B. In gewisser Weise stellt das B-Teilstadium somit eine Konsolidierung oder Äquilibrierung der Sozialperspektive dar, die zunächst auf dem A-Teilstadium erarbeitet wurde. Die „Bs" verfügen über eine besser balancierte Perspektive. Ein „3A" überlegt sich bei seiner Entscheidung, was ein guter Ehemann tun, was eine Ehefrau erwarten würde. Ein „3B" denkt darüber nach, was ein Ehemann tun würde, der sich als Partner in einer guten, wechselseitigen Beziehung versteht, und was die beiden Eheleute voneinander erwarten. Die beiden Seiten der Gleichung sind ausgewogen; das ist Fairness. Auf Unterstufe 4A fragt man nach den Anforderungen des Systems; auf 4B danach, was das Individuum im System und was das System selbst fordert und mit welcher Lösung ein Ausgleich gefunden werden könnte. So tritt auch jemand auf Unterstufe 4B für ein System ein, aber es ist dies ein „demokratisches" System mit Individualrechten.

Aufgrund dieser Ausgewogenheit der Struktur argumentieren die „Bs" stärker präskriptiv und innenorientiert, sie konzentrieren sich eher auf ihre Urteile über das moralische Sollen. Sie denken auch universalistischer und sind somit eher bereit, die Implikationen von Wertbegriffen wie dem Wert des Lebens zu Ende zu denken. So gab beispielsweise ein Proband auf Stufe 3 im Heinz-Dilemma die für Unterstufe A typische Antwort: „Ein guter Ehemann würde seine Frau genug lieben, um es zu tun." Auf die Frage, ob man das Medikament auch für einen Freund stehlen würde, sagte er zunächst: „Nein, ein Freund steht einem nicht so nahe, dass man den Diebstahl riskieren muss." Doch dann fügte er hinzu: „Aber wenn ich es mir recht überlege, scheint das nicht fair zu sein; sein Freund hat genauso ein Recht auf Leben wie seine Frau."

Hier macht sich – ausgehend von einer Orientierung an Gerechtigkeit – eine Tendenz bemerkbar, die Verpflichtung gegenüber dem Leben zu verallgemeinern und sie von Rollenstereotypen zu trennen. Zusammenfassend kann man sagen, dass die vollständige Entwicklung und Konsolidierung des moralischen Urteils auf jeder Stufe durch Gerechtigkeitsstrukturen und -begriffe definiert sind, wenngleich bei allen vier moralischen Orientierungen eine Stufenentwicklung stattfindet.

In welchem Sinne sind die Stufen „wahr"?

Wenn wir den Anspruch erheben, dass unsere Stufen „wahr" sind, meinen wir damit erstens, dass die Stufendefinitionen den strikten und empirisch gehaltvollen Beschränkungen des Stufenbegriffs unterliegen: Man kann sich viele mögliche Stufenmodelle ausdenken, aber nur von einer Gruppe von Stufen lässt sich *zeigen,* dass eine longitudinal invariante Abfolge vorliegt. Wir behaupten, dass jeder, der Kinder zu moralischen Dilemmata befragen und im Längsschnitt verfolgen würde, auf unsere sechs Stufen und keine anderen stoßen würde. Ein anderes empirisch gehaltvolles Kriterium besteht im Postulat der „strukturierten Ganzheit", demzufolge Individuen, wenn sie nicht gerade im Übergang zu einer neuen Stufe begriffen sind (Stufenmischung), konsistent auf einer Stufe urteilen und argumentieren. Die Tatsache, dass fast alle Individuen mit über 50 Prozent ihrer Aussagen auf einer Stufe liegen und der Rest sich auf angrenzende Stufen verteilt, spricht für die Triftigkeit dieses Kriteriums.

Zweitens meinen wir mit der Behauptung, die Stufen seien „wahr", dass die begriffliche Struktur der Stufen nicht von einer spezifischen psychologischen Theorie abhängig ist. Sie ergeben sich eher aus einer angemessenen logischen Analyse. Damit wollen wir Folgendes sagen:

(1) Die in die Stufendefinitionen eingehenden Ideen stammen von den Probanden, nicht von uns. Die logischen Beziehungen zwischen den Vorstellungen definieren die jeweiligen Stufen. Die logische Analyse der Verknüpfungen im Denken von Kindern ist in sich theoretisch neutral. Sie ist von psychologischen Theorien nicht abhängiger als eine philosophische Untersuchung der logischen Verbindungen im Denken des Aristoteles.

(2) Die Tatsache, dass eine spätere Stufe die frühere einschließt und voraussetzt, ist wiederum Gegenstand einer logischen Analyse, nicht der psychologischen Theoriebildung.

(3) Die Behauptung, dass die Vorstellungen eines Kindes in einer stufenförmigen Weise *zusammenhängen,* lässt sich nur durch logische Analyse der internen Verbindungen zwischen den einzelnen stufenspezifischen Begriffen belegen.

Kurz gesagt, die Richtigkeit der Stufenbeschreibungen ist eine Sache empirischer Beobachtungen und logischer Analysen von Verknüpfungen im kindlichen Denken, nicht eine Sache sozialwissenschaftlicher Theoriebildung.

Obwohl *die Stufen selbst keine Theorie ausmachen,* haben sie als Beschreibungen von moralischer Entwicklung doch sehr definitive und radikale Implikationen für eine sozialwissenschaftliche *Theorie des Moralerwerbs.* Dementsprechend werden wir nun (1) die Grundzüge einer an der Theorie der kognitiven Entwicklung orientierten Theorie des Moralerwerbs herausarbeiten, die die Fakten der sequentiellen Moralentwicklung erklären kann, und diese Theorie (2) mit Sozialisationstheorien des Moralerwerbs konfrontieren.

Typen von Theorien des Moralerwerbs: Theorien der kognitiven Entwicklung, Sozialisationstheorien und psychoanalytische Modelle

Eine Erörterung der kognitivistischen Theorie der Moralentwicklung lässt unmittelbar an die Arbeit von Piaget (1973) denken. Piagets Konzepte betrachtet man jedoch am besten als nur eine Variante des kognitiv-entwicklungsorientierten Ansatzes in der Beschäftigung mit Moralität, zu dem auf verschiedene Weise auch Baldwin (1900), Bull (1969a, 1969b), Dewey und Tufts (1932), Harvey, Hunt und Schroeder (1961), Hobhouse (1906), Kohlberg (1964), McDougall (1928) und Mead (1973) beigetragen haben. Das auffälligste Merkmal von Theorien der kognitiven Entwicklung besteht darin, dass sie alle irgendein Stufenkonzept bzw. irgendeine Vorstellung von einer altersbezogenen, sequentiellen Reorganisation in der Entwicklung moralischer Einstellungen verwenden. Weitere gemeinsame Grundannahmen von kognitiv-entwicklungsorientierten Theorien sind:

(1) Moralentwicklung enthält eine grundlegende kognitivstrukturelle oder moralische Urteilskomponente.

(2) Moralität beruht auf einer generalisierten motivationalen Basis: Anerkennung, Kompetenz, Selbstwertgefühl und Selbstverwirklichung sind ausschlaggebend, nicht aber die Befriedigung biologischer Bedürfnisse und die Reduktion von Angst oder Furcht.

(3) Wichtige Aspekte der Moralentwicklung sind kulturübergreifend, weil sich alle Kulturen aus den gleichen Quellen von sozialer Interaktion, Rollenübernahme und sozialen Konflikten speisen, die durch Moral integriert werden müssen.

(4) Fundamentale moralische Normen und Prinzipien sind Strukturen, die aus Erfahrungen in sozialer Interaktion aufgebaut und nicht einfach durch die Internalisierung von – als äußere Gegebenheiten vorhandenen – Regeln erworben werden. Moralstufen werden nicht durch internalisierte Regeln definiert, sondern durch Strukturen der Interaktion zwischen dem Selbst und anderen.

(5) Einflüsse der Umwelt auf die Moralentwicklung vollziehen sich eher über die allgemeine Qualität und das Ausmaß kognitiver und sozialer Anregung im Verlauf der Entwicklung des Kindes als über spezifische Erfahrungen mit den Eltern oder Erlebnisse von Disziplinierung, Bestrafung und Belohnung.

Diese Annahmen stehen in scharfem Gegensatz zu Theorien der Moralität, die mit Begriffen der „Sozialisation" oder des „sozialen Lernens" operieren. Unter dieser allgemeinen Rubrik können die Arbeiten von Aronfreed (1968), Bandura und Walters (1959, 1963), Berkowitz (1964), Hoffman (1970), Miller und Swanson (1960), Sears, Rau und Alpert (1965) sowie Whiting und Child (1953) subsumiert werden. Die Theorien sozialen Lernens fußen auf folgenden Annahmen:

(1) Moralentwicklung besteht eher in zunehmender Konformität mit moralischen Regeln auf der affektiven und der Verhaltensebene als in kognitiv-struktureller Veränderung.

(2) Die Grundmotivation von Moralität ist in jeder Phase der Moralentwicklung in biologischen Bedürfnissen oder dem Streben nach sozialen Belohnungen und dem Wunsch der Vermeidung sozialer Bestrafungen verwurzelt.

(3) Moralentwicklung bzw. Moralität sind kulturell relativ.

(4) Grundlegende moralische Normen werden durch Internalisierung von äußerlich vorgegebenen, kulturellen Regeln erworben.

(5) Einflüsse der Umwelt auf die normale Moralentwicklung werden gefasst als quantitative Abstufungen der Stärke von Belohnungen, Bestrafungen und Verboten oder als Modell-Lernen am Beispiel regelkonformen Verhaltens von Eltern und anderen Sozialisationsagenten.

Auch die an der klassischen Freudschen Theorie orientierte Forschung kann der sozialisationstheoretischen Kategorie zugeschlagen werden. Die ursprüngliche psychoanalytische Theorie der Moralentwicklung (vgl. Flugel, 1955) kann zwar nicht mit den lerntheoretischen Modellen des Moralerwerbs gleichgesetzt werden, sie teilt mit ihnen aber die Annahme, dass die Aneignung von Moral sich als Prozess der Internalisierung von kulturellen oder elterlichen Normen vollzieht. Weiter: Obgleich die Freudsche Theorie (wie der kognitiv-entwicklungsorientierte Ansatz) Stufen postuliert, sind diese Stufen doch eher libidinös-instinktiver als moralischer Natur; und Moralität (wie sie sich im Über-Ich ausdrückt) wird als etwas gefasst, das sich schon zu einem frühen Entwicklungszeitpunkt durch die Internalisierung der elterlichen Normen ausbildet und verfestigt. Im Ergebnis hat die an Freuds Moraltheorie orientierte systematische Forschung Stufenkomponenten der moralischen Entwicklung vernachlässigt und sich auf die „Internalisierungs"-Aspekte der Theorie konzentriert (vgl. Kohlberg, 1963).

Im nächsten Abschnitt soll dargelegt werden, wie die soziale Umwelt in der Sicht der Theorie der kognitiven Entwicklung die stufenförmige Moralentwicklung anregt.

Wie beschreibt die Theorie der kognitiven Entwicklung die Stimulierung der Moralentwicklung durch die Umwelt?

Moralentwicklung hängt von Stimulierung ab, die man kognitiv-strukturell aufschlüsseln kann, die aber auch eine soziale Stimulierung sein muss, wie sie durch soziale Interaktion, moralische Entscheidungen, moralischen Dialog und moralisches Miteinander zu Stande kommt. „Rein kognitive" Anregung ist ein notwendiger Hintergrund der Moralentwicklung, bringt diese jedoch nicht unmittelbar hervor. Wie weiter oben vermerkt, haben wir festgestellt, dass das Erreichen eines Moralstadiums kognitive Entwicklung voraussetzt, dass sich aber letztere nicht direkt in Moralentwicklung umsetzt. Das Fehlen der für den Übergang zum formaloperatorischen Denken notwendigen Anregungen kann allerdings ein wichtiges Moment für die Erklärung von „Decken-Effekten" bei der Moralentwicklung sein. So stellte sich beispielsweise in einem türkischen Dorf voll entwickeltes formaloperatorisches Denken als extrem selten heraus (unterstellt, die Piagetschen Messverfahren lassen sich in dieser Umgebung überhaupt als brauchbar erachten). Dementsprechend konnte man nicht erwarten, dass sich in diesem kulturellen Kontext ein prinzipienorientiertes moralisches Denken (Stufe 5 oder 6), das formales Denken zur Voraussetzung hat, entwickeln kann.

Von größerer Bedeutung als die Faktoren, die die rein kognitive Entwicklung fördern, sind die von uns *Rollenübernahme-Gelegenheiten* genannten Faktoren der generellen sozialen Erfahrung und Anregung. Die soziale Erfahrung unterscheidet sich vom Umgang mit Dingen dadurch, dass sie Rollenübernahme einschließt: Man vollzieht die Haltung anderer nach, vergegenwärtigt sich ihre Gedanken und Gefühle, versetzt sich in ihre Lage. Wenn die emotionale Seite der Rollenübernahme hervorgehoben wird, nennt man sie in der Regel *Empathie* (oder *Sympathie*). Der von Mead (1973) geprägte Begriff der *Rollenübernahme* ist jedoch vorzuziehen, weil er (1) die kognitiven ebenso wie die affektiven Aspekte betont, (2) eine organisierte, strukturelle Beziehung zwischen Selbst und anderen impliziert, (3) Gewicht darauf legt, dass die entsprechenden Prozesse es erforderlich machen, alle Rollen der jeweiligen Gesellschaft zu verstehen und einzubeziehen, und weil er schließlich (4) hervorhebt, dass sich Rollenübernahme in *allen* sozialen Interaktionen und Kommunikationssituationen vollzieht, nicht nur in jenen, in denen Gefühle der Sympathie oder Empathie erregt werden.

Moralische Urteile erfordern Rollenübernahme – man muss sich in die Lage der verschiedenen, am moralischen Konflikt beteiligten Leute versetzen; dennoch ist, wie oben ausgeführt, das Erreichen einer bestimmten Stufe der Rollenübernahme nur eine notwendige, nicht aber eine hinreichende Bedingung für moralische Entwicklung. So besteht beispielsweise der für Stufe 2 des moralischen Urteilens erforderliche Fortschritt der Rollenübernahmefähigkeit in der Erkenntnis, dass jede Person in einer Situation die Intentionen und Standpunkte aller anderen Beteiligten an dieser Situation in Betracht zieht bzw. dies wenigstens könnte. Ein Kind mag dieses Niveau der Rollenübernahme erreichen und trotzdem noch an der Vorstellung von Stufe 1 festhalten, Rechtmäßigkeit oder Gerechtigkeit bestehe im automatischen Gehorsam gegenüber feststehenden Regeln. Wenn das Kind aber moralische Richtigkeit bzw. Gerechtigkeit als Balance oder Ausgleich zwischen den Interessen der einzelnen Akteure sehen soll (Stufe 2), dann muss es die erforderliche Ebene der Rollenübernahme erreicht haben. Das jeweilige Niveau der Rollenübernahme ist somit eine Brücke zwischen den logischen bzw. kognitiven und den moralischen Urteilsfähigkeiten; es ist das Niveau der sozialen Kognition.

Um die Auswirkungen der sozialen Umwelt auf die Moralentwicklung zu begreifen, müssen wir also untersuchen, welche Gelegenheiten zur Rollenübernahme eine Umwelt für das Kind bereithält. Kinder haben unterschiedliche Rollenübernahmegelegenheiten in ihren Beziehungen zur Familie, zur Gruppe der Gleichaltrigen, zur Schule und durch ihren sozialen Status in der umfassenderen politisch-ökonomischen Struktur der Gesellschaft.

Was die Familie angeht, so ist die Bereitschaft der Eltern, Diskurse über Wertprobleme zuzulassen und zu ermuntern, eine der deutlichsten Determinanten der Moralentwicklung der Kinder (Holstein, 1968). Ein derartiger Austausch von Sichtweisen und Einstellungen ist integraler Bestandteil dessen, was wir „Gelegenheiten zur Rollenübernahme" nennen. Was die Gruppe der Gleichaltrigen betrifft, so sind Kinder, die ausgiebig an Peer-Aktivitäten beteiligt sind, hinsichtlich ihrer Moralstufe fortgeschrittener als solche, die dazu kaum Gelegenheit haben. Der sozioökonomische Status in der Gesamtgesellschaft schließlich ist in vielen Kulturen mit

Moralentwicklung assoziiert. Dies verdankt sich, wie wir meinen, dem Umstand, dass Mittelschichtkinder eher die Möglichkeit haben, die Standpunkte der entfernteren, unpersönlicheren und einflussreicheren Rollen in den Grundinstitutionen der Gesellschaft (Recht, Politik, Ökonomie) nachzuvollziehen, als dies für Kinder der Unterschicht gilt. Allgemein gilt, dass Kinder umso mehr Gelegenheiten haben, andere soziale Perspektiven ein zunehmen, je stärker sie an einer sozialen Gruppe oder Institution teilhaben. Aus dieser Sicht ist nicht die umfassende Beteiligung an irgendwelchen bestimmten Gruppen für Moralentwicklung ausschlaggebend, sondern die Teilnahme am Gruppenleben überhaupt. Und nicht nur Teilnahme ist unerlässlich, sondern auch Wechselseitigkeit der Rollenübernahme. Wenn beispielsweise Erwachsene dem Standpunkt des Kindes keine Aufmerksamkeit schenken, kann sich das Kind nicht mitteilen und mag unwillig oder außer Stande sein, die Perspektive des Erwachsenen zu übernehmen.

Um ein Bild von Umwelten zu geben, die in der Dimension der Rollenübernahmegelegenheiten die entgegengesetzten Extreme verkörpern, wollen wir ein amerikanisches Waisenhaus und einen israelischen Kibbuz einander gegenüberstellen. Unter all den Umwelten, die wir untersucht haben, hatte das amerikanische Waisenhaus die Kinder mit dem niedrigsten Entwicklungsstand, nämlich Stufe 1 und 2, und zwar selbst noch in der Adoleszenz (Thrower, o.J.). Unter allen untersuchten Umwelten am höchsten rangierten die Kinder eines israelischen Kibbuz, dessen Jugendliche überwiegend auf Stufe 4, zu einem beträchtlichen Anteil sogar auf Stufe 5 urteilten (Reimer, 1977). Sowohl im Kibbuz als auch im Waisenhaus war die Interaktionsdichte mit den Eltern gering, in anderer Hinsicht gab es jedoch dramatische Unterschiede. In dem amerikanischen Waisenhaus fehlte es nicht nur an der Interaktion mit den Eltern, sondern es fand auch wenig Kommunikation und Rollenübernahme zwischen erwachsenem Personal und den Kindern statt. Die Beziehungen unter den Kindern selbst waren fragmentarisch: Es gab wenig Kommunikation und keine Anregung oder Beaufsichtigung der Peer-Interaktion von Seiten des Personals. Aus der Tatsache, dass die Waisenhaus-Jugendlichen bei einer Textaufgabe zur Rollenübernahme versagten, die fast alle Kinder ihres chronologischen oder geistigen Alters bewältigen, lässt sich schließen, dass der Entzug von Rollenübernahmegelegenheiten sowohl die sozial-kognitive als auch die moralische Entwicklung verzögert. Im Gegensatz dazu interagierten die Kibbuz-Kinder intensiv miteinander und wurden dabei von Gruppenleitern betreut, denen es ein Anliegen war, die jungen Leute als aktive, engagierte Mitglieder in die Kibbuz-Gemeinschaft hineinzuführen. Zu den im Alltag als wesentlich betrachteten Aktivitäten gehörte es, zu diskutieren, zu argumentieren, sich Gefühle mitzuteilen und in der Gruppe Entscheidungen zu treffen.

Offensichtlich unterschied sich der Kibbuz als moralische Umwelt auch in anderen Hinsichten vom Waisenhaus. Welche Definitionsmerkmale gehören, neben dem Bereitstellen von Rollenübernahmegelegenheiten, noch zum Konzept einer *moralischen Atmosphäre* von Gruppen oder Institutionen? Wir haben gesagt, dass ein Gerechtigkeitssinn den Kern oder die spezifisch moralische Komponente des moralischen Urteils ausmacht. Während durch Rollenübernahme die in einer moralischen Situation miteinander konfligierenden Standpunkte erfasst werden, sind die „Prinzipien" zur Lösung dieser Konflikte auf jeder Moralstufe Gerechtigkeitsprinzipien – Prinzipien, die dazu verhelfen, jedem das Seine und jeder das Ihre zukommen zu lassen. Der Kernbestand der moralischen Atmosphäre einer Institution oder sonstigen sozialen Umgebung besteht mithin in ihrer Gerechtigkeitsstruktur, nämlich der „Art, wie die wichtigsten gesellschaftlichen Institutionen Grundrechte und -pflichten und die Früchte der gesellschaftlichen Zusammenarbeit verteilen" (Rawls, 1975, S. 23).

Nach unseren Untersuchungen scheint es, dass Gruppen oder Institutionen von ihren Mitgliedern tendenziell als Verkörperungen bestimmter Moralstufen gesehen werden. Unsere empirische Arbeit zu diesem Punkt stützt sich in erster Linie auf die Wahrnehmung der Atmosphäre verschiedener Gefängnisse durch die Insassen (Kohlberg, Scharf & Hickey, 1978). Zwar verunmöglichen es Verständnisschranken, dass Häftlinge eine Institution angemessen wahrnehmen könnten, wenn sie mehr als eine Moralstufe über ihrer eigenen läge; sie *können* aber erkennen, wenn sie ein niedrigeres Niveau aufweist. So perzipierten die Insassen eine Besserungsanstalt als Verkörperung von Stufe 1, eine andere von Stufe 2 und eine dritte von Stufe 3. Ein Gefangener, der selbst auf Stufe 3 urteilt, beschreibt die Wärter einer Institution desselben Stufenniveaus folgendermaßen: „Sie sind ziemlich nett und zeigen Interesse. Ich habe das Gefühl, dass sie sich ein bisschen mehr um uns kümmern, als es die meisten Leute tun." Ein Beispiel, wie ein Stufe 3-Häftling das Personal einer Stufe 2-Institution als auf Stufe 2 stehend wahrnimmt, liest sich wie folgt. „Wenn ein Typ irgendwie Mist baut oder ihm nicht genug ,in den Arsch kriecht', dann wird der Berater keinen Finger für ihn rühren. Es ist eine einzige Günstlingswirtschaft. Wenn du für einen Typ keine Mühe scheust, wird er für dich keine Mühe scheuen."

In noch extremerer Form zeigte sich in der Waisenhaus-Studie, wie die Welt der Befragten, bzw. die Institution, als niedrigstufig gesehen wird. Über seine Eltern sagte beispielsweise ein 15-jähriger Junge:

F: Warum sollten Versprechen gehalten werden?

A: Sie werden's nicht. Meine Mutter rief an und sagt ,Ich bin in zwei Wochen da', und dann sehe ich sie acht Monate lang nicht. Das bringt dich wirklich um, so etwas.

Im moralischen Urteilstest zeigten sich bei diesem Jungen die Anfänge der für Stufe 3 typischen Beschäftigung mit Zuneigung, Versprechen usw.; aber er lebte in einer Welt, in der diese Dinge nichts bedeuteten. Seine Mutter ist der Stufe 2 zuzurechnen, doch das Waisenhaus bietet auch keine höherrangige moralische Welt. Während die Nonnen, die dieses Waisenhaus leiten, als Personen moralisch „konventionell" sind, übersetzt sich ihre moralische Ideologie in eine Gerechtigkeitsstruktur, die diesem Jungen als Stufe 1 erscheint:

Es bricht einem wirklich das Herz, die Wahrheit zu sagen, weil man sich damit manchmal Schwierigkeiten einhandelt. Ich habe beim Spielen einen Stein geworfen und ein Auto getroffen. Es war keine Absicht, aber ich habe es der Schwester gesagt. Ich bin dafür bestraft worden.

Gefängnisse und Waisenhäuser sind natürlich insofern außergewöhnlich, als sie monolithische, homogene Umwelten auf niedriger moralischer Stufe darstellen. Man wird jedoch plausiblerweise allgemein davon ausgehen dürfen, dass die moralische Atmosphäre einer Umwelt mehr ist als die Summe der einzelnen moralischen Urteile und Handlungen ihrer Mitglieder. Plausibel dürfte auch sein, dass die Teilhabe an Institutionen, bei denen die Möglichkeit besteht, dass Kinder sie als auf einer höheren Stufe befindlich als der eigenen wahrnehmen, eine grundlegende Determinante von Moralentwicklung ist.

Die Vorstellung, dass eine höherstufige Umwelt die moralische Entwicklung anregt, stellt eine nahe liegende Verallgemeinerung experimenteller Befunde von Turiel (1966) und Rest (1973) dar, denen zufolge Jugendliche dahin tendieren, moralische Argumente, die um eine Stufe über ihrem eigenen Urteilsniveau liegen, zu assimilieren, während sie darunter liegende verwerfen. Das Konzept der Konfrontation mit einer höheren Stufe muss jedoch nicht auf Urteilsstufen beschränkt werden; es kann auch in einer Konfrontation mit moralischem Handeln und institutionellen Arrangements zum Ausdruck kommen. Die von uns zitierten Untersuchungen zur moralischen Atmosphäre zeigen, dass die Individuen eine Mischung aus moralischen Urteilen, moralischen Handlungen und institutionellen Regeln als relativ einheitliches Ganzes behandeln und ins Verhältnis zum eigenen Moralstadium setzen.

Ausgehend von der Vorstellung, dass die Schaffung einer institutionellen Atmosphäre mit höherem Stufenrang zu moralischer Veränderung führen wird, haben Hickey und Scharf (1980) und ich in einem Frauengefängnis eine „gerechte Gemeinschaft" aufgebaut, zu der sowohl demokratische Selbstbestimmung durch gemeinschaftliche Entscheidungen als auch Kleingruppendiskussionen über moralische Fragen gehörten. Dieses Programm bewirkte Verbesserungen der moralischen Urteilsfähigkeit ebenso wie Veränderungen im späteren Lebensstil und Verhalten.

Neben den Rollenübernahmegelegenheiten und dem moralischen Niveau, das eine Institution in den Augen ihrer Angehörigen aufweist, hebt die kognitiv-entwicklungsorientierte Theorie einen dritten Faktor hervor: *kognitiv-moralische Konflikte*. Die strukturelle Theorie betont, dass der Übergang zur jeweils nächsten Stufe durch eine reflektierende Reorganisation vollzogen wird, die aus der Empfindung von Widersprüchen innerhalb der augenblicklichen Stufenstruktur hervorgeht. Erfahrungen von kognitiven Konflikten können entweder gemacht werden, wenn man Entscheidungssituationen ausgesetzt ist, die innere Widersprüchlichkeiten in den eigenen moralischen Urteilsstrukturen zu Tage treten lassen; oder sie resultieren aus der Begegnung mit einem Denken bedeutsamer Bezugspersonen, das in Struktur oder Inhalt dem eigenen Denken widerspricht. Dieses Prinzip ist für das stark auf moralische Diskussionen ausgerichtete Unterrichtsprogramm, das wir in Schulen auf den Weg gebracht haben, von zentraler Bedeutung (vgl. Blatt & Kohlberg, 1975; Colby, 1972). In Diskussionen von moralischen Dilemmata unter Gleichaltrigen wird durch die Konfrontation mit Argumenten der nächsten Urteilsstufe eine Stufenveränderung ausgelöst; Diskussionen ohne eine solche Konfrontation können aber den gleichen Effekt haben. Colby (1972) fand beispielsweise, dass ein Programm, das mit Moraldiskussionen operierte, bei einer Gruppe von Studenten des konventionellen Urteilsniveaus, die im Vortest keine Argumente der Stufe 5 verwendeten, im Nachtest zu einer gewissen Entwicklung von Stufe 5-Denken geführt hatte.

Handlungssituationen und Entscheidungen im realen Leben unterscheiden sich drastisch in ihrem Potential an moralisch-kognitiven Konflikten, die die Person wirklich betreffen. Diese Schlussfolgerung ergibt sich aus unseren Längsschnittdaten zum Übergang, den Individuen von der konventionellen zur prinzipienorientierten Moral vollziehen (vgl. Kohlberg & Higgins, 1984). Ein Faktor scheint den Beginn dieses Umschwungs besonders beschleunigt zu haben: die für das College-Moratorium charakteristische Erfahrung der Eigenverantwortung und der Unabhängigkeit von Autoritäten, und zugleich die Begegnung mit manifest widersprüchlichen und relativistischen Werten und Urteilsmaßstäben. In Konflikt gerieten hier die konventionelle Moral der Person und eine Welt voll von Handlungsmöglichkeiten, welche mit konventioneller Moral nicht zusammengingen. Manche unserer anderen Probanden veränderten sich in zugespitzteren moralischen Situationen, die einen Konflikt über die Angemessenheit der konventionellen Moral entfachten. Einer ging beispielsweise vom konventionellen zum prinzipienorientierten Denken über, als er als Offizier in Vietnam diente – ersichtlich deshalb, weil er sich des Widerspruchs bewusst wurde, in dem die „Armee-Moral" und ihre auf „Gesetz und Ordnung" ausgerichtete Mentalität mit den universelleren Rechten der Vietnamesen standen.

Moralentwicklung und Ich-Entwicklung

Wenn man von den allgemeinen Merkmalen einer Umwelt zu den besonderen Lebenserfahrungen der Individuen, die moralische Veränderungen fördern, übergeht, dann beginnt eine Theorie der kognitiven Entwicklung in ihrer Abstraktheit als relativ begrenzt zu erscheinen. An diesem Punkt fängt man an, sich Theorien wie derjenigen Eriksons (1973, 1971) zuzuwenden, in denen alterstypische emotionale Erfahrungen der sich entwickelnden Persönlichkeit (oder des „Selbst") geschildert werden. Es wird dann hilfreich, neben der Moralstufe auch das Ich-Niveau des Individuums zu betrachten. Theorien der Ich-Entwicklung stellen in dieser Hinsicht mögliche Erweiterungen der kognitiv-entwicklungsorientierten Theorie bei ihrem Aufbruch zur Untersuchung individueller Leben und Lebensgeschichten dar. Es gibt in der Entwicklung der sozialen Wahrnehmung und Werte eine umfassende Einheit, die man zu Recht mit dem Terminus „Ich-Entwicklung" belegt. Diese Einheit stellt man sich vielleicht besser als eine Sache von Niveaus denn von strukturellen Stufen vor, da die Einheit der Ich-Niveaus anderer Natur ist als die der logischen oder moralischen Stufenstrukturen. Die Konsistenzanforderungen sind im Bereich von Logik und Moral viel strikter als im Bereich der Persönlichkeit, die eine psychologische und eben keine logische Einheit darstellt. Obendrein gibt es in logischen und moralischen Hierarchien relativ eindeutige Kriterien für zunehmende Angemessenheit, die hinsichtlich der Ich-Entwicklung fehlen.

Da die Moralstufen eine straffere, vereinheitlichende Struktur aufweisen, wäre es falsch, sie einfach als Spiegelungen der umfassenderen Ich-Niveaus zu begreifen. Dennoch haben Autoren wie Peck und Havighurst (1960) oder Loevinger und Wessler (1970) die Moralentwicklung als Teil, ja sogar als Bezugsgröße allgemeiner Stufen der Ich- oder Charakter-Entwicklung behandelt. Wenn man die Ich-Entwicklung als sukzessive Umstrukturierung der Beziehung zwischen dem Selbst und normativen Standards begreift, dann liegt es von der Natur der Sache her nahe, Veränderungen im Bereich der Moral als Bezugsgröße für Ich-Entwicklung zu verwenden. Man geht ja auch davon aus, dass es in den Beziehungen des Selbst zu Werten in anderen Bereichen wie Arbeit, Geselligkeit, Kunst, Politik, Religion usw. zu ähnlichen Umstrukturierungen kommt.

Wir vertreten demgegenüber die Auffassung, dass den Moralstrukturen eine besondere Einheitlichkeit und Konsistenz zukommt, dass die formale Moralphilosophie die Kennzeichen definiert hat, die allein moralischen Strukturen eigen sind, und dass man einen großen Teil der besonderen Probleme und Merkmale von Moralentwicklung verfehlt, wenn man sie einfach als Facette der Ich-Entwicklung (oder der kognitiven Entwicklung) behandelt. Wir glauben, dass

(1) kognitive Entwicklung und kognitive Strukturen von allgemeinerer Natur sind als die Strukturen des Ich bzw. Selbst und als das moralische Urteil, und dass sie sich in letzteren niederschlagen;

(2) generalisierte Ich-Strukturen (Weisen der Wahrnehmung des Selbst und sozialer Beziehungen) von allgemeinerer Natur sind als Moralstrukturen und in diesen zum Ausdruck kommen;

(3) kognitive Entwicklung eine notwendige, aber nicht hinreichende Bedingung von Ich-Entwicklung ist;

(4) bestimmte Merkmale von Ich-Entwicklung eine notwendige, aber nicht hinreichende Bedingung für die Entwicklung moralischer Strukturen sind;

(5) Moralstufen sich umso mehr von den parallelen Ich-Stufen unterscheiden, je höher sie sind.

Obgleich diese Setzungen hohe Korrelationen zwischen Maßen für Ich-Entwicklung und für Moralentwicklung nahe legen, wäre mit der Bestätigung solcher Korrelationen nicht impliziert, dass Moralentwicklung einfach als Teilbereich, als Unterkategorie von Ich-Entwicklung definiert werden könnte. Von Ich-Strukturen verschiedene Moralstrukturen können jedoch nur identifiziert werden, wenn man die Moralstufen zunächst in spezifischerer Weise definiert, als es für die Charakterisierung der Ich-Entwicklung üblich ist. Baut man diese Spezifikation nicht gleich in die Anfangsdefinition von Moral ein, wird man wie Peck und Havighurst (1960) und Loevinger und Wessler (1970) zwangsläufig zu dem Ergebnis kommen, dass Moralentwicklung schlicht ein Aspekt der Ich-Entwicklung ist. Dass Loevinger nicht in der Lage war, in ihrem Messinstrument für Ich-Entwicklung zwischen den moralischen und den außermoralischen Items zu unterscheiden, zeigt ganz einfach, dass ihre Kriterien für Moralentwicklung nicht spezifischer gefasst waren als ihre allgemeinen Kriterien für Ich-Entwicklung.

Zusammengefasst lässt sich sagen, dass eine psychologische, kognitiv-entwicklungsorientierte Theorie des Moralerwerbs, wenn man sie breiter anlegt, zu einer Theorie der Ich-Entwicklung wird. Überdies muss man, will man die konkrete Funktionsweise von Moral begreifen, die Moralstufe des Einzelnen in den weiteren Kontext seines Ich-Niveaus stellen. Sieht man die Moralstufen aber lediglich als Widerspiegelungen des jeweiligen Ich-Niveaus, dann begibt man sich der Fähigkeit, die Ordnungsgesetze in der spezifisch moralischen Sphäre der menschlichen Persönlichkeit theoretisch zu definieren und empirisch zu belegen.

Anhang

Heinz-Dilemma

In einem fernen Land lag eine Frau, die an einer besonderen Krebsart erkrankt war, im Sterben. Es gab eine Medizin, von der die Ärzte glaubten, sie könne die Frau retten. Es handelte sich um eine besondere Form von Radium, die ein Apotheker der gleichen Stadt erst kürzlich entdeckt hatte. Die Herstellung war teuer, doch der Apotheker verlangte zehnmal mehr dafür, als ihn die Produktion gekostet hatte. Er hatte 200 Dollar für das Radium bezahlt und verlangte 2.000 Dollar für eine kleine Dosis des Medikaments.

Heinz, der Ehemann der kranken Frau, suchte alle seine Bekannten auf, um sich das Geld auszuleihen, und er bemühte sich auch um eine Unterstützung durch die Behörden. Doch er bekam nur 1.000 Dollar zusammen, also die Hälfte des verlangten Preises. Er erzählte dem Apotheker, daß seine Frau im Sterben lag, und bat, ihm die Medizin billiger zu verkaufen bzw. ihn den Rest später bezahlen zu lassen. Doch der Apotheker sagte: „Nein, ich habe das Mittel entdeckt, und ich will damit viel Geld verdienen." – Heinz hatte nun alle legalen Möglichkeiten erschöpft; er ist ganz verzweifelt und überlegt, ob er in die Apotheke einbrechen und das Medikament für seine Frau stehlen soll.

Literatur

Aronfreed, J. (1968). *Conduct and conscience: The socialization of internalized control over behavior.* New York: Academic Press.

Baldwin, J. M. (1900). *Das soziale und sittliche Leben – erklärt durch die seelische Entwicklung.* Leipzig: J. A. Barth.

Bandura, A., & Walters, R. H. (1959). *Adolescent aggression.* New York: Ronald.

Bandura, A., & Walters, R. H. (1963). *Social learning and personality development.* New York: Holt, Rinehart & Winston.

Berkowitz, L. (1964). *Development of motives and values in a child.* New York: Basic Books.

Blatt, M., & Kohlberg, L. (1975). The effects of classroom moral discussion upon children's level of moral judgment. *Journal of Moral Education, 4,* 129–161.

Bull, N. J. (1969a). *Moral education.* London: Routledge & Kegan Paul.

Bull, N. J. (1969b). *Moral judgement from childhood to adolescence.* London: Routledge & Kegan Paul.

Colby, A. (1972). *Logical operational limitations on the development of moral judgment.* Unveröff. Dissertation, Columbia University, New York.

Colby, A., Kohlberg, L., et al. (1987). *The measurement of moral judgment: Vol. II. Standard issue scoring manual.* Cambridge, UK: Cambridge University Press.

Dewey, J., & Tufts, J. H. (1932). *Ethics* (rev. ed.). New York: Holt. (Original 1908)

Erikson, E. H. (1971). *Einsicht und Verantwortung. Die Rolle des Ethischen in der Psychoanalyse.* Frankfurt a.M.: Fischer.

Erikson, E. H. (1973). *Kindheit und Gesellschaft* (5. Aufl.). Stuttgart: Klett.

Flugel, J. C. (1955). *Man, morals, and society: A psychoanalytic study.* New York: International Universities Press.

Harvey, O. J., Hunt, D., & Schroeder, D. (1961). *Conceptual systems.* New York: Wiley.

Hickey, J. E., & Scharf, P. (1980). *Toward a just correctional system. Experiments in implementing democracy in prisons.* San Fransisco, CA: Jossey-Bass.

Hobhouse, L. T. (1906). *Morals in evolution: A study in comparative ethics* (zit. nach der 7. Ausgabe von 1951). New York: Holt.

Hoffman, M. L. (1970). Conscience, personality and socialization techniques. *Human Development, 13,* 90–126.

Holstein, C. (1968). *Parental determinants of the development of moral judgment.* Unveröff. Dissertation, University of California, Berkeley.

Kohlberg, L. (1963). Moral development and identification. In H. W. Stevenson (Ed.), *Child psychology. 62nd yearbook of the National Society for the Study of Education* (pp. 277–332). Chicago, IL: University of Chicago Press.

Kohlberg, L. (1964). Development of moral character and moral ideology. In M. L. Hoffman & L. W. Hoffman (Eds.), *Review of child development research* (Vol. 1, pp. 383–431). New York: Russell Sage Foundation.

Kohlberg, L. (1971). From is to ought: How to commit the naturalistic fallacy and get away with it in the study of moral development. In T. Mischel (Ed.), *Cognitive development and epistemology* (pp. 151–235). New York: Academic Press.

Kohlberg, L. (1974). Stufe und Sequenz. Sozialisation unter dem Aspekt der kognitiven Entwicklung. In L. Kohlberg, *Zur kognitiven Entwicklung des Kindes* (S. 7–255). Frankfurt a.M.: Suhrkamp.

Kohlberg, L., & Higgins, A. (1984). Continuities and discontinuities in childhood and adult moral development revisited – again. In L. Kohlberg, *Essays on moral development: Vol. 2. The psychology of moral development. The nature and validity of moral stages* (pp. 426–497). San Francisco, CA: Harper & Row.

Kohlberg, L., Scharf, P., & Hickey, J. (1978). Die Gerechtigkeitsstruktur im Gefängnis. Eine Theorie und eine Intervention. In G. Portele (Hrsg.), *Sozialisation und Moral. Neuere Ansätze zur moralischen Entwicklung und Erziehung* (S. 202–214). Weinheim: Beltz.

Kuhn, D., Langer, J., Kohlberg, L., & Haan, N. S. (1977). The development of formal operations in logical and moral judgment. *Genetic Psychology Monographs, 95,* 97–188.

Loevinger, J., & Wessler, R. (1970). *Measuring ego development: Vol. I. Construction and use of a sentence completion test.* San Francisco, CA: Jossey-Bass.

McDougall, W. (1928). *Grundlagen einer Sozialpsychologie.* Jena: Gustav Fischer.

Mead, G. H. (1973). *Geist, Identität und Gesellschaft.* Frankfurt a.M.: Suhrkamp.

Miller, D. R., & Swanson, G. E. (Eds.). (1960). *Inner conflict and defense.* New York: Holt, Rinehart & Winston.

Peck, R. F., & Havighurst, R. J. (1960). *The psychology of character development.* New York: Wiley.

Piaget, J. (1972). Sechs psychologische Studien. In J. Piaget, *Theorien und Methoden der modernen Erziehung* (S. 185–351). Wien: Molden.

Piaget, J. (1973). *Das moralische Urteil beim Kinde.* Frankfurt a.M.: Suhrkamp.

Rawls, J. (1975). *Eine Theorie der Gerechtigkeit.* Frankfurt a.M.: Suhrkamp.

Reimer, J. (1977). *A study in the moral development of kibbutz adolescents.* Unveröff. Dissertation, Harvard Graduate School of Education, Cambridge, MA.

Rest, J. R. (1973). The hierarchical nature of moral judgment. A study of patterns of comprehension and preference of moral stages. *Journal of Personality, 41,* 86–109.

Sears, R. R., Rau, L., & Alpert, R. (1965). *Identification and child-rearing.* Palo Alto, CA: Stanford University Press.

Selman, R. L. (1982). Sozial-kognitives Verständnis. Ein Weg zu pädagogischer und klinischer Praxis. In D. Geulen (Hrsg.), *Perspektivenübernahme und soziales Handeln. Texte zur sozialkognitiven Entwicklung* (S. 223–256). Frankfurt a.M.: Suhrkamp.

Thrower, J. S. (o.J.). Effects of orphanage and foster home care on development of moral judgment. Unveröff. Manuskript.

Turiel, E. (1966). An experimental test of the sequentiality of developmental stages in the child's moral judgment. *Journal of Personality and Social Psychology, 3,* 611–618.

Walker, L. J. (1980). Cognitive and perspective-taking prerequisites for moral development. *Child Development, 51,* 131–139.

Whiting, J. W. M., & Child, I. L. (1953). *Child training and personality: A cross-cultural study.* New Haven, CT: Yale University Press.

Fritz Oser

Acht Strategien der Wert- und Moralerziehung

In westlichen Gesellschaften gilt im Allgemeinen die alte Vorstellung, moralische Haltungen und gesellschaftlich erwartete positive Werte könnten und müssten an die nächste Generation übermittelt werden. Es sei Aufgabe der Erziehung in Familie und Schule, diese Übermittlung zu organisieren. Besonders nach irgendwelchen politischen, wirtschaftlichen, ökonomischen oder sexuellen Skandalen oder bei Zuständen hoher Gefährdung der Jugend durch Drogen oder Bandentum fühlen sich Politiker und Journalisten verpflichtet, die Verantwortlichen in Erziehung und Unterricht aufzurufen, moralische Haltungen zu stimulieren und Werte zu übertragen.

Der implizit positive Glaube an die Möglichkeit, Werte „vermitteln" zu können, ist aus vielen Gründen problematisch; pädagogisches Handeln, das sich an bestimmten Strategien orientiert, ist zum Scheitern verurteilt. Es bedarf nämlich einer Reihe komplexer Voraussetzungen, um die moralischen Denkformen und Handlungsgrundlagen von Kindern und Jugendlichen tatsächlich zu verändern. Und Veränderungen des moralischen Urteils, des moralischen Empfindens und der moralischen Handlungsbereitschaft sind nicht dasselbe wie Wissensvermittlung oder Werteübertragung. Nur dann kann man mit Aussicht auf Erfolg Bedingungen für die Veränderung moralischen Entscheidens und Handelns schaffen, wenn der Unterschied zwischen Werte- oder Wissensvermittlung und der Förderung moralischer Kompetenzen genau bestimmt wird; denn dieser Unterschied betrifft grundsätzlich das Wie und das Woraufhin der Moralerziehung. Die Fragen, „wie" Veränderungen zu bewirken sind und „worauf" sie zielen, werden unter Beanspruchung konträrer Methoden eben kontrovers diskutiert.

Moralerziehung hat in der Tat so viele Gesichter, wie es Ansätze gibt, sie zu realisieren. Aber wir finden wenige Theorien, die so stark sind, dass sie unterschiedliche Vorgehensweisen übergreifen und für verschiedene Prozesse wirksam in Anspruch genommen werden könnten. Selten sind Fachleute, die mit Voraussicht die Wirkungen unterschiedlicher Ansätze mit ganzer Sorgfalt analysieren. Und selten sind auch Erzieher, die nebst den technischen Problemen die Konsequenzen der unterschiedlichen Ansätze in ihrer vollen Wirkung erkennen.

Acht Ansätze sollen hier dargestellt werden. Der erste Ansatz geht davon aus, dass man in der Schule keine Moralerziehung betreiben solle, weil dies immer zur Indoktrination führe oder die Neutralität der Lehrperson verletze. Der zweite Ansatz analysiert Voraussetzungen der Moralerziehung und legt einige übergreifende pädagogische Normen fest. Moralerziehung wird hier von außen in ihren Aufgaben bestimmt und kontrolliert. W. Brezinkas Buch „Erziehung in einer wertunsicheren Gesellschaft" (1986) ist ein Beispiel für diesen Ansatz. Das dritte Modell hat die Wertklärung oder Wertentfaltung zum Ziel; wir nennen ihn den „romantischen" Ansatz. Der vierte Ansatz repräsentiert die klassische Vorstellung von „Wertvermittlung". Der fünfte Ansatz hat die Wertanalyse zum Gegenstand. Dieser Ansatz wurde von dem Psychologen Hall in die Diskusssion gebracht.

Im sechsten Ansatz wird das Ziel von den Funktionen der Moralität des Menschen bestimmt, nämlich in ständiger Bemühung um gerechtere, fürsorglichere, situationsadäquatere Lösungen für moralische Konflikte zu urteilen und zu handeln; die Methoden der Förderung moralischen Urteilens und Handelns werden ausgehend von den inneren Aktivitäten des Kindes oder des Jugendlichen selbst entwickelt. Ein Vertreter dieses Ansatzes – der bedeutendste Vertreter der Moralerziehung und der Moralentwicklung in unserer Zeit – ist der Psychologe und Pädagoge Lawrence Kohlberg mit seinem umfassenden Werk „Essays on moral development" (Bd. 1: The philosophy of moral development. Moral stages and the idea of justice, 1981. Bd. 2: The psychology of moral development. The nature and validity of moral stages, 1984. Eine deutsche Auswahl aus dem Werk erschien unter dem Titel „Die Psychologie der Moralentwicklung", 1995).

Ein siebter Ansatz besteht darin, Vorbilder für moralisches Handeln in ihrer Bedeutung für junge Menschen zu erschließen. Vertreter dieses Ansatzes sind zum Beispiel Colby und Damon (1990) und Puka (1990). Auch dieser Ansatz baut auf dem Werk Kohlbergs auf.

Ein achter Ansatz schließlich kann als Verlängerung des Werkes von Kohlberg bzw. als Weiterentwicklung verstanden werden: Dieser Ansatz versteht Moral „prozedural", geht also von der Vorstellung aus, dass Moralität nur über Aushandlungsprozesse wirksam gemacht werden könne. Man bezeichnet diesen Ansatz als realistischen Diskursansatz. Diesen Ansatz vertritt der Autor mit seiner Forschungsgruppe.

Gegen die ersten fünf Ansätze bestehen erhebliche Einwände; Kohlbergs Entwicklungs- und Erziehungsmodell der Moral und die an ihn anschließenden Modelle hingegen stellen eine solide Grundlage für moralische Erziehung dar. Dies soll infolgedessen dargelegt werden.

Lerntheoretische Modelle

Erstes Modell: Ablehnung von Moralerziehung als Prinzip moralischer Erziehung

Es gibt die Überzeugung, dass die Schule nicht das Recht habe, Kinder und Jugendliche moralisch zu beeinflussen. Diese Überzeugung ist auf den Gymnasialstufen stärker vertreten als etwa auf der Primarstufe. Sie kann auf vielfältige Weise begründet werden.

Einen Grund stellt die pseudowissenschaftliche Annahme dar, dass die Vermittlung von Inhalten im Unterricht in jedem Fall wertfrei sein müsse. Man beruft sich auf analytisch-philosophische Ersatzstücke und glaubt, ohne Wertentscheidung auswählen zu können und ohne Wertdetermination unterrichtlich arbeiten zu müssen. Dabei wird jegliche Relevanz-Akzentuierung einfach übergangen. Das Buch „Shopping mall high school" von Powell u.a. (1985) zeigt, dass Wissenserwerb gleichsam als „Einkauf" nach Bedarf oder Konsuminteresse begriffen werden kann und in Köpfen von gewissen Erziehern auch getätigt werden soll.

Einen zweiten Grund für die Ablehnung moralischer Erziehung stellt die Vorstellung dar, Lehrer und Lehrerinnen hätten sich gegenüber Werten neutral zu verhalten. Dies ist ein völlig anderer Augmentationsweg. Neutralität bedeutet Nichteinmischung aus Gründen des Respekts oder aber aus Gründen der moralischen Feigheit. Weil Schüler und Schülerinnen ja schon ihre eigenen Werte mitbringen, gezieme es sich nicht, dass Lehrpersonen diese in irgendeiner Weise beeinflussen, weil sie Privatsache seien. In diesem Sinne ist die Forderung nach Neutralität eine Schutzbehauptung, die hinsichtlich des professionellen Erziehungsauftrags zu einer Entlastung von Verantwortung führt. Und Neutralität bewirkt so, dass wir als Lehrpersonen meinen, unser Leistungsanspruch mit der Wahl von Inhalten und Methoden bewirke keine Wertsetzungen. Statt intensiver Auseinandersetzung und gelebtem Dissens wird hier vorgegeben, dass sich Lehrpersonen in einen geschützten Bereich der Neutralität absetzen könnten.

Das Phänomen der moralpädagogischen Abstinenz entspricht einem bestimmten Typus des „heimlichen" Lehrplans. Damit meinen wir jenen Einfluss von Lehrpersonen, von Unterricht und Schule, der keineswegs durch den öffentlichen Lehrplan legitimiert ist. Die Lehrperson vermittelt, indem sie Wertfreiheit postuliert, dezidiert unausgewiesene Wertpositionen durch die Art, wie sie Akzente setzt, bei Konflikten eingreift, die Schüler und Schülerinnen als Personen bewertet usw.

Diese Form der vermeintlichen individuellen moralischen Nicht-Erziehung ist allgemein bekannt. Doch ist es verheerend, dass im Zeichen der Ablehnung als Prinzip Kinder und Jugendliche in eine Art Abhängigkeit geraten, die nicht aktualisiert wird, nicht ins Bewusstsein tritt. So entsteht durch die Selbst- und Fremdkontrolle der Lehrperson und die dadurch generierte pseudoneutrale Werthaltung eine Art moralische Knechtschaft. Man wünscht dem anderen kein Werturteil unterzuschieben und bringt dadurch selber ein Werturteil zum Ausdruck. Das ist fatal.

Zweites Modell: Öffentliches Wertklima

Unter dem Titel „Mut zum Gebrauch der notwendigen Mittel" fordert Brezinka (1986) die Sicherung einer Reihe von Voraussetzungen für die Werterziehung. Er postuliert:

- ein öffentliches Wertklima, das Lehrer und Eltern bei der Erziehung unterstützt und „weder Tugenden noch Verwahrlosung als Privatsache" deklarieren lässt;
- Unterstützung der Familie, und besonders Unterstützung der erziehenden Frauen, die finanziell und wertmäßig benachteiligt werden, wenn sie sich voll diesem Geschäft widmen;
- öffentliche Einrichtungen, die gescheiterte Familienerziehung korrigieren, ohne dabei zum Normalfall zu werden;
- Betonung indirekter Erziehung, wo Kinder und Jugendliche selber lernen, was sie lernen sollen, so Erfahrungen mit der Natur, mit Kultur und mit Mitmenschen, auch als Gegenwirkung zu Reizüberflutung und passivem Lebensstil.

> Grundlegend sind überkommene und neu zu schaffende Ordnungen, an die sich alle zu halten haben: Sitten, Bräuche, Spielregeln und höfliche Umgangsformen. Nur wenn die haltgebende Kraft guter Sitten und guter Gewohnheiten wieder begriffen wird und erzieherisch genutzt wird, ist massenhafte Verwahrlosung zu verhüten. (S. 30);

- Befriedigung der Gemütsbedürfnisse, Geborgenheit, liebevolle Zuneigung und Autoritätsanerkennung, ferner rationale Belehrung über Werte und Normen, die dadurch erst bindend werden.

> Das bedeutet, daß man der Jugend zur Wertorientierung nur verhelfen kann, wenn ihre Erzieher Wertungen, Bindungen und Forderungen nicht scheuen. Bloß Informationen zu geben und keine Führung, ist unverantwortlich. Eltern wie Lehrer müssen sich einen moralischen Standpunkt erarbeiten und ihn entschieden vertreten, zugleich aber auch seine Gründe verständlich machen und helfen, sich damit auseinanderzusetzen. (S. 30 f.);

- planmäßiges Nahebringen der gesellschaftlichen Ideale für die nächste Generation durch die Schule. Planmäßig heißt, um vorbildliche Lehrer, um gute Lehrinhalte, um menschliche Begegnungen, um Feiern, Feste, aufbauende Werterlebnisse besorgt sein. – Soweit die geforderten Anhaltspunkte.

Der Ansatz von Brezinka hat einen kommunitaristischen Anstrich. Er fordert einen engeren und weiteren gesellschaftlichen Rahmen, der, indem er sich moralisch gebärdet, mit großer Intensität moralisch wirkt. So wie noch vor 50 Jahren die Kirche im Dorf einen grossen Einfluss auf alle familiären und verwandtschaftlichen, ja auch intimen und zugleich dörflich-politischen Aktivitäten hatte, diese moralisch mitgetragen und mitgestaltet hat, so soll auch jetzt die Gemeinschaft der Bürger und Bürgerinnen dasselbe erreichen. – Ein solcher Rahmen ist aber in einer nachmodernen Gesellschaft fast nirgends mehr gegeben und auch kaum mehr herstellbar. Und dies führt zu einem Konflikt.

Eigenartigerweise werden mit diesem auf „Gesinnungs-Ethik" und nicht auf wirklich unmittelbarer Beeinflussung beruhenden Konzept der „Neu-Orientierung" der Erziehung Ziele gesetzt, die so nicht mehr erreicht werden können. Diese Ziele lauten etwa für die Familie: Vertrauen zu Leben und Welt, Bereitschaft zur Selbsterhaltung durch eigene Anstrengung, ein realistisches Welt- und Selbstverständnis, Kultur des Herzens und Selbstdisziplin; für die Schule zusätzlich: Gemeinsinn und Patriotismus. Brezinka endet seinen Zielkatalog mit der Aussage:

> Der Weg aus der Sinnkrise wie aus der Erziehungskrise unserer Zeit führt über die Zuwendung zu bewährten gemeinsamen Idealen. Wer den Mut aufbringt, nach ihnen zu leben, erfährt die

Wahrheit der alten Regel: Haltet euch an die gemeinsamen Ideale! Dann halten die Ideale euch. (S. 98)

Die gemeinsamen Ideale, sofern sie durch einen kommunitären Rahmen getragen würden, könnten vielleicht in der Tat etwas bewirken. Aber selbst in einem Dorf, geschweige denn in einer Stadt, sind diese Ideale aufgesplittert in viele mögliche gelebte Wertsysteme, die einen Dissens bzw. ein Ethos der Differenz erfordern, das gerade eben nur über Erziehung erreicht werden kann. Es ist daher nicht erstaunlich, dass dieses Konzept auf eine Reihe von kritischen Einwänden stößt. Von Voraussetzungen auszugehen, die nicht oder nicht mehr adäquat sind, ist verhängnisvoll. „Erzieher sollen Wertungen, Bindungen und Forderungen nicht scheuen" ist eine Norm, die einerseits immer schon eingehalten wird, andererseits von uneinholbaren Voraussetzungen ausgeht: Wir müssten gemeinsam wissen, welche Norm gut oder schlecht, welche moralischen Forderungen adäquat sind, und wie wir sie begründen können. Nun fehlt aber ein übergeordneter Wertmaßstab, der die Legitimation der untergeordneten, zweitrangigen Normen sichert – bei Brezinka sind dies Ordentlichkeit, Fleiss, Sorgfalt, Pünktlichkeit und Ähnliches. Ebenfalls fehlt das Wissen über methodische Bedingungen der Möglichkeit zu prüfen, ob wenigstens ein Teil dieser Ziele erreicht werden kann. Wenn Brezinka meint, „Gemeinsinn" und „Patriotismus" der Schule müssten als bestimmte, von allen Mitgliedern einer Gesellschaft akzeptierte Reflexionsmuster entfaltet werden, so sagt er nicht, wie dies nur im Ansatz ermöglicht werden könnte. Dazu sind zwar Vorbilder – wie er sagt – wichtig, aber sie genügen nicht; auch Ziele sind wichtig, aber sie genügen nicht; ebenfalls sind Bedingungen in Familie und Staat wichtig, aber sie genügen nicht.

So ist es denn, dass dieses Konzept einen konservativen Reduktionismus beinhaltet, den es nicht aus sich selber überwinden kann. Pädagogische normative Formulierungen dieser Art gehen immer von der Annahme aus, dass der Mensch wisse, was richtig und gut sei, und nur die Kraft dazu nicht aufbringe, dieses Wissen zu realisieren. Doch das Gute umgibt uns nicht einfach so; wir können es nicht einfach produzieren. Vielmehr können wir vermutlich nur durch Auseinandersetzung mit dem Gegebenen dieses befragen und neu gestalten und so eine Moralität konstruieren, die beides ermöglicht, eine Identität stiftende moralische individuelle Selbstbestimmung, und die moralische Verständigung mit anderen durch die Anerkennung geteilter *(shared)* Normen.

Das Konzept Brezinkas ist keiner klassischen Moralerziehung zuzuordnen, aber man kann es als einen Ansatz bezeichnen, der die Sollensformulierungen, die zu früheren Zeiten auf Tugend ausgerichtet waren, jetzt auf Bedingungen der Erziehung anwendet. Diese Bedingungen sollen auf die Möglichkeit hin untersucht werden, letztlich doch indirekt Werte übertragen zu können. Werte kommen aus der gelebten Gesellschaft und werden als gut betrachtet, falls sie aus der Tradition dieser Kultur und Gesellschaft hervorgehen. Werte sollen so gut wie möglich, so flexibel wie möglich, so undoktrinär wie möglich, aber eben doch ohne einen aktiven Aneignungsprozess indirekt auf die nächste Generation übertragen werden. Brezinka präsentiert damit letztlich einen abgeschwächten Wertübermittlungsansatz, der sich auf Selbstverständlichkeiten einer scheinbar guten und in sich ruhenden Kultur beruft.

Wir wenden gegen diesen Ansatz ein, dass Kulturen im Wandel sind und ihre Kohärenz täglich schmilzt. Auch ist festzustellen, dass sich eine Kultur nicht aus sich selbst heraus reflektieren kann. Sie benötigt Meta-Kriterien, in denen sie ihre normativen Setzungen spiegeln kann. Auch die methodische Seite des Ansatzes erscheint ungenügend. Die Anweisungen sind zu allgemein, Wertübermittlung wird hier fast zu einer Gefühlshaltung gegenüber Normen, die im Täglichen zur Geltung kommen sollen. Dass dies eine wichtige Voraussetzung von Erziehung ist, sehen auch wir. Aber es reicht für Erziehung nicht aus. Wir möchten Brezinka in die Tradition normativer Pädagogen stellen, die das Gute predigen, ohne zu sagen, wie man es erfüllen kann.

Die deutlichste Kritik aber muss an der geforderten Annäherung an feste Normen formuliert werden: „Haltet euch an gemeinsame Ideale. Dann halten die Ideale Euch." Die „Ideale" erscheinen beliebig: Der Wert „Patriotismus" kann ein solches Ideal ausdrücken, aber auch der Begriff „Orthodoxie" oder der Begriff „Rasse". Das Fehlen philosophischer Reflexion zur Begründung höchster Werte kann verhängnisvoll sein.

Drittes Modell: Der Ansatz der Wertklärung

Wertklärung stellt das Kind in den Mittelpunkt; seine schlummernden Kräfte sollen zur Entfaltung gebracht werden. Das Kind kann nur zu sich selber kommen, wenn günstige Bedingungen, ein guter Nährboden und sorgfältige Pflege geboten werden. Prototypen dieses Ansatzes sind Rousseau mit seiner Vorstellung, dass das Kind von Natur gut sei, die Gesellschaft es aber verderbe; Neill (1969), der Gründer der Summerhill-Schule, gilt mit seiner Konzeption von freier und antiautoritärer Erziehung, die nicht Zügellosigkeit, aber Zwanglosigkeit in Bezug auf die Regeln der Erwachsenenwelt enthält, ebenfalls als eine der Leitfiguren dieses Ansatzes.

Kohlberg (1981, S. 49–96) hat diesen Ansatz eine „romantische Erziehungsideologie" genannt. Er meint damit die Vorstellung, das Innere des Menschen entfalte sich entelechetisch wie bei einer Pflanze von einem inneren Bauplan her; bedinge, dass der Erzieher nur Gärtnerfunktion ausübe. Er könne das Pflänzchen nur begießen, und, weil der Bauplan schon ausgeprägt und immer vorhanden sei, entfalte es sich von selber. Frühere Vertreter dieses Ansatzes sind etwa Fröbel, Montessori, Kay und McNeill. Heute vertritt diese Vorstellung der Wertklärungsansatz *(values clarification)*. Mit einer Methode, die auf gruppendynamischen Übungen beruht, soll erreicht werden, dass sich die teilnehmenden Personen ihrer eigenen Werte bewusst werden, ohne dass diese Werte unbedingt verändert werden müssten (vgl. Harmin, Kirschenbaum & Simon, 1973). Von Bedeutung ist einzig, dass Beurteilungs- und Entscheidungskriterien für Werte, mit denen sich die Person *subjektiv* identifizieren kann, zur Verfügung gestellt würden. Die Autoren grenzen sich von allen andern Methoden der Formung zum Beispiel durch Beispiele (Modellierung), durch Überredung, durch Moralisierung oder durch eine strikte Lenkung ab. Wenn die Mitglieder der Gruppe zum Beispiel über einen Ort sprechen, an dem sie glücklich waren, oder über einen Ort, den sie nie mehr sehen möchten, so gilt als Grundregel, dass jeder seine wertenden Entscheidungen unter verschiedenen Möglichkeiten und nach Abwägung aller Konsequenzen und Alternativen frei wählen solle. Das, was er oder sie am höchsten schätzt (d.h. die bevorzugte Wahl), soll er oder sie bejahen und danach handeln und diese Handlungen wiederholen. Über diese Schritte soll der Mensch zu dem kommen, nach dem er sich schon immer gesehnt hat. So soll er seine Wertidentität entwickeln.

Dieser Ansatz der Wertklärung hat einen Erfolgskurs durch westliche Länder angetreten. Die Autoren, insbesondere Simon, Howe und Kirschenbaum (1972), bieten Strategien und verschiedene Pakete mit Übungen an, die auch in die Schulen eingedrungen sind.

Gegen diesen Ansatz sind ebenfalls eine Reihe von Einwänden anzubringen. Die angedeuteten Übungen sind nicht generell wertlos. Auch ist der Betonung der Einmaligkeit des Selbst und der Einzigartigkeit der Person zuzustimmen. Aber eine differenziertere Sichtweise lässt zwei Gesichter dieses Ansatzes erkennen. Die eine Seite, repräsentiert etwa durch Maria Montessori, betont die Rechte des Kindes und den Schutz seiner Entfaltung unter dem Gesichtspunkt einer positiven „Gärtnerpädagogik". Eine andere Seite dieses Ansatzes erweist sich unter moralpädagogischem Gesichtspunkt sehr bedenklich: Denn unterschiedliche soziale, moralische, ästhetische, geschmackliche und persönliche Werte werden alle als je gleich und gleichwertig behandelt, wenn die Person in ihnen nur ihre Erfüllung findet. Fragen nach höherrangigen oder nachrangigen Werten werden zurückgewiesen. Der Prozess der „Selbstverwirklichung" ist wichtiger als jede Werthierarchie. Das führt zu einem bedenklichen und, wie wir sehen werden, unbegründeten Wertrelativismus. Die Anhänger dieses Ansatzes begehen den „naturalistischen Fehlschluss", indem sie das, was als Wert erlebt wird, auch dem Sollen unterwerfen möchten. Wenn verschiedene Menschen unterschiedliche moralische Werte als wichtig einschätzen, sei es legitim, diese Werte ohne Rekurs auf weitere Begründung anzustreben.

Dieser Relativismus ist im Hinblick auf die Moralerziehung besonders verhängnisvoll. So kann nicht dem subjektiven Werterleben anheim gestellt sein, ob Menschen nach ihrer Rasse, Religion oder ihrer Geschlechtszugehörigkeit bei der Verteilung von Gütern oder der Zuerkennung von Rechten und Pflichten unterschiedlich behandelt werden. Es kann nicht gleichgültig sein, ob Menschen parteiisch oder unparteiisch sind. Es kann nicht gleich anerkennungsfähig sein, ob man Gerechtigkeit will oder nicht will. Sobald Moral danach fragt, was jedem Menschen zukommen muss, ist es nicht mehr beliebig, wie Kulturen im Namen ihrer Traditionen ihre Mitglieder behandeln. Gegenüber Diskriminierung, sei es Einzelner oder ganzer Bevölkerungsgruppen, gegen Massenmord, aber auch gegen die Schädigung des Individuums kann es relativistische Standpunkte nicht geben. Dies sind nicht Fragen des Geschmacks oder spezifischer kultureller, ethnischer oder religiöser Werte. Universalisierung kann zwar nicht für jedes moralische Problem zur Geltung kommen, aber als Prinzip muss sie an jedes Problem angelegt werden können. Wie sehr auch der Relativismus die Praxis beherrscht, grundsätzlich muss er an jeder Stelle eine Einschränkung durch dieses Prinzip erfahren können. Jede Praxis muss einer über alle Kulturen hinausreichenden „gerechten" und „mitmenschlichen" Vereinbarung einerseits und einem Maß universeller moralischer Prinzipien andererseits unterstellt werden können, auch wenn sie innerhalb einer bestimmten Tradition dies nicht zu tun gewohnt ist.

Viertes Modell: Der Ansatz der Wertvermittlung

Diesen Ansatz gibt es in verschiedenen Versionen. Als „weichere" Version könnte man die Bemühung bezeichnen, über Vorbilder, Texte, Biographien usw. Werte indirekt, aber gezielt, zu „vermitteln". Als „harte" Version dieses Ansatzes sind Vorgehensweisen zu betrachten, die sich auf die Überlieferung der Werttradition konzentrieren und die direkte Vermittlung von Regeln betreiben. Beim Wertvermittlungsansatz arbeitet man meistens mit Belehrung, mit „direct teaching". Man spricht von der Kunstlehre des Erziehens, und man vertritt eine erziehungstechnologische Vorgehensweise. Ziele dieses Ansatzes sind unter anderem die Messbarkeit des Erreichten, die zu verdeutlichende Kulturspezifität und damit auch Kulturrelativität (nicht Wertrelativität) und der zu erwerbende so genannte „Rucksack voll Tugenden" („bag of virtues", vgl. Kohlberg, 1981, S. 9 f., 31 f. und 184 f.). Man spricht in diesem Zusammenhang auch von „Charakterbildung", wobei die zu Grunde liegende Erziehungsvorstellung stark von behavioristischen Lerntheorien, die auf die Einübung des Richtigen setzen, geprägt ist.

Wahrscheinlich ist dieser Ansatz so stark verbreitet, weil er vielen Menschen unmittelbar plausibel erscheint. Dass man Kinder auf richtiges Verhalten hinweisen muss und dass einwandfreies Verhalten belohnt und Normverletzung bestraft wird, scheint auf der Hand zu liegen. Viele Menschen sehen ja, wie diese Grundregeln täglich übertreten werden. In der Zeitung beklagen Bürger solche Übertretungen; da heißt es etwa „dass sich Ehrlichkeit nicht mehr lohne, die Übeltäter noch belohnt würden und der rechtschaffene, kleine Mann immer der Dumme sei". Viele Lehrpläne zum Ethikunterricht unterstellen diesen Ansatz (z.B. bei der Erziehung zur Pünktlichkeit, Ordentlichkeit, Höflichkeit). Vermutlich gehen auch die meisten Bildungspolitiker, wenn sie mehr Werterziehung fordern, von derartigen Vorstellungen aus. Wahrscheinlich führt auch eine Analyse des Bonner Forums „Mut zur Erziehung" (Wissenschaftszentrum Bonn-Bad Godesberg, 1978) zu dem Ergebnis, dass vielen Rednern diese Form der Wertvermittlung vorschwebte und nicht eine aktive Auseinandersetzung mit den angebotenen Werten.

Der erste Einwand gegen diesen Ansatz bezieht sich auf dessen lernpsychologische Grundlagen. Die entsprechenden Theorien erheben nämlich von sich aus nicht den Anspruch, jene Lernprozesse angemessen zu stimulieren, in denen die Autonomie des Lernenden und seine eigene sinnstiftende Leistung herausgefordert wird. Im Gegenteil, der Lernende soll das übernehmen, was ihm vorgegeben wird, was zu egozentrischer Werthaltung und zugleich zu einem inneren Riss der Unsicherheit oder der Verhärtung führt. Der Erwerb der moralischen Urteilsfähigkeit und der Bereitschaft, nach dem als moralisch richtig Erkannten auch zu handeln, fordert indessen das autonome, zur Sinninterpretation fähige Subjekt. Darüber hinaus ist der Glaube, man könne Werte und insbesondere moralische Werte „einfach", das heißt ohne rekonstruktive Auseinandersetzung übertragen, mittlerweile schwer erschüttert worden. Die kognitive Psychologie hat gezeigt, dass Schüler ihr Wissen über operatorisches Verhalten, das heißt durch aktiven Umgang mit einer Sache und mit Menschen, erwerben. Das trifft in besonderem Maße auch für Werte zu. Und wenn man die neuere Interessenforschung herbeibemüht, so kann gezeigt werden, dass auch moralische Einstellung mehr ist als moralisches Wissen. Heute kann allgemein angenommen werden, dass moralische Tiefenstrukturen, die moralisches Handeln tragen, etwas anderes sind als moralische Inhalte; es sind vom Subjekt selbst erarbeitete Schemata, die sein Denken steuern. Handlungstheorien zeigen, dass moralische Akte an solche Schemata und an Verpflichtungs- und Verantwortungsgefühle gebunden sind.

Zu den psychologischen kommen sachliche Zweifel über diesen Ansatz: Wie beim Erziehungsmodell von Brezinka lässt sich auch hier fragen, ob eine Kultur grundlegende moralische Werte aus sich selber beurteilen kann. Muss Erziehung nicht an kulturübergreifende, an universelle Prinzipien anschließen? Offensichtlich ist die Zustimmung zu solchen Werten von positiven Motiven abhängig, die ebenfalls der Entwicklung bedürfen. Kann man dann noch sagen, dass moralische Einstellungen mit technologischen Mitteln (Zweck-Mittel-Schemata) strategisch produziert werden können? Aber auch manche Untersuchung macht nachdenklich. Hartshorne und May (1928) zeigten bereits vor langer Zeit, dass sich Korrelationen zwischen dem Durchlaufen eines moralischen Wertvermittlungsprozesses und dem Ergebnis eines Ehrlichkeitstests keine positive Beziehung erkennen ließen. Kohlberg macht bei diesem Ansatz zusätzlich auf die Gefahr der Indoktrination aufmerksam: Glaubt man nämlich, dass Werte von außen bestimmt seien, dann ist der Schritt zum Zwang, zur erzwungenen Übernahme eine nahe liegende, aber bedrohliche Folge.

Auch die grundlegende Voraussetzung dieses Ansatzes, ein gesellschaftlicher Konsens über die wünschenswerten moralischen Verhaltensweisen (Tugenden), ist nicht ohne totalitäre politische Maßnahmen zu erreichen. Das Vorher-Bereitstellen und Nachher-Vermitteln dieser Werte und das implizite oder explizite Ausschalten der kindlichen Einsichtsfähigkeit verhindert das prozesshafte Herstellen eines Konsensus etwa in der Schulklasse. Kohlberg beschreibt die Situation sehr prägnant:

> Was für den einen Integrität ist, hält ein anderer für Sturheit (…). Wer mit einer Protestbewegung, zum Beispiel der Studentenbewegung, sympathisiert, betrachtet deren Verhalten als Ausdruck von Altruismus, Idealismus, Gewissenhaftigkeit und Courage, wer gegen die

Bewegung eingestellt ist, sieht im gleichen Verhalten einen Ausdruck solcher Laster wie Verantwortungslosigkeit und Respektlosigkeit gegen Recht und Ordnung. (Kohlberg & Turiel, 1978, S. 26)

Terhart (1989, S. 382) weist darauf hin, dass dieser Ansatz der Jugend das Recht verweigert, bestehende Werte zu kritisieren und neue zu schaffen. Er glaubt, dass einem solchen Ansatz ein pessimistisches Menschenbild zu Grunde liege, „denn die Notwendigkeit der ‚Moralisierung' wird mit der andernfalls drohenden Gefahr des Unterschreitens menschlicher Möglichkeiten bzw. der Orientierungslosigkeit und der dann gegebenen Verführbarkeit durch andere, und das sind immer ‚falsche Propheten', begründet".

Nun aber darf dieser Ansatz keineswegs in Bausch und Bogen abgelehnt werden. Eltern und Lehrpersonen vermitteln täglich Werte, und sie werden deshalb auch von ihren Kindern und Jugendlichen mehr als alle andern als die eigentlichen Vorbilder angesehen (vgl. Bucher, 1997). Wertvermittlung gibt besonders Menschen der niedrigen Stufe eine Sicherheit im Urteil und eine Identität. Eine Wertdiskussion ohne Werthintergrund ist anomistisch, und eine Konstruktion von Regeln ohne Auseinandersetzung mit dem Bisherigen ist zerfallsträchtig. Wir werden weiter unten darstellen, dass eine auf Interaktion basierende Moralerziehung ohne eine Wertimmersion genau so problematisch ist wie eine Wertvermittlung ohne Wertreflexion.

Fünftes Modell: Der Ansatz der Wertanalyse

Hall (1979) erklärte die moralische Wertanalyse zu einem eigenständigen Ansatz der Moralerziehung, der, wie er meint, zwischen den Ansätzen der Wertklärung und der Wertvermittlung eine Verbindung herstellen könne. Er überwinde Indoktrination und Relativismus, indem er die Voraussetzungen und Folgen von Wertentscheidungen in Konflikten analysiere. Es handelt sich um eine Art Meta-Ethik auf der Basis rationaler Analyse (vgl. Mauermann & Weber, 1978). Im Ethik-Unterricht könnten diese Grundpostulate eine wichtige Rolle spielen, denn in einem Unterricht, der diesen Ansatz kultiviert, wird *über* Werte gesprochen, ohne Werterziehung zu betreiben. Die zu Grunde liegende rationalistische und wissenschaftsorientierte Sicht enthält ein für Unterricht und Entwicklung gleichermaßen fruchtbares Prinzip, denn der Ansatz nutzt „sokratisches" Denken und Mitdenken. Den Kindern werden nicht Lösungen angeboten, sondern die richtigen Fragen gestellt, damit sie ein Problem von allen Seiten betrachten und nicht zu voreiligen Lösungen gelangen.

Die Ethik-Lehrpläne von Bayern folgen diesem Ansatz. Hier werden ethisch-philosophische Texte analysiert, Begriffe wie Norm, Regel, notwendige versus nicht-notwendige Bedingungen, naturalistischer Trugschluss, Demokratie, Fürsorglichkeitsmoral, Deontologie usw. entwickelt. Unterstellt ist, dass es möglich sei, mithilfe dieses Instrumentariums die moralische Problemhaftigkeit der Welt zu erforschen und moralische Probleme zu lösen.

Die Probleme dieses Ansatzes liegen auf der Hand: Er ist nicht zielorientiert, er bildet nicht zum Urteil, zur Sensibilität und zum Handeln aus, sondern zu aufklärender Reflexion. Er insistiert nicht auf höherer Sensibilität für Gerechtigkeitsfragen oder auf Zuwachs an Fürsorglichkeit. Ihm ist auch die Entfaltung *reversiblen* Denkens fremd, das immer mehr Perspektiven und Erwägungen integriert. Im Grunde setzt dieser Ansatz schon voraus, was erst zu entwickeln wäre, denn er dient der Enthaltung logischen Denkens über Konflikte. Ihn interessiert nicht die Vermittlung von Urteil und Handeln als wesentliches Element im Prozess der Förderung des moralischen Urteilens und der Bereitschaft, im Handeln dem Urteil zu folgen. Menschen mit moralischem Standpunkt und Menschen mit moralischem Rückgrat sind dadurch nicht zu gewinnen.

Konstruktivistische Modelle

Sechstes Modell: Der progressive Ansatz: Pädagogische Konsequenzen des Entwicklungsmodells der Moral nach Kohlberg

Der Ansatz von Kohlberg wurde von ihm auf der Basis seiner entwicklungspsychologischen Studien zur Moral ausgearbeitet. Niemand in den letzten zwei Jahrzehnten hat die theoretischen Überlegungen zur Moralerziehung und die praktischen pädagogischen Bemühungen um die Förderung des ethischen Handelns junger Menschen mehr beeinflusst als der Psychologe und Pädagoge Kohlberg, der mehr als ein Jahrzehnt an der Harvard-Universität lehrte. Sein internationaler Einfluss ist beachtlich. Viele empirische Untersuchungen bestätigen grundsätzlich seine Entwicklungstheorie, ihre Anwendung auf den Erziehungsbereich ist nahe liegend und vernünftig.

Kohlbergs Ansatz wird als progressiv bezeichnet, nicht etwa wegen einer politischen Zuordnung, sondern weil ihm der Gedanke zu Grunde liegt, dass Kinder und Jugendliche unterstützt werden können, in einer offenen moralischen Entwicklung voranzuschreiten (zu progredieren). Herzog (1991) hat jüngst noch einmal formuliert, es sei keineswegs das Ziel der moralischen Erziehung, Kinder „gut" zu machen, sondern ihnen zu helfen, ihr moralisches Urteil und ihre moralische Intuition zur Interpretation und Lösung moralischer Probleme einzusetzen und dadurch beides zu entwickeln. Um dies zu tun, ist eine Entwicklungstheorie notwendig, die zeigt, wie sich das moralische Urteil im Voranschreiten von Stufe zu Stufe verändert und wie moralische Motivation aufgebaut wird.

Bevor Kohlberg über Erziehung und Förderung des moralischen Denkens und Handelns spricht, erkundet er das moralische Bewusstsein junger Menschen. Er betrachtet die Heranwachsenden als Moralphilosophen, denn er ist der Ansicht, dass ein Jugendlicher nicht eine halbverstandene Erwachsenenmoral im Kopf hat, sondern aufgrund seiner bisherigen Lebenserfahrungen eine eigene Moralauffassung ausgebildet hat, die es zu begreifen gilt. Denn diese wird vom Jugendlichen

Tabelle 1: Moralische Urteilsstufen im Werk Kohlbergs nach Lickona (1989, S. 20 f.)

Stufe 0: *Egozentrisches Urteilen* (etwa 4 Jahre)	Was richtig ist:	Ich soll meinen Willen bekommen.
	Grund zum Gutsein:	Belohnungen erhalten, Strafe vermeiden.
Stufe 1: *Blinder Gehorsam* (etwa Vorschulalter)	Was richtig ist:	Ich soll tun, wie mir gesagt wird.
	Grund zum Gutsein:	Sich aus Schwierigkeiten heraushalten.
Stufe 2: *Fairness als direkter Austausch: „Was ist dabei für mich drin?"* (Grundschulalter)	Was richtig ist:	Ich soll an meinen eigenen Nutzen denken, aber zu denen fair sein, die fair zu mir sind.
	Grund zum Gutsein:	Eigeninteresse: Was ist für mich drin?
Stufe 3: *Zwischenmenschliche Konformität* (mittlere Kindheit bis Jugendalter)	Was richtig ist:	Ich soll ein netter Mensch sein und den Erwartungen derjenigen entsprechen, die ich kenne und an denen mir liegt.
	Grund zum Gutsein:	Ich möchte, dass die anderen gut von mir denken (soziale Anerkennung) und ich damit auch eine gute Meinung von mir selbst haben kann (Selbstwertschätzung).
Stufe 4: *Verantwortlichkeit gegenüber „dem System"* (mittleres oder spätes Jugendalter)	Was richtig ist:	Ich soll meine Verpflichtungen gegenüber dem sozialen System oder Wertsystem, dem ich mich zugehörig fühle, erfüllen.
	Grund zum Gutsein:	Ich möchte dazu beitragen, dass das System nicht auseinander bricht, und ich möchte meine Selbstachtung als jemand erhalten, der Verpflichtungen nachkommt.
Stufe 5: *Prinzipiengeleitetes Gewissen* (frühes Erwachsenenalter)	Was richtig ist:	Ich soll die größtmögliche Achtung vor den Rechten und der Würde jedes einzelnen Menschen zeigen, und ich soll ein System unterstützen, das die Menschenrechte schützt.
	Grund zum Gutsein:	Die Gewissenspflicht, gemäß dem Prinzip der Achtung gegenüber allen menschlichen Lebewesen zu handeln.

Die Beschreibung der Stufen 1 bis 5 basiert auf Kohlbergs Stufen des moralischen Urteilens (vgl. etwa Kohlberg, 1975, 1978, 1981); Stufe 0 wurde adaptiert bei Damon (1984) und Selman (1984).

im weiteren Entwicklungsgang nicht beiseite gelegt, sondern von ihr aus wird er den nächsten Schritt zu einer Moral unternehmen, die Probleme, die er bisher unbefriedigend lösen kann, stimmiger lösen wird. In der Aufsatzreihe „The child as moral philosopher" (1968), „The adolescent as a philosopher" (Kohlberg & Gilligan, 1971), „The young adult as moral philosopher", „The aging person as moral philosopher" charakterisiert Kohlberg den Jugendlichen als eine Person, die soziale Gegebenheiten auf neue Weise hinterfragt und dabei nach ihrem Selbst in der sozialen Welt sucht. Kohlberg fordert, dieses Fragen und Suchen ernst zu nehmen, weil im Denken des Jugendlichen Transformationen stattfinden, die über den moralischen Relativismus des Jugendalters hinausführen. Wir kommen darauf zu sprechen, wenn wir das Erziehungskonzept selbst vorstellen.

Kohlberg zeichnet die Moralentwicklung des Menschen in einem Stufenmodell nach, das in Tabelle 1 wiedergegeben wird. Diese Darstellung ist von Lickona (1989) überarbeitet worden und sie enthält nicht alle für die Theorie relevanten Aspekte der Stufenbeschreibung. Hinzufügen müsste man insbesondere den Stufenfortschritt hinsichtlich der generellen Ausrichtung: Dabei sind die Stufen 1 und 2 als vorgesellschaftlich (präkonventionell), die Stufen 3 und 4 als gesellschaftlich (konventionell) und schließlich die Stufen 5 (und 6) als übergesellschaftlich (postkonventionell) klassiert worden.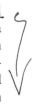

Diese Stufenhierarchie ist oft vorgestellt worden. Es liegen wie gesagt Untersuchungen dazu vor, so eine Längsschnittvalidierung über 24 Jahre (1983), verschiedene interkulturelle Studien (Keller u.a., 2000; Snarey & Nunley, 1997), Validierungsstudien (Power & Khmelkov, 1997) und Ähnliches. Im deutschen Sprachraum haben sich besonders Philosophen intensiv mit diesem Modell auseinander gesetzt, so Habermas (1983), Apel (1988), Garz (1991) usw. Diese Denker haben sich insbesondere für die postkonventionellen Stufen interessiert, weil diese gleichsam eine Realutopie eines letzten Ziels der Entwicklung darstellen (vgl. Edelstein & Nunner-Winkler, 1986, darin besonders die Aufsätze von Puka und von Habermas). Vom empirischen Standpunkt aus sind diese Stufen ganzheitliche Muster, die tief in die Psyche eingelagert und als solche nicht abfragbar sind, sondern nur indirekt aus Urteilen erschlossen werden können. Die Stufen sind hierarchisch geordnet, das heißt, keine Stufe kann übersprungen werden. Regressionen auf niedrigen Stufen kommen selten und nur unter ganz bestimmten Bedingungen vor. Die höheren Stufen sind komplexer und reversibler als die niedrigeren. Sie entsprechen auch einem deutlicheren autonomeren und integrierteren Denken. Sowohl der Entwicklungsverlauf insgesamt als auch die einzelnen Schemata als Strukturen sind nicht kulturgebunden, sondern haben universellen Charakter. Doch erzeugen unterschiedliche Kulturen mit ihren unterschiedlichen Weltsichten inhaltliche Variationen und Betonungen unterschiedlicher Sachverhalte (vgl. Turiel, 1999).

Die „progressive" Entwicklung zu höheren Stufen ist nur möglich, wenn Denken und Urteilen immer neu herausgefordert und reichhaltige Handlungserfahrungen eröffnet werden. Nach den Ergebnissen zahlreicher Untersuchungen befinden sich Fünft- und Sechstklässler durchschnittlich auf den Stufen 1 und 2, Lehrlinge und Schüler der Sekundarstufe auf den Stufen 2 und 3, Adoleszente und junge Erwachsene auf den Stufen 3 und 4. Extreme Abweichungen von den durchschnittlichen Einstufungen kommen vor. Es kann zum Beispiel sein, dass 15-Jährige ausnahmsweise schon Stufe 4 erreichen, Erwachsene aber unter Umständen auf Stufe 2 der Entwicklung stehen geblieben sind.

Das hier äußerst knapp skizzierte Modell Kohlbergs ist ein Meilenstein der Erkenntnis individueller und gesellschaftlicher Möglichkeiten der Konstitution von

Moral. An diesem Modell wird weitergearbeitet, alternative Vorschläge werden immer neu ausgearbeitet (vgl. Eckensberger & Reinshagen, 1979, 1980; Haan, 1978; Haan, Aerts & Cooper, 1985; Keller & Reuss, 1984; Lempert, 1986; Lind, 1983, 1986b). Und es gibt auch Kritik an Kohlberg, so an der Stufentheorie, am Messverfahren, an der pädagogischen Anwendung, am vorgeblichen Geschlechtsbias, am Kompetenzmodell, manchmal auch an der Bedeutung unterschiedlicher sozialer Kontexte der Entwicklung, an den gesellschaftlichen Rahmenbedingungen, an den inhaltlichen Vorgaben und an der Anwendung dieses Modells in verschiedenen Institutionen, die die moralische Entwicklung der Mitglieder beeinflussen. Insgesamt gesehen ist es aber noch niemandem gelungen, die Theorie zu falsifizieren. Und grundsätzlich kann es auch keine Rückkehr auf den Stand der Überlegungen vor diesem Modell geben.

Wir lassen diese Diskussionen und die methodologischen Aspekte beiseite und fragen, was dieses Modell für Fragen der Erziehung leisten kann. So wie es die Entwicklungspsychologie präsentiert, stellt es zunächst nur die Beschreibung eines idealen Entwicklungsverlaufs dar und ist noch nicht einmal ein normatives Konzept. Wenn man sich aber vorstellt, dass Entwicklung verhindert werden und abbrechen kann, dass Erwachsene auf niedriger Stufe stehen bleiben, also Individuen oft keine optimalen Bedingungen ihrer Entwicklung vorfinden, wenn man umgekehrt weiß, dass höhere Stufen ein moralisch besser integriertes, reversibleres und adäquateres Denken und autonomeres Urteilen erlauben, durch die das Individuum aus heteronomer Abhängigkeit befreit wird, gibt es Gründe dafür, dass Erziehung und Unterricht sich in den Dienst der Moralentwicklung stellen und diese optimal fördern. Entwicklung zur nächsten Stufe wird dann zum Ziel der Erziehung (Kohlberg & Mayer, 1972).

Dieser Aufgabe stellt sich der entwicklungsorientierte Ansatz der Moralerziehung. Er zielt darauf, die Umwelt der Heranwachsenden so zu gestalten, dass sie sich mit moralrelevanten Konflikten auseinandersetzen können. Dabei können vorhandene Konflikte aufgegriffen oder aber fremde Konflikte geschildert werden, um Material zu gewinnen, auf dessen Grundlagen sowohl auf der Ebene vorgestellter als auch auf der Ebene realer Handlungen Begründungsprozesse zu initiieren sind. Dadurch soll einerseits das moralische Urteil entwickelt, andererseits die moralische Sensibilität erhöht werden. Damit ist noch nicht alles getan, was schulisch möglich ist. Aber selbst wenn darüber hinaus Wissen vermittelt und das soziale Klima verbessert wird, aber auch Vorbilder angeboten werden, stets richtet sich moralische Erziehung einesteils auf die moralische Kompetenz des Subjekts, das Konflikte löst, und andernteils auf die Performanzbedingungen der Moral, das heißt auf die innerpsychischen, situativen und kontextuellen Gegebenheiten, die partikulare Lösungen beeinflussen. Ob auf Kompetenz oder auf Performanz gerichtet, es geht um den *Prozess* der Lösung eines moralischen Konflikts, der neues Denken und Urteilen ermöglicht. Im Blick auf die Kompetenz dient die erzieherische Intervention folglich dem Ideal der Stufenprogression. Im Blick auf die Performanz dient sie der situationsadäquaten Stärkung von Urteil und Handeln (vgl. Edelstein, 1986, 1987).

Prozessbedingungen allein garantieren aber noch nicht die „Entwicklung als Ziel der Erziehung" (Kohlberg & Mayer, 1972). Es bedarf dazu einer Reihe weiterer Faktoren, die alle etwas mit dem zu tun haben, was Vygotsky (1987) „Zone der proximalen Entwicklung" genannt hat. Darunter werden Faktoren verstanden, die dem Subjekt bewusst machen, dass seine bisherigen Lösungen und die dahinter verborgene Grundstruktur noch nicht genügen, dass vermutlich eine bessere Vermittlung zwischen konträren Wertkomplexen erreicht werden kann, dass auch bei einer Reihe von Problemen das Mitdenken des „Kompetenteren", des Älteren und des Erwachsenen hilfreich sein könnte. Was sind diese Faktoren?

Erstens müssen die Schüler immer neu mit moralischen Dilemmata konfrontiert werden, um ihr Denkvermögen für den Versuch hervorzulocken, mit den Klassenkameraden eine Lösung, das heißt ein neues Gleichgewicht divergierender Wertungen einer Problemlage zu ko-konstruieren. Dilemmata sind reale oder möglichst lebensechte oder aber erdachte, „hypothetische" Konfliktsituationen, für die es keine sofort erkennbare, zufriedenstellende Lösung gibt und die daher vielerlei Abwägungen von Interessen und Konsequenzen erfordern. Sie müssen so konstruiert sein, dass sie die nach Lösung suchenden Befragten immer wieder unter den Druck des Gegenarguments bringen, damit sie deren Kompetenz wirklich mobilisieren. (Das bekannteste Dilemma ist das so genannte „Heinz-Dilemma", das die Situation eines Ehemanns schildert, der vor dem Problem steht, ein Medikament für seine todkranke Frau zu besorgen, das die Krankenkasse nicht bezahlt, das für ihn zu teuer ist und das der Apotheker ihm nicht umsonst überlassen will. In diesem Dilemma steht der Wert der Erhaltung des Lebens gegen den Wert Einhaltung des Gesetzes. Und ein echtes Dilemma ist gerade dadurch charakterisiert, dass durch die Wahl des einen Werts der andere verletzt wird.)

Es wird noch viel zu wenig getan, um solche Dilemmata inhaltlich mit dem Fachunterricht zu verknüpfen. Reinhardt u.a. (1991) haben eine Sammlung von Dilemmata herausgegeben, die im Bereich Biologie, Deutsch, Geographie, Geschichte, politische Bildung, Religion, Sport usw. zur Anwendung kommen können. Diese Sammlung macht deutlich, dass zum Beispiel das Fach Geschichte per se eine Überfülle moralischer Dilemmata enthält. Die Aufnahme solcher Dilemmata in den Unterricht bedarf der besonderen Vorbereitung, damit die Schüler sich in die Lage der jeweiligen Protagonisten versetzen, um verstehen zu können, dass Geschichte über die Lösung moralischer Probleme im Zeitablauf berichtet. Der Einbau ins Curriculum sollte nicht auffällig sein, sondern als selbstverständlicher Bestandteil des Unterrichts der üblichen Wissensvermittlung entgegengestellt werden. Neben den fachspezifischen Dilemmata sollten hypothetische Dilemmata eingeführt werden, die moralische Konflikte thematisieren, wie etwa der Euthanasiekonflikt. Eine weitere Form von Dilemmata ist das Real-Dilemma, das Konflikte aufgreift, die dem Alltag der Schüler entnommen sind. Manchmal scheuen sich Lehrer, Konflikte in immer wieder abgewandelter Form zu präsentieren, weil sie befürchten, dass Schüler das Interesse verlieren. Diese Befürchtung erscheint so lange wenig relevant, als die Jugendlichen durch Unstimmigkeiten bisheriger Lösungen noch herausgefordert werden, an den Problemen weiterzuarbeiten.

Ein *zweites Element,* das hilft, Jugendliche zu Transformationen des Urteils anzuregen, besteht darin, sie mit Denkmustern zu konfrontieren, die eine Stufe über der Stufe, auf der ein Heranwachsender sich befindet, stehen. Diese Denkmuster werden als beunruhigende Möglichkeiten verstanden, vor allem wenn Heranwachsende bereits in Schwierigkeiten geraten sind, Konflikte mit den ihnen zur Verfügung stehenden geistigen Mitteln befriedigend zu lösen. Diese Art der Förderung der Moralentwicklung wird in der Tradition als +1-Konvention bezeichnet. +1-Konvention bedeutet, dass die neuen Muster zwar den Jugendlichen oft überzeugen, von ihm aber anfänglich noch nicht verstanden und daher nur zögerlich in die Debatte gebracht werden. Sie bewirken – oft langsam, gelegentlich auch explosionsartig – die Auflösung der bisherigen moralischen Kompetenzstruktur und deren Neustrukturierung auf der nächst höheren Stufe. Dieser Schritt hat nicht selten die Merkmale einer Krise.

Mit Argumenten einer höheren Stufe werden Jugendliche in der Schule und in ihren sozialen Gruppierungen deswegen häufig konfrontiert, weil auch altersgleiche Gruppen wie Klassen und Gleichaltrigen-Cliquen Mitglieder auf unterschiedlichem soziomoralischem Entwicklungsstand haben. Im Unterricht kann die Lehrperson für die Bildung heterogener Diskussionsgruppen bei der Beschäftigung mit Dilemmata sorgen, selber Argumente einbringen oder solche Argumente aus der Diskussion aufgreifen, die der nachfolgenden Kompetenzstufe entsprechen.

Ein *drittes Element* ist der transaktive Dialog, nämlich die Fähigkeit, das Argument des Gegners oder Partners aufzunehmen und zu transformieren (vgl. Berkowitz, 1986).

Als *viertes Element* ist der so genannte induktive Argumentenvergleich zu nennen. Lehrer ordnen während der Dilemmastunde die Pro- und Kontra-Argumente der Schüler nach Komplexität, sozialer Perspektivenübernahme, Berücksichtigung von Intentionen und Konsequenzen zum Beispiel an der Tafel in zwei Spalten. Sie sollen dabei nicht die Substanz einer moralischen Norm bewerten, sondern erleichtern, sich die Gegenposition vorzustellen, um so die Reversibilität in der Argumentation zu steigern.

Es hat sich im Hinblick auf die erfolgreiche Förderung des moralischen Argumentierens sehr bewährt, die Diskussion der Heranwachsenden auf diese vier, die Auseinandersetzungen strukturierenden Elemente auszurichten. Kohlberg hat anhand der Forschungen seines Schülers Blatt (Blatt & Kohlberg, 1975) zeigen können, dass durch wiederholte freie und kontroverse Auseinandersetzung mit Dilemmata unter Berücksichtigung der „+1-Konvention" tatsächlich substantielle Stufenveränderungen bei Jugendlichen möglich wurden. Dieses Resultat hat zu einer großen Debatte und zu einer ansehnlichen Zahl ähnlicher Interventionsstudien und Meta-Analysen geführt (Colby u.a., 1977; Higgins, 1980; Leming, 1981; Lockwood, 1978; Oser, 1981; Rest, 1979; Schläfli, 1986; Schläfli, Rest & Thoma, 1985).

Diese Interventionsstudien stützen sich sämtlich auf ein sehr ähnliches Vorgehen, das hier noch einmal kurz zusammengefasst werden soll:

(a) Präsentation eines Dilemmas, in dem zwei oder mehrere moralische Werte miteinander in Konflikt stehen (hypothetische Dilemmata, reale Schul-Dilemmata, fächerspezifische Dilemmata). Diese Präsentation kann didaktisch wirkungsvoll durch Dias und Filmmaterial verstärkt, durch Erzählungen bereichert und mit Erlebnissen verbunden werden.

(b) Auseinandersetzung im Klassenverband, in Kleingruppen oder in Selbstreflexion mit den sich anbietenden Handlungsalternativen und deren Begründungen, wobei

(c) die „+1-Konvention" (oder manchmal auch eher eine „+1/2-Konvention") eingesetzt wird. Oft geschieht dies durch heterogene Mischung der Gruppen, aber auch durch die Beteiligung des Lehrers, der allerdings nicht suggestiv Argumente vermitteln, sondern echter Diskussionspartner sein soll.

(d) Ordnen der Argumente und Begutachtung des Prozesses der Auseinandersetzung. Lehrer und Schüler sollen nicht die bessere Lösung, sondern das reversiblere, universellere Argument suchen.

(e) Offenheit des Ausgangs. Dieser Prozess wird nicht durch einen gemeinsamen Beschluss über das „substantiell Richtige" abgeschlossen, sondern bleibt offen. Das ist notwendig, damit keinem Beteiligten Lösungen aufgezwungen werden, er jedoch vielmehr weiterhin vor der Frage steht, wie er persönlich den Konflikt lösen würde. Die Mehrheitsmeinung soll nicht als Ausflucht dienen können. Es kommt hinzu, dass auch der beteiligte Erwachsene in seinem Urteil nicht exponiert werden soll, denn es ist keineswegs sicher, dass er das „substantiell Richtige" vertritt. Auch ihm muss zugestanden werden, noch an einem Stufenübergang zu arbeiten und mit seinen Einschätzungen auf seine persönliche Problemsicht zu reagieren.

Erwähnenswert ist in diesem Zusammenhang die Meta-Analyse von Schläfli, Rest und Thoma (1985), die zeigt, dass sich für Interventionen eine Dauer von vier bis sechs Monaten als günstig erwiesen hat, dass qualitativ gute Diskussionsstunden wirksamer sind als „psychologisierende" Stunden, und dass ältere Jugendliche mehr profitieren als jüngere, weil ältere Jugendliche viele Erfahrungen haben, an denen sie die größere Kraft höherstufiger Begründungen erleben können. Sie verstehen auch den theoretischen Hintergrund besser, und generell stehen ihnen effektivere kognitive Mittel zur Verfügung (siehe Edelstein, 1987).

Um diese Form der moralischen Erziehung auch am praktischen Beispiel zu demonstrieren, sei hier modellhaft der Ablauf einer Dilemma-Diskussion in der 10. Klasse vorgestellt:

Zunächst präsentiert die Lehrerin das Dilemma.

Frau Sabine Menge (Chemikerin und Klimatologin) erforscht im Auftrag eines großen Stromproduzenten die Klimawirksamkeit des radioaktiven Edelgases Krypton 85, das bei der Plutoniumgewinnung aus Atomkraftwerken freigesetzt wird. Sie ist froh, dass das Institut, bei dem sie arbeitet, diesen Auftrag erhalten hat, da das Institut mit seinen 30 Mitarbeiterinnen und Mitarbeitern von solchen Aufträgen abhängig ist. Es ist Frau Menge auch persönlich sehr wichtig, dass das Institut weiterexistiert, da sie sich durch einen Hauskauf sehr verschuldet hat.

Bei den Untersuchungen stellt sie fest, dass Krypton 85 das Klima beeinflusst, denn es verändert die Wolkenbildung und Häufigkeit von Niederschlägen und macht Stickoxide und Schwefeldioxide in der Atmosphäre noch gefährlicher. Die Auftraggeber bitten sie, die Ergebnisse nicht zu veröffentlichen, da sie andernfalls eine erneute Diskussion über den Ausstieg aus der Kernenergie befürchten. Die Auftraggeber möchten die Kernenergie auch zukünftig als umweltfreundlich anpreisen. Die Auftraggeber machen ihr auch deutlich, dass viele Arbeitsplätze – unter anderem auch die des Instituts – verloren gingen, würde das Untersuchungsergebnis bekannt und hieraus die Konsequenzen gezogen. Sie bieten Frau Menge eine attraktive Position an, die sie recht bald von den Schulden entlasten und ihr ein finanziell sorgenloses Leben ermöglichen würde.

Frau Menge denkt: „Die Verantwortung trägt doch der Stromerzeuger."

Wie würdest du entscheiden? Wie sollte entschieden werden?

Auf diese Präsentation folgen Nachfragen, um zu klären, ob die wesentlichen Aspekte verstanden wurden; einige Schüler verlangen Informationen; Begriffe werden geklärt. Die Schüler wiederholen die Problemstellung noch einmal. Die angesprochenen Werte werden mittels Overheadprojektor an die Wand projiziert. Es geht um Verantwortung für die Menschen und für die Umwelt, um Solidarität mit dem Institut, Fürsorge für die Mitarbeiterinnen und Mitarbeiter, um Angst vor dem Verlust von Arbeitsplätzen und Einkommen für die Familien.

In einer folgenden Phase entscheiden sich die Schüler spontan für Alternativen. Sechs Schüler und Schülerinnen sind für die Offenlegung der Resultate, sieben für die Erhaltung der Arbeitsplätze. Dies ist eine aufregende Phase, denn die Schüler und Schülerinnen sehen selber, dass hier unterschiedliche Meinungen, Ansprüche und Bedürfnisse betroffen sind. In einer dritten Phase bildet die Lehrerin Arbeitsgruppen, in denen erarbeitete Pro- oder Kontra-Argumente auf große Papierbögen geschrieben, später geordnet und an der Tafel festgehalten werden. Einige der Pro-Argumente lauteten:

– Um der Ehrlichkeit willen können Arbeiter auch andere Arbeitsplätze suchen und finden.

– Es muss alternative Forschung gemacht werden. Nur durch solche kann es einmal eine bessere ökologische Situation geben.

– Wir müssen sowieso Energie sparen. Weniger Energie würde dann für ebenso viele Menschen reichen.

– Die Bevölkerung soll alles erfahren. Zuerst wird es Protest und Panik geben. Aber das ist o.k. So wird Verantwortung wahrgenommen.

– Besser ist es, wenn Schäden jetzt bekannt werden als später.

– Einbußen gibt es so oder so, auch wirtschaftliche Nachteile sind letztlich weniger wichtig als der Mensch. Menschen sind wichtiger.

– Die Wirtschaft kann immer neu aufgebaut werden, die Umwelt kann nicht neu geschaffen werden. Schäden sind irreversibel.

– Die Verantwortlichen werden so oder so später zur Rechenschaft gezogen. Denn irgendwann wird der Schaden öffentlich werden.

– Wenn alles kaputt ist, sind keine Alternativen mehr möglich.

Einige Kontra-Argumente lauteten:

– Wenn du eine Familie hast, so musst du die Kinder ernähren. Arbeitsplätze sind wichtiger als ein paar Luftprobleme.

– Die Energieerzeugung muss langsam, Schritt um Schritt verändert werden, nur so kann man etwas verbessern. Also vorläufig nichts sagen.

- Eine Veröffentlichung würde zu große Beunruhigung schaffen. Die Bevölkerung würde in Panik geraten.
- Die Bevölkerung wäre nur noch mehr gegen die Wissenschaft. Deshalb vorläufig nichts publizieren.
- Die wirtschaftlichen Interessen und die Konsequenzen für den Betrieb sind zu groß. Wir leben ja gerade davon, dass jeder sich auf seine Arbeit spezialisiert.
- Alle machen das, warum soll nun gerade unser Betrieb zurückstecken. Deshalb besser nichts sagen.
- Man muss im Geheimen nach Alternativen suchen, sonst sind noch mehr Leute gegen die AKWs und es gibt noch weniger Arbeit.

Danach werden diese und zusätzliche Argumente im Plenum diskutiert. Die Schüler und Schülerinnen sitzen sich in zwei „gegnerischen" Gruppen gegenüber, die abwechselnd ihre Begründungen vorbringen. Sie regeln selber, wer sprechen soll, sodass das Ganze ohne Intervention der Lehrerin abläuft. Die Diskussion ist für die Jugendlichen sehr spannend. Sie erweitern, verbinden und überprüfen die Argumente und erörtern Fragen der Gerechtigkeit und Fürsorglichkeit. Schüler greifen Gegenargumente auf, versuchen sie zu entschärfen; sie geben zu, gewisse Aspekte bislang nicht gesehen zu haben. Die Lehrerin greift nur ein, um eine Schülerin zu ermuntern, ihren Standpunkt nochmals zu wiederholen, oder bei scheuen Schülern, damit sie sich trauen, ihre Meinung zu sagen.

Diese spannende Diskussion enthält transformatorische Kräfte. Hier vermitteln sich Jugendliche gegenseitig Einsichten, die nicht auf andere Weise ebenso effektiv vermittelt werden könnten. Hier reiben sich die Argumente aneinander, sodass Qualitätsunterschiede sichtbar werden. Solidarität (gewöhnlich Stufe 3) steht gegen den Vorrang ausschließlich individuell begründeter Bedürfnisbefriedigung bezüglich des Arbeitsplatzes (üblicherweise Stufe 2) oder stößt auf das gesetzliche Recht, über in Auftrag gegebene Forschungen verfügen zu können (im Allgemeinen Stufe 4). So legen die Schüler ihre kognitiv moralischen Strukturen offen und versuchen zugleich, das anstehende Problem befriedigend zu lösen. Zum anderen wirkt die Diskussion auf die an das Problem herangetragene Urteilstruktur zurück. Sie gerät in Zweifel, wird umgeformt und erweitert. Neues Wissen wird integriert. Auch wenn der einzelne Jugendliche nicht einen Stufenwechsel vollzieht, so wird doch die Beweglichkeit seines Argumentierens gestärkt, die Tragweite von Argumenten verdeutlicht und auch der unauflösliche Rest, der sich in die Argumentation nicht einfügt, klarer. Er erzeugt ein Stückchen Unzufriedenheit, die weiteres Nachdenken stimulieren kann.

In einer letzten Phase bewerten die Schülerinnen und Schüler ihre eigenen Argumente. Jeder entscheidet sich für die zwei ihm oder ihr wichtigsten Argumente, schreibt sie auf, trägt sie den anderen vor. Diese Argumente werden gemeinsam analysiert. Warum sind es gute Argumente? Was hier geschieht, ist reflexive Abstraktion und Meta-Kognition im Sinne Piagets. Es läuft eine Aussprache über das eigene Denken, über Formen des Denkens und über die Qualität von Argumenten. Die Schüler lernen, dass Begründungen mehr oder weniger gut sein können, und bilden eine Rangordnung, die zwar nicht das Kohlbergsche Stufenmodell repräsentiert, aber Unterschiede im Hinblick darauf festhält, wieweit Begründungen verschiedene Seiten des Problems berücksichtigen. Insofern entsteht ein „natürliches" Empfinden für Reversibilität.

Als Hausaufgabe erhalten die Schüler den Auftrag, alternative Möglichkeiten auszudenken, wie Sabine Menge ihre problematische Lage überwinden könnte, oder das Dilemma mit Erwachsenen, zum Beispiel den Eltern, zu diskutieren. Wie kann Sabine weiter tätig sein, für ihre Familie sorgen, aber auch ihrem Gewissen Genüge tun? Diese Aufgabe ist deswegen relevant, weil die unterschiedlichen Meinungen über den Handlungsausgang nochmals aufgenommen werden sollten, um mit etwas Abstand erneut die verschiedenen Bewertungen zu vergleichen. Die Hausaufgabe ist Grundlage für eine darauf folgende Stunde.

Das Beispiel zeigt, dass der progressive Ansatz eine Praxis geschaffen hat, die sich von traditionellen didaktischen Verfahren weit entfernt, wie sie etwa der fragendentwickelnde Unterricht (in Frage und Antwort), der vermittelnde Unterricht (über Darbietungen) oder der erarbeitende (individuell gesteuerte) Unterricht darstellt. Probleme für die Akzeptanz dieses Ansatzes liegen darin, dass sein Erfolg nicht unmittelbar am Ende jeder Stunde zu messen ist und dass er Offenheit für kontroverse Diskussionen verlangt, die von der Hoffnung getragen ist, dass sich die höherwertige Lösung irgendwann durchsetzen und das Denken der Schüler beeinflussen wird.

Die Probleme, die dieser Ansatz mit sich bringt, sind (a) die fehlende emotionale Bindung des Diskurses und (b) die fehlende Verbindung des Urteils mit der Handlung. Die emotionale Bindung des Urteils (a) kann durch den Begriff der Verantwortung gekennzeichnet werden. Die Bindung an das Handeln (b) impliziert die Unterscheidung der notwendigen und nichtnotwendigen (prosozialen) Pflichten. Beide Probleme können am besten gelöst werden durch das so genannte *Just Community*-System, einer Form der Gestaltung einer Schule, eines Instituts, eines Betriebs durch demokratische Mitbestimmung und die Regelung von Konflikten durch selbst beschlossene und dadurch nachhaltige Normen.

Siebtes Modell: Ansatz des Lernens am „außergewöhnlichen" Modell

Der Ansatz, den wir jetzt darstellen wollen, stellt moralisch exzeptionelle Vorbilder ins Zentrum des Lernens (Puka, 1990). Damit ist weder die übliche Theorie des sozialen Lernens nach Bandura gemeint noch die allgemeine Aufforderung, Erwachsene müssten moralische Vorbilder für die nachfolgende Generation sein. Die allgemeine Aufforderung, Vorbild zu sein, gilt immer und hat kein spezifisches pädagogisches Gewicht. Verhängnisvoll wäre es, wenn Lehrer ihre vermeintliche Wertneutralität oder gar die Indoktrination von Werten damit rechtfertigen würden, sie seien nichts als Vorbilder, weil sie damit ihre Einwirkung auf die moralische Entwicklung der Heranwachsenden der Kritik zu entziehen versuchen.

Der Ansatz von Puka, der im Übrigen auch auf Kohlbergs Entwicklungsmodell aufbaut und mit dem Diskursansatz verwandt ist, zielt auf etwas anderes. Junge Menschen sollen „gewöhnlichen" Menschen, die „Außergewöhnliches" geleistet haben, begegnen und mit ihnen sprechen. Diese Begegnungen sollen die Lebensbewältigung von Personen, die gegen Widerstände moralisch gekämpft haben, zeigen. Es handelt sich um Personen, die sich um ihrer Überzeugung willen mit Autoritäten oder Institutionen angelegt haben, um Personen, die finanzielle Nachteile auf sich genommen haben, weil sie meinten, ihnen gestellte Aufgaben nicht verantworten zu können, um Menschen, die sich durch widrige Umstände nicht von Hilfsprogrammen für benachteiligte Sozialgruppen haben abbringen lassen, und manche andere Beispiele. Die jungen Menschen sollen die Gelegenheit haben, die Motive dieser Menschen zu erkunden, ihre Ängste zu verstehen und zu begreifen, zu erfahren, dass man kein ungewöhnlicher Mensch sein muss, um zu seinen moralischen Einsichten zu stehen. Damit soll angeregt werden, sich über die eigenen Lebensideale klarer zu werden. Das Ziel formuliert Puka im Titel seines Buches: „Be your own hero!"

Der Ansatz will den Heranwachsenden außerdem die Möglichkeit bieten, sich von solchen moralisch mutigen Personen in eigenen moralischen Problemen und Lebenskonflikten, aber auch über weitere Schul- oder Lebenspläne beraten zu lassen. Puka schlägt deshalb vor, die Lebensgeschichten von moralischen Helden aus Geschichte, Literatur und Politik zusätzlich zu analysieren. In den Schulen, in denen mit diesem Ansatz gearbeitet wird, werden auch Möglichkeiten angeboten, in Projekten und Diensten mitzuarbeiten, die sich einer moralischen Herausforderung stellen, etwa in Initiativen zur Überwindung der Rassentrennung (vgl. Puka, 1990, S. 5).

Dieses Modell ist noch wenig ausgearbeitet und empirisch noch nicht evaluiert worden. Puka berichtet bislang vor allem über einzelne eindrucksvolle Begegnungen und zeigt daran, wie groß der Einfluss von Vorbildern auf junge Menschen sein kann, wenn damit eine Auseinandersetzung einhergeht, bei der der Lebensweg einer Person rekonstruiert und evaluiert wird. Man könnte fast von einer moralischen Hagiographie sprechen, die einen gewissen Meister-Jünger-Charakter hat und die Kraft der Begegnung mit einem Menschen, der zu seiner moralischen Entscheidung steht, normativ auszunützen versucht. Es wird zu untersuchen sein, wie viel konstruktive Aufarbeitung bisheriger moralischer Denk- und Urteilsformen durch diese Gespräche ausgelöst wird.

Wir sind einerseits fasziniert von diesem Ansatz und von diesen „Modellpersonen", andererseits skeptisch dahingehend, dass überhaupt ein Einfluss ausgeübt wird, außer man meine, „moralische Bildung" allgemeiner Art sei auf alle Fälle etwas Positives. „Moralische Bildung" würde in diesem Ansatz bedeuten, dass man situative Entscheidungen anderer Personen, die unter erschwerten Verhältnissen getroffen worden sind, kennt und prototypisch erzählen und wiedergeben kann. Es bedeutet, dass Kinder und Jugendliche sensibel werden für jene Situationen, in denen Menschen moralisch gefangen sind, weil ihre Entscheidung oder ihr Handeln immer auch unter Zeitknappheit, äußerem Druck und Informationsmangel getroffen und somit hohe Risiken eingegangen werden.

Wenn wir auch zugeben, dass Erzieher und Erzieherinnen situationsspezifische Beispiele moralischer Lebensführung für Unterricht und Erziehung benötigen, so bleiben wir indessen eher skeptisch darüber, ob solche Beispiele eine Stufentransformation einleiten oder moralisches Handeln fördern könnten. Narrative Moralpädagogik kann einerseits Handlungsabläufe nur advokatorisch aufzeigen und/oder moralische Gefühle positiver (Bewunderung) oder negativer Art (Abscheu) wecken. Gefühle sind jedoch nicht transferierbar, und sie können in neuen, wenn auch ähnlichen Situationen nicht rekonstruktiv wiederbelebt werden. Sie können lediglich eine allgemeine Sensibilisierung für den moralischen Standpunkt ermöglichen.

Achtes Modell: Der realistische Diskurs. Ein Basismodell für
Just Community-Schulen

Der Diskursansatz (vgl. Oser, 1998) baut auf dem progressiven Ansatz Kohlbergs auf, beachtet aber stärker die subjektiven, sozialen und kommunikativ-prozessualen Bedingungen für die Auseinandersetzung um eine moralisch begründete Problemlösung in konkreten Situationen. Er entstand in der Auseinandersetzung mit der Diskursethik von Apel (1988) und Habermas (1983, 1986), die neben den kompetenztheoretischen Voraussetzungen, die sie zu klären versuchen, auch eine im Prinzip unbegrenzte „ideale Kommunikationsgemeinschaft" postulieren, in der Handlungsprobleme einer Lösung zugeführt werden können, die den die menschliche Gemeinschaft und die Autonomie des Einzelnen tragenden Prinzipien entspricht. Die Unterschiede zwischen der Idee einer idealen Kommunikationsgemeinschaft und der sozialpsychologischen Realität pädagogischer Interaktion sind allerdings zu gravierend, um leicht eine Brücke zwischen der Theorie kompetenter Kommunikation in der idealen Situation und der Realität pädagogischer Interventionen schlagen zu können. Während dort das letzte Ziel die Normbegründung an sich ist, geht es hier um Lernen in stets durch ungünstige Randbedingungen belasteten, durch mancherlei Kommunikationsschranken begrenzten und durch die kognitiven Fähigkeiten und den Stand der sozialen Entwicklung der Beteiligten begrenzten Problemlöseprozessen. Das Lösen solcher Probleme hat hier Vorrang vor der grundsätzlichen Begründung der Norm. Entwickelt wurde der Ansatz, weil Lehrpersonen die Konfrontation mit Kohlbergs Entwicklungsmodell scheuten, dies weil sie – oft auch unbewusst – sich einer „Schnell-Stufe" zuordneten und dies verabscheuten oder als Bewertung ihrer Person empfanden. Deshalb hielten sie Ausschau nach einem Verfahren, das ihnen helfen könnte, moralisch förderliche Prozesse in Gang zu setzen, ohne Stufenreflexion vornehmen zu müssen.

Worin besteht die Diskurspädagogik?

Erstens muss der „realistische Diskurs" seinen Platz bekommen. Eine Unterbrechung bisherigen Arbeitens ist gefordert. Das Forum der Aussprache, die Aula-Versammlung, der „runde Tisch" müssen geschaffen werden. Dies erfordert, äußere Vorkehrungen zu treffen, aber auch innere Bereitschaft zu wecken, etwas einem Diskurs zu unterziehen. Denn Diskurse sind nur erfolgreich, wenn die Beteiligten sie wollen und sich dem Prozess der autonomen Regelung öffnen.

Zweitens braucht dieser Prozess der Regelung wiederum seine Regeln, damit die Beteiligten, die sich, wenn sie sich im Gespräch öffnen, immer auch in ihrer Verletzlichkeit zeigen, vor Bloßstellungen und Nachteilen bewahrt werden. Dies ist eine komplizierte Aufgabe, die von der philosophischen Diskurstheorie nicht behandelt wird und in der einschlägigen wissenschaftlichen Diskussion unterschätzt wird. Wie viel Aufwand und pädagogische Verantwortung die Einrichtung und Vorbereitung produktiver Diskussionen zum Beispiel in der *Just Community* verlangt, ist nicht leicht abzuschätzen.

Der dritte Schritt betrifft die Kontroverse. Es nützt wenig, wenn konträre Argumente lediglich „aufgetischt" werden. Es geht darum, die divergierenden Aussagen zu koordinieren, indem sie zu den Prinzipien der Gerechtigkeit (Gesinnung), Fürsorge (Konsequenzen), Wahrhaftigkeit (Redlichkeit) und Friedfertigkeit in ein Verhältnis gesetzt werden.

Schritt für Schritt nähert sich die Gruppe einer angesichts der Situation und im Hinblick auf die Betroffenen besterreichbaren Lösung. Es herrscht folglich eine Art eingeschränkter Universalismus vor, denn zwar wird nach der Verallgemeinerbarkeit der Lösung gefragt, aber nicht deren Generalisierung ist das Ziel, sondern eine Lösung für die jeweilige besondere Situation (vgl. Nunner-Winkler, 1986, S. 126–144). Der unmittelbar drängende Konflikt soll befriedigt werden. Die Argumente, die vorgebracht werden, sind zwar stufenspezifisch zuzuordnen (im Falle von Adoleszenten meistens Stufe 3). Aber nicht dies ist entscheidend, sondern die optimale Koordination und die Suche nach einer befriedigenden Lösung auf der Basis aktueller Denk- und Urteilsstrukturen, allerdings im Wissen, dass diese Strukturen sich durch die hier geforderte Anwendung verändern werden.

Zum Vierten richtet dieser Ansatz das Augenmerk auf die Rolle der Lehrperson: Die Lehrerin oder der Lehrer sind Beteiligte, nicht nur Beobachter. Sie sind Mitglieder der Diskussionsrunde, nicht Kontrolleure der jüngeren Beteiligten. Sie sagen ihre Meinung, die wichtig ist, weil sie Menschen mit Wissen, mit Erfahrung und mit Können sind. Sie übermitteln auf diese Weise Inhalte. Diese Meinung kann zwar ebenso wie die anderen Meinungen kritisiert werden, aber sie gibt auf diese Weise Richtungen und Versuche der Lösung an. Lehrpersonen können ihre Meinung auch ändern. Somit beteiligen sie sich nicht nur an der Organisation des Prozesses, sondern sie melden auch Ansprüche an.

Fünftens erschöpft sich die Rolle der Lehrperson nicht in ihrer Beteiligung, sondern sie schafft auch Vertrauen und praktiziert Vorschuss an „Zu-Mutungen". Diese Haltung ist ein Wesenselement des realistischen Diskursansatzes. Lehrer und Erzieher müssen durch ihre Haltung den Glauben dokumentieren, dass sie die Schüler, die Jugendlichen, ob „fleißig" oder „faul", ob temperamentvoll oder zurückhaltend, ob Mädchen oder Knabe, ob Unter- oder Oberschicht, als fähig einschätzen, die Balance zwischen Dimensionen des Moralischen so herzustellen, dass eine gute, für die Situation moralisch beste Lösung erreicht wird. Dieser reale Optimismus, diese diskursstiftende „Fiktion" ist eine ureigene Art der pädagogischen Unterstützung, die letztlich dem Lernen erst Sinn verleiht. (Nebenbei: Dieser Vorschuss an Vertrauen über die Diskursfähigkeit der Jugendlichen stellt ein Kennzeichen für das Ethos des Lehrers dar [Oser, 1998].)

Wir unterscheiden nun fünf Typen der Bemühung, eine Balance zwischen verschiedenen Ansprüchen (Gerechtigkeit, Fürsorglichkeit und Wahrhaftigkeit) auf unparteiische Art herstellen zu wollen: den Vermeidungstyp (man weicht dem realistischen Diskurs aus und vermeidet die Unterbrechung), den Delegierungstyp (man gibt die Verantwortung an jemand anders ab, z.B. an den Schulleiter), den Alleinentscheidungstyp (autoritär oder nicht autoritär), den unvollständigen Diskurstyp (dem nur Einsichtsfähigkeit, aber nicht Entscheidungsfähigkeit zugetraut wird) und den vollständigen Diskurstyp (bei dem alle Voraussetzungen für den realistischen Diskurs, die oben angesprochen worden sind, erfüllt werden). Untersuchungen zeigten, dass nur wenige Lehrpersonen in der Lage sind, echte realistische Diskurse zu erstellen und sinnvoll zu begleiten.

Die Grundannahme, dass Jugendliche in der beschriebenen Weise diskursfähig sind, ist auch auf Kritik gestoßen: Jugendliche würden überfordert, auch dem Erzieher werde zuviel abverlangt, wenn er seine positionale Autorität aufgeben und Autorität als Person erst im Diskurs neu gewinnen müsse. Das Gespenst von Kindertribunalen, von Schülermehrheiten, die Lehrer niederstimmen, vom Verlust der Würde und Integrität des Einzelnen wurde beschworen. Praxis und Forschung zeigen, dass Jugendliche mit erstaunlich wenigen Ausnahmen in der Lage sind, sich an diesen Prozessen einer Suche nach guten Lösungen zu beteiligen und das in sie gesetzte Vertrauen fast immer rechtfertigen. Allerdings sind die Schaffer guter Voraussetzungen dafür die Lehrpersonen selber.

Der Diskursansatz lässt sich mit dem progressiven Ansatz leicht verbinden. Der progressive Ansatz betont mehr die „vertikale" Dimension der Entwicklung zu höheren Denk- und Urteilsstrukturen, der Diskursansatz mehr die Bedingungen moralisch begründeter und erfahrbarer Problemlösungen. Die intensiven Lernprozesse beim Diskursansatz können der Entwicklung des moralischen Urteils zugute kommen. Der realistische Diskurs ist somit auch immer eine unabdingbare Grundlage für eine *Just Community*-Schule (siehe weiter unten).

Bewertung der Ansätze

Abschließend möchten wir zu den geschilderten Ansätzen anmerken, dass wir zwar deutliche Unterschiede der Vorgehensweisen und ihrer theoretischen Begründungen erkennen und auch unsere unterschiedliche Bewertung dieser Ansätze dargestellt haben, dass wir aber dennoch nicht beckmesserisch oder eifernd über diese Ansätze zu Gericht sitzen möchten. Diese Ansätze werden von Menschen in die pädagogische Realität getragen, in der oft das persönliche Engagement und die persönliche Lauterkeit mehr Steigerung ihrer Wirkung ermöglichen als das theoretisch stringent abgeleitete Programm selber. Vor allem dann, wenn (gleich welcher Ausgangspunkt gewählt wurde) den Jugendlichen die konstruktive und ko-konstruktive Auseinandersetzung mit dem ihnen Nahegebrachten oder Erarbeiteten oder Diskutierten ermöglicht wird, erfahren sie in jedem Fall Impulse zu ihrer Weiterentwicklung. Wir sagen dies nicht, um in dieser kleinen Abhandlung verschiedene Ansätze als gleichwertig einzuschätzen. Wir möchten aber indirekt zum Ausdruck bringen, dass Moralerziehung ein Standard der Lehrerbildung werden müsste. Ohne die Befähigung zur Unterscheidung der Ansätze sind die angestrebten Resultate nicht zu erreichen. Bei allen Leistungen der Pädagogik zur Aufklärung dieser Problematik ist es notwendig, Modelle der erzieherischen Arbeit auf ihre Wirkung überprüfen zu lernen, damit wir feststellen können, welche Ziele wir erreichen können. (Wir merken an, dass wir einige andere Modelle wie z.B. Becks Konzeption kanadischer Moralerziehung oder das Lifeline-Programm von McPhail aus England nicht behandelt haben, weil diese Programme nicht über die hier dargestellten Ansätze hinausgehen.)

Literatur

Apel, K.-O. (1988). *Diskurs und Verantwortung. Das Problem des Übergangs zur postkonventionellen Moral.* Frankfurt a.M.: Suhrkamp.

Berkowitz, M. W. (1986). Die Rolle der Diskussion in der Moralerziehung. In F. Oser, R. Fatke & O. Höffe (Hrsg.), *Transformation und Entwicklung. Grundlagen der Moralerziehung* (S. 89–123). Frankfurt a.M.: Suhrkamp.

Blatt, M., & Kohlberg, L. (1975). The effect of classroom moral discussion upon children's level of moral judgment. *Journal of Moral Education, 4,* 129–161.

Brezinka, W. (1986). *Erziehung in einer wertunsicheren Gesellschaft.* München: Reinhardt.

Bucher, A. A. (1997). The influence of models in forming moral identity. *International Journal of Educational Research, 2*(7), 619–627.

Colby, A., & Damon, W. (1990). *The uniting of self and morality in the development of extraordinary moral commitment.* Unveröff. Manuskript.

Colby, A., Kohlberg, L., Fenton, E., Speicher-Dubin, B., & Lieberman, M. (1977). Secondary school moral discussion programmes led by social studies teachers. *Journal of Moral Education, 6,* 90–111.

Colby, A., Kohlberg, L., Gibbs, J., & Lieberman, M. (1983). A longitudinal study of moral judgment. *Monograph of the Society for Research in Child Development, 48,* 200. Chicago, IL: University of Chicago Press.

Damon, W. (1984). *Die soziale Welt des Kindes.* Frankfurt a.M.: Suhrkamp.

Eckensberger, L. H., & Reinshagen, H. (1979). Überlegungen zu einem Strukturmodell der Entwicklung des moralischen Urteils. In L. Montada (Hrsg.), *Brennpunkte der Entwicklungspsychologie* (S. 267–280). Stuttgart: Kohlhammer.

Eckensberger, L. H., & Reinshagen, H. (1980). Kohlbergs Stufentheorie der Entwicklung des moralischen Urteils: Ein Versuch ihrer Reinterpretation im Bezugsrahmen handlungstheoretischer Konzepte. In L. H. Eckensberger & R. K. Silbereisen (Hrsg.), *Entwicklung sozialer Kognition. Modelle, Theorien, Methoden, Anwendung* (S. 65–131). Stuttgart: Klett-Cotta.

Edelstein, W. (1986). Moralische Intervention in der Schule. Skeptische Überlegungen. In F. Oser, R. Fatke & O. Höffe (Hrsg.), *Transformation und Entwicklung. Grundlagen der Moralerziehung* (S. 327–349). Frankfurt a.M.: Suhrkamp.

Edelstein, W. (1987). Förderung der moralischen Erziehung in der Schule. Möglichkeiten und Grenzen. *Zeitschrift für Pädagogik, 33,* 185–205.

Edelstein, W., & Nunner-Winkler, G. (1986). *Zur Bestimmung der Moral. Philosophische und sozialwissenschaftliche Beiträge.* Frankfurt a.M.: Suhrkamp.

Garz, D. (1991). *Entwicklung – ein Grundbegriff der Pädagogik.* Hagen: Studienbrief Fernuniversität.

Haan, N. (1978). *Moral action and development.* Unveröff. Manuskript, Berkeley, CA.

Haan, N., Aerts, E., & Cooper, B. A. (1985). *On moral grounds. The search for practical morality.* New York: New York University Press.

Habermas, J. (1983). *Moralbewußtsein und kommunikatives Handeln.* Frankfurt a.M.: Suhrkamp.

Habermas, J. (1986). Gerechtigkeit und Solidarität. Eine Stellungnahme zur Diskussion über „Stufe 6". In W. Edelstein & G. Nunner-Winkler (Hrsg.), *Zur Bestimmung der Moral. Philosophische und sozialwissenschaftliche Beiträge zur Moralforschung* (S. 291–318). Frankfurt a.M.: Suhrkamp.

Hall, R. T. (1979). *Unterricht über Werte. Lernhilfen und Unterrichtsmodelle.* München: Urban & Schwarzenberg.

Harmin, M., Kirschenbaum, H., & Simon, S. B. (1973). *Clarifying values through subject matter. Applications to the classroom.* Minneapolis, MN: Winston Press.

Hartshorne, H., & May, M. A. (1928). *Studies in the nature of character: Vol. 1. Studies in deceit.* New York: Macmillan.

Herzog, W. (1991). Die Banalität des Guten. *Zeitschrift für Pädagogik, 37,* 41–64.

Higgings, A. (1980). Research and measurement issues in moral education interventions. In R. Mosher (Ed.), *Moral education. A first generation of research and development* (pp. 92–107). New York: Praeger.

Keller, M., Edelstein, W., Krettenauer, T., Fang, Fu-xi, & Fang, Ge. (2000). Denken über moralische Verpflichtung und interpersonale Verantwortung im Zusammenhang unterschiedlicher Kulturen. In W. Edelstein & G. Nunner-Winkler (Hrsg.), *Moral im Kontext* (S. 375–406). Frankfurt a.M.: Suhrkamp.

Keller, M., & Reuss, S. (1984). An action-theoretical reconstruction of the development of social cognitive competence. *Human Development, 27,* 211–220.

Kohlberg, L. (1968). The child as a moral philosopher. *Psychology Today, 214,* 25–30.

Kohlberg, L. (1975). The relationship of moral education to the broader field of values education. In J. R. Meyer, B. Burnham & J. Cholvat (Eds.), *Values education. Theory/practice/problems/prospects* (pp. 79–85). Waterloo, Canada: Wilfrid Laurier University Press.

Kohlberg, L. (1978). Foreword. In P. Scharf (Ed.), *Readings in moral education* (pp. 2–15). Minneapolis, MN: Winston Press.

Kohlberg, L. (1981). *Essays on moral development: Vol. 1. The philosophy of moral development: Moral stages and the idea of justice.* San Francisco: Harper & Row.

Kohlberg, L. (1984). *Essays on moral development: Vol. 2. The psychology of moral development. The nature and validity of moral stages.* San Francisco, CA: Harper & Row.

Kohlberg, L. (1995). *Die Psychologie der Moralentwicklung.* Frankfurt a.M.: Suhrkamp.

Kohlberg, L., & Gilligan, C. (1971). The adolescent as a philosopher: The discovery of the self in a post-conventional world. *Daedalus. Journal of the American Academy of Arts and Sciences, 100,* 1053–1086.

Kohlberg, L., & Mayer, R. (1972). Development as the aim of education. *Harvard Educational Review, 42,* 449–496.

Kohlberg, L., & Turiel, E. (1978). Moralische Entwicklung und Moralerziehung. In G. Portele (Hrsg.), *Sozialisation und Moral. Neuere Ansätze zur moralischen Entwicklung und Erziehung* (S. 13–80). Weinheim: Beltz.

Leming, J. S. (1981). Curricular effectiveness in moral/values education: A review of research. *Journal of Moral Education, 10,* 147–164.

Lempert, W. (1986). Moralische Urteilsstufen und Niveaus sozialer Aggregation. Zum Verhältnis von psychischen Strukturen und sozialen Anwendungsbereichen des moralischen Bewusstseins. In F. Oser, W. Althof & D. Garz (Hrsg.), *Moralische Zugänge zum Menschen – Zugänge zum moralischen Menschen* (S. 84–107). München: Kindt.

Lickona, T. (1989). *Wie man gute Kinder erzieht. Die moralische Entwicklung des Kindes von der Geburt bis zum Jugendalter – und was Sie dazu beitragen können.* München: Kindt.

Lind, G. (1983). Entwicklung des moralischen Urteilens – Leistungen und Problemzonen der Theorien von Piaget und Kohlberg. In G. Lind, H. A. Hartmann & R. Wakenhut (Hrsg.), *Moralisches Urteilen und soziale Umwelt. Theoretische, methodologische und empirische Untersuchungen* (S. 25–42). Weinheim: Beltz.

Lind, G. (1986a). Cultural differences in moral judgment? A study of West and East European university students. *Behavioral Science Research, 10,* 208–225.

Lind, G. (1986b). Parallelität von Affekt und Kognition in der moralischen Entwicklung. In F. Oser, W. Althof & D. Garz (Hrsg.), *Moralische Zugänge zum Menschen – Zugänge zum moralischen Menschen* (S. 158–179). München: Kindt.

Lockwood, A. (1978).The effect of values clarification and moral development curricula on school-age subjects: A critical review of recent research. *Review of Educational Research, 48,* 325–364.

Mauerman, L., & Weber, E. (1978). *Der Erziehungsauftrag der Schule.* Donauwörth: Ludwig Auer.

Neill, A. S. (1969). *Theorie und Praxis der autoritären Erziehung.* Hamburg: Rowohlt.

Nunner-Winkler, G. (1986). Ein Plädoyer für einen eingeschränkten Universalismus. In W. Edelstein & G. Nunner-Winkler (Hrsg.), *Zur Bestimmung der Moral. Philosophische und sozialwissen-schaftliche Beiträge zur Moralforschung* (S. 126–144). Frankfurt a.M.: Suhrkamp.

Oser, F. (1981). *Moralisches Urteil in Gruppen, soziales Handeln, Verteilungsgerechtigkeit: Stufen der interaktiven Entwicklung und ihre erzieherische Stimulation.* Frankfurt a.M.: Suhrkamp.

Oser, F. (1998). *Ethos – die Vermenschlichung des Erfolgs.* Opladen: Leske + Budrich.

Power, F. C., & Khmelkov, V. T. (1997). Character development and self-esteem: Psychological foundations and educational implications. *International Journal of Educational Research, 27* (7), 539–551.

Powell, A. G., Farrar, E., & Cohen, D. K. (1985). *The shopping mall high school: Winners and losers in the educational marketplace.* Boston, MA: Houghton Mifflin.

Puka, B. (1990). *Be your own hero. Careers in commitment* (Project proposal). Troy, NY: Rennselaer Polytechnic Institute.

Raths, L. E., Harmin, M., & Simon, S. B. (1976). *Werte und Ziele. Methoden der Sinnfindung im Unterricht.* München: Pfeiffer.

Reinhardt, S., Brambring, J., Dobbelstein-Osthoff, P., Heckrath, E., & Stiel, M. (1991). *Demokratisch Urteilen und Handeln. Vorschläge für den Unterricht.* Soest: Landesinstitut für Schule und Weiterbildung.

Rest, J. R. (1979). *Development in judging moral issues.* Minneapolis, MN: University of Minnesota Press.

Schläfli, A. (1986). *Förderung der sozial-moralischen Kompetenz: Evaluation, Curriculum und Durchführung von Interventionsstudien.* Frankfurt a.M.: Lang.

Schläfli, A., Rest, J. R., & Thoma, S. (1985). Does moral education improve moral judgment? A meta-analysis of intervention studies. *Review of Educational Research, 55,* 319–352.

Selman, R. L. (1984). *Die Entwicklung des sozialen Verstehens. Entwicklungspsychologische und klinische Untersuchungen.* Frankfurt a.M.: Suhrkamp.

Simon, S. B., Howe, L. W., & Kirschenbaum, H. (1972). *Values clarification. A handbook of practical strategies for teachers and students.* New York: Hart.

Snarey, J., & Nunley, T. (1997). Erik Erikson's value orientations stages: A longitudinal study of ethical identity development among kibbutz adolescents. *International Journal of Educational Research, 2*(7), 629–641.

Terhart, E. (1989). Moralerziehung in der Schule. Positionen und Probleme eines schulpädagogischen Programms. *Neue Sammlung, 29,* 376–394.

Turiel, E. (2000). Unbehagen und Behagen bei kulturellen Praktiken: Es hängt alles davon ab, auf welcher Seite man steht. In W. Edelstein & G. Nunner-Winkler (Hrsg.), *Moral im sozialen Kontext* (S. 261–298). Frankfurt a.M.: Suhrkamp.

Vygotsky, L. (1987). Unterricht und geistige Entwicklung im Schulalter. In L. Vygotsky (Hrsg.), *Ausgewählte Schriften. Arbeiten zur psychischen Entwicklung der Persönlichkeit: Bd. 2. Arbeiten zur psychischen Entwicklung der Persönlichkeit* (S. 287–306). Köln: Pahl-Rugenstein.

Wissenschaftszentrum Bonn-Bad Godesberg. (1978). *Mut zur Erziehung. Beiträge zu einem Forum am 9./10. Januar 1978 im Wissenschaftszentrum Bonn-Bad Godesberg.* Stuttgart: Klett-Cotta.

II Erweiterungen

Tobias Krettenauer

Aktuelle Jugendprobleme im Lichte von Kohlbergs Theorie: Kann Entwicklung noch das Ziel moralischer Erziehung sein?

1. Fragestellung

Die Jugend im wieder vereinigten Deutschland der 1990er Jahre hat viele besorgniserregende Schlagzeilen gemacht. Themen wie Gewalt gegen Ausländer, Rechtsextremismus, zunehmende Delinquenz, Bullying und Mobbing unter Gleichaltrigen, Zukunfts- und Politikverdrossenheit, mangelndes soziales Engagement, wachsender Individualismus und Egoismus haben den Diskurs über Jugend bestimmt. Anomie, das heißt soziale und moralische Desintegration, ist zu einem Schlüsselkonzept der Jugendforschung avanciert. Gewiss läuft der aktuelle Diskurs über Jugend mitunter Gefahr, nicht hinreichend zwischen dem medial vermittelten Bild von Jugend und der gesellschaftlichen Realität zu differenzieren. Dennoch gibt es genügend Anhaltspunkte, von amtlichen Statistiken über Befunde repräsentativer Jugendsurveys bis hin zu Erfahrungsberichten aus einschlägigen „Jugendszenen", um von beunruhigenden Entwicklungen sprechen zu können – beunruhigend, weil sie Ausdruck einer nicht bloß temporären Krise, sondern Ausdruck struktureller Defizite im Sozialisationsgefüge unserer Gesellschaft sein könnten, die ein Gelingen moralischer Entwicklung und Sozialisation zunehmend prekär werden lassen (vgl. Edelstein, 1995, in diesem Band). Dies ist der Hintergrund, vor dem Fragen der moralischen Bildung und Werterziehung heute wachsende Aufmerksamkeit auf sich ziehen. Moralischer Erziehung – sei es in der Schule, sei es in Familien – kommt zunehmend remediale Funktion zu. Es geht also nicht mehr nur darum, generell förderliche Bedingungen für moralische Entwicklungsprozesse zu schaffen, sondern zugleich spezifischen Problemen wie zum Beispiel Gewalt, Rechtsextremismus oder antisozialem Verhalten zu begegnen. Lässt sich diese remediale Funktion mit dem Leitmotiv einer an Kohlbergs Theorie orientierten moralischen Erziehung, dass nämlich *Entwicklung* das Ziel der Erziehung sei (Kohlberg & Mayer, 1972), verbinden? Kann angesichts der aktuellen Jugendprobleme Entwicklung noch das Ziel moralischer Erziehung sein? Diese Frage mag akademisch klingen, scheint sie doch die Dinge gleichsam von den Füßen auf den Kopf stellen zu wollen: Die Idee, dass Entwicklung das Ziel der Erziehung ist, versucht eine philosophisch-psychologische *Begründung* moralischer Erziehungsziele. Dementsprechend mag die hier aufgeworfene Frage den Eindruck erwecken, dass Probleme wie zum Beispiel Gewalt oder Ausländerfeindlichkeit diese Begründung in besonderer

Weise herausfordern. Das Umgekehrte ist der Fall: Die aktuellen Jugendprobleme geben Ziele für moralische Erziehung an die Hand, deren bildungsphilosophische Begründung zunächst zweitrangig erscheint. Freilich ändert sich unter dieser Voraussetzung der Sinn der Frage „Kann Entwicklung noch das Ziel moralischer Erziehung sein?" Sie nimmt praktische Bedeutung an und stellt sich als Frage nach der praktischen Relevanz, die Kohlbergs Entwicklungstheorie für eine moralische Erziehung haben kann, bei der es zunehmend auch darum geht, den eingangs aufgezählten Problemen pädagogisch effektiv zu begegnen. Allein in diesem praxisbezogenen Sinn wollen wir die Frage im Weiteren verstehen.

Moralische Erziehung in der Schule ist von zunehmender Dringlichkeit – fast überall. So haben sich in Nordamerika in den vergangenen Jahren schulische Programme zur Werterziehung geradezu inflationär vermehrt. Rest u.a. (1997) vergleichen die derzeitige Situation in den USA mit der *Head Start*-Bewegung der 1960er Jahre, als Maßnahmen zur Frühförderung der Intelligenzentwicklung allerorts gleichsam aus dem Boden schossen, es aber an Koordination, systematischer Dokumentation und Evaluation weitgehend fehlte. Gegenüber dieser Vielfalt teils konkurrierender, teils komplementärer Ansätze hat eine an Kohlbergs Theorie orientierte Moralerziehung freilich Vorteile: Sie kann sich auf eine ausgefeilte entwicklungspsychologische Theorie stützen – und bekanntlich gibt es nichts Praktischeres als eine gute Theorie. Wesentliche Postulate dieser Theorie können aufgrund systematischer empirischer Forschung als gut bestätigt gelten (vgl. zum Überblick z.B. Walker, 1988). Nicht zuletzt wurde die Wirksamkeit der im Rahmen des Kohlbergschen Ansatzes ausgearbeiteten praktischen Methoden zur Förderung moralischer Entwicklung wiederholt nachgewiesen (Lind, 1993; Schäfli, Rest & Thoma, 1985). Freilich kann diese im ganzen positive Befundlage nicht darüber hinweg täuschen, dass auch Kohlbergs Ansatz Beschränkungen aufweist. Die Theorie ist im Wesentlichen eine Entwicklungstheorie moralischer *Urteils*kompetenz im Sinne rationaler Normbegründung, die moralisches Handeln nur indirekt thematisiert (vgl. Kohlberg & Candee, 1995). Dementsprechend konzentriert sich die moralerzieherische Praxis der Diskussion von Dilemmata – seien sie hypothetischer, seien sie alltagspraktischer Natur – auf die Auseinandersetzung mit moralischen Konflikten. Andere wichtige Komponenten moralischen Handelns, wie zum Beispiel moralische Emotionen und Motivation, sind nicht Bestandteil der Theorie (Nunner-Winkler, 1993; Rest, 1983). Fragen moralischer Identitätsentwicklung sprengen ihren Rahmen (Blasi, 1995). Hierin könnte heute ein Nachteil von Kohlbergs Ansatz liegen, denn viele aktuelle Problemverhaltensweisen Jugendlicher dürften weniger auf mangelnde Urteilskompetenz als zum Beispiel auf Probleme der Affektregulation, mangelnde moralische Motivation oder Identitätsdiffusion zurückgehen. Moralische Erziehung im Geiste der Kohlbergschen Entwicklungstheorie kann dann nicht genügen, um den aktuellen Jugendproblemen wirksam zu begegnen.

Gewiss, diese Überlegungen sind hypothetisch und wahrscheinlich zu schematisch. Dennoch können sie eines verdeutlichen: Jede Theorie trifft in ihrer pädagogischen Anwendung auf gewandelte Anforderungs- und Erwartungsstrukturen. Die 1960er und 1970er Jahre, in denen Kohlberg wesentliche theoretische Grundlagen für seine praktische Arbeit als Moralerzieher gelegt hat, waren von Bildungsidealen bestimmt, die in den 1990er Jahren aufgrund anderer Problemlagen in den Hintergrund getreten sind. Jede Theorie hat ihre Relevanz und damit Anwendbarkeit stets neu unter Beweis zu stellen – eine Auffassung, die Kohlberg (1980) selbst in ähnlicher Weise formuliert hat. In diesem Sinne lässt sich fragen, inwieweit die Kohlbergsche Entwicklungstheorie für aktuelle Jugendprobleme, wie sie im vergangenen Jahrzehnt in Deutschland vermehrt in Erscheinung getreten sind, tatsächlich von Bedeutung ist, und inwieweit folglich eine an Kohlbergs Theorie orientierte Praxis der Förderung moralischer Entwicklung geeignet scheint, aktuellen Jugendproblemen pädagogisch zu begegnen. Dieser Frage mit Mitteln empirischer Forschung nachzugehen, ist Anliegen des vorliegenden Beitrags.

Fraglos setzt eine empirisch stichhaltige Beantwortung der Frage, ob eine an Kohlbergs Theorie orientiere Moralerziehung geeignet ist, aktuellen Jugendproblemen zu begegnen, vieles voraus. Es bedarf nicht nur des Nachweises, dass die Problemverhaltensweisen Jugendlicher tatsächlich Ausdruck eines moralischen Entwicklungsdefizits sind. Vielmehr gilt es auch zu untersuchen, inwieweit eine an Kohlbergs Theorie orientierte Praxis bei problembelasteten Jugendlichen tatsächlich anwendbar ist und dabei zu den gewünschten Entwicklungsfortschritten führt. Mit anderen Worten: Es bedarf sorgfältig geplanter Interventionsstudien – Interventionsstudien, wie sie eher selten sind. Es ist auf diesem Hintergrund bereits im Voraus zu betonen, dass der vorliegende Beitrag nicht mehr als eine Annäherung an die Frage darstellen kann, ob eine Förderung moralischer Entwicklung angesichts der aktuellen Problemlagen tatsächlich lohnt. Die nachfolgende Untersuchung wird sich auf korrelativ-querschnittliche Zusammenhänge zwischen dem moralischen Entwicklungsstand Jugendlicher und einigen ausgewählten Problemverhaltensweisen konzentrieren. Sie wird versuchen, Auskunft darüber geben, ob es *grundsätzlich* sinnvoll erscheint, eine Förderung moralischer Entwicklung im Sinne der Kohlbergschen Theorie bei problembelasteten Jugendlichen *anzustreben,* völlig unabhängig davon, ob dies faktisch möglich ist oder nicht.

Lassen sich also Zusammenhänge zwischen der moralischen Entwicklung Jugendlicher und Problemen wie zum Beispiel Gewalt oder Ausländerfeindlichkeit herstellen? Dieser Frage wird in Abschnitt 3 dieses Beitrags empirisch nachgegangen. Der nachfolgende Abschnitt 2 dient zur Vorbereitung hierfür. Zunächst wird die weitere Vorgehensweise kurz begründet. Darauf aufbauend wird die Datengrundlage beschrieben, also auf die herangezogenen Stichproben eingegangen. Schließlich werden die verwendeten Maße zur Erfassung des moralischen Entwicklungsstands Jugendlicher erläutert.

2. Methodische Einführung

Eine empirische Annäherung an die Frage, ob es Zusammenhänge zwischen der moralischen Entwicklung und aktuellen Jugendproblemen gibt, kann auf unterschiedliche Art und Weise erfolgen. Zum einen wäre es möglich, Forschungen der vergangenen Jahrzehnte zu Zusammenhängen zwischen der moralischen Entwicklung und Aspekten wie zum Beispiel Delinquenz, Ethnozentrismus oder politische Entfremdung und verwandten Konzepten im Sinne eines Überblicksartikels zusammenfassend zu erörtern. Diese Strategie hätte den Vorteil einer soliden Datenbasis und würde methodische Beschränkungen vereinzelter Studien kompensieren helfen. Sie würde möglicherweise aber nur bedingt Rückschlüsse auf aktuelle Jugendprobleme im wiedervereinigten Deutschland der 1990er Jahre zulassen und damit die Intention des vorliegenden Beitrags, genau diese Probleme zu beleuchten, von vornherein unterlaufen. Im Folgenden wird deshalb einer anderen Vorgehensweise der Vorzug gegeben. Diese besteht darin, Befunde aus drei Studien, die vom Verfasser selbst durchgeführt wurden und die direkt auf die Fragestellung des vorliegenden Beitrags Bezug nehmen, in einigen ausgewählten Aspekten zu berichten. Thematisch befassen sich diese Studien mit (a) Ausländerfeindlichkeit, (b) Jugendgewalt und (c) der Bereitschaft zu sozialem Engagement. Die Studien sind teils im Rahmen eines umfangreicheren Forschungsprojekts zu „Entwicklung und Wandel sozio-moralischer Orientierungen Berliner Jugendlicher im Ost-West-Vergleich" entstanden[1], teils beruhen sie auf einer qualitativen Intensivbefragung von gewalttätigen Jugendlichen, die im Land Brandenburg durchgeführt wurde[2]. Im Rahmen des ersteren Projekts wurde eine Stichprobe von 348 Ost- und Westberliner Jugendlichen gezogen, die zum Zeitpunkt der Befragung 15 bis 18 Jahre alt waren (für eine detaillierte Stichprobenbeschreibung vgl. Krettenauer, 1998). Im Rahmen der qualitativen Untersuchung wurden 14 gewalttätige Jugendliche intensiv befragt.

Im Rahmen der nachfolgenden Untersuchungen wird der moralische Entwicklungsstand Jugendlicher standardgemäss durch Entwicklungsstufen repräsentiert (für eine Beschreibung der zentralen Charakteristika dieser Stufen vgl. Oser & Althof, 1992). Die Erfassung dieser Stufen erfolgte durch das so genannte *Moral Judgment Interview* (Colby, Kohlberg u.a., 1987). Das *Moral Jugdment Interview* konfrontiert die Befragten mit hypothetischen Dilemmata. Prototypisch hierfür ist das Heinz-Dilemma, bei dem die Befragten aufgefordert werden, sich für oder

---

[1] Gefördert von der DFG im Rahmen des Schwerpunktprogramms „Kindheit und Jugend vor und nach der Vereinigung". Das Projekt „Entwicklung und Wandel sozio-moralischer Orientierungen Berliner Jugendlicher im Ost-West-Vergleich" wurde in Kooperation mit dem Institut für Pädagogische Psychologie der Humboldt-Universität zu Berlin am Max-Planck-Institut für Bildungsforschung durchgeführt (Leitung: Wolfgang Edelstein).

[2] Finanziert mit Mitteln der brandenburgischen Landesregierung. Die qualitative Befragung erfolgte im Verbund mit einer landesrepräsentativen Untersuchung brandenburgischer Jugendlicher (vgl. Sturzbecher, 1997). Die Interviewbefragung wurde vom Institut für angewandte Familien-, Kindheits- und Jugendforschung (Leitung: Dietmar Sturzbecher) initiiert und organisiert.

gegen den Diebstahl eines lebensrettenden Medikaments zu entscheiden und dann diese Entscheidung begründen sollen. Die Auswertung des *Moral Judgment Interview* ergibt einmal einen globalen Stufenwert, der entweder eine Haupt- oder Übergangsstufe repräsentiert (z.B. Stufe 2, 2–3 oder 3). Zweitens lässt sich ein so genannter *Weighted Average Score* berechnen, der ein kontinuierliches Maß zur Erfassung des moralischen Entwicklungsstands darstellt. Das Minimum dieses Scores liegt bei 100 und das Maximum bei 500 Skalenpunkten, was der Stufe 1 bzw. Stufe 5 entspricht. Wenn im Folgenden Korrelationen zwischen der moralischen Entwicklung und zum Beispiel Ausländerfeindlichkeit berichtet werden, beruhen diese auf dem *Weighted Average Score*.

Der moralische Entwicklungsstand Jugendlicher wird im Rahmen unserer Untersuchungen nicht allein durch die Urteilsstufen repräsentiert. Vielmehr wird zusätzlich eine Dimension moralischer Entwicklung berücksichtigt, die im vorliegenden Kontext von besonderer Relevanz sein könnte: die Unterscheidung zwischen unterschiedlichen *Typen* moralischen Urteilens, und zwar dem „heteronomen Typ A" versus „autonomen Typ B". Da diese Typen-Unterscheidung weniger bekannt ist als Kohlbergs Stufenmodell, sei sie hier in Grundzügen kurz erläutert.

Die Einführung des Typenkonzepts, die erst in den 1980er Jahren erfolgte, ist einem Problem geschuldet, welches die psychologische Relevanz von Kohlbergs Stufenmodell ins Zwielicht rückt, der Tatsache nämlich, dass die postkonventionellen Stufen 5 und 6 empirisch kaum nachweisbar sind. Diese Stufen definieren ein abstraktes Entwicklungspotential, das faktisch in Normalpopulationen Erwachsener in nur etwa 25 von 1.000 Fällen realisiert wird (vgl. Snarey & Keljo, 1991). Gleichwohl gibt es auf den konventionellen Stufen 3 und 4 Formen moralischen Urteilens, die Ähnlichkeiten mit dem postkonventionellen Denken der Stufe 5 aufweisen und die Kohlberg, Levine und Hewer (1995) deshalb auch als „intuitiv postkonventionell" beschrieben haben. Diese „intuitive Postkonventionalität" ist durch den autonomen Typ B repräsentiert. Personen des Typs B sind also dadurch gekennzeichnet, dass sie intuitiv Aspekte postkonventioneller moralischer Urteile geltend machen, ohne diese aber rational im Sinne einer kohärenten normativen Ethik begründen zu können (für eine moralphilosophische Interpretation dieses Sachverhalts vgl. Habermas, 1986). Konkret zeichnen sich moralische Urteile des Typs B vor allem dadurch aus, dass sie sich nicht auf kontingente Neigungen, Bedürfnisse oder Interessen des Handelnden stützen, sondern kategorisch den Vorstellungen über das moralisch Richtige entspringen. Zudem werden Urteile des Typs B über die Grenzen partikularer Rollenerwartungen und sozioemotionaler Verbundenheit hinaus generalisiert. Beide Merkmale sind bei Urteilen des heteronomen Typs A nicht erfüllt (für eine detailliertere Beschreibung des Typenkonzepts vgl. Krettenauer, 1998).

Generell gilt, dass die Entwicklung vom Typ A zum Typ B zwar mit der Stufenentwicklung korreliert ist, dennoch stellt die Entwicklung moralischer Urteilstypen eine theoretisch eigenständige Dimension dar, die nicht auf die Stufenentwicklung reduziert werden kann. Das Typenkonzept erfasst inhaltliche Aspekte des moralischen Denkens, die zwar auf höheren Stufen leichter generiert werden können, aber nicht mit diesen Stufen identisch sind. Mit anderen Worten: Das Typenkonzept erfasst figurative Aspekte moralischen Denkens, während die Stufenentwicklung operative Merkmale repräsentiert (für eine Erläuterung dieser an die Arbeiten Piagets angelehnten Unterscheidung vgl. Chapman, 1988). Allerdings sind diese figurativen oder inhaltlichen Aspekte von besonderer motivationaler Bedeutung: So zeichnen sich Personen, welche dem Typ B zugehören, generell durch größere Konsistenz von Urteil und Handeln, stärkeres politisches Engagement (Candee & Kohlberg, 1987) und größere Unabhängigkeit von sozialem Erwartungsdruck aus (Gibbs u.a., 1986). Bei Typ B sind die internalen normativen Handlungspotentiale also stärker ausgeprägt als bei Typ A, was bedeuten könnte, dass Jugendliche vom Typ B auch mit Bezug auf aktuelle Jugendprobleme weniger belastet sind als Jugendliche des Typs A.

Die Interventionssensitivität der Entwicklung moralischer Urteilstypen wurde von Nucci und Weber (1991) nachgewiesen. Aufgrund der empirischen Korrelation zwischen der Entwicklung moralischer Urteilstypen und -stufen kann man davon ausgehen, dass sich eine Förderung der moralischen Entwicklung im Sinne von Kohlbergs Theorie positiv auch auf die Entwicklung des Typs B auswirkt. Das Typenkonzept hat somit auch pädagogische Relevanz.

Im Rahmen unserer Untersuchung erfolgte die empirische Erfassung moralischer Typen ebenfalls anhand des *Moral Judgment Interviews* und aufbauend auf die von Colby, Kohlberg u.a. (1987) entwickelte Methodik. Allerdings wurden einige Modifikationen vorgenommen, mit dem Ziel, Unschärfen in ihrer Vorgehensweise zu bereinigen (für eine detaillierte Diskussion dieser Modifikationen vgl. Krettenauer & Edelstein, 1999).

3. Aktuelle Jugendprobleme im Lichte von Kohlbergs Theorie: Empirische Befunde

Nach der methodischen Einführung des vorigen Abschnitts werden nun abschnittsweise Befunde zum Zusammenhang zwischen der moralischen Entwicklung und Ausländerfeindlichkeit (3.1), Gewalt (3.2) und sozialer Engagementbereitschaft (3.3) dargestellt. Zu Beginn der einzelnen Abschnitte wird zunächst die jeweilige Kriteriumsvariable beschrieben, das heißt, es wird erläutert, wie Ausländerfeindlichkeit, Gewalt und soziale Engagementbereitschaft repräsentiert sind. Darauf aufbauend werden Zusammenhänge mit dem moralischen Entwicklungsstand Jugendlicher berichtet. Um die Lektüre nicht unnötig zu erschweren, wird auf die Angabe statistischer Details soweit als möglich verzichtet. Die Darstellung der Ergebnisse muss an dieser Stelle notwendigerweise in sehr gestraffter Form erfolgen. Der an mehr Details interessierte Leser sei auf die jeweiligen Originalarbeiten verwiesen.

3.1 Ausländerfeindlichkeit

Im Rahmen des Projekts „Entwicklung und Wandel sozio-moralischer Orientierungen Berliner Jugendlicher im Ost-West-Vergleich", das Grundlage für die Analyse des Zusammenhangs zwischen der moralischen Entwicklung und Ausländerfeindlichkeit ist, wurde neben dem mündlichen Interview zur Erfassung moralischer Urteilskompetenz auch ein Fragebogen verwendet. Dieser Fragebogen enthält neben Standardinstrumenten, wie sie in Jugendstudien häufig Verwendung finden, einige alltagsnahe Situationsschilderungen, die ein kriminelles Delikt (z.B. einen Diebstahl) beschreiben. Im Anschluss an diese Situationsbeschreibungen wurden die Jugendlichen aufgefordert, mögliche Rechtfertigungen bzw. Entschuldigungen der Straftat hinsichtlich ihrer subjektiven Bedeutsamkeit einzuschätzen. Die Rechtfertigungen umfassten neben einer Reihe „unverfänglicher" Aussagen wie zum Beispiel: „Er [der Täter] hat das zum ersten Mal gemacht" vier Items, die zu erkennen geben, inwieweit die Jugendlichen bereit sind, eine Straftat allein mit Bezug auf die Nationalität bzw. Ethnizität des Opfers zu rechtfertigen oder zu entschuldigen. Beispielhaft für diese Form der Rechtfertigung ist etwa die Aussage: „Er [das Opfer] ist Ausländer. Was hat er hier zu suchen?" Entsprechend den gebräuchlichen teststatistischen Kriterien lassen sich diese vier Items zu einer Skala zusammenfassen – eine Skala, die Ausländerfeindlichkeit freilich nicht durch Stereotyp oder durch Zustimmung zu rechtsgerichteten Parolen erfasst (wie z.B. „Deutschland den Deutschen"), sondern die Bereitschaft reflektiert, Straftaten gegen Ausländer als eher rechtfertigbar oder entschuldbar anzusehen. Ausländerfeindlichkeit, wie sie die Skala repräsentiert, ist unter Befragten mit niedrigerem sozioökonomischem Status und Berufsschülern stärker verbreitet als unter Jugendlichen aus besser gestelltem Elternhaus, was vielfach berichteten Befunden entspricht und Anhaltspunkte für die Validität der Skala liefert (vgl. Krettenauer & Edelstein, 1996).

Wie gestaltet sich der Zusammenhang zwischen der moralischen Entwicklung einerseits und der Bereitschaft, Straftaten gegen Ausländer als eher gerechtfertigt anzusehen, andererseits? Die Korrelation zwischen Ausländerfeindlichkeit und moralischer Entwicklungsstufe ist negativ und statistisch signifikant ($r = -.17; p < .01$). Man kann also davon ausgehen, dass hohe Ausländerfeindlichkeit auf niedrigeren Stufen der moralischen Entwicklung überzufällig häufig in Erscheinung tritt und umgekehrt niedrige Ausländerfeindlichkeit eher mit höherer moralischer Entwicklungsstufe einhergeht. Allerdings ist der Betrag der Korrelation mit .17 recht niedrig und der Zusammenhang zwischen Ausländerfeindlichkeit und Entwicklungsstufe damit eher schwach.

Etwas höher und ebenfalls statistisch überzufällig ist der Zusammenhang mit den Typen moralischen Urteilens. Die Korrelation beträgt hier .27 ($p < .01$). Wie in Abbildung 1 veranschaulicht, ist Ausländerfeindlichkeit beim heteronomen Typ A stärker ausgeprägt als beim autonomen Typ B. So beträgt bei Jugendlichen vom Typ A der Anteil hoher Werte auf der Ausländerfeindlichkeitsskala 32 Prozent.

Abbildung 1: Ausländerfeindlichkeit nach moralischem Urteilstyp (Typ A vs. Typ B)

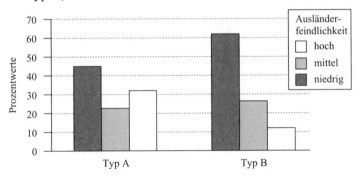

Demgegenüber treten hohe Werte bei Jugendlichen vom Typ B zwar auch auf, sind aber mit einem Anteil von 12 Prozent seltener vertreten. Umgekehrt ist niedrige Ausländerfeindlichkeit bei Jugendlichen, die dem Typ A zugehören, in etwa 45 Prozent der Fälle zu verzeichnen. Dieser Anteil beträgt bei Typ B 62 Prozent.

Es gibt also einen Zusammenhang zwischen der moralischen Entwicklung und Ausländerfeindlichkeit, und zwar in der theoretisch erwartbaren Richtung: Ein eher niedriger Entwicklungsstand im moralischen Urteil disponiert zu eher hoher Ausländerfeindlichkeit. Gleichwohl ist dieser Zusammenhang nicht sehr stark ausgeprägt. Bemerkenswert scheint, dass die Typen moralischen Urteilens, die nicht durch ein strukturelles Kompetenzniveau definiert sind, sondern auf inhaltliche Aspekte des moralischen Denkens Bezug nehmen, enger mit Ausländerfeindlichkeit korrelieren als die moralischen Urteilsstufen. Dies lässt vermuten, dass moralische Urteils*strukturen* allein nicht die entscheidenden Dimensionen moralischer Handlungsfähigkeit bzw. -unfähigkeit abbilden – eine Vermutung, die sich im Folgenden noch erhärten wird.

3.2 Jugendgewalt

Während der vorangegangene Abschnitt auf einer korrelationsstatistischen Herangehensweise beruhte, folgt die Untersuchung über moralische Entwicklung und Jugendgewalt einer anderen Strategie. Bei dieser Studie handelt es sich um eine qualitative Intensivbefragung von 14 gewalttätigen Jugendlichen – eine Befragung, bei der unter anderem die moralische Urteilskompetenz erfasst wurde. Allerdings war es nicht alleiniges Ziel der Interviewstudie, den moralischen Entwicklungsstand gewalttätiger Jugendlicher zu bestimmen. Vielmehr sollte ein genaueres Bild von jenen Handlungsorientierungen gewonnen werden, die das Gewalthandeln Jugendlicher begleiten. Hierfür wurden die Jugendlichen zum einen aufgefordert, relativ frei von Vorgaben über eigene Gewalthandlungen und -episoden zu berichten. Zum Zweiten wurden sie gezielt mit kleineren alltagsnahen Szenarien konfrontiert, die Aufschluss über die Handlungsmotive, Emotionen und Neutralisierungsstrategien geben sollten, wie sie die Jugendlichen im Zusammenhang mit Gewalt artikulieren.

Eine genauere Betrachtung der 14 Befragten zeigt, dass sie zur Gruppe extrem gewaltbereiter und wiederholt gewalttätiger Jugendlicher gehören. So ergab ein Vergleich der Befragten mit repräsentativen Normwerten extreme Ausprägungen bei den Jugendlichen sowohl mit Bezug auf Gewaltbereitschaft als auch auf faktisches Gewalthandeln. Zudem war ein Teil der Jugendlichen – nach den Aussagen im Interview zu schließen – wegen Gewalthandlungen entweder bereits gerichtlich verurteilt worden oder hatte ein strafrechtliches Verfahren anhängig. Zum Zeitpunkt der Befragung waren die Jugendlichen 15 bis 18 Jahre alt. Sie waren überwiegend männlichen Geschlechts und politisch vorwiegend „rechts" eingestellt (für eine genauere Beschreibung dieser Gruppe von Jugendlichen vgl. Krettenauer, 1997).

Für Jugendliche im Alter von 15 bis 18 Jahren, also jener Altersgruppe, die sowohl im Projekt „Entwicklung und Wandel sozio-moralischer Orientierungen" als auch bei der Befragung gewalttätiger Jugendlicher untersucht wurde, ergibt sich in der Regel eine moralische Urteilskompetenz, die der Stufe 3 einschließlich angrenzender Übergangsstufen entspricht (vgl. Colby u.a., 1983). Dies zeigt sich auch in der Studie Ost- und Westberliner Jugendlicher, die im Folgenden als Vergleichsmaßstab dienen soll. In der Berliner Studie nehmen 68 Prozent, also etwa zwei Drittel der Jugendlichen, die Stufen 3 oder 3–4 ein. Etwa ein Viertel befindet sich auf Stufe 2–3, das heißt dem Übergang zum konventionellen Niveau. Demgegenüber treten sowohl die präkonventionelle Stufe 2 als auch die Stufen 4, 4–5 und 5 nur in Einzelfällen auf. Vergleicht man diese Stufenverteilung mit den Werten gewalttätiger Jugendlicher, ergibt sich ein etwas anderes Bild (vgl. Abb. 2). Die größte Anzahl der befragten gewalttätigen Jugendlichen (7 von 14; 50 %) befindet sich auf der Übergangsstufe 2–3. Die Stufe 2 tritt in 2 von 14 Fällen auf (14 %). In jeweils 2 Fällen erreicht die moralische Urteilskompetenz die Stufen 3 und 3–4. Ein 18-jähriger Befragter argumentierte entsprechend den Kriterien für Stufe 4.

Im Ganzen liegen die 14 gewalttätigen Jugendlichen im Mittel damit etwas unterhalb des Durchschnitts „normaler", das heißt nicht in besonderem Maße gewaltbereiter Jugendlicher. Eine solche Retardierung in der moralischen Entwicklung stellt bei delinquenten Jugendlichen die Regel dar (vgl. z.B. Gibbs, 1991; Trevethan & Walker, 1989). Freilich kann dieser Befund nicht darüber hinweg täuschen, dass bei einigen gewalttätigen Jugendlichen die moralische Urteilskompetenz durchaus altersangemessen entwickelt ist. Dies weist daraufhin, dass sich moralisches Reflexionsvermögen und Gewalthandeln Jugendlicher nicht zwangsläufig wechselseitig ausschließen. Warum dies der Fall ist, macht eine genauere Betrachtung der inhaltlichen Ausführungen der Jugendlichen zu den hypothetischen moralischen Dilemmata und anderen alltagsnahen Handlungssituationen verständlich. Bei einer

Abbildung 2: Verteilung moralischer Urteilsstufen bei gewalttätigen Jugendlichen

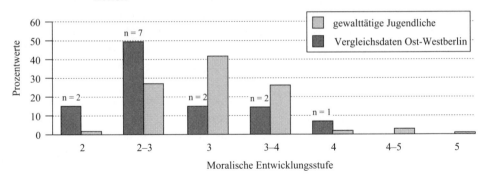

solchen Betrachtung tritt ein Phänomen zu Tage, das für fast alle Jugendlichen charakteristisch ist, also nicht nur auf Jugendliche mit höherer moralischer Urteilskompetenz zutrifft. Beispielhaft sei dies im Folgenden anhand von Aussagen zum Heinz-Dilemma beschrieben.

Eine inhaltliche Betrachtung der Interviews zum Heinz-Dilemma lässt kaum vermuten, dass es sich bei den Befragten um extrem gewalttätige Jugendliche handelt. So sind die Jugendlichen in 13 von 14 Fällen der Auffassung, dass es ungeachtet der möglichen strafrechtlichen Konsequenzen für Heinz moralisch gerechtfertigt und mithin geboten ist, das lebensrettende Medikament für seine Ehefrau zu stehlen. Dabei wird – zuweilen sogar mit Nachdruck – auf den unhintergehbaren Wert eines Menschenlebens insistiert, der in jedem Fall eine Hilfeleistung erfordert. Zwei Jugendliche drückten dies etwa folgendermaßen aus:

P: Naja, iss immerhin ein Menschenleben, das da draufgeht. Na, ich meine mal – 'n Menschenleben iss eigentlich sehr viel. Ich meine 'n Menschenleben hat viel Bedeutung und so.

P: Weil, iss 'n menschliches Wesen und so, und – dies kann man doch nicht einfach da – sterben lassen.

I: Was bedeutet das, menschliches Wesen, was bedeutet das für dich?

P: Na, daß dies auch – Schmerzen hat und leiden tut und – genauso wie ich.

Solche Antwortmuster stehen in deutlichem Kontrast zu Aussagen, aus denen hervorgeht, dass die Jugendlichen bei ihren eigenen Gewalthandlungen schwere körperliche Verletzungen anderer zwar nicht unbedingt intendieren, zumindest aber als Vorstellung präsent haben (vgl. Krettenauer, 1997).

Eine Kluft zwischen moralischem Denken und Handeln zeigt sich auch dann, wenn die Jugendlichen über die Bedeutung von Gesetzen nachdenken. Zwar wissen sie, dass ihr eigenes Gewalthandeln gegen gesetzliche Regelungen verstößt. Gleichwohl erkennen sie die Notwendigkeit von Gesetzen an und sehen ihre Legitimität oftmals darin, dass sie vor Übergriffen anderer schützen und auf diese Weise Anarchie verhindern können. Erneut zwei Beispiele hierzu:

I: Eh, und wenn du das jetzt so mal aus der Perspektive der Gesellschaft betrachtest, sollten Menschen, die das Gesetz brechen, sollten die bestraft werden?

P: Ja, daß – kein – Einbrechen oder irgendwas iss. – Auf der Straße, daß es ne ganz normale Stadt iss, oder 'n ganz normales Land, kein Verbrechen nichts iss. Weil dies nämlich 'ne ganz normale, ruhige Stadt sein soll, wo nichts passiert iss – und alles – Respekt zeigen für jeden – wie früher in DDR-Zeiten war hier – alles ruhig gewesen.

I: Hmm. Warum iss das wichtig, Respekt zu zeigen, und daß es ruhig iss?

P: So kann sich's besser leben, brauchste keine Angst haben, daß du überfallen wirst auf der Straße – sonst kannste ja abends nicht mehr auf die Straße gehen oder zur Arbeit ...

I: Ja, ich würde trotzdem gerne noch wissen, warum es deiner Meinung nach Gesetze geben muß.

P: Um ne Ordnung festzuhalten, also –

I: Mhm, ne Ordnung. Was meinst du damit?

P: Na, das hier nicht alles irgendwie na, dann gibt es vielleicht dann auch irgendwie so die – schwarzen Schafe und die – machen das halt nicht mehr gewaltfrei, daß man die Gewaltbereiten dann halt irgendwie – später – ausschließt irgendwie.

Gewiss lässt sich an dieser Stelle einwenden, dass die Jugendlichen in solchen Interviewpassagen möglicherweise weniger ihren eigenen moralischen Überzeugungen Ausdruck verleihen als sozial erwünschte Antworten geben. Gleichgültig ob dies der Fall ist oder nicht, es kann als substantielles Resultat gelten, dass sich die Antwortmuster der Jugendlichen grundlegend ändern, sobald Gewalt thematisiert wird. So äusserte im Interview kein einziger Befragter Zweifel hinsichtlich der moralischen Angemessenheit seines Gewalthandelns, kein einziger war versucht, Diskrepanzen zwischen Erwartungen über sozial angemessenen Formen der sozialen Konfliktregulierung und dem eigenen Verhalten zu erklären, zu entschuldigen oder zu rechtfertigen. Moralische Emotionen, die eine negative moralische Bewertung des eigenen Handelns anzeigen könnten (z.B. schlechtes Gewissen), wurden im Zusammenhang mit Gewalt in keinem Fall berichtet. Gewalt stellt für die Jugendlichen kein Problem mit moralischem Anforderungsgehalt dar. Bemerkenswerterweise brachte ein Befragter diesen Sachverhalt im Interview selbst explizit zum Ausdruck. Er sagte:

P: Viele Sachen, also, sag ich jetzt mal, so mein Rechtsempfinden oder so, das hat für mich jetzt nich viel mit Gewalt zu tun. Also Gewalt iss ja schließlich, was *ich* ausübe, sei es jetzt verbal oder körperlich.

Das eigene „Rechtsempfinden" mit dem eigenen Tun im Kontext von Gewalthandlungen zu verbinden, kommt den befragten Jugendlichen nicht in den Sinn. Gewalttätige Jugendliche zeigen – und dies ist eine zentrale Schlussfolgerung der gesamten Interviewstudie – eine ausgeprägte Segmentierung des moralischen Bewusstseins. Es gibt also eine tiefe Kluft zwischen dem individuell zurechenbaren moralischen Reflexionsvermögen und dem – in der Regel im Gruppenkontext konstituierten – Gewalthandeln, eine Kluft, die die Jugendlichen selbst in keiner Weise bemüht sind zu schließen[3].

Im Ganzen finden wir damit zwar erneut theoriekonforme Zusammenhänge zwischen der Entwicklung des moralischen Urteils und Gewalt, das heißt, extreme Gewalttätigkeit geht mit etwas niedrigerem Entwicklungsstand im moralischen Urteil einher. Dieser Befund ist allerdings insofern zu relativieren, als deutlich wurde, dass Gewalt auch mit völlig altersangemessener moralischer Urteilskompetenz einhergehen kann. Dabei zeigt eine genauere Betrachtung der Interviews, dass das Gewalthandeln Jugendlicher von ihrer moralischen Urteilsfähigkeit gleichsam „abgespalten" bleibt. Gewalt stellt also letztlich ein Problem moralischer Handlungsunfähigkeit Jugendlicher dar, das nicht in der Reflexionsfähigkeit als solcher, sondern in der Anwendung dieser Fähigkeit besteht.

3.3 Soziales Engagement

Kaum ein Jugendproblem hat in den vergangenen Jahren in der Öffentlichkeit mehr Aufmerksamkeit auf sich gezogen als Gewalt. Dies hat gute Gründe, läuft doch Gewalt sozial anerkannten Vorstellungen über moralisch angemessene Formen des zwischenmenschlichen Umgangs und der sozialen Konfliktregulierung diametral zuwider. Eben deshalb mag sich Jugendgewalt unmittelbar als „Misslingen" der moralischen Sozialisation darstellen. Freilich treten nicht alle Jugendprobleme in derselben Weise augenfällig und medienwirksam in Erscheinung. Dies mindert jedoch nicht zwangsläufig ihre Bedeutsamkeit. Einem solchen mehr latenten denn akuten Problem wollen wir uns im Folgenden zuwenden, wenn wir die soziale Engagementbereitschaft Jugendlicher untersuchen. Bevor wir damit beginnen, soll jedoch kurz erläutert werden, warum hier von einem Problem gesprochen werden kann.

Die Bedingungen, unter denen Jugendliche aufwachsen, haben sich in den vergangenen Jahrzehnten tiefgreifend verändert. Jugendliche von heute verweilen länger denn je in einem Bildungssystem, das sie auf konkurrenzorientierten Erwerb von Bildungstiteln einstellt und sie von kooperativen Arbeits- und Handlungskontexten weitgehend fernhält. Veränderte Erziehungsziele und -erwartungen verlangen mehr Selbstständigkeit und Eigenverantwortlichkeit. Durch die stärkere Partizipation am Freizeit-, Konsum- und Medienmarkt werden Heranwachsende schon

---

[3] Es sei an dieser Stelle betont, dass diese Schlussfolgerung auf weit umfangreicherem qualitativem Datenmaterial beruht, als dies hier dargestellt werden konnte. So wurden nicht nur Aussagen zu hypothetischen Dilemmata, sondern auch Aussagen zu anderen alltagsnahen moralischen Anforderungssituationen ausgewertet. Die Orientierungen Jugendlicher im Kontext von Gewaltsituationen wurden sowohl anhand von vorgegebenen Szenarien als auch anhand von Schilderungen eigener Gewalthandlungen untersucht. Alle Ergebnisse stützen die Schlussfolgerung der Studie (für eine ausführliche Darstellung des Datenmaterials in Form von Originalzitaten aus den Interviews vgl. Krettenauer, 1997).

Abbildung 3: Gruppen sozialer Engagementbereitschaft

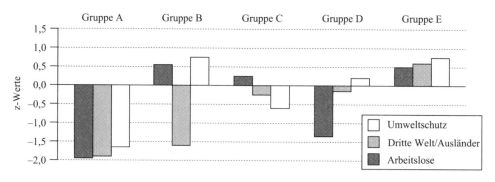

frühzeitig in die Rolle des auswählenden Konsumenten gedrängt. Im Ganzen werden Jugendliche heute stärker denn je in der Entfaltung und Durchsetzung ihrer *persönlichen* Erwartungen, Wünsche und *eigenen* Interessen gefordert und gefördert. Zugleich haben Traditionen an Bindungskraft verloren.

Ausgehend von diesen Veränderungen wurde in den 1990er Jahren in der Jugendforschung von einer „Individualisierung der Jugend" gesprochen (Heitmeyer & Olk, 1990), wobei Individualisierung Freisetzung aus herkömmlichen Gemeinschaftsbezügen und Milieubindungen bedeutet, die den Jugendlichen verstärkt eigenständige Orientierungsleistungen sozial ermöglicht, aber auch abverlangt. Mit dieser Individualisierung wächst die Gefahr eines zunehmenden selbstbezogenen Individualismus unter Jugendlichen – ein Individualismus, der sich nur wenig um gesellschaftliche Belange und die Solidarität mit anderen, insbesondere sozial Schwächeren kümmert. Tatsächlich weisen Jugendstudien auf eine abnehmende soziale und politische Engagementbereitschaft Jugendlicher hin (Zinnecker & Fischer, 1992). Wenn dieser Trend anhält, könnte moralische Erziehung zukünftig auch zunehmend in der Funktion gefragt sein, die Entwicklung sozialen Verantwortungsbewusstseins und Engagements zu fördern. Dies zeichnet sich in den USA bereits ab, wo freiwilliges Engagement Jugendlicher in Wohlfahrtseinrichtungen –Engagement, das von schulischen Einrichtungen unterstützt und begleitet wird – als Mittel moralischer Bildung zunehmend an Bedeutung gewinnt (Youniss & Yates, 1997). Auf diesem Hintergrund lässt sich fragen, ob eine Förderung moralischer Entwicklung im Sinne von Kohlbergs Theorie für die Bildung sozialen Engagements relevant sein könnte.

Im Projekt „Entwicklung und Wandel sozio-moralischer Orientierungen Berliner Jugendlicher im Ost-West-Vergleich", das Grundlage für die Untersuchung des Zusammenhangs von moralischer Entwicklung und sozialem Engagement ist, wurde die soziale Engagementbereitschaft Jugendlicher als Handlungsintention erfasst. Die Jugendlichen wurden gefragt, inwieweit sie bereit sind, sich für (a) Umweltschutz, (b) Menschen in der Dritten Welt und ausländische Familien in der

Bundesrepublik sowie (c) für Arbeitslose zu engagieren. Zwei Formen sozialen Engagements wurden unterschieden, nämlich „aktiv in einer Gruppe mitarbeiten" und „Geld spenden". Die Jugendlichen sollten so beispielsweise angeben, wie wahrscheinlich es für sie selbst ist, dass sie für Hungernde in der Dritten Welt Geld spenden oder in einer Gruppe mitarbeiten, die konkrete Maßnahmen zum Schutz der Umwelt anregt.

Aufbauend auf einschlägige statistische Verfahren lassen sich fünf Gruppen von Jugendlichen identifizieren, die über die drei Inhaltsbereiche „Umweltschutz", „Dritte Welt/Ausländer" und „Arbeitslose" deutlich unterscheidbare Profile in der sozialen Engagementbereitschaft aufweisen (vgl. Abb. 3)[4]. Dabei zeigen zwei der fünf Gruppen in allen drei Bereichen durchgehend entweder weit unter- oder überdurchschnittliche Engagementbereitschaft (Gruppe A vs. E). Bei Gruppe C ergibt sich eine im Mittel durchschnittliche Engagementbereitschaft, die sich in absteigender Reihenfolge auf die Bereiche „Umweltschutz", „Ausländer/Dritte Welt" und „Arbeitslose" leicht unterschiedlich verteilt. Demgegenüber treten bei zwei Gruppen deutlich bereichspezifische Ausprägungen zu Tage. So finden sich Jugendliche, die zwar bereit sind, sich für Umweltschutz und Arbeitslose einzusetzen, für Ausländer und Menschen in der Dritten Welt aber keine Engagementbereitschaft zeigen (Gruppe B). Zweitens gibt es Jugendliche, die eine durchschnittliche Engagementbereitschaft für „Dritte Welt/Ausländer" und „Arbeitslose" zum Ausdruck bringen, gegenüber „Umweltschutz" aber indifferent sind (Gruppe D). Diese Gruppenprofile zeigen, dass es generelle Niveauunterschiede in der sozialen Engagementbereitschaft Jugendlicher gibt. Das heißt, einige Jugendliche verfügen weitgehend unabhängig von der inhaltlichen Ausrichtung über entweder generell niedrige, durchschnittliche oder hohe Bereitschaft zu sozialem Engagement (Gruppe A, C und E). Es gibt jedoch auch Jugendliche, die ausgeprägte bereichspezifische Differenzierungen vornehmen (Gruppe B und D).

Theoretisch lässt sich nicht ohne weiteres annehmen, dass die moralische Entwicklung bereichspezifische Ausprägungen sozialer Engagementbereitschaft erklärt. Gleichwohl könnte man vermuten, dass sie mit generellen Niveauunterschieden der sozialen Engagementbereitschaft einhergeht. Entgegen dieser Vermutung ergeben sich empirisch zwischen den beschriebenen Gruppen A bis E indessen keine Unterschiede in der Stufenentwicklung (F = 0.81; p = .52). Selbst ein gezielter Einzelgruppenvergleich zwischen Jugendlichen mit unter- versus überdurchschnittlicher Engagementbereitschaft (Gruppe A vs. E) führt nicht zu signifikanten Resul-

---

[4] Die fünf Gruppen wurden in einem mehrstufigen Analyseprozess gewonnen. Sie beruhen auf Ergebnissen einer Clusteranalyse, die in einer umfangreichen Repräsentativuntersuchung von Jugendlichen aus dem Land Brandenburg ermittelt wurden, und bei der dasselbe oben beschriebene Instrument zur Erfassung sozialer Engagementbereitschaft eingesetzt wurde. Die dabei ermittelten Clustergruppen wurden unter Verwendung einer Diskriminanzanalyse auf die Stichprobe Ost- und Westberliner Jugendlicher übertragen (für eine genauere Beschreibung der ursprünglichen Cluster, wie sie im Rahmen der Untersuchung brandenburgischer Jugendlicher gewonnen wurden, vgl. Krettenauer, 1998).

taten (t = 1.24; *p* = .22). Bemessen am *Weighted Average Score,* liegt die moralische Kompetenz Jugendlicher mit extrem niedriger Engagementbereitschaft (Gruppe A) mit 294 Skalenpunkten leicht unterhalb der Stufe 3. Bei Jugendlichen mit hoher Engagementbereitschaft (Gruppe E) ergibt sich demgegenüber ein Wert von 305, also eine durchschnittliche Kompetenz, die leicht über der Stufe 3 liegt. Freilich ist der Unterschied von 11 Skalenpunkten, der etwa dem Zehntel einer Stufe entspricht, marginal. Die Entwicklung strukturell definierter Urteilskompetenz steht also nicht in Zusammenhang mit der sozialen Engagementbereitschaft Jugendlicher – ein Ergebnis, das auch von Hart und Fegley (1995) berichtet wurde.

Jedoch unterscheiden sich die Gruppen sozialer Engagementbereitschaft hinsichtlich der Typen moralischen Urteilens (χ^2 = 14.04; *p* < .01). Typ B ist bei Jugendlichen niedriger sozialer Engagementbereitschaft (Gruppe A) mit 19 Prozent deutlich unterfrequentiert. Etwas höher liegt dieser Anteil mit 38,1 Prozent bei Jugendlichen mittlerer Engagementbereitschaft (Gruppe C). Der größte Anteil von Jugendlichen des Typs B ist in der Gruppe E, das heißt der Gruppe Jugendlicher mit generell hoher Engagementbereitschaft, zu verzeichnen (51 %). Im Gegensatz zu den Entwicklungsstufen besteht damit ein systematischer Zusammenhang zwischen moralischem Urteilstyp und generellen Niveauunterschieden in der sozialen Engagementbereitschaft Jugendlicher. Mit Blick auf soziales Engagement kommt der Entwicklung inhaltlicher Aspekte des moralischen Urteils also anscheinend mehr Bedeutung zu als Urteilsstrukturen. Dieser Befund ergibt sich auch für andere Maße sozialen Verantwortungsbewusstseins Jugendlicher (vgl. Krettenauer, 1998).

4. Fazit

Kann angesichts zunehmender Gewalt unter Jugendlichen und Problemen wie etwa Ausländerfeindlichkeit und Rechtsextremismus, angesichts abnehmenden sozialen Engagements einerseits und zunehmender Individualisierung andererseits Erziehung sich ausschließlich auf die Förderung der moralischen Entwicklung richten? Dies war die leitende Fragestellung des vorliegenden Beitrags, wobei wir die Frage nicht in einem bildungsphilosophischen, sondern in einem praxisbezogenen Sinn gestellt haben: Lassen sich Anhaltspunkte dafür finden, dass eine gezielte Förderung der moralischen Entwicklung im Sinne von Kohlbergs Theorie Mittel an die Hand gibt, auch aktuellen Jugendproblemen pädagogisch effektiv zu begegnen? Zunächst wurde dies bezweifelt, weil Kohlbergs Theorie nicht alle wichtigen Dimensionen moralischen Handelns gleichermaßen thematisiert, sondern ihr Schwergewicht auf *Urteils*kompetenz legt, während die Jugendprobleme eine stärkere Berücksichtigung motivationaler oder emotionaler Entwicklungsprozesse erforderlich machen könnten. Im selben Zuge wurde jedoch auch angedeutet, dass die aufgeworfene Frage möglicherweise nicht schematisch mit „ja" oder „nein" beantwortet werden kann. Versucht man die im vorigen Abschnitt dargestellten Befunde zu einem Gesamtbild zu integrieren, scheint eine differenziertere Einschätzung erforderlich. Bei allen drei untersuchten Problemaspekten (Ausländerfeindlichkeit, Gewalt, soziales Engagement) fanden sich Zusammenhänge, die der Entwicklungstheorie Kohlbergs pädagogische Relevanz bescheinigen. Zugleich ergaben sich jedoch auch in allen drei Fällen Befunde, die dies relativieren. So war zwar ein Zusammenhang zwischen erhöhter Ausländerfeindlichkeit und niedrigem moralischem Entwicklungsstand festzustellen; dieser Zusammenhang war aber eher schwach ausgeprägt. Im Kontext von Gewalt fanden wir zwar einen Entwicklungsrückstand gewalttätiger Jugendlicher; freilich schien dies nicht der maßgebliche Aspekt ihrer moralischen Handlungsunfähigkeit zu sein. Vielmehr ergaben sich deutliche Anzeichen für eine Segmentierung des moralischen Bewusstseins gewalttätiger Jugendlicher, bei der Gewalt aus dem Bereich moralischen Handelns und Fühlens gleichsam ausgeklammert bleibt. Die Bereitschaft zu sozialem Engagement schließlich stand zwar in klarem Zusammenhang mit der Entwicklung moralischer Urteilstypen, war jedoch unabhängig von den moralischen Entwicklungsstufen.

Diese Ergebnisse müssten anhand weiterer Studien und unter Verwendung anderer Methoden repliziert werden, um ihre Robustheit und Generalisierbarkeit zu prüfen. Sie liefern Anhaltspunkte dafür, dass die aktuellen Jugendprobleme kognitiv-moralische Anteile haben und nicht allein als Ausdruck emotionaler oder motivationaler Entwicklungsdefizite gedeutet werden können. Insofern wäre es irreführend, angesichts aktueller Jugendprobleme der Förderung moralischer Urteilskompetenz im Sinne von Kohlbergs Theorie die Bedeutung abzusprechen. Doch dies kann über zwei Einschränkungen nicht hinwegtäuschen: Die Höhe der ermittelten Zusammenhänge lässt erwarten, dass die Förderung moralischer Urteilskompetenz im Durchschnitt wahrscheinlich nur moderate Wirkungen erzielen wird. Ferner ist nicht zu erwarten, dass die Förderung moralischer Entwicklung *zwangsläufig* Auswirkungen auf Problemverhaltensweisen Jugendlicher hat. Dies machen die Befunde zu den Orientierungen gewalttätiger Jugendlicher in paradigmatischer Weise deutlich. Sie zeigen, dass eine Segmentierung des moralischen Bewusstseins auftreten kann, bei der die kognitive Kompetenz ihre Handlungswirksamkeit verliert. Im vorliegenden Kontext ist dies besonders hervorzuheben, da Moral-„Unterricht" in der Schule leicht Gefahr läuft, genau solche Segmentierungen zu erzeugen (Edelstein, 1986). Er tut dies vor allem dann, wenn er nicht an die Erfahrungswelt der Heranwachsenden rückgebunden wird, wenn Moral also ein abstrakter Lerninhalt bleibt, der keine lebensweltliche Bedeutung hat, sodass er die Heranwachsenden in ihrem Selbst- und Weltverständnis nicht erreicht. Unter diesen Voraussetzungen würde eine an Kohlbergs Entwicklungstheorie orientierte Moralerziehung vermutlich ihr Potential einbüßen, den aktuellen Jugendproblemen zu begegnen.

Eine Moralerziehung, die nicht nur allgemein förderliche Bedingungen für moralische Entwicklungsprozesse zu schaffen versucht, sondern zugleich spezifischen Problemverhaltensweisen Jugendlicher zu begegnen hat, darf sich nicht ausschließlich auf eine Förderung der Entwicklung moralischer Urteilskompetenz beschränken. Eine solche Förderung vermag Heranwachsenden zwar die kognitive Orientierung in einer komplexen Welt erleichtern und kann so zur gedanklichen Auseinandersetzung mit Wertfragen ermutigen – eine Leistung, die nicht gering geschätzt werden sollte. Um die Relevanz einer an Kohlbergs Theorie orientierten Moralerziehung angesichts aktueller Jugendprobleme zu gewährleisten, bedarf es freilich umfassenderer Maßnahmen, die über den Horizont der reinen *Entwicklungs*theorie hinausweisen und eine simultane Förderung kognitiver, motivationaler und emotionaler Entwicklungsprozesse anstreben. Das Modell der „gerechten Schulgemeinschaft" *(Just Community)* mag hier aussichtsreiche Ansatzpunkte bieten (vgl. Oser & Althof, 1992; in diesem Band). Fraglos stellen gerechte Schulgemeinschaften hohe personelle und administrative Anforderungen und bergen das Risiko des Scheiterns in sich (Leschinsky, 1987). Aber schließlich hat alles – auch die (Re-) Produktion der moralischen Handlungsfähigkeit zukünftiger Generationen – seinen Preis.

Literatur

Blasi, A. (1995). Moral understanding and the moral personality: The process of moral integration. In W. M. Kurtines & J. L. Gewirtz (Eds.), *Moral development: An introduction* (pp. 229–253). Boston: Allyn and Bacon.

Candee, D., & Kohlberg, L. (1987). Moral judgment and moral action: A reanalysis of Haan, Smith, and Block's (1968) Free Speech Movement data. *Journal of Personality and Social Psychology, 52,* 554–564.

Chapman, M. (1988). *Constructive evolution.* Cambridge, UK: Cambridge University Press.

Colby, A., Kohlberg, L., et al. (Eds.). (1987). *The measurement of moral judgment: Vol. I. Theoretical foundations and research validation.* Cambridge, UK: Cambridge University Press.

Colby, A., Kohlberg, L., Gibbs, J., & Lieberman, M. (1983). A longitudinal study of moral judgment. *Monographs of the Society for Research in Child Development, 48*(1–2, Serial No. 200).

Edelstein, W. (1986). Moralische Interventionen in der Schule. Skeptische Überlegungen. In F. Oser, R. Fatke & O. Höffe (Hrsg.), *Transformation und Entwicklung* (S. 327–349). Frankfurt a.M.: Suhrkamp.

Edelstein, W. (1995). Krise der Jugend – Ohnmacht der Institutionen. In W. Edelstein (Hrsg.), *Entwicklungskrisen kompetent meistern* (S. 13–24). Heidelberg: Asanger.

Gibbs, J. C. (1991). Sociomoral developmental delay and cognitive distortion: Implications for the treatment of antisocial youth. In W. M. Kurtines & J. L. Gewirtz (Eds.), *Handbook of moral behavior and development* (Vol. 3, pp. 95–110). Hillsdale, NJ: Erlbaum.

Gibbs, J. C., Clark, P. M., Joseph, J. A., Green, J. L., Goodrick, T. S., & Makowski, D. G. (1986). Relations between moral judgment, moral courage, and field independence. *Child Development, 57,* 185–193.

Habermas, J. (1986). Gerechtigkeit und Solidarität. In W. Edelstein & G. Nunner-Winkler (Hrsg.), *Zur Bestimmung der Moral* (S. 291–318). Frankfurt a.M.: Suhrkamp.

Hart, D., & Fegley, S. (1995). Prosocial behavior and caring in adolescence: Relations to self-understanding and social judgment. *Child Development, 66,* 1346–1359.

Heitmeyer, W., & Olk, T. (Hrsg.). (1990). *Individualisierung von Jugend.* Weinheim: Juventa.

Kohlberg, L. (1980). High school democracy and education for a just society. In R. L. Mosher (Ed.), *Moral education* (pp. 20–57). New York: Praeger.

Kohlberg, L., & Candee, D. (1995). Die Beziehung zwischen moralischem Urteil und moralischem Handeln. In L. Kohlberg, *Die Psychologie der Moralentwicklung* (S. 373–493). Frankfurt a.M.: Suhrkamp.

Kohlberg, L., Levine, C., & Hewer, A. (1995). Zum gegenwärtigen Stand der Theorie der Moralstufen. In L. Kohlberg, *Die Psychologie der Moralentwicklung* (S. 217–372). Frankfurt a.M.: Suhrkamp.

Kohlberg, L., & Mayer, R. (1972). Development as the aim of education. *Harvard Educational Review, 42,* 449–496.

Krettenauer, T. (1997). „Jenseits von Gut und Böse?" Probleme der moralischen Sozialisation gewalttätiger Jugendlicher. In D. Sturzbecher (Hrsg.), *Jugend und Gewalt in Ostdeutschland* (S. 209–246). Göttingen: Verlag für angewandte Psychologie.

Krettenauer, T. (1998). *Gerechtigkeit als Solidarität.* Weinheim: Deutscher Studien Verlag.

Krettenauer, T., & Edelstein, W. (1996). Ausländerfeindlichkeit unter Jugendlichen: Ansätze einer psychologischen Erklärung. In W. Edelstein & D. Sturzbecher (Hrsg.), *Jugend in der Krise: Ohnmacht der Institutionen* (S. 79–93). Potsdam: Verlag für Berlin-Brandenburg.

Krettenauer, T., & Edelstein, W. (1999). From substages to moral types and beyond: An analysis of core criteria for morally autonomous judgments. *International Journal of Behavioral Development, 23,* 899–920.

Leschinsky, A. (1987). Warnung vor neuen Enttäuschungen – Strukturelle Hindernisse für eine Schule der gerechten Gemeinschaft. *Die Deutsche Schule, 79,* 28–43.

Lind, G. (1993). *Moral und Bildung.* Heidelberg: Asanger.

Nucci, L., & Weber, E. K. (1991). The domain approach to values education: From theory to practice. In W. M. Kurtines & J. L. Gewirtz (Eds.), *Handbook of moral behavior and development* (Vol. 3, pp. 251–266). Hillsdale, NJ: Erlbaum.

Nunner-Winkler, G. (1993). Die Entwicklung moralischer Motivation. In W. Edelstein, G. Nunner-Winkler & G. Noam (Hrsg.), *Moral und Person* (S. 278–303). Frankfurt a.M.: Suhrkamp.

Oser, F., & Althof, W. (1992). *Moralische Selbstbestimmung.* Stuttgart: Klett-Cotta.

Rest, J. (1983). Morality. In P. H. Mussen (Ed.), *Handbook of child psychology* (Vol. 3, pp. 556–629). New York: Wiley.

Rest, J., Narvaez, J., Muriel, J. B., & Thoma, S. (1997). *Moral judgment development in adolescents and adults: A neo-Kohlbergian approach based on the Defining Issues Test.* Manuscript submitted for publication.

Schäfli, A., Rest, J. R., & Thoma, S. J. (1985). Does moral education improve moral judgment? A meta-analysis of intervention studies using the Defining Issue Test. *Review of Educational Research, 55,* 319–352.

Snarey, J., & Keljo, K. (1991). In a Gemeinschaft voice: The cross-cultural expansion of moral development theory. In W. M. Kurtines & J. L. Gewirtz (Eds.), *Handbook of moral behavior and development* (Vol. 2, pp. 395–424). Hillsdale, NJ: Erlbaum.

Sturzbecher, D. (Hrsg.). (1997). *Jugend und Gewalt in Ostdeutschland.* Göttingen: Verlag für angewandte Psychologie.

Trevethan, S. D., & Walker, L. J. (1989). Hypothetical versus real-life moral reasoning among psychopathic and delinquent youth. *Development and Psychopathology, 1,* 91–103.

Walker, L. J. (1988). The development of moral reasoning. *Annals of Child Development, 5,* 33–78.

Youniss, J., & Yates, M. (1997). *Community service and social responsibility in youth.* Chicago, IL: The University of Chicago Press.

Zinnecker, J., & Fischer, A. (1992). Jugendstudie '92 – Die wichtigsten Ergebnisse im Überblick. In Jugendwerk der deutschen Shell (Hrsg.), *Jugend '92* (Bd. 1, S. 213–282). Opladen: Leske + Budrich.

Monika Keller

Moral in Beziehungen: Die Entwicklung des frühen moralischen Denkens in Kindheit und Jugend

In diesem Beitrag geht es um die Entwicklung des moralischen Denkens von der Kindheit bis zur Adoleszenz. Die Periode der Kindheit ist in der Tradition der Kohlberg-Forschung weitgehend vernachlässigt worden, denn die moralischen Dilemmata sind kognitiv anspruchsvoll und thematisieren – bis auf Ausnahmen – auch Probleme, die der kindlichen Lebenswelt nicht entsprechen. Daher wurden Kinder üblicherweise erst vom Alter von zehn Jahren an untersucht. Da Kohlbergs Theorie jedoch als eine umfassende Theorie der Lebensspanne formuliert wurde, stellte sich bereits frühzeitig in der Forschung die Frage, inwieweit Kohlbergs Konzeption der ersten beiden Stufen des so genannten „präkonventionellen moralischen Denkens" die moralischen Vorstellungen jüngerer Kinder in adäquater Weise abbildet. Inzwischen zeigen zahlreiche empirische Forschungen, dass die Stufen der präkonventionellen Moral im Lichte von neueren Befunden revidiert werden müssen. Die Methoden und Befunde, die in diesen Forschungen erarbeitet wurden, sind von großer Relevanz für die Moralerziehung im Kindesalter. Im folgenden werden wir eine Theorie des frühen moralischen Denkens darstellen, die wir im Zusammenhang mit theoretischen Überlegungen und empirischen Befunden einer eigenen Längsschnittuntersuchung zur Entwicklung der moralischen Sensibilität von der Kindheit zum Jugendalter gewonnen haben. Sodann wird diskutiert, welche pädagogischen Folgerungen sich aus einer Revision der von Kohlberg entwickelten Konzeption der präkonventionellen Moral ergeben. Zunächst werden wir kurz auf die Kontroversen um die Theorie Kohlbergs eingehen, die auch für diesen Beitrag wichtig sind.

Kontroversen um die Moraltheorie Kohlbergs

Gerechtigkeit und Perspektivenübernahme: die Logik der Entwicklungsstufen

Das zentrale Prinzip der Moral bildet für Kohlberg – in Anlehnung an Rawls (1971) – das Prinzip der Gerechtigkeit bzw. der Fairness. In moralischen Dilemmata, wie sie von Kohlberg untersucht wurden, stehen jeweils unterschiedliche moralische Verpflichtungen miteinander in Konflikt. Die Aufgabe der Personen, die über diese Konflikte nachdenken, besteht darin, gerechte bzw. faire Lösungen für diese Probleme zu finden. In der Tradition rationaler philosophischer Theorien der Moral in der Nachfolge von Kant beruhen solche gerechten Lösungen auf einem „idealen Rollentausch". Alle an einem Konflikt beteiligten Akteure müssen nicht nur die jeweiligen Perspektiven wechselseitig einnehmen können, sondern auch aus der Perspektive eines unparteiischen und vernünftigen Beobachters die unter den gegebenen Einschränkungen gerechteste Lösung finden. Diese Lösung berücksichtigt die Perspektiven und berechtigten Ansprüche aller (direkt und auch indirekt) Betroffenen und kann daher im Prinzip von allen akzeptiert werden. In Entsprechung zu diesem Modell der moralischen Entscheidungsfindung bestimmte Kohlberg (1996) aus psychologischer Sicht die Fähigkeit der Person, die Perspektiven von Selbst und anderen zu verstehen und miteinander zu koordinieren, als kognitive Basis der Stufen des moralischen Urteils. Die Logik der Entwicklungsstufen, die in unabänderlicher Abfolge aufeinander aufbauen, ergibt sich aus dem zunehmend komplexeren Verständnis der Perspektiven der von einem moralischen Dilemma betroffenen Personen. Die soziomoralische Perspektive (Kohlberg, 1996) meint die Beziehung des Selbst zu den sozialen Regeln. Auf der Stufe der präkonventionellen Moral stellen diese Regeln zunächst von außen gestellte Forderungen dar. Auf der konventionellen Moralstufe hat die Person diese Forderungen verinnerlicht, und auf der höchsten Stufe des postkonventionellen moralischen Denkens kann die Geltung der Regeln kritisch befragt werden. Die Bestimmung dessen, was in einer Situation unter moralischen Gesichtspunkten richtig ist, erfordert es jedoch auch, den *psychologischen (faktischen)* Gehalt der Situation zu verstehen. Dazu gehören sowohl das Verständnis der sozialen Regeln und Prinzipien – als normative Fakten – als auch das Verständnis der jeweiligen subjektiven Lage der Betroffenen im Hinblick auf ihre Interessen und Motive, ihre Ziele und Absichten sowie ihre Gefühle, das Verständnis der Beziehungen zwischen Personen und ihre Einbettung in komplexere Beziehungssysteme (Keller & Reuss, 1986). Jede Entwicklungsstufe des moralischen Urteils ist durch ein spezifisches Verständnis der sozialen Welt, das heißt des Verständnisses von Personen, Beziehungen und sozialen Regeln, gekennzeichnet und führt zu einer spezifischen moralischen Konfliktlösung. Die Logik der sequentiellen Entwicklung der Stufen bedeutet, dass keine Entwicklungsstufe ausgelassen oder übersprungen werden kann, denn jede höhere Stufe baut auf der vorangehenden auf und ist ihrerseits kognitiv komplexer und integrierter als die vorangegangene. Sie ermöglicht damit eine angemessenere Wahrnehmung der faktischen und normativen Gegebenheiten und damit eine bessere Lösung moralischer Konfliktsituationen: Sie erlaubt, die subjektiven Perspektiven der Betroffenen in stets umfassenderer Weise zu rekonstruieren und damit moralisch bessere Lösungen zu finden. Dies heißt im Falle eines Dilemmas mit konfligierenden Verpflichtungen, dass der (notwendige) Verstoß gegen eine Verpflichtung moralisch gerechtfertigt werden kann, weil er aus der Perspektive des unparteiischen Beobachters für alle Betroffenen akzeptierbar werden kann.

Moralische Gefühle und moralische Motivation

Kohlbergs Theorie ist dahingehend kritisiert worden, dass sowohl das *Prinzip der Gerechtigkeit* als auch der Prozess der *Perspektivenübernahme* für die Erklärung von Moral nicht hinreichend sind. Die Konzeption von Moral als Gerechtigkeit, so die Kritik, führe zu einer engen Definition moralischen Handelns. Denn Moral hat nicht nur damit zu tun, was gerecht, sondern auch damit, was gutes und wünschenswertes Handeln ist. Aus philosophischer Sicht hat Frankena (1991) das Prinzip der Wohltätigkeit dem Prinzip der Gerechtigkeit gegenübergestellt, Habermas (1991) hebt das Prinzip der Solidarität hervor. Gilligan (1985) hat die entwicklungspsychologische Forschung zur Moralentwicklung um die Frage der Fürsorge ergänzt und eine Stufenabfolge der Fürsorgeorientierung beschrieben. Zugleich hat sie die beiden Moralprinzipien von Fairness und Fürsorge auch im Sinne einer Geschlechterdifferenz begriffen und eine gerechtigkeitsbezogene „männliche Moral" und eine fürsorgebezogene „weibliche Moral" unterschieden. Diese geschlechtsspezifischen Zuordnungen wurden theoretisch und empirisch überzeugend widerlegt (Nunner-Winkler, 1991, in diesem Band). Doch die Einbeziehung des Prinzips der Fürsorge in ein Verständnis der Moralentwicklung wird mittlerweile als notwendig betrachtet. Kohlberg hat die Diskussion um die Bedeutung von Gerechtigkeit und Fürsorge theoretisch aufgenommen (Colby & Kohlberg, 1987) und eine höchste Stufe der moralischen Entwicklung beschrieben, in der beide Prinzipien entfaltet sind. Für die Bestimmung der übrigen Entwicklungsstufen des moralischen Urteils hat diese Debatte indessen keine Auswirkungen gehabt. Insbesondere auf den Stufen der präkonventionellen Moral, die der Gegenstand dieses Beitrages sind, hat eine Fürsorgeorientierung bisher keinen Platz.

Auch das Konzept der kognitiven Dezentrierung bzw. der Fähigkeit zur Perspektivendifferenzierung und -koordination ist als unzureichend für die moralische Entwicklung angesehen worden. Denn die kognitive Fähigkeit zur Dezentrierung kann nicht erklären, dass die Standpunkte anderer nicht nur erkannt, sondern auch gefühlsmäßig berücksichtigt werden (Blum, 1980; Peters, 1971). Der kognitive Ansatz lässt daher die Frage offen, warum die Bedürfnisse und Interessen anderer Personen gegenüber den Interessen des Selbst gefühlsmäßig Gewicht erhalten. Nach Ansicht dieser Kritiker kann ein moralischer Standpunkt nur erklärt werden, wenn eine gefühlsmäßige Haltung gegenüber anderen Personen besteht, wie sie im moralischen Prinzip der Fürsorge und in den Motiven von Sympathie und Empathie zum Ausdruck kommen. Eine solche Gefühlsbeziehung bildet die unerlässliche Voraussetzung für eine Orientierung am Wohlergehen anderer und damit die Voraussetzung für die Motivation zum moralischen Handeln überhaupt.

Die Frage nach der moralischen Motivation wie auch die Frage nach der Bedeutung moralischer Gefühle wurden in der kognitivistischen Tradition der Moralforschung vernachlässigt. In den Konflikten zwischen unterschiedlichen moralischen Verpflichtungen, die in dieser Forschungstradition untersucht werden, stehen die *Bewertungskriterien* von Handlungen (warum eine Entscheidung moralisch richtig oder falsch ist) im Blickpunkt des Interesses. Moralische Motivation lässt sich dagegen besser in solchen Situationen untersuchen, in denen moralische Verpflichtungen mit egoistischen Neigungen im Konflikt stehen und eigene Interessen zu Gunsten der Bedürfnisse anderer zurückgestellt werden müssen (Hoffman, 1991). In diesen Konflikten kommt Sympathie und Empathie besonderes Gewicht zu. Dieser Typ von moralischen Dilemmata hat in der entwicklungspsychologischen Forschung unverdient wenig Beachtung gefunden, obwohl solche Konflikte im Alltagshandeln allgemein und insbesondere bei Kindern und Jugendlichen sehr häufig sind. Kohlberg wollte die „moralische Urteilskompetenz" in eher alltagsfernen Situationen untersuchen, welche die gefühlsmäßige Identifikation mit bestimmten Perspektiven verhindern sollen, um so eine „unparteiische Perspektive" zu ermöglichen. Aus pädagogischer Perspektive sind die meisten Dilemmata im Kohlberg-Test für jüngere Kinder nicht sehr geeignet. Denn für die Erfassung der moralischen Kompetenz von Kindern lässt sich umgekehrt argumentieren, dass Erfahrungsnähe bei Dilemmata notwendig ist, um ihre Fähigkeiten zum moralischen Denken angemessen zu erfassen.

Im vorliegenden Beitrag wird gezeigt, wie sich die Konzeption der frühen Moral verändert, wenn man das Denken über moralrelevante Dilemmata in kindgemäßen Situationen untersucht, die gleichermaßen Gerechtigkeit und Fürsorge sowie Eigeninteressen beinhalten und damit sowohl Kognition als auch Gefühle thematisieren. In unseren Forschungen (Keller, 1996; Keller & Edelstein, 1986, 1993) haben wir moralisches Denken anhand solcher Konflikte untersucht, die in der Lebenswelt von Kindern bedeutsam sind. Im Prozess der Entwicklung sind die Beziehungen zu Erwachsenen und zu Gleichaltrigen die zentralen Beziehungen, in denen Kinder die Bedeutung von Regeln lernen und in denen sie Konflikte von Regeln und Interessen verhandeln müssen (Grundmann & Keller, 1999a, 1999b). Sowohl in Konflikten mit Eltern als auch mit Freunden spielen Gerechtigkeit und Fürsorge eine große Rolle. Kinder können sich mit den Handelnden identifizieren, und dabei sind Kognition und Gefühl gleichermaßen wichtig. Im Folgenden werden zunächst die Entwicklungsstufen in Kohlbergs Theorie kurz skizziert.

Kohlbergs Konzeption der frühen Entwicklungsstufen

Kohlberg (1996, in diesem Band) definiert drei Entwicklungsniveaus des moralischen Urteils, das präkonventionelle, konventionelle und postkonventionelle Niveau. Die drei Entwicklungsniveaus lassen sich als drei unterschiedliche Typen der Beziehung zwischen dem Selbst und den (gesellschaftlichen) Regeln und Erwartungen verstehen: Auf den beiden Unterstufen 1 und 2 des präkonventionellen Niveaus sind soziale Regeln und Erwartungen noch nicht Teil des Selbst, sondern sie stehen dem Selbst als Forderungen von außen gegenüber. Auf den beiden Stufen 3 und 4 des konventionellen Niveaus hat die Person soziale Regeln und Erwartungen internalisiert, das heißt, sie sind ein Teil des Selbst, und das Selbst identifiziert sich mit ihnen. Auf dem postkonventionellen Niveau der Stufen 5 und 6 kann die Geltung von Normen innerhalb eines sozialen Systems kritisch und autonom reflektiert werden, das heißt, die Person kann sich aus der übergeordneten moralischen Perspektive moralischer Prinzipien der Gerechtigkeit von den gesellschaftlichen Regeln und Erwartungen kritisch distanzieren. Diese Beschreibung macht deutlich, dass die Entwicklungsstufen nicht nur einen kognitiven, sondern auch einen motivationalen Gehalt haben. Im Hinblick auf den kognitiven Gehalt ist jede Entwicklungsstufe durch eine je spezifische Form der Perspektivendifferenzierung und Koordination gekennzeichnet und gleichzeitig durch eine dominante Motivstruktur.

Auf den beiden Stufen *des präkonventionellen moralischen Urteils* (Stufen 1 und 2) wird Gerechtigkeit ausschließlich anhand von Autorität und Macht sowie anhand von subjektiven (egoistischen) Interessen des Selbst bestimmt. Auf *Stufe 1* des präkonventionellen moralischen Urteils kann die Person die unterschiedlichen Perspektiven der Betroffenen im Hinblick auf gewisse relevante Gesichtspunkte der Situation differenzieren, doch können diese unterschiedlichen Perspektiven in der moralischen Problemlösung noch nicht berücksichtigt werden. In der egozentrischen Perspektive der Stufe 1 ist die Person in der moralischen Beurteilung auf eine dominante Perspektive zentriert (Kohlberg, 1996). In Anlehnung an Piaget (1973) wird das moralische Denken als „unilateral", als „heteronom" und als „naiv-moralischer Realismus" gekennzeichnet. Moralische Regeln sind durch die Setzung von Autoritäten definiert, wobei den Eltern eine besondere Bedeutung zukommt. Regeln gelten als selbstevident, bzw. was moralisch richtig oder falsch und damit auch „moralischer Wert" ist, wird durch Autoritäten bestimmt. Die Berechtigung der Autorität ist in kategorialen und physikalistischen Merkmalen begründet (z.B., der Vater hat Recht, weil er der Vater/der Boss ist, bzw., weil er der Stärkere ist). Bestrafung wird nicht nur als unvermeidbare Folge der Verletzung von Regeln und Geboten angesehen, sondern die Antizipation von Sanktionen seitens der Autoritäten gilt zugleich als positiver Grund für die Befolgung von Regeln und Geboten. Das dominante Motiv auf dieser Entwicklungsstufe ist nach Kohlberg Gehorsam gegenüber Autoritäten.

Auf *Stufe 2* der präkonventionellen Moral besteht die Fähigkeit zur Perspektivenkoordination und zur selbstreflexiven Perspektivenübernahme, das heißt, die Person kann sich mit den Augen des anderen sehen. Diese Stufe wird unter dem Gesichtspunkt instrumentellen Austauschs definiert (Kohlberg, 1996). Dies meint, dass die Person eine Vorstellung von Fairness als konkreter Reziprozität hat, doch definiert sich Fairness dominant individualistisch aus Situation und Perspektive des jeweiligen Handelnden. Konfligierende Interessen anderer können zwar wahrgenommen und teilweise auch berücksichtigt werden, doch hat die Person das pragmatische bzw. egoistische Motiv, die Befriedigung der eigenen Interessen zu maximieren und negative Konsequenzen für das Selbst zu vermeiden. Die Interessen des Selbst bleiben folglich gegenüber den Interessen anderer motivational dominant. Im Falle der Einhaltung eines Versprechens wird jetzt argumentiert, dass es richtig ist, ein Versprechen zu halten, damit der andere es auch hält, oder weil der andere es sonst auch nicht hält („tit for tat" bzw. „Auge um Auge, Zahn um Zahn").

Auf dem Niveau der *konventionellen Moral* (Stufen 3 und 4) wird Gerechtigkeit nach dem Gesichtspunkt kollektiver Gemeinsamkeiten definiert. Dies bedeutet, dass die Person sich als Mitglied einer Gruppe versteht, der sie sich zugehörig fühlt. Dazu gehören die Familie ebenso wie Freundschaftscliquen. Kognitive Grundlage für Stufe 3 der konventionellen Moral ist die Integration der separaten individuellen Perspektiven in eine verallgemeinerte Perspektive bzw. eine Beobachterperspektive, aus der zugleich das eigene Handeln und das Handeln anderer beurteilt werden kann. Diese Perspektive ermöglicht es, das Handeln von Selbst und anderen in einem einheitlichen Rahmen zu sehen. Auf dieser Entwicklungsstufe entsteht die Konzeption eines moralischen Selbst, das mit den sozialen Regeln und der Beziehung identifiziert ist (Kohlberg, 1996). Übergreifende Normen der Reziprozität, also Vertrauen, Loyalität und Dankbarkeit, werden als verbindliche Handlungsnormen erlebt und damit motivational bedeutsam. Diese Gesichtspunkte kommen auch in den Argumentationen zum Versprechen zum Ausdruck. So findet die Person es als gute Freundin/Tochter richtig/wichtig, Versprechen zu halten und sich als verlässliche Person/gute Freundin/Tochter zu verhalten. Die Verletzung von Versprechen wird unter dem Aspekt der Zerstörung von Vertrauen und Verlässlichkeit und damit auch der Beziehung bewertet.

Die höheren Stufen, auf die ich in diesem Beitrag nicht eingehe (vgl. Kohlberg, in diesem Band), beruhen auf der Fähigkeit, eine generalisierte soziale Systemperspektive einzunehmen. Auf Stufe 4 der konventionellen Moral nimmt sich die Person als Teil komplexer gesellschaftlicher Beziehungen wahr, die über die Familie und den Freundeskreis hinausgehen. Als Bürger eines Staates identifiziert sie sich mit den Normen des Systems. Auf den Stufen 5 und 6 des *postkonventionellen moralischen Urteils* werden die Perspektiven aller am moralischen Diskurs Beteiligten einbezogen. Das Individuum kann die moralische Geltung von Regeln und Prinzipien unabhängig von der Gesellschaft, der es selbst angehört, sehen, und folglich die Normen der eigenen Gesellschaft kritisieren.

Diese Beschreibung verdeutlicht, dass Fürsorge und Empathie in engen Beziehungen auf den ersten beiden Stufen keine Rolle spielen, da die Person auf Gehorsam und eigene Interessen zentriert ist. Fürsorge und Empathie haben nur auf den Stufen der konventionellen Moral Bedeutung – und auch dort eigentlich nur auf Stufe 3, denn nur auf dieser Stufe nehmen Gefühle anderer und gefühlsmäßige Zugehörigkeit zu anderen eine wesentliche Stellung in Kohlbergs Theorie ein. Denn bereits in Stufe 4 wird der Standpunkt der partikularen Beziehung zugunsten von verallgemeinerten Beziehungen (Person als Mitglied einer Gesellschaft) aufgegeben. Im postkonventionellen Denken schließlich werden moralische Normen und Entscheidungen vom universalistischen Standpunkt aller rationalen Subjekte reflektiert. Der Entwurf einer Stufe 7 repräsentierte den Versuch, rationale universalistische Prinzipien und spezielle Gefühle bzw. das Prinzip der Gerechtigkeit und der Fürsorge zusammenzuführen. Da jedoch bereits Stufe 5 der postkonventionellen Moral empirisch nur selten erreicht wird und Stufe 6 empirisch nicht in Erscheinung tritt, wurde die empirische Realisierung der Stufe 7 den großen Figuren der Menschheitsgeschichte zugeschrieben (z.B. Jesus von Nazareth, Mahatma Gandhi, Martin Luther King).

Ein weiteres Problem ergibt sich in Kohlbergs Theorie daraus, dass die Fähigkeit der Person zur kritischen Reflexion bestehender Regeln oder Normen erst auf den Stufen der postkonventionellen Moral möglich erscheint. Doch kann man die Frage stellen, ob nicht eine gewisse Autonomie gegenüber Regeln bereits auf früheren Entwicklungsstufen zu finden ist, wenn andere Kriterien angelegt werden als die an Kant orientierten philosophischen Kriterien, die Kohlberg im Blick hat. Krettenauer (1998, in diesem Band) vertritt die Annahme, dass bereits auf Stufe 3 des konventionellen moralischen Urteils die Perspektive der konkreten Beziehung transzendiert wird. So argumentieren Personen in dem bekannten Heinz-Dilemma, in dem es darum geht, ob ein Ehemann ein Medikament für seine krebskranke Frau stehlen darf oder sogar stehlen muss (vgl. Kohlberg 1996, in diesem Band), dass die Verpflichtung zur Rettung des Lebens auch über enge Beziehungen hinaus gilt. In Kohlbergs Kodiermanual moralischer Argumentationen wird die Aussage, dass Heinz das Medikament auch stehlen muss, wenn er seine Frau nicht liebt, oder dass er auch für einen Fremden stehlen muss, „weil er ein menschliches Wesen ist", der Stufe 3 zugeordnet. In beiden Beispielen wird die Perspektive der engen Beziehung in der moralischen Reflexion im Hinblick auf eine Perspektive *aller* überschritten. Doch auch für die Stufen der präkonventionellen Moral lässt sich die Frage nach der Bedeutung von Autonomie ebenso stellen wie die Frage nach der Rolle von Empathie und Fürsorge. Darauf werde ich im Folgenden eingehen.

Kritik der Konzeption der frühen Moralstufen in Kohlbergs Theorie

Die Annahme, dass positive moralische Normen wie Empathie und Fürsorge überhaupt erst auf der dritten Entwicklungsstufe der konventionellen Moral im Jugendalter subjektive Geltung erlangen, hat nicht nur außerhalb der Kohlberg-Tradition zu Widerspruch geführt. Auch innerhalb von Kohlbergs eigener Theoriebildung ergeben sich Widersprüche (vgl. Keller, 1990, 1996). Als Folge der Annahme, dass sich die moralische Motivation im Übergang vom präkonventionellen zum konventionellen Denken von Egoismus zu Altruismus ändert, ist Kohlberg genötigt, alle Argumente, die als Indikatoren genuin moralischer und empathischer Motive und Gefühle gelten können, unabhängig vom Grad ihrer kognitiven Differenzierung dem Niveau des konventionellen moralischen Urteils zuzuordnen. Die Aussage, dass man ein Versprechen halten muss, „weil der andere sonst traurig ist", ist ein Beispiel dafür. Dies führt zu dem Schluss eines „moralischen Defizits" auf den ersten beiden Entwicklungsstufen: dass Personen bis zur Entwicklung der Stufe 3 im Jugendalter im moralischen Denken keine empathisch/altruistischen Gründe besitzen (ohne ein Eigeninteresse im Hintergrund), dass sie sich nicht als Teil sozialer

Beziehungen verstehen und dass daher Schuld- und Schamgefühle (unabhängig von Angst vor Sanktionen) nicht möglich sind (vgl. Keller, 1996). Daraus ergibt sich zudem das Paradoxon, dass genuin moralische und empathisch moralische Urteile erst im Jugendalter und ohne Vorläuferformen auf der Ebene des konventionellen moralischen Denkens unvermittelt entstehen.

Betrachtet man die Forschungen zur Moralentwicklung im Kindesalter, so zeigt sich sowohl in den kulturspezifischen als auch in den kulturvergleichenden Arbeiten der Kohlberg-Tradition, dass sich kaum Untersuchungen zu den Stufen 1 und 2 des präkonventionellen moralischen Urteils finden. Dies gilt auch für Kohlbergs eigene Arbeiten, in denen die Stufen der präkonventionellen Moral weitaus seltener repräsentiert sind als die höheren Entwicklungsstufen. Kohlbergs Längsschnittuntersuchung (vgl. Colby u.a., 1983) bezog zu Beginn der Untersuchung lediglich 21 Probanden im Alter von zehn Jahren ein, die beim nächsten Erhebungszeitpunkt bereits 13 oder 14 Jahre alt waren. Die frühen Interviews zum moralischen Urteil sind zudem mit methodischen Problemen belastet, da sie nicht im Wortlaut übertragen wurden und der Fragenkatalog weniger umfassend war (vgl. Reuss & Becker, 1996). Insgesamt lässt sich aus dieser Forschungslage der Schluss ziehen, dass Kohlberg seine Theorie zwar als lebenslaufumfassende Entwicklungstheorie des moralischen Urteils verstanden hat, dass aber in den empirischen Untersuchungen die Theorie vor allem für Jugendliche und Erwachsene überprüft wurde, doch kaum für Kinder. Eine Ausnahme ist die Arbeit von Gibbs, Basinger und Fuller (1992), die für die Konstruktion eines moralischen Urteilstests Kinder im Alter von zehn Jahren an heranzogen. Die Ergebnisse dieser Studie wurden von den Autoren allerdings nicht theoriekritisch, sondern innerhalb des von Kohlberg vorgegebenen theoretischen Rahmens interpretiert. Dies ist insofern erstaunlich, als den ersten beiden Stufen moralische und empathische Argumente zugeordnet wurden, die der Stufendefinition Kohlbergs nicht entsprechen (vgl. Keller, 1990, 1996, für eine umfassende Diskussion).

Eine Anzahl Untersuchungen außerhalb der Kohlberg-Tradition begründete zunehmende Zweifel an der Gültigkeit der Stufen des präkonventionellen moralischen Urteils in Kohlbergs Theorie. Sie zeigten, dass Kinder sich vom Beginn ihrer Entwicklung an als Teil von Beziehungen verstehen (Youniss, 1982). Sie überlegen bereits frühzeitig, welche Handlungen die Aufrechterhaltung von Beziehungen (z.B. einer Freundschaft) gefährden und daher moralisch fragwürdig sind. Bereits jüngere Kinder geben nicht nur genuin moralische Begründungen für die Geltung moralischer Regeln (Turiel, 1983), sondern auch bei Konfliktlösungen in Dilemmata (Eisenberg, 1982). Kinder im Alter von fünf bis sechs Jahren begründen die moralische Richtigkeit einer Handlung bzw. die Geltung einer moralischen Regel also keinesfalls ausschließlich im Hinblick auf externe Sanktionen. Sie beurteilen Handlungen unter dem Gesichtspunkt moralischer Richtigkeit auch unabhängig davon, ob diese Handlungen von Autoritäten bestraft oder belohnt werden (Keller, 1996; Shweder, Turiel & Much, 1980; Turiel, 1983). Eine Handlung wird nicht deshalb als moralisch falsch beurteilt, weil sie bestraft wird, sondern es wird gefolgert, dass die Handlung bestraft wird, weil sie moralisch falsch ist. Kinder betrachten Strafe demnach als die Folge von Regelverletzungen, nicht aber als Motiv für die Regelbefolgung. Bereits im Alter von fünf Jahren begründen Kinder die Geltung einer Regel im Hinblick darauf, welche Folgen ihre Aufrechterhaltung oder Verletzung für das Wohlergehen anderer hat. Kinder sehen solche Handlungen als moralisch unzulässig an, die das physische Wohlergehen (jemanden schlagen) oder auch die Eigentumsrechte anderer Personen verletzen (etwas wegnehmen, das anderen zusteht). Dieses moralische Urteil wird auch dann beibehalten, wenn eine Autorität diese Regelverletzungen für zulässig erklärt. So betonen bereits Vorschulkinder, dass man einen anderen auch dann nicht schlagen oder von einer Schaukel stoßen darf, wenn die Schulregeln oder der Schuldirektor dies erlauben würden. Trotz der großen Bedeutung, die Autoritäten für Kinder haben, sehen sie die Geltung einer moralischen Regel keinesfalls ausschließlich in der Autorität begründet, wie dies die Theorien Piagets und Kohlbergs nahelegen.

Die Forschung zur prosozialen Entwicklung (Eisenberg, 1982) hat Belege dafür erbracht, dass jüngere Kinder in moralischen Konfliktsituationen nicht ausschließlich an der Befriedigung der eigenen Bedürfnisse orientiert sind, sondern sehr wohl das Wohlergehen anderer in Rechnung stellen. In den moralischen Konfliktsituationen, die Eisenberg Kindern vorlegte, ging es nicht um Gerechtigkeitskonflikte, in denen zwischen konfligierenden moralischen Verpflichtungen entschieden werden muss, sondern um Konflikte zwischen Egoismus und prosozialen Verpflichtungen. Diese Konflikte, in denen zwischen Eigeninteresse und fürsorgebezogenen – prosozialen oder altruistischen – Verpflichtungen (helfen, teilen usw.) abgewogen werden muss, sind – wie bereits erwähnt – in der Kohlberg-Tradition überhaupt nicht behandelt worden. Eisenbergs Untersuchungen zeigen, dass bereits Vorschulkinder in diesen Dilemmata eine empathische Orientierung an den Bedürfnissen anderer zum Ausdruck bringen. Zugleich formulieren sie einfache Handlungsregeln, wie zum Beispiel, dass „man nett sein sollte", ohne dass ein strategisches Motiv im Hintergrund steht.

Rest (1983) folgerte aus diesen Untersuchungen, dass das prosoziale Denken in der Kindheit im Vergleich zum Denken über moralische Pflichten weiter fortgeschritten ist. Doch lassen sich empathische Argumente von Kindern nicht nur in prosozialen Dilemmata nachweisen. Sie wurden in der oben bereits angeführten Untersuchung von Gibbs, Basinger und Fuller (1992) auch im Denken über gerechtigkeitsbezogene Dilemmata gefunden und dort gleichfalls der Stufe 1 zugeordnet. In unseren Untersuchungen (Keller, 1990) äußerten bereits jüngere Kinder genuin moralische und empathische Argumente, und zwar sowohl zu einem moralrelevanten Freundschaftsdilemma als auch zu einem klassischen Kohlberg-Dilemma, in dem es um Verpflichtungen in der Familie geht (Kohlbergs Judy-Dilemma). Darauf werde ich noch näher eingehen.

Insgesamt bestätigen alle diese Forschungsbefunde, dass moralische und empathische Argumente von jüngeren Kindern in ganz unterschiedlichen moralrelevanten Kontexten eingebracht werden, und zwar sowohl in der Diskussion von Regelverletzungen als auch in der Begründung moralischer Urteile in gerechtigkeits- und fürsorgebezogenen Dilemma-Situationen. Kinder verfügen demnach über eine Vielzahl moralischer Argumente und können diese auch situationsspezifisch unterschiedlich einsetzen. Autorität und Bestrafung spielen durchaus eine Rolle, doch gleichermaßen sind prosoziale Motive, Fürsorge und empathische Gefühle von Bedeutung. Die Definition der beiden frühen Stufen des moralischen Denkens in Kohlbergs Theorie ist demnach sowohl theoretisch als auch empirisch zu eng. Sie führt zu einer falschen Sicht auf die kindliche Moral. In der Theorie ist eine systematische Diskussion der Komplexität der Konflikte und der Inhalte von Konfliktsituationen vernachlässigt worden (vgl. Döbert, 1986). Diesen Faktoren kommt in der Untersuchung des moralischen Denkens von jüngeren Kindern, die ihre kognitiven Fähigkeiten zum sozialen und moralischen Verstehen erst aufbauen, eine besondere Bedeutung zu.

Die Entwicklung moralischer Gefühle

Zu Beginn dieses Beitrags wurde behauptet, dass Moral damit zu tun hat, wie wir im Alltagsleben mit den Belangen anderer Menschen umgehen, sowohl mit den Belangen von Menschen, die uns nahe stehen, als auch von Menschen, die uns ferner sind. Die Gefühle, die wir in Situationen empfinden, sind zugleich ein Indikator für unsere moralischen Urteile und somit Ausdruck unserer moralischen Sensibilität. Sympathie und Empathie bilden eine Klasse moralisch relevanter Gefühle. Wenn wir eine Person leiden sehen oder ihr selbst Schaden zugefügt haben, bildet das Mitgefühl eine Quelle unserer moralischen Verpflichtung zur Wiedergutmachung. Scham- und Schuldgefühle sind gefühlsmäßige Reaktionen des Selbst, die im Falle der Verletzung moralischer Verpflichtungen entstehen: Wenn wir direkt oder auch indirekt für die Situation anderer verantwortlich sind, sei es, dass wir anderen Verletzungen zugefügt oder dies beobachtet oder zugelassen haben, oder dass wir keine Hilfestellungen geleistet haben. Empörung, Ärger, Wut oder auch Verachtung sind Gefühle, die sich auf andere Personen richten, wenn wir sie verantwortlich für Handlungen oder Handlungsergebnisse machen, die wir für moralisch falsch halten.

In der kognitivistischen Tradition werden moralische Gefühle als „Argumente" für moralische Urteile angesehen (dass man anderen Menschen helfen muss, wenn sie leiden, dass ein Ehemann im Notfall ein Medikament stehlen muss, weil er sich sonst schuldig fühlen müsste). In Kohlbergs Theorie sind moralische Gefühle ein Indikator für höhere Entwicklungsstufen. Schuldgefühle sind interpersonale Gefühle, die auf Stufe 3 der konventionellen Moral ein moralisches Selbst repräsentieren, das sich als Teil von Beziehungen versteht. Auf den ersten beiden Entwicklungsstufen des moralischen Urteils dagegen resultieren Gefühle aus der Angst vor Sanktionen oder vor anderen negativen Folgen für das Selbst. Personen auf diesen Stufen sind also lediglich instrumentell-strategisch und nicht wirklich moralisch motiviert.

Aus der Perspektive der Motivation bilden Gefühle ein Motiv, Belange anderer einzubeziehen und darunter zu leiden, wenn dies nicht geschieht. Eine moralische Person zeichnet sich nach Hoffman (1984) durch zwei Bedingungen aus: (1) Sie hat ein Motiv, im Handeln auf andere Rücksicht zu nehmen, und dieses Motiv kommt dann zur Geltung, wenn das Wohlbefinden anderer von ihrem Handeln abhängt. (2) Die moralische Person hat ferner eine Disposition, bestimmte moralische Gefühle zu empfinden: Schuld- und Schamgefühle im Falle der Verletzung interpersonaler Verpflichtungen sowie positive Gefühle (z.B. Stolz, Selbstachtung) im Falle der Überwindung egoistischer Neigungen. Das zentrale Motiv für moralisches Handeln resultiert für Hoffman aus dem Gefühl der Empathie, welches zugleich die Basis für Schuldgefühle bildet. Moralische Urteile erhalten erst durch Gefühle, die zu Motiven werden, eine handlungsregulierende Bedeutung. In diesem Sinne lässt sich zwischen einer kognitiven Komponente der Empathie (dem Verstehen) und der affektiven Betroffenheit (der Mitempfindung) unterscheiden. Verschiedene situative Bedingungen können die Entstehung dieser Betroffenheit erleichtern oder erschweren (Montada, 1993). Die erlebte Nähe zum Opfer oder auch die Zuschreibung von Verantwortung sind solche Bedingungen.

So wird die empathische Betroffenheit über die Lage einer anderen Person dann in Schuldgefühle umgewandelt, wenn die Person sich selbst (oder auch andere, die ihr nahe stehen) als Verursacher dieser Lage sieht und wenn dem Opfer keine Verantwortung für die eigene Lage zugewiesen wird. Schuldgefühle entstehen als Funktion von Selbstkritik bzw. eines Selbstvorwurfs des Beobachters. Sie zeigen an, dass die Person sich für ihr Handeln bzw. für die Lage anderer verantwortlich oder mitverantwortlich sieht. Antizipatorisch erlebte Schuld kann bewirken, dass egoistische Motive zurückgestellt werden und bestimmte (nicht moralische) Handlungen (nämlich solche, die anderen Schaden zufügen) unterlassen bzw. bestimmte (moralische) Handlungen ausgeführt werden (nämlich solche, welche die Situation anderer verbessern).

Gefühle des Ärgers und der Empörung sind ein Ausdruck davon, dass wir eine Person für ihr Handeln verantwortlich machen. Schuldempfinden wie erlebte Empörung können zum Anlass werden, dass die Person ihr Handeln entschuldigt und wieder gutzumachen versucht oder für die Belange anderer Personen eintritt. Im Falle der Verantwortungsabwehr werden diese Gefühle geschwächt oder sie entstehen nicht. Verantwortungszuschreibung hat eine zentrale Bedeutung für die Entstehung von Mitgefühl. Empathie entsteht eher, wenn andere als Opfer einer Situation betrachtet werden und ihnen keine Schuld an der eigenen Lage gegeben wird. Wird die Person für ihre eigene Lage verantwortlich gemacht, kommt es zur Verantwortungsabwehr, und Empathie, Schuldgefühle und Hilfeleistung werden unterbunden.

Die Grundlagen moralischen Handelns liegen in einem soziobiologisch angelegten Mechanismus der Empathie, der durch Prozesse der natürlichen Selektion als evolutionäre Bedingung gegeben ist und durch sozialisatorische Prozesse geformt wird (Hoffman, 1978, 1983a, 1983b). Die Erfahrung des Gefühls ist von kognitiven Verarbeitungsprozessen abhängig. Mit dem Beginn der Fähigkeit zur Perspektivenübernahme beginnen Kinder die Sichtweisen anderer auf Situationen und die damit verbundenen Emotionen zu verstehen. Allmählich können nicht nur einfache, sondern auch komplexere interpersonale und moralische Emotionen eingefühlt werden, so zum Beispiel das Gefühl, betrogen worden zu sein, oder Enttäuschung über eine Person. Erst allmählich entsteht die Möglichkeit, unterschiedliche und auch konfligierende Gefühle einer Person in einer Situation nachzuvollziehen (Selman, 1984). Mit der Erweiterung seiner sozialen Fähigkeiten lernt das Kind auch, in zunehmend differenzierter und angepasster Weise auf andere einzugehen und Hilfe zu leisten oder Wiedergutmachungen für moralisches Fehlverhalten anzubieten. Montadas (1989) Konzept der existentiellen Schuld meint eine allgemeine soziale oder auch historische Verantwortung, der eine verallgemeinerte Perspektive zu Grunde liegt.

Neuere Forschungen haben gezeigt, dass die *Anfänge moralischer Sensibilität* im Verhalten sehr viel früher liegen als zunächst angenommen. Kinder können bereits im Alter von ein bis zwei Jahren tröstend auf andere zugehen. Zweijährige bis Dreijährige können Betroffenheit zeigen, wenn sie einer anderen Person Schaden zugefügt haben oder wenn sie sich für ein Fehlverhalten gegenüber anderen verantwortlich sehen. Sie entschuldigen sich und nehmen auch spontane Wiedergutmachungen vor (Kagan & Lamb, 1987). Kinder in diesem Alter können ihre Handlungen natürlich noch nicht reflektieren, doch zeigen sie durch ihr Verhalten, dass ihnen Regelverletzungen bewusst sind und dass sie eine Notwendigkeit erleben, diese wieder gutzumachen. Neuere sozialkognitive Forschungen zum Verständnis von Gefühlen in moralrelevanten Situationen (vgl. Harris, 1992) zeigen, dass Kinder Schuldgefühle bereits im Alter von sieben Jahren verstehen, also zu einem weitaus früheren Zeitpunkt als in der Kohlberg-Tradition angenommen.

Die Forschung zeigt indessen auch, dass moralisches Wissen und moralische Motivation bei jüngeren Kindern auseinander fallen können. In einer Untersuchung von Nunner-Winkler und Sodian (1988) wurden Kinder über Situationen befragt, in denen ein Kind eine moralische Regel übertritt (Süßigkeiten stiehlt, jemanden von einer Schaukel stößt), um eigene egoistische Wünsche zu realisieren. Bereits sechs- bis achtjährige Kinder schrieben dem „Täter" im Falle der Verletzung einer moralischen Regel negative Gefühle zu (er/sie fühlt sich schlecht/nicht so gut). Als Grund für diese Gefühlszuschreibungen wurde nicht Angst vor Bestrafung genannt, sondern häufiger Mitgefühl mit dem Opfer oder die Verletzung der Regel. Die jüngeren Kinder dagegen betonten zwar in ihrem moralischen Urteil die Geltung der Regel (z.B., dass man nicht stehlen oder jemanden von einer Schaukel stoßen darf) und begründeten die Geltung dieser Regeln auch unabhängig von äußeren Sanktionen. Sie nahmen auch die negativen Folgen der Regelverletzung für das Opfer wahr. Trotzdem urteilten sie häufiger, dass der „Täter" sich gut fühlt, weil er sein Ziel erreicht hat, also beispielsweise, weil er jetzt die Bonbons oder die Schaukel hat. Dies entspricht einer Untersuchung von Gerson und Damon (1978). Kinder bezogen die Perspektiven anderer Personen in der Beurteilung gerechter Lösungen in einem Verteilungskonflikt durchaus ein (Damon, 1989). Im realen Verhalten bevorzugten die Kinder jedoch Lösungen, die sie selbst begünstigten. Moralisches Wissen und Handeln können also auseinander fallen.

Ein Entwicklungsschritt vom moralischen Wissen zur moralischen Motivation lässt sich nicht bei allen Kindern gleichermaßen nachweisen. In manchen Untersuchungen sprachen noch Jugendliche einem Protagonisten, der eine Regel verletzt, um eigene Ziele zu erreichen, positive Gefühle zu (Arsenio & Lover, 1995). In einer kulturvergleichenden Untersuchung, die wir mit chinesischen Kindern durchgeführt haben (Keller u.a., 1995), ergab sich noch ein weiterer interessanter Effekt: Kinder aller Altersstufen von drei bis neun Jahren schrieben dem Übeltäter in den Szenarios positive Gefühle zu, die älteren Kinder noch häufiger als die jüngeren. Zugleich machten die Kinder deutlich, dass sie selbst die regelverletzende Handlung ablehnen. Auf die Frage, wie sie selbst sich in einer solchen Situation fühlen würden, antworteten Kinder aller Altersgruppen – und wiederum die älteren Kinder zunehmend häufiger –, dass sie sich selbst „schlecht" fühlen würden im Gegensatz zum Protagonisten der Geschichte. Die Kinder unterschieden demnach zwischen sich selbst – als moralische Person – und dem „Täter", mit dem sie sich nicht identifizierten. Eine Untersuchung mit deutschen Kindern bestätigte diesen Effekt und zeigte, dass die Kinder den Übeltäter in der Geschichte eher negativ bewerteten (Keller & Malti, 1999; Malti, 1999). Diese Ergebnisse zeigen, dass jüngere Kinder in Situationen moralischer Regelverletzungen bereits differenzierte moralische Vorstellungen über die Gefühle haben, die in diesen Situationen entstehen, und dass sie die Gefühle auch mit Bewertungen der Personen verbinden.

In einer anderen Untersuchung, in der wir Kinder vom Alter von sieben Jahren an über einen moralrelevanten Konflikt in einer Freundschaft und in der Familie befragt haben (Keller, 1996), geben Kinder bereits im Alter von neun Jahren an, dass sie sich schlecht fühlen würden, wenn sie einem Freund gegenüber ein Versprechen nicht einhalten würden. Bei der Begründung dieser Gefühle spielten Sanktionen durch den Freund keine Rolle, sondern vielmehr die empathische Antizipation der Folgen für den Freund (z.B. seine Enttäuschung). In dieser Untersuchung zeigte sich, dass die Antizipation von Schuldgefühlen allenfalls eine notwendige, nicht aber eine hinreichende Bedingung für moralische Entscheidungen ist (etwa die Einhaltung eines Versprechens). In den Konfliktlösungen zum Freundschaftsdilemma sprachen die Kinder dem Protagonisten im Falle einer (hypothetischen) egoistischen Handlungsentscheidung Schuldgefühle zu. Doch konnten sie sich aus der Perspektive des Protagonisten trotz dieses Wissens um Schuldgefühle dafür entscheiden, das Versprechen *nicht* einzuhalten. Schuldgefühle sind eher Folge der Nichteinhaltung als Grund für die Einhaltung des Versprechens. Die moralische Motivation zur Einhaltung des Versprechens ergibt sich einerseits aus der Freundschaft und den daraus resultierenden positiven Gefühlen sowie andererseits aus dem Akt des Versprechens selbst, das als verbindlich interpretiert wird. Schuldgefühle bilden jedoch die Voraussetzung für kompensierende Handlungen, von Entschuldigungen oder Wiedergutmachungen. Dies entspricht auch anderen Befunden (Hoffman, 1984), wonach Empathie und Schuldgefühle allein moralisches Handeln nicht garantieren.

Die Entwicklung eines moralischen Selbst

Moralisches Wissen und moralische Gefühle können nur zu verlässlichen Motiven moralischen Handelns werden, wenn sie Teil eines moralischen Selbst geworden sind. Das moralische Selbst sieht bestimmte (moralische) Werte als verbindlich an und richtet sein Handeln an diesen Werten aus (Blasi, 1984). Einfühlung und Fürsorge können ebenso solche persönlich verbindlichen Werte sein wie das Streben nach Gerechtigkeit. Die Person versucht dann, diese verbindlichen Werte in ihrem Handeln zu realisieren, das heißt, sie versucht Konsistenz zwischen moralischen Überzeugungen und Handlungen herzustellen. Dieser Prozess beginnt in der Adoleszenz (Keller & Edelstein, 1993). Er setzt die Fähigkeit voraus, sich als eine Person mit bestimmten verbindlichen Werthaltungen zu verstehen. Personen können sich aber darin unterscheiden, wie wichtig es für sie ist, moralisch richtig zu handeln und Fürsorge für die Belange anderer zu zeigen, und wie wichtig ihnen die Konsistenz zwischen ihren moralischen Wertungen und ihrem Handeln ist. Moralische Konsistenz erfordert, dass die Person auch im Falle konkurrierender subjektiver Interessen ihr Handeln an dem orientiert, was sie moralisch für richtig erachtet. In der Adoleszenz erweist sich moralische Konsistenz als wichtiger Prädiktor prosozialer Motivation (Krettenauer, 1998).

Wie in Bezug auf die oben genannten Untersuchungen bereits diskutiert, sind jüngere Kinder insgesamt weniger bemüht, zwischen ihrem moralischen Urteil und Handlungsentscheidungen Konsistenz herzustellen. Dieses Auseinanderfallen von moralischem Wissen und moralischer Motivation bei jüngeren Kindern zeigt, dass das Wissen um Verpflichtungen erst allmählich Verbindlichkeit für das eigene Selbst gewinnt. Die Entwicklung und Förderung eines moralischen Selbst ist ein Ziel der moralischen Erziehung. Das moralische Selbst ist durch eine Haltung der Anteilnahme im Denken, Fühlen und Handeln gegenüber anderen gekennzeichnet, und zwar in Situationen, in denen eigene Interessen und Interessen anderer betroffen sind. Die Haltung der Anteilnahme an anderen Personen ermöglicht es nach Melden (1977), viele oder die meisten moralischen Konflikte ohne Zögern zu lösen. Diese Haltung der Anteilnahme an anderen bezeichnen wir als moralische Sensibilität (Keller, 1996). Moralische Sensibilität erfordert nicht nur ein Wissen um moralische Regeln und Prinzipien, sondern auch Sensibilität für Personen und Beziehungen. In Situationen konfligierender Interessen und Ansprüche müssen die partikularen Perspektiven aller Betroffenen im Hinblick auf ihre subjektiven Bedürfnisse, Erwartungen und Gefühle gegeneinander abgewogen werden. Eine Person kann dann als moralisch sensibel bezeichnet werden, wenn sie Situationen nicht nur im Lichte eigener Interessen wahrnimmt, sondern in Handlungsentscheidungen und Handlungsstrategien die Perspektiven aller Betroffenen und die möglichen Folgen der Handelnden für alle berücksichtigt. Folgende motivationale Komponenten moralischer Sensibilität lassen sich unterscheiden:

• moralische Regeln und Prinzipien für das eigene Selbst und das eigene Handeln verbindlich zu betrachten;

- Situationen im Lichte der Interessen, Erwartungen und Gefühle anderer zu sehen und solche Lösungen für Konflikte zu suchen, die eigene und fremde Interessen gleichermaßen berücksichtigen;
- die Situation anderer und die Folgen des eigenen (oder auch fremden) Handelns für andere gefühlsmäßig mitzuempfinden;
- im Falle der Verletzung von Interessen, Erwartungen und Gefühlen anderer Schuldgefühle und Reue zu empfinden;
- der Wunsch, moralische Fehler wieder gutzumachen und umgekehrt die Bereitschaft, moralische Fehler anderer zu verzeihen.

Diese Komponenten moralischer Sensibilität werden in sozialen Interaktionen erworben und können durch Erziehungsprozesse gefördert werden. Den Eltern als früheste Beziehungspersonen sowie den Gleichaltrigen kommt dabei besondere Bedeutung zu. Die Schule als Erfahrungsraum für den Umgang mit Erwachsenen und Gleichaltrigen kann die Entwicklung der moralischen Sensibilität in sozialen Lernprozessen fördern. Im Folgenden gehe ich auf die Bedeutung der Interaktion mit Eltern und Gleichaltrigen ein.

Die Entwicklung moralischer Sensibilität in engen Beziehungen

Gefühlsmäßig enge Beziehungen, insbesondere die Eltern-Kind-Beziehung sowie Beziehungen zwischen Gleichaltrigen, insbesondere enge Freundschaften, sind paradigmatische Beziehungen für die Entwicklung der moralischen Sensibilität. Ausgehend von Piagets (1973) frühen Überlegungen zur Bedeutung dieser beiden Beziehungen für die Moralentwicklung, werden beide Beziehungstypen auch in der neueren Forschung idealtypisch voneinander unterschieden und mit unterschiedlichen Formen der Moral in Zusammenhang gebracht (Youniss & Damon, 1992). Die Eltern-Kind-Beziehung gilt Piaget als „unilaterale" Beziehung der strukturellen Ungleichheit, während die Freundschaftsbeziehung als symmetrisch und reziprok angesehen wird. Die heteronome, subjektive und egozentrische Moral des Kindes ist in den unilateralen Beziehungen zwischen Eltern und Kindern verankert. In dieser Beziehung sind dem Kind Regeln vorgegeben, die nicht verhandelt werden. Infolgedessen haben Regeln für Kinder zunächst eine im Zwang der Autorität begründete absolute Geltung. Demgegenüber ist die autonome Moral des Heranwachsenden eine Moral der Reziprozität und Gleichheit. Diese Moralvorstellungen sind in den kooperativen Beziehungen zwischen Gleichaltrigen verankert, in denen Regeln verhandelt werden. Der Respekt vor Regeln beruht darauf, dass sie auf gemeinsam getroffenen Übereinkünften beruhen.

Die autonome Moral ist also das Produkt gemeinsamer Handlungen, die nicht durch Zwang bestimmt sind. Durch die Notwendigkeit zur Dezentrierung bzw. zum Perspektivenwechsel in den gemeinsamen Beziehungen wird der Egozentrismus überwunden und durch die Norm der Reziprozität ersetzt. Erst durch diese Kooperation in der Gruppe der Gleichaltrigen, in der idealtypisch symmetrische und egalitäre Beziehungsstrukturen gegeben sind, kann die Geltung von Regeln unabhängig von Autorität erfahren werden. Dies ist die Bedingung für die Konstitution einer autonomen Moral, in der Respekt vor den Regeln unabhängig von Autoritäten in der Reziprozität gegenseitiger Achtung besteht.

Die kontrastierende Gegenüberstellung der Beziehungsformen in Familie und Gleichaltrigen-Gruppe und ihre Auswirkungen auf die moralische Entwicklung behält ihre Geltung auch in neueren Forschungen. Dabei wird eine verbotsbezogene Autoritätsmoral in der Eltern-Kind-Beziehung von der empathischen Moral in der Gruppe der Gleichaltrigen unterschieden (Damon, 1989; Youniss, 1980). Eine solche idealtypische Unterscheidung kann auch kritisiert werden (vgl. Edelstein & Keller, 1985; Krappmann, 1991). Denn Piaget (1981) selbst hat den Beginn der wechselseitigen Kooperation in der Eltern-Kind-Beziehung gesehen. Der Respekt der Kinder gegenüber den Eltern beruht nicht nur auf Furcht, sondern auch auf Liebe, und bildet zugleich den Ausgangspunkt einer Moral des Guten und der Zusammenarbeit (vgl. Krettenauer, 1993; Neuhäuser, 1993). Dieser Aspekt ist in Kohlbergs Theorie weitgehend verlorengegangen.

Kohlberg (vgl. Colby u.a., 1987) untersuchte moralische Urteile auch in einem Eltern-Kind-Dilemma und befragte dabei allgemeine Vorstellungen über die Eltern-Kind-Beziehung (was ist am wichtigsten in der Mutter-Tochter-/Vater-Sohn-Beziehung). Entsprechend den Grundideen der präkonventionellen moralischen Urteilsstufen betonen Kinder auf der ersten Stufe der Moralentwicklung Gehorsam gegen Autoritäten und die Sanktionsgewalt der Eltern. Auf Stufe 2 wird die Beziehung unter den Gesichtspunkten eines strategischen Austauschs gesehen: Man erbringt bestimmte Leistungen und erhält dafür materielle Befriedigungen oder Zuwendungen. Erst auf Stufe 3 der konventionellen Moral wird die Beziehung anhand überdauernder Gefühle füreinander, Vertrauen und Reziprozität beschrieben. Youniss (1980, 1982) argumentiert, dass Eltern-Kind-Beziehungen im Unterschied zur Beziehung zwischen Gleichaltrigen durch komplementäre Reziprozität bestimmt sind, die bis zur Adoleszenz bestehen bleibt. In den Beschreibungen, die Kinder von ihren Interaktionen mit Eltern geben, dominieren bei jüngeren Kindern Gehorsam, bei den etwas älteren Kindern Leistungen für die Familie. Erst in der Adoleszenz entsteht eine symmetrische Beziehung der wechselseitigen Einfühlung und Berücksichtigung spezifischer Bedürfnislagen der Eltern. Neuhäuser (1993) hat demgegenüber nach einer kritischen Reanalyse der Befunde von Youniss angemerkt, dass nicht alle Aussagen von Kindern auf die hierarchische Struktur zwischen Eltern und Kindern verweisen. Vielmehr kommt in vielen Äußerungen eine enge emotionale Bindung zwischen Eltern und Kindern zum Ausdruck. Die Ergebnisse ihrer eigenen Untersuchungen mit Kindern und Jugendlichen bestätigen diesen Typ von Aussagen ebenso wie die Befunde unserer Untersuchungen zu Kohlbergs Eltern-Kind-Dilemma (Keller, 1996). Die Vorstellungen über Eltern-Kind-Beziehungen lassen sich keineswegs ausschließlich mit dem Konzept unilateraler Macht charakterisieren, sondern enthalten bereits frühzeitig Elemente symmetrischer Gefühlsbeziehungen, Kooperation und Autonomie.

Diese Forschungsbefunde entsprechen auch der neueren Sozialisationsforschung. Diese hat gezeigt, dass die Idealisierung der Beziehungstypen in beiden Fällen modifiziert werden muss – durch Elemente der Autonomie in Eltern-Kind-Beziehungen und Elemente des Zwangs in der Beziehung unter Gleichaltrigen. Die Forschung zu Gleichaltrigen-Beziehungen hat gezeigt, dass sie durchaus durch ein Machtgefälle gekennzeichnet sein können, das die symmetrische Verhandlung von Konflikten gerade nicht zulässt (Krappmann, 1993). Auf der anderen Seite lassen sich Eltern-Kind-Interaktionen danach unterscheiden, in welchem Ausmaß sie durch Macht bestimmt werden oder welche Spielräume zum Verhandeln von Interessen und Erwartungen sie zulassen (Grundmann & Keller, 1999a). In Verhandlungen von Konflikten kann sich das heranwachsende Kind als Person erfahren, deren Interessen, Gefühle und Erwartungen von anderen ernst genommen werden. Damit lernt das Kind auch, andere als Personen zu respektieren. Die Grundlage für die Entwicklung der moralischen Sensibilität wird danach bereits in der Familie gelegt, und das dort erworbene Potential wird in den Beziehungen mit den Gleichaltrigen weiterentwickelt und verändert.

Diese Überlegungen sind unmittelbar relevant für moralische Lernprozesse in der Schule. Denn auch dort lassen sich Interaktionen zwischen Lehrern und Schülern sowie zwischen Schülern nach den Dimensionen von Zwang und Symmetrie unterscheiden. In moralischen Konfliktdiskussionen geht es stets darum, Lösungen zu finden, in denen die Perspektiven aller Betroffenen berücksichtigt sind. Die Erfahrung von Gleichheit ist auch für den Prozess der Diskussion wichtig, wo Schüler erfahren müssen, dass ihre Positionen – wie die Positionen aller anderen – respektiert werden. Die erzieherischen Interaktionen in der Schule können unter dem Gesichtspunkt beurteilt werden, inwieweit sie – entgegen ihrer prinzipiell hierarchischen Struktur – Kooperation und Autonomie zulassen. Die *Just Communities* (Oser, in diesem Band) sind ein Versuch, solche kooperativen Strukturen zu verwirklichen und dadurch moralisches Lernen zu fördern.

Eine empirische Untersuchung zur Genese moralischer Sensibilität in Freundschaftsbeziehungen

Im Folgenden zeige ich anhand einer eigenen Längsschnittuntersuchung, wie sich die unterschiedlichen Komponenten moralischer Sensibilität in Freundschaftsbeziehungen im Entwicklungsverlauf von der Kindheit bis zur Adoleszenz ausbilden und verändern (vgl. Keller, 1996). Unter den Beziehungen zwischen Gleichaltrigen hat die enge Freundschaftsbeziehung einen besonderen Stellenwert. Die Freundschaftsbeziehung gilt als Prototyp einer gefühlsmäßig engen symmetrischen Beziehung zwischen Gleichen, in der Regeln und Erwartungen verhandelt werden können (Damon, 1989; Krappmann, 1991; Piaget, 1973; Youniss, 1980). Auf Grund dieser Merkmale der Reziprozität in Handeln und Gefühlen und der besonderen Anteilnahme am Wohlergehen eines anderen wurde Freundschaft in der Philosophie auch als Prototyp einer moralischen Beziehung gekennzeichnet (Blum, 1980). Die enge Gefühlsbeziehung, die zwischen Freunden besteht, führt zu der besonderen Verpflichtung, Interessen, Erwartungen und Gefühle eines Freundes zu berücksichtigen. Umgekehrt führt die Verletzung der Interessen und Gefühle des Freundes zu besonderer Betroffenheit. Die Folgen solcher Verletzungen müssen verhandelt werden, damit die moralische Balance in der Beziehung wiederhergestellt wird und die Intimität der Beziehung aufrechterhalten werden kann.

Da unsere Untersuchung den zeitlichen Verlauf vom Eintritt in die Schule bis in die Adoleszenz umfasst, kann die Darstellung zeigen, wie sich die Komponenten der moralischen Sensibilität im Entwicklungsverlauf verändern. Im Unterschied zu den Interviews, die in der Kohlberg-Tradition durchgeführt werden, geht es in unseren Interviews darum, wie Personen einen Konflikt begreifen, welche Handlungsentscheidungen sie spontan treffen und wie sie diese begründen, welche Folgen der Entscheidung für die Betroffenen sie antizipieren und welche Strategien sie entwerfen, um negative Folgen einer Handlungsentscheidung zu kompensieren. Wenn es durch die Entscheidung zu einer Inkonsistenz zwischen moralischer Verpflichtung – was eine Person tun sollte – und der Handlungsentscheidung kommt, so stellt sich die Frage, wie Personen unterschiedlichen Alters mit solchen Inkonsistenzen umgehen. Entsprechend unseren Altersgruppen beschreibe ich diesen Entwicklungsprozess für die Entwicklungsstufen 1 bis 3.

Im Rahmen einer Längsschnittstudie wurden 121 Kinder, beginnend im Alter von 7 Jahren und wiederholt im Alter von 9, 12 und 15 Jahren, zu einem moralrelevanten Eltern-Kind- und Freundschaftskonflikt befragt. Ich stelle hier lediglich das Freundschaftsdilemma vor, da nur das Interview zu diesem Dilemma die Komponenten der moralischen Sensibilität abbildet und damit zugleich über den Rahmen der Kohlberg-Forschung hinausgeht. In dem Dilemma, welches den Kindern in Form einer Geschichte präsentiert wurde, geht es um drei (jeweils dem gleichen Geschlecht angehörende) Kinder bzw. Jugendliche. Der Protagonist (bzw. geschlechtsspezifisch die Protagonistin) steht vor dem Dilemma, ein Versprechen gegenüber dem besten Freund zu halten und ihn wie verabredet zu besuchen, oder eine für die gleiche Zeit von einem anderen Kind ausgesprochene interessante Einladung ins Kino anzunehmen. Verschiedene Aspekte der Situation verschärfen den Konflikt psychologisch: Die Verabredung mit dem Freund ist an dem Tag der Woche, an dem sich die Freunde gewöhnlich treffen; der Freund möchte dem Protagonisten etwas Neues zeigen und zugleich ein Problem bereden. Das andere Kind ist neu in der Klasse und hat noch keine Freunde. Die verschiedenen Aspekte wurden altersspezifisch geringfügig modifiziert, um den psychologischen Gehalt der Situation im Hinblick auf moralische Verpflichtungen oder eigene „hedonistische" Interessen über das Alter der Probanden hinweg inhaltlich gleichwertig zu gestalten.

Gegenstand des Interviews waren verschiedene Aspekte des *sozialen Verstehens* und der *moralischen Bewertung*. Die Fragen wurden in der Darstellung schematisiert; sie konnten durch Nachfragen verändert werden, um das Verständnis der Befragten zu sichern. Der Leitfaden des Interviews eignet sich übrigens als allgemeiner Leitfaden für moralische Dilemma-Situationen. Er dient dazu, aus den verschiedenen Aspekten eines vorgestellten Handlungsverlaufs einen möglichst umfassenden Einblick in das soziomoralische Wissen und die moralischen Motive der Befragten zu gewinnen.

(1) Zu Beginn des Interviews geht es um die Definition des Problems. (Was ist das Problem in dieser Geschichte; warum ist es ein Problem?) Dabei soll erfasst werden, welche Gesichtspunkte der Situation Kinder oder Jugendliche spontan aufgreifen. Dies ist ein erster Indikator ihrer moralischen Sensibilität.

(2) Der Befragte soll sich dann in die Perspektive des Protagonisten versetzen und eine Handlungsentscheidung treffen und diese begründen. (Wie entscheidet sich der Protagonist und warum?) Zu einem späteren Zeitpunkt gegen Ende des Interviews wird diese Entscheidung unter moralischen Gesichtspunkten reflektiert. (Ist das die richtige Entscheidung und warum/warum nicht?) Außerdem werden die Handlungsalternative und die Gründe angesprochen, die für diese Alternative sprechen. (Hätte der Protagonist auch gern [die Alternative] gewählt und warum/warum nicht?) Durch die Reflexion der beiden Entscheidungsalternativen wird verdeutlicht, welche Gesichtspunkte der Situation für die Befragten besonders wichtig sind. Die Reflexion der spontanen „praktischen" Entscheidung im Hinblick auf die moralische Beurteilung der Situation – was die Person „tut" und was „moralisch richtig" ist – zeigt, ob Inkonsistenz zwischen Eigeninteressen und Verpflichtungen besteht, oder ob die Verletzung moralischer Verpflichtungen als (wohl) begründete Entscheidung reflektiert wird.

(3) Die Folgen der Entscheidung werden aus der Perspektive des Protagonisten und des Freundes bzw. auch des dritten Kindes im Hinblick auf Gefühle, Bewertungen und Handlungen reflektiert. Dies verdeutlicht das Verständnis von Personen und Beziehungen und die Fähigkeit zur Empathie und zum Schulderleben im Falle einer Verletzung der Interessen anderer.

(4) Schließlich wird nach Strategien zur Behebung von (negativen) Folgen gefragt, also nach Entschuldigungen oder Wiedergutmachungen, die der Aufrechterhaltung oder Wiederherstellung von Beziehungen dienen.

(5) Allgemeine Überlegungen zu Versprechen und Freundschaft bilden den Abschluss des Interviews. (Warum ist es wichtig, ein Versprechen zu halten? Was passiert, wenn man Versprechen nicht/nie hält? Was ist wichtig in einer Freundschaft, warum braucht man enge Freunde, was macht Freundschaft wirklich eng?) Diese Fragen beziehen sich auf die Klärung des allgemeinen Verständnisses von Normen und Beziehungen, unabhängig von der konkreten Dilemma-Situation.

Der Schwerpunkt des Interviews lag auf der Frage, wie Kinder Verpflichtungen in der Freundschaftsbeziehung interpretieren, wie sie mit Verletzungen dieser Verpflichtungen umgehen und wie sie die Beziehung wiederherstellen. Die verschiedenen Aspekte des Interviews wurden jeweils unabhängig voneinander Entwicklungsstufen zugeordnet. Die Fähigkeit zur Differenzierung und Koordination der unterschiedlichen Gesichtspunkte der Situation bzw. der Perspektiven bildet die kognitive Organisation der Entwicklungsstufen. Die unterschiedlichen inhaltlichen Gesichtspunkte, die in der Begründung der praktischen Entscheidungen und im moralischen Urteil angesprochen werden, erfassen dominante Motive. Dies ist umfassend in dem Buch von Keller (1996) beschrieben. Im Folgenden werden die Entwicklungsstufen beispielhaft verdeutlicht.

Entwicklungsstufen moralischer Sensibilität in Freundschaft

Auf dem niedrigsten Niveau 0, welches sich bei siebenjährigen Probanden nur noch selten findet, besteht noch *kein Verständnis für die unterschiedlichen Perspektiven* der Personen in dem Dilemma. Die Kinder können den psychologischen und moralischen Gehalt der Situation nicht erfassen. Sie verstehen die Situation noch nicht als Entscheidungskonflikt zwischen Eigeninteresse und Verpflichtung gegenüber einem Freund. Sie sehen daher auch keine negativen Folgen für den Freund, wenn sich der Protagonist für den Filmbesuch entscheidet: Der Freund spielt dann einfach mit jemand anderem. Ich möchte auf dieses Niveau hier nicht eingehen, da die siebenjährigen Kinder unserer Untersuchung und Kinder zum Zeitpunkt des Schuleintritts sich im Allgemeinen nicht mehr auf diesem Entwicklungsniveau befinden, sondern zumindest auf dem Übergangsniveau zur Stufe 1.

Auf Niveau 1 entsteht mit der Fähigkeit zur *Differenzierung von Perspektiven* Verständnis für die spezifische subjektive Lage bzw. die Interessen, Gefühle und Erwartungen der unterschiedlichen Personen in einer Konfliktsituation. In der Rekonstruktion des Konflikts bleibt jeweils eine Perspektive dominant, doch können Folgen von Handlungen antizipiert werden. In der Diskussion des Dilemmas wird die Situation typischerweise unter dem Gesichtspunkt gesehen, dass eine (zeitlich frühere) Einladung vom Freund mit einer interessanten Einladung ins Kino konkurriert. Die beiden Entscheidungsalternativen werden so konstruiert, dass der Protagonist sehr gern mit dem neuen Kind ins Kino gehen möchte, weil das Spaß macht. Er möchte aber auch mit dem Freund spielen, weil er ihn mag, oft oder immer mit ihm spielt, und weil der Freund ihn (vorher) eingeladen hat. Die Entscheidung für den Freund basiert auf der positiven Gefühlsbeziehung zu ihm (er mag den Freund, spielt schön mit ihm) und auf seiner Einladung. Das Versprechen von Seiten des Protagonisten gewinnt noch keine Bedeutung. In der Entscheidung für das dritte Kind tritt lediglich der Gesichtspunkt des hedonistischen Eigeninteresses hervor (dass es Spaß macht, ins Kino zu gehen). Die Kinder verstehen jetzt allerdings, dass die Entscheidung ins Kino zu gehen negative Folgen für den Freund hat. Der Freund wartet und ist ärgerlich, wenn der Protagonist nicht kommt. Möglicherweise will er dann überhaupt nicht mehr mit dem Protagonisten spielen. Die negativen Folgen, die für den Freund gesehen werden, können auch zu Entscheidungsgründen werden (er geht zum Freund, weil der sonst sauer ist). Im Falle der Entscheidung für das neue Kind fühlt sich der Protagonist gut, wenn ihm der Film gut gefällt, oder er fühlt sich schlecht, wenn der Film langweilig ist. Er hat folglich noch keine Schuldgefühle im Falle der Verletzung seiner Verpflichtung gegenüber dem Freund (die er ja auch noch nicht als Verpflichtung begreift). Dies bedeutet zugleich, dass die Perspektiven von Protagonist und Freund zwar differenziert, aber noch nicht miteinander koordiniert werden. Dies kommt auch in den Handlungsstrategien zum Ausdruck. Wenn der Protagonist den Freund das nächste Mal trifft, verheimlicht er ihm die Handlung oder sagt zumindest nicht genau, wo er war oder mit wem er ins Kino gegangen ist, um negative Folgen zu vermeiden. Unter moralischem Gesichtspunkt urteilen auf dieser Entwicklungsstufe bereits beinahe alle Kinder, dass es richtig ist, für den Freund zu optieren. Doch wird die Situation nicht als Versprechen, sondern eher als Einladung interpretiert. Unter allgemeinen Gesichtspunkten verstehen Kinder, dass man ein Versprechen halten muss, und berufen sich dabei zumeist auf die Regel (weil man ein Versprechen halten muss; weil es nicht nett oder gemein ist, ein Versprechen nicht zu halten). Freundschaft wird unter dem Aspekt der gemeinsamen Aktivität gesehen (dass man gern und viel miteinander spielt).

Auf dem nächsten Entwicklungsniveau 2 entsteht mit der Fähigkeit zur *Koordination von Perspektiven* die Fähigkeit zur *Selbstreflexion*. Die Person kann sich mit den Augen (aus der Perspektive) eines anderen wahrnehmen. Das eröffnet die Einsicht, dass in einer Beziehung die Interessen, Gefühle und Erwartungen beider an der Interaktion beteiligten Partner berücksichtigt werden müssen, um die Beziehung aufrechtzuerhalten. Im Interview stellt sich die Situation typischerweise als Entscheidungskonflikt zwischen einer langen und engen Freundschaftsbeziehung und einem speziellen, einmaligen Angebot des neuen Kindes dar. Die Entscheidung für den Freund wird im Hinblick auf das Versprechen reflektiert (es ist Betrug, das Versprechen nicht zu halten), die spezielle Qualität der Beziehung (der enge Freund, der ihn schon so lange kennt) und die Vermeidung negativer Folgen für den Freund (dass der Freund traurig ist, wenn er nicht kommt). In der Entscheidung für das neue Kind dominiert der Gesichtspunkt des interessanten Angebots. Der Gesichtspunkt, dass dieses Kind noch keine Freunde hat, wird als Entscheidungsgrund relativ selten angesprochen. Im Hinblick auf die Folgen kann sich der Protagonist jetzt im Falle einer Entscheidung für das neue Kind nicht mehr einfach am Kino erfreuen. Vielmehr empfindet er Schuldgefühle oder zumindest gemischte Gefühle über seine Entscheidung. Grund für diese Gefühle ist die Nichteinhaltung des Versprechens dem Freund gegenüber, die jetzt als Betrug beurteilt wird. Auch die Mitempfindung mit dem Freund, der jetzt übergangen wurde, führt zur Antizipation negativer Gefühle des Protagonisten. Aus der Perspektive des Freundes wird dessen Betroffenheit nachvollzogen (dass er traurig und sauer ist und es nicht richtig findet, dass der Protagonist nicht kommt). Zugleich wird bereits hier eine Perspektive der Beziehung eingenommen: dass der Freund vielleicht denkt, dass der Protagonist nicht mehr mit ihm befreundet sein möchte. Es entsteht auch die Befürchtung, dass der Freund die Freundschaft abbricht. Die Antizipation der Folgen für den Freund kann – wie oben beschrieben – wiederum zum Entscheidungsgrund für den Freund werden, während antizipierte Schuldgefühle des Protagonisten nur sehr selten zu positiven Entscheidungsgründen werden. Im Falle der Verletzung der Verpflichtung gegenüber dem Freund werden Strategien der Entschuldigung und Wiedergutmachung eingesetzt. So versucht der Protagonist, dem Freund die Entscheidung für das Kino zu erklären bzw. verständlich zu machen – zum Beispiel mit dem Argument des besonderen Angebots oder auch unter Berufung auf die Lage des neuen Kindes. Alternativ kann er sein Handeln aber auch entschuldigen und versprechen, dass dies nicht wieder vorkommen soll. Zur Wiedergutmachung wird dem Freund zum Beispiel vorgeschlagen, dass man etwas besonders Schönes zusammen macht. Die Entscheidung kann aber auch durch eine Lüge verhüllt werden, um mögliche negative Folgen für den Freund, die Beziehung und für den Protagonisten selbst zu vermeiden. Im Falle solcher Lügen ist sich der Protagonist indessen bewusst, dass diese Strategie moralisch nicht richtig ist. Auf dieser Stufe besteht Einsicht in Verpflichtungen, die sich aus dem Versprechen und aus der Freundschaft ergeben. Unter moralischem Gesichtspunkt wird folglich eine Entscheidung, mit dem neuen Kind ins Kino zu gehen, als nicht richtig beurteilt. Die Mehrheit der Kinder entscheidet sich dafür, zum Freund zu gehen. In der Nichteinhaltung von Versprechen werden jetzt die Folgen für andere, für das Selbst und für die Beziehung betont. Freundschaft wird auf diesem Entwicklungsniveau als eine zeitlich überdauernde Beziehung wechselseitiger Unterstützung begriffen. Wichtig ist, dass man sich Geheimnisse anvertrauen kann.

Auf Niveau 3 wird mit der Ausdifferenzierung einer *generalisierten Beobachterperspektive* eine Orientierung an *Reziprozitätsnormen* von Vertrauen und Verlässlichkeit möglich. Freundschaft wird als stabile, zeitlich überdauernde, intime Gefühlsbeziehung der wechselseitigen Fürsorge und des Vertrauens begriffen. Die Verlässlichkeit einer Person wird zum zentralen Merkmal eines moralischen Selbst. Das Dilemma wird jetzt als Beziehungskonflikt gesehen, in dem es um die Bedrohung einer engen Freundschaft durch einen Dritten geht und damit um die Erhaltung von Vertrauen und Intimität. Die Entscheidung für den Freund wird im Hinblick darauf bewertet, wie sich ein guter und verlässlicher Freund zu verhalten hat. Die Entscheidung wird also spontan im Lichte von Verpflichtungen gesehen. Dabei muss ein außergewöhnliches Angebot einer dritten Person zurücktreten, wenn dies die enge Beziehung zum Freund gefährdet. Denn sowohl ein guter und verlässlicher Freund als auch allgemein eine verlässliche Person zeichnen sich dadurch aus, dass Verpflichtungen und Verantwortungen gegenüber einem engen Freund Vorrang gegenüber Eigeninteressen haben. Die Notwendigkeit der Einhaltung eines Versprechens gegenüber einem Freund oder auch allgemein ist ein Gesichtspunkt, die Fürsorge für einen engen Freund und die Rücksichtnahme auf seine Gefühle ein weiterer. Die Folgen der Nichteinhaltung des Versprechens gegenüber dem Freund werden jetzt im Hinblick auf die Verletzung von Intimität und Vertrauen in der Beziehung gesehen. Als Folge für den Protagonisten richten Schuldgefühle im Falle der Verletzung von Verpflichtungen sich jetzt auf das moralische Selbst: wie man selbst sich sieht und sehen möchte, bzw. wie man von anderen gesehen wird bzw.

gesehen werden möchte – nämlich als verlässlicher Freund oder als Person, die zuverlässig ist und der man vertrauen kann.

Auf diesem Entwicklungsniveau werden die Ansprüche des dritten Kindes auf Integration in eine Beziehung durchaus wahrgenommen. Zugleich taucht in den Verhandlungsstrategien der Gesichtspunkt auf, dass Verpflichtungen unter speziellen Bedingungen mit dem Freund verhandelbar sein müssen und dass der Freund Verständnis dafür haben sollte, wenn der Protagonist ein besonderes Angebot erhält. Zugleich wird von dem Freund gefordert, dass er Verständnis für die Situation des neuen Kindes aufbringt. Diese Überlegungen bilden gleichsam einen Gegenpol zu der erlebten Intensität der Verpflichtungen.

Die Balance zwischen Verpflichtung und Autonomie wird zum Thema der *vierten* Entwicklungsstufe, die hier nur kurz skizziert wird (vgl. Selman, 1984). Die Beziehung zu einem engen Freund bleibt zwar dominant, doch besteht mehr Offenheit für die Aushandlung von Ansprüchen und Erwartungen, sodass eine Balance zwischen der Verantwortung gegenüber einem Freund und der Realisierung legitimer eigener Interessen oder auch Verpflichtungen gegenüber Dritten gesucht wird. Erst auf diesem Entwicklungsniveau kann eine Haltung der Autonomie entstehen, in der Ansprüche und Erwartungen in Beziehungen kritisch befragt und verhandelt werden können.

Die Entwicklungsstufen gehen tendenziell mit bestimmten *Wertsetzungen* einher. Dies zeigt sich darin, welches Gewicht eigenen Interessen oder den Interessen und Gefühlen anderer zukommt. So zeigte sich in unserer Untersuchung zwar, dass Kinder und Jugendliche das Dilemma gleichermaßen als Konflikt zwischen egoistischen Interessen am Angebot des neuen Kindes und einer Verpflichtung gegenüber dem Freund interpretierten. Doch veränderten sich im Laufe der Zeit ihre praktischen Entscheidungen. Auf *Entwicklungsstufe 1* standen dabei die hedonistischen Interessen des Protagonisten, mit dem sich die Kinder zumeist spontan identifizierten, im Vordergrund. Beinahe zwei Drittel der von uns befragten siebenjährigen Kinder entschieden sich dafür, mit dem neuen Kind ins Kino zu gehen – obwohl bereits beinahe alle Kinder urteilten, dass es richtig(er) ist, zum Freund zu gehen. Auf *Entwicklungsstufe 2,* auf der viele Neun- und Zwölfjährige argumentierten, gab jedoch bereits mehr als die Hälfte der Probanden den speziellen Verpflichtungen gegenüber dem Freund Priorität. Auf *Entwicklungsstufe 3* hingegen, auf der viele 15-Jährige argumentierten, entschieden sich beinahe alle Befragten dafür, die Verabredung mit dem Freund einzuhalten. Auf dieser Entwicklungsstufe wird also die spezielle Orientierung am Wohlergehen des Freundes auch dominanter Faktor für die praktische Entscheidung in dem Dilemma. Die Interessen und Erwartungen eines Freundes sind auf diesem Entwicklungsniveau absolut verbindlich. Die gefühlsmäßige Bindung an einen engen Freund und an die Gruppe der Gleichaltrigen in der Adoleszenz ist auch von anderen Forschern hervorgehoben worden. Die enge gefühlsmäßige Bindung an Freunde, die auf Stufe 3 zum Ausdruck kommt, enthält ein Potential für die Ausbildung moralischer Sensibilität. Doch ebenso kann sie in Probleme von Abhängigkeit und falsch verstandener Loyalität zu Gleichaltrigen führen. Erst Stufe 4 ermöglicht eine Form von Autonomie, welche die Ansprüche des Selbst und der anderen gleichermaßen berücksichtigt.

Kulturvergleichende Untersuchungen zeigen, dass die Interpretationen der Kinder in hohem Maße durch die eigenen Erfahrungen im gesellschaftlichen Zusammenleben bedingt sind. Wir haben in mehreren westlichen und östlichen Gesellschaften solche kulturvergleichenden Studien durchgeführt, in Island, den USA, in Deutschland und der vormaligen DDR, in Russland und China. Dabei zeigte sich, dass die Entwicklungsabfolge der Argumentationen über die verschiedenen Gesellschaften hinweg gleich ist. Andererseits bestehen wichtige Unterschiede insbesondere zwischen chinesischen Kindern und Kindern aller anderen Gesellschaften, also auch Russlands und der früheren DDR. Bereits die jüngsten chinesischen Kinder interpretierten den Konflikt nicht als Konflikt zwischen Pflicht und Neigung, sondern als Dilemma zwischen zwei Verpflichtungen: Verpflichtung einem neuen Kind gegenüber und Freundschaftsverpflichtung. Die egoistischen Interessen des Protagonisten spielen für die chinesischen Kinder zu keinem Zeitpunkt der Entwicklung eine Rolle. Dies deutet auf den Einfluss kultureller Werthaltungen und sozialisatorischer Einflüsse von Familie und von Schule auf die Entwicklung. Einerseits besteht in chinesischen Schulen eine starke moralische Sozialisierung, in der vom Einzelnen Rücksicht auf die Gruppe gefordert wird. Andererseits nahmen Kinder auch auf den Regelkatalog der Schule Bezug, nach dem explizit geboten ist, ein neues Kind in der Klasse zu integrieren. Interessanterweise veränderten sich die praktischen Entscheidungen der chinesischen Jugendlichen dahingehend, dass sie gleichermaßen wie die Jugendlichen in den anderen Kulturen dem Freund gegenüber dem neuen Kind den Vorzug gaben. Hierin scheint sich eine Spezifität der Adoleszenz auszudrücken.

Diskussion von Konflikten in der Schule

Das Entwicklungsmodell der Perspektivendifferenzierung und -koordination und die unterschiedlichen Themen des soziomoralischen Verstehens bieten für Erziehende eine Hilfe zur Anregung von Entwicklungsschritten im erzieherischen Kontext. Das folgende Schema kann zur Strukturierung aller Konfliktsituationen herangezogen werden. Es ermöglicht, die verschiedenen Aspekte oder Komponenten der soziomoralischen Sensibilität zu thematisieren und kann so dem Erzieher einen Leitfaden für Diskussionen in die Hand geben. Die „Warum"-Fragen erhellen jeweils das soziomoralische Verständnis der Situation.

(1) *Beschreibung des Problems:* Was ist hier das Problem? Warum ist das ein Problem?

Hiermit wird die Sichtweise der Partner in einer sozialen Konfliktsituation erfasst und den möglichen unterschiedlichen Sichtweisen der Beteiligten gegenübergestellt.

(2) *Verständnis der Perspektiven:* Was wollen die jeweiligen Personen? Was sind ihre Motive, Ziele und Absichten? Wie fühlen sie sich? Warum fühlen sie sich so?

Dadurch soll ein Verständnis für die Perspektiven anderer erzeugt werden, ihre Wünsche, Interessen und Gefühle sowie ihre Ziele.

(3) *Problemlösung:* Was kannst du/können wir tun, um das Problem zu lösen? Ist das eine gute Lösung? Gibt es noch andere Lösungen?

Welche Folgen haben diese Lösungen? Warum entstehen diese Folgen? Was könnte man tun, um diese Folgen zu vermeiden? Wie können Folgen wieder gutgemacht werden?

Über Lösungsstrategien oder alternative Strategien sowie ihre Folgen (beabsichtigte und nicht beabsichtigte) soll nachgedacht werden.

(4) *Bewertung der Lösung:* Ist das der richtige/beste Weg, das Problem zu lösen? Warum ist die Lösung richtig/die Beste? Was passiert, wenn diese Lösung durchgeführt wird? Warum?

Folgen sollen unter Abwägung von Gesichtspunkten von Fairness und Fürsorge für alle am Konflikt Beteiligten vorhergesehen und bewertet werden. Gemeinsame Ziele sollen reflektiert werden.

Die Kategorien des Verstehens der Situation, die Reflexion der Entscheidungsalternativen und der damit verbundenen Handlungsgründe, die Reflexion der Folgen von Handlungen und Entscheidungen für die Personen in dem Dilemma, das Verständnis von Handlungsstrategien sowie die moralische Beurteilung von Handlungen und Personen sind Gesichtspunkte, die in der Diskussion von Dilemmata aufgegriffen und elaboriert werden können, indem der Blickwinkel auf die unterschiedlichen Perspektiven der Handelnden und Betroffenen gelenkt wird. Die allgemeinen Überlegungen zu moralischen Normen und Beziehungen können das Verständnis eines Konflikts zusätzlich vertiefen. Wie ich in der Diskussion des Freundschaftsdilemmas aufgezeigt habe, ist jede Entwicklungsstufe durch eine spezifische Form des Verständnisses von Handlungen, Personen und Beziehungen gekennzeichnet und ermöglicht eine spezifische Form der moralischen Sensibilität. Mit der entwicklungsspezifischen Veränderung des Verständnisses von Verpflichtungen und Verantwortungen bildet sich zugleich die Fähigkeit aus, moralische Verfehlungen überhaupt wahrzunehmen, moralische Gefühle von Scham und Schuld sowie auch Empörung zu empfinden und Verfehlungen wieder gutzumachen. In den Konfliktdiskussionen bringen Kinder, die sich auf unterschiedlichen Entwicklungsstufen befinden, unterschiedliche Aspekte der Situation zur Geltung, und die Lehrerin kann das Augenmerk auf vernachlässigte Gesichtspunkte lenken.

Dieser diskursive Lernprozess entspricht der Entwicklung in der „Zone der nächsten Entwicklung" (Vygotsky, 1969) oder dem „scaffolding" (Rogoff, 1990), also der gezielten Beeinflussung in Richtung der nächsten Entwicklungsstufe im psychologischen und normativen Verständnis der sozialen Welt. Solche Entwicklungsveränderungen können durch Erwachsene angeregt werden. Doch kommt – wie bereits angesprochen – der Gruppe der Gleichaltrigen eine bedeutende Rolle zu. Kinder bringen unterschiedliche Aspekte in die Situation ein, da sie unterschiedlich weit entwickelt sind oder unterschiedliche Wertvorstellungen haben, die in ihrer Sicht auf die Situation und die konkreten Entscheidungen zum Ausdruck kommen. Kulturelle Unterschiede sind in diesem Zusammenhang ein wesentlicher Faktor, der zu verschiedenen Sichtweisen auf Konfliktsituationen führen kann.

Bei diesen Diskussionen handelt es sich um eine stark kognitive Lernmethode. Für moralisches Lernen ist jedoch die Einbettung der Diskussionen in die sozio-emotionale Atmosphäre der Klasse und der Schule außerordentlich wichtig. Denn nur so können kognitive und affektive Aspekte und die Prinzipien der Gerechtigkeit und der Fürsorge gleichermaßen Berücksichtigung finden. Kohlbergs Versuch der Herstellung einer *Just Community* (Oser, in diesem Band) hat diese Aspekte berücksichtigt und damit auch die Begrenzungen seiner kognitiven Theorie der Moralentwicklung im erzieherischen Handeln zu überwinden versucht.

Für moralische Diskussionen mit *Kindern und Jugendlichen* sind insbesondere die frühen Stufen 1 und 2 sowie der Übergang in die Stufe 3 der soziomoralischen Entwicklung relevant. Im soziomoralischen Denken jüngerer Kinder geht es zunächst darum, die egozentrische Perspektive zu überwinden und die je individuellen Perspektiven von Selbst und anderen zu verstehen (Differenzierung), diese individuellen Perspektiven miteinander in Beziehung zu setzen (Koordination) und sie im Zusammenhang einer überdauernden Beziehung zu sehen (Perspektive der Beziehung). Das Verständnis der Zugehörigkeit zu einer Gruppe lässt sich in einer kognitiv einfachen Form bereits bei kleinen Kindern finden. Hier wird Gruppenzugehörigkeit zunächst über gemeinsame Aktivitäten und Interessen sowie der darüber vermittelten Gefühle verstanden. In Zusammenhang mit diesen konkreten Erfahrungen werden allmählich die mit Beziehungen verbundenen Verpflichtungen und Verantwortungen erfahren. Diese sind zunächst konkret definiert: wie man sich zueinander verhalten soll oder wie man miteinander umgehen muss, damit niemand verletzt ist und alle Personen in einer Gruppe zufrieden sind (Unterlassung negativen Verhaltens: nicht schlagen, nicht wegnehmen; oder positives Verhalten: helfen, teilen, abwechseln). Insofern geht es in der erzieherischen Interaktion darum, über ein Verständnis für den konkreten anderen auch ein Verständnis der vielen konkreten anderen zu vermitteln.

Bereits jüngere Kinder verfügen über die Kenntnis basaler moralischer Regeln und ein Repertoire von moralrelevanten Handlungsstrategien. Sie wissen, dass negatives Verhalten wie schlagen oder wegnehmen nicht richtig ist, und dass helfen, teilen und abwechseln wünschenswerte Handlungen sind. Doch sind Kinder sowohl in ihren Möglichkeiten zur Kooperation als auch zur Konfliktlösung eingeschränkt. Da jüngere Kinder noch nicht über die Fähigkeit verfügen, Perspektiven miteinander zu koordinieren, können sie ihre Absichten häufig nicht verständlich machen. Sie lösen Konflikte durch Blockierung der Absichten anderer oder beharren auf ihren eigenen Absichten, und sie verfügen auch noch nicht über Möglichkeiten, Brüche in der Interaktion zu kompensieren (Azmitia & Perlmutter, 1989). Insbesondere bei jüngeren Kindern in der Vorschule, aber auch in der Grundschule bieten Spiele eine besonders erfolgversprechende Praxis des sozialen und moralischen Lernens (Daublebsky, 1973).

In der mittleren Kindheit bzw. dem Grundschulalter gewinnen Kinder größere Fähigkeiten, miteinander effektiv zu kooperieren und gemeinsame Ziele über die Zeit zu verfolgen. Sie verstehen jetzt die Reziprozität eines geregelten Austauschs. Mit der Fähigkeit zur Koordination von Perspektiven können sie ihre wechselseitigen Handlungen und Gefühle besser vorhersehen, ihre eigenen Handlungen und Absichten besser begründen und Lösungen für Konflikte finden, die für zwei oder mehrere Partner zufriedenstellend sind. Doch ist auch in diesem Entwicklungsabschnitt die Kooperation noch leicht gefährdet, insbesondere dann, wenn mehrere Partner miteinander kooperieren und ein Ziel verfolgen. Erst in der Adoleszenz bildet sich allmählich die Fähigkeit aus, gemeinsame Ziele auch in komplexeren Aufgabenstellungen verfolgen und Konflikte zwischen Interessen und Erwartungen aushandeln zu können, ohne dabei den Bestand der Beziehung zu gefährden. Voraussetzung dafür ist die Fähigkeit zur Einnahme der Beobachterperspektive, die es allen Beteiligten ermöglicht, wechselseitig ihre Perspektiven einzunehmen und geteilte Interpretationen von Situationen zu erarbeiten und Ideen miteinander zu elaborieren (Berkowitz, Gibbs & Broughton, 1977; Krappmann, 2000).

Diese Ausführungen legen nahe, dass insbesondere bei jüngeren Kindern die stützende Rolle der Erwachsenen für die Unterstützung kooperativer Prozesse und Konfliktaushandlungen von besonderer Bedeutung ist. Denn hier gilt es stets, ein wechselseitiges Verständnis der Perspektiven zu fördern und zu helfen, gemeinsame Lösungen zu finden, die alle Interaktionspartner akzeptieren können, auch wenn sie im gegebenen Moment nicht für alle gleichermaßen befriedigend sind. Die Fähigkeit, unterschiedliche Lösungen für Probleme zu überlegen und ihre Konsequenzen vorherzusehen, wird auch als soziale Phantasie oder soziale Kreativität bezeichnet. Kinder, die in dieser Fähigkeit geschult wurden, zeigten besonders hohe soziale Kompetenz im Umgang mit anderen Kindern. Bedenkt man, dass der Gruppe der Gleichaltrigen im Entwicklungsverlauf ein zunehmend größerer Einfluss auf moralische Lernprozesse zukommt und dass Konflikte zunehmend unabhängig vom Einfluss Erwachsener gelöst werden, so ist es besonders wichtig, moralische Sensibilität und soziale Phantasie bei Kindern zu fördern.

Literatur

Arsenio, W. F., & Lover, A. (1995). Children's conceptions of sociomoral affect: Happy victimizers, mixed emotions, and other expectancies. In M. Killen & D. Hart (Eds.), *Morality in everyday life* (pp. 87–128). New York: Cambridge University Press.

Azmitia, M., & Perlmutter, M. (1989), Social influences on children's cognition: State of the art and future directions. *Advances in Child Development & Behavior, 22*, 89–144.

Berkowitz, M. W., Gibbs, J. C., & Broughton, J. M. (1977, December). *Conflict and development in moral dialogues.* Vortrag auf der Conference on Dialogue, Language Development, and Dialectical Research, Ann Arbor, MI.

Blasi, A. (1984). Autonomie im Gehorsam. Die Entwicklung des Distanzierungsvermögens im sozialisierten Handeln. In W. Edelstein & J. Habermas (Hrsg.), *Soziale Interaktion und soziales Verstehen. Beiträge zur Entwicklung der Interaktionskompetenz* (S. 300–347). Frankfurt a.M.: Suhrkamp.

Blum, L. A. (1980). *Friendship, altruism and morality.* London: Routledge & Kegan Paul.

Colby, A., Kohlberg, L., et al. (1987). *The measurement of moral judgment: Vol. I. Theoretical foundations and research validation; Vol. II. Standard issue scoring manual.* Cambridge, UK: Cambridge University Press.

Colby, A., Kohlberg, L., Gibbs, J., & Lieberman, M. (1983). A longitudinal study of moral judgment. *Monographs of the Society for Research in Child Development, 48* (1–2, Serial No. 200), 1–96.

Damon, W. (1989). *Die soziale Entwicklung des Kindes.* Stuttgart: Klett-Cotta.

Daublebsky, B. (Hrsg.). (1973). *Spielen in der Schule: Vorschläge und Begründungen für ein Spielcurriculum.* Stuttgart: Klett.

Döbert, R. (1986). Wider die Vernachlässigung des „Inhalts" in den Moraltheorien von Kohlberg und Habermas. Implikationen für die Relativismus/Universalismus-Kontroverse. In W. Edelstein & G. Nunner-Winkler (Hrsg.), *Zur Bestimmung der Moral. Philosophische und sozialwissenschaftliche Beiträge zur Moralforschung* (S. 86–125). Frankfurt a.M.: Suhrkamp.

Edelstein, W., & Keller, M. (1985). Fairness and care: A contradiction? In C. J. Brainerd & V. F. Reyna (Eds.), *Developmental psychology* (pp. 325–342). Amsterdam: Elsevier.

Eisenberg, N. (1982). The development of reasoning regarding prosocial behavior. In N. Eisenberg (Ed.), *The development of prosocial behavior* (pp. 219–249). New York: Academic Press.

Frankena, W. K. (1991). Wohlwollen und Gerechtigkeit. In G. Nunner-Winkler (Hrsg.), *Weibliche Moral. Die Kontroverse um eine geschlechtsspezifische Ethik* (S. 210–218). Frankfurt a.M.: Campus.

Gerson, R. R., & Damon, W. (1978). Moral understanding and children's conduct. In W. Damon (Ed.), *Moral development* (New Directions for Child Development, 2, pp. 41–61). San Francisco, CA: Jossey-Bass.

Gibbs, J. C., Basinger, K. S., & Fuller, D. (1992). *Moral maturity: Measuring the development of sociomoral reflection.* Hillsdale, NJ: Erlbaum.

Gilligan, C. (1985). *Die andere Stimme: Lebenskonflikte und Moral der Frau* (2. Aufl.). München: Piper.

Grundmann, M., & Keller, M. (1999a). Familiale Beziehungen und soziomoralische Entwicklung. In H. R. Leu & L. Krappmann (Hrsg.), *Zwischen Autonomie und Verbundenheit – Bedingungen und Formen der Behauptung von Subjektivität* (S. 352–356). Frankfurt a.M.: Suhrkamp.

Grundmann, M., & Keller, M. (1999b). Perspektivität, soziale Kognition und die Re-Konstruktion sozialisationsrelevanter Handlungsstrukturen. In M. Grundmann (Hrsg.), *Konstruktivistische Sozialisationsforschung: lebensweltliche Erfahrungskontexte, individuelle Handlungskompetenzen und die Konstruktion sozialer Strukturen* (S. 118–148). Frankfurt a.M.: Suhrkamp.

Habermas, J. (1991). Gerechtigkeit und Solidarität. In G. Nunner-Winkler (Hrsg.), *Weibliche Moral. Die Kontroverse um eine geschlechtsspezifische Ethik* (S. 225–238). Frankfurt a.M.: Campus.

Harris, P. L. (1992). *Das Kind und die Gefühle.* Göttingen: Hogrefe.

Hoffman, M. L. (1978). Empathy, its development and prosocial implications. In C. B. Keasey (Ed.), *Nebraska Symposium on Motivation: Vol. 25. Current theory and research in motivation* (pp. 169–217). Lincoln, NE: University of Nebraska Press.

Hoffman, M. L. (1983a). Affective and cognitive processes in moral internalization. In E. T. Higgins, D. N. Ruble & W. W. Hartup (Eds.), *Social cognition and social development: A sociocultural perspective* (pp. 236–274). New York: Cambridge University Press.

Hoffman, M. L. (1983b). Empathy, guilt, and social cognition. In W. F. Overton (Ed.), *The relationship between social and cognitive development* (pp. 1–51). Hillsdale, NJ: Erlbaum.

Hoffman, M. L. (1984). Empathy, its limitations, and its role in a comprehensive moral theory. In W. M. Kurtines & J. L. Gewirtz (Eds.), *Morality, moral behavior, and moral development* (pp. 283–302). New York: Wiley.

Hoffman, M. L. (1991). Empathy, social cognition, and moral action. In W. M. Kurtines & J. L. Gewirtz (Eds.), *Handbook of moral behavior and development* (Vol. 1, pp. 275–301). Hillsdale, NJ: Erlbaum.

Kagan, J., & Lamb, S. (1987). *The emergence of morality in young children.* Chicago, IL: The University of Chicago Press.

Keller, M. (1990). Zur Entwicklung moralischer Reflexion: Eine Kritik und Rekonzeptualisierung der Stufen des präkonventionellen moralischen Urteils in der Theorie von L. Kohlberg. In M. Knopf & W. Schneider (Hrsg.), *Entwicklung: Allgemeine Verläufe – Individuelle Unterschiede – Pädagogische Konsequenzen. Festschrift zum 60. Geburtstag von Franz Emanuel Weinert* (S. 19–44). Göttingen: Hogrefe.

Keller, M. (1996). *Moralische Sensibilität: Entwicklung in Freundschaft und Familie.* Weinheim: Psychologie Verlags Union.

Keller, M., & Edelstein, W. (1986). Beziehungsverständnis und moralische Reflexion. Eine entwicklungspsychologische Untersuchung. In W. Edelstein & G. Nunner-Winkler (Hrsg.), *Zur Bestimmung der Moral. Philosophische und sozialwissenschaftliche Beiträge zur Moralforschung* (S. 321–346). Frankfurt a.M.: Suhrkamp.

Keller, M., & Edelstein, W. (1993). Die Entwicklung eines moralischen Selbst von der Kindheit zur Adoleszenz. In W. Edelstein, G. Nunner-Winkler & G. G. Noam (Hrsg.), *Moral und Person* (S. 259–277). Frankfurt a.M.: Suhrkamp.

Keller, M., & Malti, T. (1999, September). *Preschoolers, friendship relations: Links to sociomoral development and social behavior.* Vortrag auf der IXth European Conference on Developmental Psychology, Spetses/Griechenland.

Keller, M., & Reuss, S. (1986). Der Prozeß moralischer Entscheidungsfindung. Normative und empirische Voraussetzungen einer Teilnahme am moralischen Diskurs. In F. Oser, R. Fatke & O. Höffe (Hrsg.), *Transformation und Entwicklung: Grundlagen der Moralerziehung* (S. 124–148). Frankfurt a.M.: Suhrkamp.

Keller, M., Schuster, P., Fang, Fu-xi, & Tang, Hong. (1995, September). *Kognition und Motivation in der Entwicklung moralischer Gefühle.* Vortrag auf der 12. Tagung Entwicklungspsychologie, Leipzig.

Kohlberg, L. (1996). *Die Psychologie der Moralentwicklung.* Hrsg. v. W. Althof unter Mitarbeit von G. G. Noam & F. Oser. Frankfurt a.M.: Suhrkamp.

Krappmann, L. (1991). Sozialisation in der Gruppe der Gleichaltrigen. In K. Hurrelmann & D. Ulich (Hrsg.), *Handbuch der Sozialisationsforschung* (S. 335–375). Weinheim: Beltz.

Krappmann, L. (1993). Bedrohung des kindlichen Selbst in der Sozialwelt der Gleichaltrigen. Beobachtungen zwölfjähriger Kinder in natürlicher Umgebung. In W. Edelstein, G. Nunner-Winkler & G. G. Noam (Hrsg.), *Moral und Person* (S. 335–362). Frankfurt a.M.: Suhrkamp.

Krappmann, L. (2000). Zur Verschiedenheit der Moral in unterschiedlichen Kulturen. In W. Edelstein & G. Nunner-Winkler (Hrsg.), *Moral im sozialen Kontex* (S. 363–374). Frankfurt a.M.: Suhrkamp.

Krettenauer, T. (1993). *Versuch einer Kennzeichnung psychologischer Bedingungen für die Genese von Wertorientierungen. Ein entwicklungspsychologischer Beitrag zur Wertewandel-Diskussion.* Diplomarbeit, Freie Universität Berlin.

Krettenauer, T. (1998). *Gerechtigkeit als Solidarität. Entwicklungsbedingungen sozialen Engagements im Jugendalter.* Weinheim: Deutscher Studien Verlag.

Malti, T. (1999). *Moralische Gefühle, Begründungen und Sozialverhalten in der Kindheit: Ein integrativer Ansatz.* Diplomarbeit, Freie Universität Berlin.

Melden, A. S. (1977). *Rights and persons.* Berkeley, CA: University of California Press.

Montada, L. (1989). Bildung der Gefühle? *Zeitschrift für Pädagogik, 35,* 293–312.

Montada, L. (1993). Moralische Gefühle. In W. Edelstein, G. Nunner-Winkler & G. G. Noam (Hrsg.), *Moral und Person* (S. 259–277). Frankfurt a.M.: Suhrkamp.

Neuhäuser, H. (1993). *Autorität und Partnerschaft. Wie Kinder ihre Eltern sehen.* Weinheim: Deutscher Studien Verlag.

Nunner-Winkler, G. (Hrsg.). (1991). *Weibliche Moral. Die Kontroverse um eine geschlechtsspezifische Ethik.* Frankfurt a.M.: Campus.

Nunner-Winkler, G., & Sodian, B. (1988). Children's understanding of moral emotions. *Child Development, 59,* 1323–1338.

Peters, R. S. (1971). Moral development: A plea for pluralism. In T. Mischel (Ed.), *Cognitive development and epistemology* (pp. 237–267). New York: Academic Press.

Piaget, J. (1973). *Das moralische Urteil beim Kinde.* Frankfurt a.M.: Suhrkamp (Original 1932: Le jugement moral chez l'enfant. Paris: Alcan).

Piaget, J. (1981). *Intelligence and affectivity: Their relationship during child development.* Ed. by T. A. Brown & C. E. Kaegi. Palo Alto, CA: Annual Reviews Inc.

Rawls, J. (1971). *A theory of justice.* Cambridge, MA: Harvard University Press.

Rest, J. R. (1983). Morality. In P. H. Mussen (Series Ed.), J. H. Flavell & E. M. Markman (Vol. Eds.), *Handbook of child psychology: Vol. 3. Cognitive development* (pp. 556–629). New York: Wiley.

Reuss, S., & Becker, G. (1996). *Evaluation des Ansatzes von Lawrence Kohlberg zur Entwicklung und Messung moralischen Urteilens: immanente Kritik und Weiterentwicklung.* Berlin: Max-Planck-Institut für Bildungsforschung (Materialien aus der Bildungsforschung, 55).

Rogoff, B. (1990) *Apprenticeship in thinking: Cognitive development in social context.* New York: Oxford University Press.

Selman, R. L. (1984). *Zur Entwicklung interpersonalen Verstehens.* Frankfurt a.M.: Suhrkamp.

Shweder, R. A., Turiel, E., & Much, N. C. (1980). The moral intuitions of the child. In J. H. Flavell & L. Ross (Eds.), *Social cognitive development* (pp. 288–305). Cambridge, UK: Cambridge University Press.

Turiel, E. (1983). *The development of social knowledge: Morality and convention.* Cambridge, UK: Cambridge University Press.

Vygotsky, L. S. (1969). *Denken und Sprechen.* Berlin: Fischer-Verlag.

Youniss, J. (1980). *Parents and peers in social development: A Sullivan-Piaget perspective.* Chicago, IL: The University of Chicago Press.

Youniss, J. (1982). Die Entwicklung und Funktion von Freundschaftsbeziehungen. In W. Edelstein & M. Keller (Hrsg.), *Perspektivität und Interpretation* (S. 178–209). Frankfurt a.M.: Suhrkamp.

Youniss, J., & Damon, W. (1992). Social construction in Piaget's theory. In H. Beilin & P. Pufall (Eds.), *Piaget's theory* (pp. 267–286). Hillsdale, NJ: Erlbaum.

Gertrud Nunner-Winkler

Weibliche Moralentwicklung?

1. Die These von den zwei Moralen

Es gibt – so Gilligans These (1982, 1987; Gilligan & Wiggins, 1993) – *zwei Moralen:* eine – eher weibliche – flexibel an Fürsorglichkeit und Verantwortung orientierte und eine – eher männliche – rigide an Gerechtigkeit orientierte Moral (für eine Darstellung der Debatte vgl. u.a. Kittay & Meyers, 1987; Maihofer, 1988; Nagl-Docekal & Pauer-Studer, 1993; Nunner-Winkler, 1995).

Ein Beispiel (Johnston, 1985, zitiert nach Gilligan, 1987) möge die Unterscheidung illustrieren. Jugendliche wurden gebeten, vorgegebene Fabelanfänge zu vollenden. Einer lautete:

> Den ganzen Sommer über haben die Maulwürfe Gänge und Höhlen gegraben; das Stachelschwein sonnte sich derweilen. Der Winter brach an. Das Stachelschwein fror erbärmlich und erbat Aufnahme in den unterirdischen Bau. Die Maulwürfe ließen es ein. Es war sehr eng und alle mussten sich dicht zusammendrängen. Das Stachelschwein aber stach. Was tun?

Die ‚rigid-gerechte‘ Antwort lautete: „Wer nicht gegraben hat, hat kein Recht auf einen Platz.“ Die ‚fürsorglich-flexible‘ Antwort – die nur von Mädchen kam – lautete: „Bei der Kälte können wir das Stachelschwein nicht rauswerfen. Wir legen ihm eine Decke um, dann sticht sich keiner mehr an ihm.“

Ich halte die These von den zwei Moralen für philosophisch unplausibel, empirisch unhaltbar und politisch prekär.

2. Zur moralphilosophischen Plausibilität

Die These, es gäbe genau *zwei Moralen,* ist rechtfertigungspflichtig. Sie hat sich gegen andere argumentativ gut ausgebaute Positionen zu behaupten: die These, es gäbe *keine* Moral (Skeptizismus, z.B. ‚Moral ist Opium für das Volk‘); es gäbe *viele* Moralen (Relativismus, z.B. ‚jede Kultur ist gleich nahe zu Gott‘); genau *eine* Moral (definiert durch das inhaltliche Prinzip der Schadensvermeidung und das formale Prinzip der Unparteilichkeit) mit entweder eindeutig ableitbaren Problemlösungen (strikter Universalismus, etwa Immanuel Kant) oder aber mit einer ‚Grauzone‘ unterschiedlicher rechtfertigbarer Lösungen für echte moralische Dilemmata (eingeschränkter Universalismus) (vgl. Nunner-Winkler, 1986).

Auch die Unterstellung einer *fixen Koppelung* von inhaltlichen Prinzipien und Anwendungsform (Gerechtigkeit gekoppelt an Rigidität; Fürsorglichkeit gekoppelt an Flexibilität) ist keineswegs zwingend. Kants Position etwa ist rigide und fürsorglich zugleich: Nicht einmal einen Mörder darf man belügen, um den eigenen Freund zu retten – zugleich aber gilt Wohltätigkeit zu üben als moralisch verbindliche Pflicht. Unser modernes alltagsweltliches Verständnis hingegen ist recht flexibel, was das Zugeständnis von Ausnahmen anlangt; Wohltätigkeit aber gilt uns als zwar lobenswert, nicht aber verpflichtend.

Solche Einwände allerdings wären irrelevant, wenn sich empirisch genau die zwei von Gilligan beschriebenen Positionen, und zwar geschlechtsspezifisch verteilt, vorfänden. Wie sieht es mit dieser Annahme aus?

3. Zur empirischen Triftigkeit

3.1 Differenzen im Stufenniveau

Gilligans *Ausgangspunkt* war ihre Behauptung, Frauen schnitten in Lawrence Kohlbergs Theorie der Entwicklung der moralischen Urteilsfähigkeit schlechter ab als Männer.

Nach Kohlberg (1974b) begreift das Kind zuerst auf präkonventionellem Niveau (bis ca. 10–11 Jahre) Moral rein instrumentalistisch: Gut ist, was belohnt, schlecht ist, was bestraft wird (Stufe 1), bzw. gut ist, was mir und gelegentlich auch anderen nutzt (Stufe 2). Auf konventionellem Niveau (charakteristisch für die meisten Erwachsenen) ist gut, was in der eigenen Bezugsgruppe (Stufe 3) bzw. in der eigenen Gesellschaft (Stufe 4) als gut gilt. Auf postkonventionellem Niveau (Stufen 5 und 6) schließlich ist gut die Orientierung an selbstgewählten universalistischen Prinzipien wie Gleichheit, Gerechtigkeit und Achtung vor der Würde der Person.

Diese Stufenabfolge gilt als Entwicklungslogik, das bedeutet: Universell (vgl. Walker, 1986; für eine interkulturelle Bestätigung dieser Abfolge bis Stufe 4 vgl. Snarey, 1985) werden alle Stufen in gleicher Reihenfolge durchlaufen, wobei höhere Stufen vorauslaufende integrieren. Höhere Stufen sind ‚besser‘, das heißt erlauben angemessenere Konfliktlösungen: Die Abfolge der Stufen nämlich bedeutet eine zunehmende Erweiterung der im Urteil berücksichtigten potentiell Betroffenen[1] (d.h. zunehmende Unparteilichkeit) sowie möglicher relevanter Gesichtspunkte[2], die erst auf dem höchsten Niveau angemessen ausbalanciert werden können.

---

[1]   Stufe 1 formuliert die Perspektive des isolierten Aktors (gut ist, wofür *ich* belohnt werde), Stufe 2 die einer Dyade (gut ist, was *mir* und gelegentlich auch *dir* nutzt), Stufe 3 die einer Kleingruppe, Stufe 4 die der Gesellschaft (gut ist, was in meiner *Gruppe, Gesellschaft* als gut gilt); auf postkonventionellem Niveau wird die Menschheit insgesamt einbezogen (gut ist, was die unparteiliche Zustimmung *aller* – auch nur potentiell – Betroffener finden könnte).

[2]   Negative bzw. positive Folgen für den Aktor auf präkonventionellem Niveau, Intentionen auf Stufe 3, die faktische Geltung herrschender Normen auf Stufe 4.

In diesem Zusammenhang musste die Behauptung, dass die Antworten von Frauen häufiger der Stufe 3, die von Männern hingegen häufiger der Stufe 4 zugeordnet würden, anstößig erscheinen: Frauen hätten danach ja als moralisch ‚unterentwickelt' zu gelten. Hinter dieser ‚Unterentwicklung' aber verbergen sich inhaltliche Unterschiede. Nach Kohlberg (vgl. Colby, Kohlberg u.a., 1987) nämlich geht es auf Stufe 3 um persönliche Anteilnahme in zwischenmenschlichen Beziehungen, auf Stufe 4 hingegen um Pflichterfüllung in Institutionen.

Mittlerweile liegen Daten von mehr als 130 Untersuchungen mit insgesamt fast 20.000 Versuchspersonen vor (vgl. Lind, Grochelewsky & Langer, 1987; Thoma, 1986; Walker, 1986). In den allermeisten Untersuchungen finden sich gar keine Geschlechtsunterschiede im *Moralniveau* oder sie verschwinden, wenn der Einfluss von Bildungsniveau und Berufstätigkeit kontrolliert wird[3]. Auf diese überwältigenden Gegenevidenzen reagierte Gilligan (1986b) mit einer Umformulierung ihrer These: Es gehe nicht um Niveau-Unterschiede, sondern um die benannten *inhaltlichen* Differenzen hinsichtlich Flexibilität und Fürsorglichkeit. Wie sieht es damit aus?

3.2 Rigidität versus Flexibilität

Um mit der Flexibilität zu beginnen. Döbert und ich (Döbert & Nunner-Winkler, 1986) haben 112 14- bis 22-jährige männliche und weibliche Jugendliche unterschiedlicher Schichtherkunft unter anderem über die Berechtigung von *Schwangerschaftsabbruch* befragt. Die meisten männlichen Jugendlichen antworteten kurz und bündig: „Abtreibung ist Mord!" oder aber „Jede Frau hat das Recht auf Selbstbestimmung." Die Mädchen hingegen gaben allerlei zu bedenken: „Es kommt darauf an – wie jung die Mutter ist, ob sie ihre Ausbildung abgeschlossen hat, wie sie zu dem Vater des Kindes steht, ob eine Vergewaltigung vorliegt usw." In voller Übereinstimmung mit Gilligans These (die sie auch anhand einer Befragung von Frauen in einem Abtreibungskonflikt entwickelt hatte) argumentierten also die Mädchen kontextbezogen flexibel, die Jungen hingegen abstrakt, prinzipienorientiert und rigide. Wir diskutierten aber auch über ein Recht auf *Wehrdienstverweigerung* (das Ende der 1970er Jahre noch umstrittener war). Nun allerdings waren es die Mädchen, die – rigide, abstrakt – feststellten: „Töten darf man nicht", oder aber „Verteidigung tut not". Und es waren die Jungen, die konkret kontextbezogene Überlegungen anstellten: „Es kommt darauf an – ob es ein ‚gerechter Krieg' ist, ob Atomwaffen eingesetzt werden, wie die innere Struktur der Bundeswehr aussieht usw." Wir schlossen daraus: Rigidität oder Flexibilität der Antwort hängen nicht von der Geschlechtszugehörigkeit, sondern von der persönlichen Betroffenheit ab.

---

[3] Der Einfluss dieser Variablen ist theoriekonform, sofern sie für kognitive Entwicklung (eine notwendige, nicht hinreichende Bedingung für Moralentwicklung) und Erfahrungen in unterschiedlichen Rollen stehen.

Wer betroffen ist, hat über mögliche Optionen, Kontextbedingungen und Folgen nachgedacht und kann sie in Rechnung stellen. (Man muss natürlich nicht immer selbst betroffen sein – auch soziokognitive Reife oder Lebenserfahrungen können Kontextsensitivität befördern, vgl. Hare, 1963, S. 40.)

3.3 Fürsorglichkeit versus Gerechtigkeit

3.3.1 Fürsorglichkeit als Personmerkmal: Frühe moralische Weisheit

Frauen – so Gilligans zweite empirische Teilthese – präferieren Fürsorglichkeit, Männer Gerechtigkeit. Wie kommt es dazu? Die *evolutionsbiologische* Erklärung lautet wie folgt: Für Frauen macht jedes Kind etwa ein Zwanzigstel ihres Reproduktionspotentials aus – Männer hingegen können Tausende und Abertausende Kinder zeugen. Nur ,fürsorgliche' Mütter also, die sich um das Überleben ihrer Kinder kümmern, haben eine Chance, ihre Gene in den Genpool einzubringen (Held, 1987). Anzumerken allerdings ist, dass ein Fürsorglichkeitsgen noch keineswegs gefunden wurde und die Reproduktionschancen auch von Männern eher durch kulturelle Normen als durch biologisch verfügbare Potenz geregelt werden.

Neuerdings folgt Gilligan (1986a; Gilligan & Wiggins, 1993) Chodorows (1978) aus der Objektbeziehungstheorie abgeleiteter Erklärung: Beide Geschlechter identifizieren sich ursprünglich mit der Mutter als erster Bezugsperson. Die kleinen Mädchen können in dieser Identifikation mit der gebenden, gewährenden Mutter verbleiben, sie bauen ein ,beziehungsorientiertes Selbst' auf und können so die ursprünglich beiden Geschlechtern eigene, aus der Bindungserfahrung resultierende ,frühe moralische Weisheit' bewahren; der kleine Junge hingegen muss sich, will er ein ,richtiger Mann' werden, aus dieser anfänglichen Identifikation mit der Mutter lösen und ein ,autonomes Selbst' entwickeln. So geht er der ,frühen moralischen Weisheit'[4] verlustig. Wie sieht es nun mit der *frühen moralischen Weisheit* aus?

Im Rahmen einer Längsschnittuntersuchung (Weinert & Schneider, in Druck) habe ich die moralische Entwicklung von etwa 200 Jungen und Mädchen von vier bis elf Jahren untersucht (vgl. Nunner-Winkler, 1996, in Druck). Im Alter von vier, sechs und acht Jahren wurden den Kindern (gemeinsam mit Sodian entwickelte) Bildgeschichten vorgelegt, in denen der (gleichgeschlechtliche) Geschichtenheld in Versuchung gerät, einfache moralische Regeln zu übertreten (z.B. einem Spielkameraden Süßigkeiten zu entwenden). In der Versuchungssituation wird das *moralische Wissen* erfragt (Darf man die Süßigkeiten nehmen, oder darf man das nicht?). Nach der Übertretung (*Geschichtenheld* hat heimlich und unentdeckt die Süßig-

---

[4]   Diese neuere These einer frühen moralischen Weisheit widerspricht im Übrigen Gilligans vorauslaufenden Beschreibungen (1982) der weiblichen Entwicklung als Abfolge von Egoismus (,Überleben'), Altruismus (,Selbstaufopferung für andere') und Erreichen einer Balance zwischen Eigenbedürfnissen und Fremdansprüchen.

keiten genommen) werden die Kinder um eine Emotionszuschreibung zum hypothetischen Übeltäter gebeten (Wie fühlt sich *Geschichtenheld?*). Die Emotionszuschreibung sollte *moralische Motivation* messen. Diese Erwartung ist aus einem kognitivistischen Emotionsverständnis (vgl. Montada, 1993; Solomon, 1976) abgeleitet, nach dem Emotionen als zwar globale und rasche, gleichwohl aber kognitiv gehaltvolle Urteile über die subjektive Bedeutsamkeit eines Sachverhalts gedeutet werden. An einem Beispiel sei dies erläutert: Eva beobachtet ihren Liebhaber, wie er eine hübsche junge Frau küsst. Sie empfindet Eifersucht, Wut, Trauer, Empörung. Erfährt sie jedoch, dass es sich bei der jungen Frau um seine Schwester handelt, das heißt, hat sich der kognitive Gehalt des Urteils geändert, so verschwindet die Emotion. Ist sie ihres Liebhabers ohnedies längst überdrüssig geworden, das heißt, hat sich die subjektive Bedeutsamkeit des unterstellten Sachverhalts geändert, so wird sie keine starke negative Emotion, unter Umständen gar Erleichterung empfinden. Richtung und Intensität einer Emotion also indizieren die Bedeutsamkeit, die eine Person einem Sachverhalt beimisst. Um diese Überlegung auf den vorliegenden Kontext anzuwenden: Der Geschichtenheld hat uno actu eine Norm übertreten und ein Bedürfnis befriedigt. In ihrer Emotionszuschreibung zu dem Übeltäter geben die Kinder zu erkennen, welchem der beiden zugleich wahren Sachverhalte sie selbst höhere Bedeutsamkeit zuschreiben (z.B. *Geschichtenheld* fühlt sich gut, weil er die Mandeln hat, oder fühlt sich schlecht, weil er gestohlen hat).

Es wurden unterschiedliche Geschichten vorgelegt: Der Protagonist entwendet einem Spielkameraden heimlich Süßigkeiten (negative Pflicht); weigert sich, mit einem durstigen Spielkameraden seine Coca zu teilen (positive Pflicht); weigert sich, einen zu Unrecht erhaltenen Preis mit dem übervorteilten Kind zu teilen (beide Kinder hatten die gleiche Leistung erbracht); weigert sich, einem anderen Kind zu helfen, weil er in einem Wettbewerb selbst höhere Leistungen erbringen will.

Wie steht es um das *moralische Wissen?* Bereits mit vier Jahren wissen 98 Prozent der Kinder, dass Stehlen falsch ist, und spätestens mit sechs Jahren halten auch fast alle es für geboten, in den vorgelegten Situationen zu teilen und zu helfen. In ihren Begründungen benennen sie nur selten Sanktionen (z.B. ‚er kommt ins Gefängnis/die anderen Kinder mögen ihn nicht mehr/Mutter oder Lehrerin lobt/schimpft‘)[5]. Überwiegend argumentieren sie deontologisch, das heißt, sie verweisen auf die Tatsache, dass es eine verpflichtende Regel gibt (‚Stehlen darf man nicht/man sollte helfen/teilen‘), oder geben eine negative Bewertung der Tat oder des Täters ab (‚Stehlen ist gemein/die ist geizig‘). Bedürfnisse des ‚Opfers‘ werden fast nur in der Coca-Geschichte erwähnt (‚sonst verdurstet der‘) – insbesondere auch nicht in der oberflächlich ähnlichen Preis-Geschichte; in dieser nämlich wird die Pflicht zu teilen aus der Ungerechtigkeit der Preiszuteilung abgeleitet (‚beider Leistungen waren gleich‘). Geschlechtsdifferenzen im moralischen Wissen (einzige

---

[5] Dieses Ergebnis widerspricht Kohlbergs Beschreibung des präkonventionellen Stadiums, stimmt aber mit Turiels (1983) Forschungsergebnissen zum kindlichen Moralverständnis überein.

Ausnahme vgl. unten 3.3.2) finden sich nicht; ob fürsorglichkeits- (d.h. opferbezogen) oder gerechtigkeitsorientiert (d.h. deontologisch) argumentiert wird, hängt *nicht* vom Geschlecht des Urteilenden, sondern vom Inhalt des Dilemmas ab.

Wie sieht es mit der *moralischen Motivation aus?* Mit überwältigender Mehrheit erwarten jüngere Kinder – Mädchen wie Jungen gleichermaßen –, dass der Übeltäter sich nach der Übertretung wohl fühlen werde („die Süßigkeiten schmecken Klasse, weißt du'). Dies ist ein robustes Ergebnis (vgl. Nunner-Winkler & Sodian, 1988). Bei den jüngeren Kindern lässt sich (wie sich auch experimentell bestätigen ließ, vgl. Asendorpf & Nunner-Winkler, 1992) daran ablesen, dass sie der Bedürfnisbefriedigung Vorrang vor Normbefolgung einräumen.

Wenn nun aber Kinder beginnen zu erwarten, dass der Übeltäter sich schlecht fühlen werde – wie begründen sie das dann? Warum will ihrer Meinung nach einer Normen befolgen? In der Literatur werden unterschiedliche Motive diskutiert: Angst vor externen Sanktionen (so Kohlbergs Präkonventionelle); Angst vor sozialen Sanktionen (so Kohlbergs Konventionelle, vgl. auch Luhmann, 1989); Angst vor Über-Ich-Sanktionen (Sigmund Freud); Mitleid und Empathie (Arthur Schopenhauer); Achtung vor dem Gesetz (Immanuel Kant). Was sagen die Kinder? Weder Empathie noch Sanktionen spielen eine große Rolle. Die meisten Kinder begründen eine negative Emotion des Übeltäters damit, dass das, was er tat, nicht rechtens war. Diese formale intrinsische Motivstruktur entspricht am ehesten der Kantischen Vorstellung, moralisch sei eine Handlung, wenn sie aus ‚Achtung vor dem Gesetz' erfolge. Geschlechtsdifferenzen im Inhalt der moralischen Motivation finden sich nicht.

Gilligans Konzept einer frühen moralischen Weisheit, an der insbesondere Frauen festhielten, ist also *empirisch* nicht haltbar: Universell erwerben Kinder früh ein angemessenes kognitives Moralverständnis. Der Aufbau moralischer Motivation jedoch ist ein zweiter, mühsamer, differentiell verlaufender Lernprozess, den bis zum Alter von zehn bis zwölf Jahren etwa erst ein Drittel erfolgreich abgeschlossen hat[6].

---

[6] Eine kurze methodische Anmerkung: Emotionszuschreibungen taugen bei älteren Kindern nicht mehr zur Erfassung moralischer Motivation. Diese nämlich schreiben einhellig einem hypothetischen Übeltäter Reue oder Bedauern, das heißt sozial erwünschte Reaktionen zu, da sie nämlich dank höher entwickelter Rollenübernahmefähigkeiten erkannt haben, dass der Versuchsleiter sie aufgrund ihrer Antworten bewerten kann. So wurde ein anderes Messverfahren erarbeitet. Zwei unabhängige Rater hatten auf einer mehrstufigen Skala die ‚moralische Verlässlichkeit' der Kinder aufgrund ihrer Stellungnahmen zu mehreren moralischen Konflikten einzuschätzen. Als Indikator für eine niedrige moralische Motivation wurden dabei unter anderem gewertet: Hinweise darauf, dass die Kinder ihr Handeln stärker an Sanktionen als an der Normgeltung orientierten (z.B. das Kind gibt zunächst an, eine bestimmte Norm trotz entgegenstehender Interessen befolgen zu wollen; es ändert jedoch seine Antwort auf die Versicherung des Versuchsleiters, der Normbruch würde unentdeckt bleiben); parteilich selbstbezogenes Urteil (z.B. ein Kind nimmt für sich selbst eine Ausnahmeregelung in Anspruch, zeigt aber helle Empörung, wenn ein anderes Kind in derselben Situation das gleiche Recht beansprucht). Die beiden Rater erzielten eine hohe Übereinstimmung. Die Gültigkeit der Einstufungen konnte auch experimentell validiert werden (vgl. Nunner-Winkler, 1996). Geschlechtsunterschiede finden sich nicht.

Auch aus *moralphilosophischer* Sicht scheint das Konzept verfehlt; es trägt dem Unterschied zwischen altruistischem und moralischem Handeln nicht Rechnung.

Dieser Unterschied sei an den Antworten zur ‚Helfer-Geschichte' erläutert. Die Vorgabe lautete: ‚Im Kindergarten backen alle um die Wette Plätzchen. Ein Kind war nicht da, als die Kindergärtnerin erklärt hat, wie das geht. Es bittet *Nichthelfer,* es ihm zu zeigen; der will sich nicht stören lassen. Es bittet dann *Helfer.* Dieser hilft. *Nichthelfer* hat sich nicht stören lassen und viele Plätzchen gebacken. *Helfer* hat geholfen und wenige Plätzchen gebacken. Wie fühlt sich *Nichthelfer?* Wie fühlt sich *Helfer?* Die meisten jüngeren Kinder erwarteten, dass beide sich wohlfühlen werden: der eine, weil er half – der andere, weil er eine hohe Leistung erbrachte, das heißt, sie unterstellen: Jeder tut, was er will und fühlt sich wohl dabei. Nun ist es zweifellos gut, wenn einer spontan das Gute will. Moralische Motivation aber ist erst verbürgt, wenn einer das Rechte auch dann tut, wenn er dazu spontan keine Lust hat. Kinder haben von Geburt an altruistische und egoistische Impulse. Moral aber heißt, zu spontanen Impulsen mit moralischen Gründen Stellung nehmen und nur gemäß jener zu handeln, die mit den moralischen Überzeugungen verträglich sind. Moralische Motivation fungiert also quasi als Filter für die spontanen Bedürfnisse und Neigungen (vgl. Baron, 1984).

3.3.2 Fürsorglichkeit als Rollenerwartung

Wenn sich tatsächlich Geschlechtsunterschiede in der Fürsorglichkeit fänden, so sind diese also nicht frühen Unterschieden im Selbstaufbau geschuldet. Nun gibt es durchaus kulturell vorgegebene Unterschiede in den Geschlechtsrollenerwartungen: Immer noch obliegen den Frauen stärker Familienaufgaben, den Männern Berufspflichten. Familienrollen beinhalten eine umfassende Verantwortlichkeit für die Bedürfnisbefriedigung insbesondere von Kleinkindern, Berufsrollen hingegen eine klar abgegrenzte Zuständigkeit für eindeutig umrissene Tätigkeitsfelder. Heranwachsende eignen sich die für ihr Geschlecht geltenden Erwartungen an. So mögen sie in der Tat einen geschlechtstypischen Habitus aufbauen, der für Frauen um interpersonelle Zuständigkeit, für Männer um berufsorientierte Leistungsmotivation zentriert. Für diese Interpretation weiblicher Fürsorglichkeit als Rollenkorrelat lassen sich empirische Indikatoren finden. Ich will dies entlang des Lebenslaufs diskutieren.

Erst ab der mittleren *Kindheit* zeigte sich in der Längsschnittstudie ein Geschlechtsunterschied, und zwar bei der Begründung des Hilfeleistungsgebots: Allerdings waren es die Jungen, die – fürsorglich – auf die Bedürfnisse des Bittstellers verwiesen (‚der will auch gute Leistungen erbringen'); die Mädchen hingegen benannten Sanktionen (‚sonst mögen die anderen sie nicht mehr') oder gaben moralische Bewertungen des Täters ab (‚weil man nett/lieb/hilfsbereit sein soll'). Mädchen also verstanden ‚Helfen' als ihnen zukommende Pflicht, und genau ab dem Alter, in dem sie begreifen, dass Geschlechtszugehörigkeit ein unabänderlich stabiles Persönlichkeitsmerkmal ist[7], beginnen sie, sich die gesellschaftlich vorgegebenen Rollenerwartungen anzueignen (vgl. Kohlberg, 1974a; Slaby, 1980).

In der Moderne nun gewährt die *Adoleszenzphase* Heranwachsenden die Möglichkeit, zu sich selbst reflexiv Stellung zu nehmen und auch bereits angeeignete Geschlechtsrollenerwartungen zu überarbeiten. Ich will dies an einem Ergebnis aus der oben zitierten Untersuchung von Döbert und mir erläutern. Es ging um die Frage nach Verteilungsgerechtigkeit. Diese eignet sich gut zur Erfassung unterschiedlicher Moralperspektiven, da es keinen vorgängigen Konsens darüber gibt, welches der möglichen Kriterien: Gleichheit, Leistung oder Bedürfnisse, den Vorrang haben solle[8]. Eine ‚männliche' Gerechtigkeitsperspektive könnte dabei in der Präferenz von Leistungsgerechtigkeit (als klare Aufrechnung reziproker Rechte und Pflichten), eine ‚weibliche' Fürsorglichkeitsperspektive in der Orientierung an Bedürfnissen zum Ausdruck kommen.

Wie urteilen die Jugendlichen (vgl. dazu Nunner-Winkler, 1985)? Ich habe die Befragten nach der Heftigkeit ihrer Adoleszenzkrise in zwei Gruppen eingeteilt. Frauen mit heftiger Krise fordern – ‚männlich' gerechtigkeitsorientiert – strikte Beitragsäquivalenz (‚Jeder soll genau so viel erhalten, wie dem Wert seiner Arbeit entspricht – sonst strengen sich die Leute ja gar nicht an.'). Die krisenfreien Frauen hingegen verweisen – ‚weiblich'-fürsorglich – auf Bedürfnisse (‚Einer hat Familie, der andere nicht.') oder aufgewandte Mühen (‚Dass einer mehr kriegt, bloß weil er fähig ist, wäre nicht gerecht – der andere strengt sich genauso an.'). Genau so aber argumentierten auch die männlichen Gymnasiasten mit heftigem Krisenverlauf. Die Daten legen folgende Interpretation nahe: Die Krise ist (auch) ein Protest gegen gesellschaftliche Rollenzumutungen. Die krisenhaften Frauen rebellieren gegen die traditionelle weibliche Geschlechtsrolle, die männlichen gegen Karrierismus und Leistungsdenken. Wer aber die traditionelle weibliche Geschlechtsrollenidentität bruchlos (krisenfrei) übernimmt, nach der die Frau primär in affektive, diffuse, partikularistische Rollenzusammenhänge eingebettet bleibt, der mag in der Tat fürsorglich zu denken gewohnt sein. Wer hingegen die bislang eher den Männern zugestandene Autonomie und Unabhängigkeit für sich beansprucht, orientiert sich stärker an Rechten und Pflichten.

Dass in der Tat Fürsorglichkeit und das Bestreben, soziale Vernetzungen und Beziehungen nicht zu gefährden, mit Rollenauffassungen zu tun haben, wird auch durch die feministischen Emanzipationsdebatten, also auch in der Lebensphase des *Erwachsenendaseins* bestätigt. Forderungen wie: ‚Mein Bauch gehört mir' oder auch die von Beck-Gernsheim zusammengetragenen Buchtitel (1986): „Nun aber ich selbst", „Er oder Ich" bzw. „Ich bin Ich" klingen nicht gerade fürsorglich-beziehungsorientiert. Es drückt sich darin ein neues Selbstverständnis aus, dem „Ver-

---

[7] Jüngere Kinder meinen, Geschlechtszugehörigkeit sei veränderbar; ein Junge beispielsweise könne ein Mädchen werden, wenn er ein Kleid anzieht oder sich Zöpfe flicht.

[8] Wie Döbert (1979) an diesen Daten gezeigt hat, bedeutet reiferes moralisches Urteilen nicht die Präferenz eines bestimmten Kriteriums, sondern die Fähigkeit, die unterschiedlichen Kriterien simultan im Bewusstsein halten und situationsspezifisch ausbalancieren zu können.

änderungen in Bildung, Beruf, Familienzyklus, Rechtssystem usw. (zu Grunde liegen), durch die Frauen aus der Familienbindung herausgelöst und auf Selbständigkeit und Selbstversorgung verwiesen werden" (Beck-Gernsheim, 1986, S. 222). In dem Maße nun, in dem Frauen sich von den traditionellen weiblichen Geschlechtsrollen lösen und am gesellschaftlichen Modernisierungsprozess teilhaben, ja ihn gar aktiv mit vorantreiben, fordern sie Gleichheit, Gerechtigkeit und Autonomie – Prinzipien einer ,männlichen' Gerechtigkeitsethik.

3.3.3 Fürsorglichkeit als institutionen- oder kulturspezifische Norm

Higgins, Power und Kohlberg (1984) untersuchten die Geltung altruistischer Hilfeleistungsnormen. Sie verglichen drei Reform- *(Just Communities)* und drei normale Schulen. Den Schülern wurde ein hypothetisches Dilemma vorgelegt, in dem es darum ging, einem Mitschüler zu helfen. Die Jugendlichen wurden gefragt, ob man in der vorgegebenen Situation helfen sollte, was sie selbst täten und wie ihrer Einschätzung nach die Mitschüler diese beiden Fragen beantworten würden. In den Reformschulen glaubten 80 Prozent, in den normalen nur 40 Prozent der Befragten, dass die Mitschüler die Hilfeleistung für geboten hielten. Die Hälfte der Reformschüler, aber nur etwa ein Zehntel der anderen Schüler sagten des Weiteren, dass sie selbst dieser moralischen Verpflichtung auch nachkommen würden. Geschlechtsunterschiede gab es nicht.

Nicht nur einzelne Institutionen, auch gesamte Kulturen differieren in dem Grad, zu dem sie interpersonelle Verantwortlichkeit moralisch verpflichtend machen. Miller und Luthar (1989) ließen Befragte in den USA und Indien für verschiedene Dilemmata entscheiden, ob es sich um eine Frage der Moral oder der persönlichen Entscheidungsfreiheit handele. Dabei zeigte sich, dass Fürsorglichkeitsdilemmata (z.B. die alternden Eltern selbst zu versorgen statt sie ins Altersheim zu geben; einen vorübergehend wohnungslosen Freund in den eigenen Haushalt aufzunehmen; eine unverschuldet unter Zeitdruck geratene Freundin bei der Anfertigung ihrer Examensarbeit zu unterstützen usw.) von den Indern als moralische, von den Amerikanern hingegen als persönliche Fragen behandelt wurden. Geschlechtsunterschiede gab es keine.

Wie diese Untersuchungen zeigen, ist Fürsorglichkeit an biologisch vorgegebene oder frühkindlich erzeugte Persönlichkeitsdifferenzen zwischen den Geschlechtern nicht gebunden. Fürsorglichkeit ist ein moralisches Gebot, dessen Anwendungsbereich kulturell umschrieben ist: In einer akuten Notsituation richtet es sich an den jeweils ,Nächsten' (in unserer Kultur spiegelt sich das in dem Straftatbestand ,unterlassene Hilfeleistung' wider). In diffuse und partikularistische Rollen ist es eingeschrieben: Familienrollen etwa enthalten fast unbegrenzte Fürsorgepflichten gegenüber den Angehörigen der eigenen Kernfamilie, in traditionalen Kulturen gegebenenfalls auch gegenüber Mitgliedern eines erweiterten Verwandtschaftsnetzes. Aber auch Organisationen können (allerdings stärker umgrenzte, d.h. spezifische) Fürsorgeverpflichtungen gegenüber ihren Mitgliedern vorsehen (z.B.

Fürsorgepflicht des Arbeitgebers). Selbst der Staat übernimmt als Wohlfahrtsstaat (minimale) Versorgungsverpflichtungen für die eigenen Staatsbürger.

4. Universelle Moral versus Rollenmoral

Frühe moralische Weisheit gibt es nicht. Moral muss sozial gelernt werden, und keines der Geschlechter tut sich dabei leichter. Ab der mittleren Kindheit beginnen Jungen und Mädchen die in ihrer Kultur für ihr eigenes Geschlecht vorgegebenen Erwartungen sich anzueignen. In unserer Kultur werden von Frauen (bislang noch) eher Anpassungsfähigkeit und Hilfsbereitschaft, von Männern eher Durchsetzungsfähigkeit und Leistungsorientierung erwartet. Dies mit Geschlechtermoralen gleichsetzen heißt Moral missverstehen. Flexibilität etwa ist keineswegs per se moralisch; zuweilen ist sie nur Ausdruck von Machtlosigkeit (vgl. Harding, 1991), von Harmoniesucht und mangelnder Zivilcourage. Auch Fürsorglichkeit ist nicht immer moralisch angemessen: Wer masochistisch für die Seinen sich selbst aufopfert oder unmoralische Bedürfnisse erfüllt, handelt keineswegs moralisch.

Doch selbst wenn – etwa im Kontext von Familienverpflichtungen – moralisch angemessen flexibel-fürsorglich gehandelt wird, begründet dies keine eigene Moral. Die Erfüllung je spezifischer Rollenverpflichtungen ist Teil *einer* universell gültigen Moral, die gebietet, dass in einer arbeitsteilig organisierten Gesellschaft jeder das je Seine zu tun habe[9], ohne dass inhaltliche Unterschiede je eigene ‚Moralen‘ konstituierten. So erwarten wir, dass der Brückenbauer sorgfältig vorgehe und der Steuerbeamte unbestechlich sei – eine eigene Sorgfaltsmoral für Brückenbauer oder Unbestechlichkeitsmoral für Finanzbeamte leiten wir daraus nicht ab. Genau so gilt: Die Verpflichtung zur Fürsorglichkeit, die in akuten Notsituationen oder aus partikularistischen Rollen erwächst, ist Teil einer universellen Moral – eine eigenständige Moral konstituiert sie nicht.

5. Schlussbemerkung

Die rasche Verbreitung und hohe Akzeptanz der These von den zwei Moralen ist ihrer alltagsweltlichen Plausibilität geschuldet. (Frauen sind häufig stärker mit Familienrollen identifiziert; das Verhältnis von Rollen und Moral wird zumeist nicht angemessen reflektiert.) Aber darüber hinaus ist sie auch gegen gut begründete Einwände eher resistent (vgl. Nunner-Winkler, 1994). Dies hängt zum einen mit unserer tief verankerten Erwartung basaler Geschlechtsdifferenzen zusammen:

---

[9] Dieses Gebot hat natürlich nur eine ‚prima facie‘-Geltung, das heißt, die Verpflichtung bezieht sich nur auf eine im Prinzip ‚wohlgeordnete‘ Gesellschaft, die also etwa *nicht* KZ-Wärter-Rollen enthielte (vgl. Rawls, 1972).

Unser begriffsgeleitet-systematisierender Denkhabitus nämlich verleitet uns dazu, allen Mitgliedern einer Kategorie trotz oberflächlicher Unterschiede geteilte stabile Wesensmerkmale zuzuschreiben; dies ist eine außerordentlich effiziente Verallgemeinerungsstrategie, die jedoch bei der Anwendung auf soziale Kategorien (Geschlecht, ethnische Zugehörigkeit …) problematisch ist. Die These von den zwei Moralen nun stellt eine besonders akzeptable inhaltliche Auffüllung unserer vorgängigen Differenzannahme dar. Zum anderen aber erlaubt die Betonung von Differenzen, Zugehörigkeitsgefühle und Gruppenloyalitäten zu wecken, was in Zeiten eines Kampfes um die Erweiterung sozialer Teilhabe- und Gleichstellungsrechte für die Frauen funktional scheint.

Mir scheint es allerdings prekär, wenn eine politische Bewegung Loyalität nicht unter Rekurs auf geteilte Interessen, sondern auf unterstellte basale Wesensmerkmale zu mobilisieren sucht. Welche Gefahren nämlich in der Annahme stecken, Mitglieder einer sozialen Kategorie hätten unabänderliche Wesensmerkmale gemein, dürfte gerade uns Deutschen nur allzu gut erinnerlich sein.

Literatur

Asendorpf, J. B., & Nunner-Winkler, G. (1992). Children's moral motive strength and temperamental inhibition reduce their egotistic tendencies in real moral conflicts. *Child Development, 63,* 1223–1235.

Baron, M. (1984). The alleged moral repugnance of acting from duty. *The Journal of Philosophy, 81,* 197–220.

Beck-Gernsheim, E. (1986). Von der Liebe zur Beziehung? In J. Berger (Hrsg.), *Soziale Welt, Sonderband 4: Die Moderne – Kontinuität und Zäsuren* (S. 209–233). Göttingen: Otto Schwartz.

Chodorow, N. (1978). *The reproduction of mothering.* Berkeley, CA: University of California Press.

Colby, A., Kohlberg, L., et al. (1987). *The measurement of moral judgement: Vol. I. Theoretical foundations and research validation: Vol. II. Standard issue scoring manual.* Cambridge, UK: Cambridge University Press.

Döbert, R. (1979). *Zur Rolle unterschiedlicher Gerechtigkeitsstrukturen in der Entwicklung des moralischen Bewusstseins. Kurzfassung* (Bericht über den 31. Kongress der Deutschen Gesellschaft für Psychologie, Mannheim 1978). Göttingen: Hogrefe.

Döbert, R., & Nunner-Winkler, G. (1986). Wertwandel und Moral. In H. Bertram (Hrsg.), *Gesellschaftlicher Zwang und moralische Autonomie* (S. 289–319). Frankfurt a.M.: Suhrkamp.

Gilligan, C. (1982). *A different voice: Psychological theory and women's development.* Cambridge, UK: Cambridge University Press.

Gilligan, C. (1986a). Remapping the moral domain: New images of the self in relationship. In T. C. Heller, M. Sosna & D. E. Wellbery (Eds.), *Reconstructing individualism autonomy, individuality, and the self in western thought* (pp. 237–252). Stanford, CA: Stanford University Press.

Gilligan, C. (1986b). Reply by Carol Gilligan. *UC Journals SIGNS, 11,* 68–74.

Gilligan, C. (1987). Moral orientation and moral development. In E. F. Kittay & D. T. Meyers (Eds.), *Women and moral theory* (pp. 19–36). Totowa, NJ: Rowman & Littlefield.

Gilligan, C., & Wiggins, G. (1993). Die Ursprünge der Moral in den frühkindlichen Beziehungen. In H. Nagl-Docekal & H. Pauer-Studer (Hrsg.), *Jenseits der Geschlechter Moral. Beiträge zur feministischen Ethik* (S. 69–104). Frankfurt a.M.: Fischer.

Harding, S. (1991). Die auffällige Übereinstimmung feministischer und afrikanischer Moralvorstellungen. Eine Herausforderung für feministische Theoriebildung. In G. Nunner-Winkler (Hrsg.), *Weibliche Moral. Die Kontroverse um eine geschlechtsspezifische Ethik* (S. 162–192). Frankfurt a.M.: Campus.

Hare, R. M. (1963). *Freedom and reason.* New York: Oxford University Press.

Held, V. (1987). Feminism and moral theory. In E. F. Kittay & D. T. Meyers (Eds.), *Women and moral theory* (pp. 111–128). Totowa, NJ: Rowman & Littlefield.

Higgins, A., Power, C., & Kohlberg, L. (1984). The relationship of moral atmosphere to judgments of responsibility. In W. M. Kurtines & J. L. Gewirtz (Eds.), *Morality, moral behavior, and moral development* (pp. 74–106). New York: Wiley.

Johnston, K. (1985). *Two moral orientations – Two problem solving strategies: Adolescents solutions to dilemmas in fables.* Unveröff. Dissertation, Harvard University.

Kittay, E. F., & Meyers, D. T. (Eds.). (1987). *Women and moral theory.* Totowa, NJ: Rowman & Littlefield.

Kohlberg, L. (1974a). Analyse der Geschlechtsrollen-Konzepte und -Attitüden bei Kindern unter dem Aspekt der kognitiven Entwicklung. In L. Kohlberg (Hrsg.), *Zur kognitiven Entwicklung des Kindes* (S. 334–471). Frankfurt a.M.: Suhrkamp.

Kohlberg, L. (1974b). Stufe und Sequenz: Sozialisation unter dem Aspekt der kognitiven Entwicklung. In L.Kohlberg (Hrsg.), *Zur kognitiven Entwicklung des Kindes* (S. 7–255). Frankfurt a.M.: Suhrkamp.

Kohlberg, L. (1981). *Essays on moral development: Vol. 1. The philosophy of moral development. Moral stages and the idea of justice.* San Francisco, CA: Harper & Row.

Lind, G., Grochelewsky, K., & Langer, J. (1987). Haben Frauen eine andere Moral? Eine empirische Untersuchung von Studentinnnen und Studenten in Österreich, der Bundesrepublik Deutschland und Polen. In L. Unterkircher & I. Wagner (Hrsg.), *Die andere Hälfte der Gesellschaft. Soziologische Befunde zu geschlechtsspezifischen Formen der Lebensbewältigung* (S. 394–406). Wien: Verlag des Österreichischen Gewerkschaftsbundes.

Luhmann, N. (1989). Ethik als Reflexionstheorie der Moral. In *Gesellschaftsstruktur und Semantik* (Bd. 3, S. 358–448). Frankfurt a.M.: Suhrkamp.

Maihofer, A. (1988). Ansätze zur Kritik des moralischen Universalismus. Zur moraltheoretischen Diskussion um Gilligans Thesen zu einer „weiblichen" Moralauffassung. *Feministische Studien, 1,* 32–52.

Miller, J. G., & Luthar, S. (1989). Issues of interpersonal responsibility and accountability: A comparison of Indians' and Americans' moral judgments. *Social Cognition, 7,* 237–261.

Montada, L. (1993). Moralische Gefühle. In W. Edelstein, G. Nunner-Winkler & G. G. Noam (Hrsg.), *Moral und Person* (S. 259–277). Frankfurt a.M.: Suhrkamp.

Nagl-Docekal, H., & Pauer-Studer, H. (Hrsg.). (1993). *Jenseits der Geschlechtermoral. Beiträge zur feministischen Ethik.* Frankfurt a.M.: Fischer.

Nunner-Winkler, G. (1985). Adoleszenzkrisenverlauf und Wertorientierungen. In D. Baacke & W. Heitmeyer (Hrsg.), *Neue Widersprüche. Jugendliche in den achtziger Jahren* (S. 86–107). Weinheim: Juventa.

Nunner-Winkler, G. (1986). Ein Plädoyer für einen eingeschränkten Universalismus. In W. Edelstein & G. Nunner-Winkler (Hrsg.), *Zur Bestimmung der Moral* (S. 126–144). Frankfurt a.M.: Suhrkamp.

Nunner-Winkler, G. (1994). Eine weibliche Moral? Differenz als Ressource im Verteilungskampf. *Zeitschrift für Soziologie, 23,* 417–433.

Nunner-Winkler, G. (Hrsg.). (1995). *Eine weibliche Moral. Die Kontroverse um eine geschlechtsspezifische Ethik* (2. Aufl.). München: dtv.

Nunner-Winkler, G. (1996). Moralisches Wissen – moralische Motivation – moralisches Handeln. Entwicklungen in der Kindheit. In M. Honig, H. R. Leu & U. Nissen (Hrsg.), *Kinder und Kindheit. Soziokulturelle Muster, sozialisationstheoretische Perspektiven* (S. 129–173). München: Juventa.

Nunner-Winkler, G. (1999). The development of moral understanding and moral motivation. In F. E. Weinert & W. Schneider (Eds.), *Individual development from 3 to 12. Findings from the Munich longitudinal study* (pp. 253–290). Cambridge, UK: Cambridge University Press.

Nunner-Winkler, G., & Sodian, B. (1988). Children's understanding of moral emotions. *Child Development, 59,* 1323–1338.

Rawls, J. (1972). *A theory of justice.* London: Oxford University Press.

Slaby, R. G. (1980). The self-socialization of boys and girls: How children's developing concept of gender influences their sex-role behavior. In J. M. Samson (Ed.), *Childhood and sexuality. Proceedings of the International Symposium, Quebec* (pp. 123–127). Montréal: Éditions Études Vivantes.

Snarey, J. (1985). Cross-cultural universality of socio-moral development: A critical review of Kohlbergian research. *Psychological Bulletin, 97,* 202–232.

Solomon, R. C. (1976). *The passions.* Garden City: Anchor Press.

Thoma, S. J. (1986). Estimating gender differences in the comprehension and preference of moral issues. *Developmental Review, 6,* 165–180.

Turiel, E. (1983). *The development of social knowledge. Morality and convention.* Cambridge, UK: Cambridge University Press.

Walker, L. J. (1986). Cognitive processes in moral development. In G. L. Sapp (Ed.), *Handbook of moral development* (pp. 109–145). Birmingham, AL: Religious Education Press.

Weinert, F. E., & Schneider, W. (Eds.). (1999). *Individual development from 3 to 12. Findings from the Munich longitudinal study.* Cambridge, UK: Cambridge University Press.

Lothar Krappmann

Die Sozialwelt der Kinder und ihre Moralentwicklung

Die Vorstellung, dass Kinder selber zur Entwicklung einer mitmenschlichen Moral beitragen, scheint vielen Erfahrungen zu widersprechen: Wer erinnert sich nicht an Kinder, die anderen Hilfe verweigern, sich ungerechtfertigte Vorteile ergattern, Außenseiter in der Kinderwelt verhöhnen oder sich mit Lügen aus einer unangenehmen Situation winden wollen? Sind das nur einzelne Beispiele oder neigen Kinder dazu, egoistisch zu handeln, sodass Erwachsene ihnen die Normen und Prinzipien eines an mitmenschlichen Werten orientierten Handelns vorgeben und diese immer wieder bekräftigen müssen?

Obwohl solche Beobachtungen die Forderung nach einer klaren Moralerziehung anscheinend rechtfertigen, sind sich Erwachsene auch bewusst, dass Kinder zugleich dazu gebracht werden müssen, selbstständig moralisch zu handeln. In der Formulierung, „daß Kinder dazu gebracht werden müssen", schimmert ein Problem durch: Ist es nicht ein innerer Widerspruch, jemanden zum selbstständigen moralischen Handeln „bringen" zu wollen? Nur wer meint, man könne Kinder gleichsam abrichten, gerecht und anteilnehmend-unterstützend zu handeln, sieht hier keine Schwierigkeit. Alle diejenigen, die sich bewusst sind, dass Kinder in ihrem Leben in unvorhersehbare Handlungssituationen geraten werden, für deren Bewältigung sie nicht moralisch trainiert werden können, schauen jedoch nach Erfahrungsbereichen aus, in denen Kinder selber herausgefordert werden, nach moralischen Grundlagen ihres Handelns zu suchen. Die Sozialwelt der Kinder, in der Kinder außerhalb der engen Aufsicht Erwachsener spielen, zusammenarbeiten, streiten, Gruppen bilden, Freundschaften schließen und aufkündigen, ist der Ort, an den Eltern sowie andere Betreuer und Erzieher zuerst denken, wenn sie überlegen, wo Kinder selbstständig ihr Handeln regeln müssen.

Theorien und Forschungen über die Moralentwicklung sehen zwei Weisen, wie die Erfahrungen der Kinder in ihrer relativ unabhängigen Kinderwelt zur Ausbildung von Fähigkeiten, moralisch verantwortlich zu handeln, beitragen können. Wenn diese Theorien vor allem den Prozess der *Vermittlung* betonen, also die Weitergabe der moralischen Prinzipien durch Erwachsene an Heranwachsende, dann kommt der sozialen Welt der Kinder die Aufgabe zu, Gelegenheiten zur Übung dessen zu bieten, was Eltern und Erzieher den Kindern an moralischen Orientierungen vermitteln wollen. Wenn diese Theorien aber darauf zielen, dass Kinder sich aus Erfahrungen in einem Bereich, in dem sie in eigener Verantwortung handeln müssen, selber moralische Orientierungen erarbeiten, diese also *aktiv konstruieren,* dann eröffnen Spiel, Zusammenarbeit und Beziehungen unter den Kindern Gelegenheiten und Anstöße der moralischen Entwicklung, die Eltern, Lehrer und andere Erzieher gar nicht bieten, sondern allenfalls nur zugestehen können.

In der Sozialwelt der Kinder gibt es viele Situationen, die moralische Entscheidungen herausfordern. Im Spiel geht es um Regeln, an die die Mitspieler sich halten sollen, und um Fairness im Ringen um den Spielerfolg. Interessengegensätze verlangen nach gerechten Lösungen, und Kinder streiten heftig darüber, worin diese gerechte Lösung bestehen kann. Kinder bitten einander um Hilfen und müssen entscheiden, ob diese Bitten berechtigt sind oder nicht. Wenn Versprechen nicht eingehalten werden können, müssen Kinder klären, welche Umstände von der Verpflichtung entbinden. Kinder diskutieren gelegentlich stundenlang, ob ein Kind die Solidarität seiner Gruppe egoistisch ausbeutet oder ob ein Fehlverhalten einer Freundschaft die Grundlage entzieht. Die Versuche, derartige Probleme einvernehmlich zu regeln, treiben die Kinder an, nach Begründungen für ihr Handeln zu suchen. Sie stoßen dabei auf Fragen nach Fairness, Billigkeit, Gerechtigkeit, Solidarität und Fürsorge.

Um ihr Handeln zu begründen, können Kinder entweder auf Normen zurückgreifen, die ihnen Erwachsene vermittelt und erklärt haben. Oder sie können sich bemühen, unter den an einer Auseinandersetzung beteiligten Kindern eigenständig eine Übereinkunft zu erarbeiten, der „ein vernünftiger Mensch einfach zustimmen muß", wie es Kinder manchmal selber formulieren. Beide Wege der moralischen Entwicklung von Kindern sind keine unvereinbaren Gegensätze, sondern verbinden sich oft miteinander, weil Kinder beides brauchen, sowohl die Einführung in schon gut überlegte und erprobte Prinzipien, die ihnen Erwachsene, denen sie vertrauen, weitergeben, als auch die eigenen Erfahrungen, die das selbstständige Urteil unter komplizierten und immer wieder neuen Bedingungen stärken und vorantreiben.

Beide Wege sollen in getrennten Abschnitten behandelt werden. Der zweite Abschnitt, der den eigenen aktiven Beitrag der Kinder schildert, wird jedoch ausführlicher sein, weil der Gedanke, dass Kinder von sich aus Schritte in der Moralentwicklung tun, im Zentrum stehen soll und mehr Begründung benötigt als die Auffassung, dass Kinder ihnen vermittelte moralische Normen in der Sozialwelt der Kinder unter Bedingungen verringerter Kontrolle üben sollten.

1. Die Sozialwelt der Kinder als Übungsfeld moralischen Handelns

Wenn Kinder in Streit über faire Regelungen oder gerechte Verteilung von Vorteilen und Lasten, über mangelnde Hilfe oder lieblose Behandlung geraten, können sie auf Normen zurückgreifen, die ihnen Eltern oder Lehrerinnen und Lehrer vermittelt haben. Jedenfalls wird weithin angenommen, dass Eltern und andere Erzieher sie Kindern nahe bringen. Zwar gibt es manche Zweifel, dass die Vermittlung von Normen und Werten durchweg gesichert ist. Doch zeigen auch jüngere Untersuchungen, dass für die Mehrzahl von Kindern und Jugendlichen Mutter und Vater Personen sind, an denen sie sich orientieren, die sie befragen und deren Rat sie suchen (Reitzle & Riemenschneider, 1996; Stecher & Zinnecker, 1996). Wenn Kinder zu Hause versuchen, sich an die vermittelten Normen zu halten, etwa wenn Geschwister sich über ihre Anteile bei der Mithilfe im Haushalt zu einigen versuchen, fällt ihnen das schon schwer genug, und oft genug greifen Eltern ein, um ihren Kindern den Weg zu einer Lösung zu erleichtern. Grusec, Goodnow und Cohen (1996) haben dargestellt, wie wichtig diese alltäglichen Konflikte mit elterlicher Hilfestellung für die Entwicklung der sozialen Verantwortlichkeit sind. Noch schwieriger als zu Hause ist es, die übernommenen Maßstäbe des Handelns im Zusammensein mit anderen Kindern zu verwirklichen. Oft finden Kinder, dass Eltern und Erzieherinnen in der Tagesstätte oder Lehrerinnen und Lehrer „keine Ahnung" davon haben, wie die Verhältnisse unter Kindern im Klassenzimmer und in Freizeiteinrichtungen aussehen. So wird den Kindern tatsächlich viel abgefordert, wenn sie sich darum bemühen, die ihnen vermittelte Orientierung durchzuhalten, denn in diesen Räumen kommt es nun ganz auf sie an, mitgebrachte Prinzipien weiterzudenken und unter immer wieder wechselnden Handlungsbedingungen auszubuchstabieren. Folglich ist die Sozialwelt der Gleichaltrigen für die Heranwachsenden ein entscheidender Bereich, um herauszufinden, ob sich bewährt, was ihnen vermittelt wurde, welche Erweiterungen erforderlich sind und wie man als richtig erkannte Normen in komplexen, unübersichtlichen Situationen durchhalten kann.

Zwar wäre die Sozialwelt der Gleichaltrigen unter dieser Rücksicht nicht der Ort, an dem die Moral entsteht, aber doch ein Bereich, in dem die im Elternhaus erworbene Moral unter neuen Handlungsbedingungen ausgebaut, modifiziert und gefestigt werden kann. Positive Wirkungen für die Moralentwicklung erwartet man vor allem dann, wenn Kinder und Jugendliche mit ihren Eltern im Gespräch bleiben, weil dann zu hoffen ist, dass sie das von den Erwachsenen Vermittelte nicht vergessen, sondern unterstützt vom begleitenden Rat unter schwierigen Bedingungen umzusetzen lernen. Eltern können auch versuchen, auf den sozialen Umgang ihrer Kinder Einfluss zu nehmen, damit ihre Kinder vor allem mit anderen zusammenkommen, die aus einem ähnlich orientierten Elternhaus stammen.

Förderliche Anregungen erwartet man insbesondere von älteren Heranwachsenden und älteren Geschwistern, die den Jüngeren nicht nur im bloßen Alter, sondern auch in der Entwicklung einen Schritt voraus sind. Wenn hier auch der Einfluss von anderen Kindern und Jugendlichen einbezogen wird, so wird in diesen Überlegungen doch deutlich, dass Entwicklungsanstöße vor allem dem Vorbild und Können der in der Entwicklung bereits Vorangeschrittenen zugeschrieben werden, seien es Erwachsene oder Kinder auf höherer Stufe moralischer Reflexion und bewährter Verantwortlichkeit, von denen Kinder Urteilskriterien, Einfühlungs- und Durchhaltevermögen übernehmen.

Dennoch muss man sich das Übernehmen nicht als einen ausschließlich passiven Prozess vorstellen. Übernahme kann, muss wohl sogar als eine aktive Nachkonstruktion aufgefasst werden. Dieser Gedanke stellt die Brücke zur Vorstellung dar, Kinder erarbeiteten sich Grundsätze einer Moral auch auf der Basis eigenständiger, in ihren Freundschaften und Gruppen aufgekommener und gewachsener Erfahrungen.

2. Ko-Konstruktion der Moral unter gleichaltrigen Kindern

2.1 Besonderheiten der Handlungssituationen in der Kinderwelt

Während die Vermittlungstheorien der Moral die Sozialwelt der Kinder nur als einen Bereich betrachten, in dem von den Erwachsenen Gelerntes angewandt, möglicherweise modifiziert wird, ist für Entwicklungstheorien, die von der aktiven Mitwirkung der Kinder an ihrer Entwicklung ausgehen, die Sozialwelt der Gleichaltrigen ein Erfahrungsbereich, der eigenständige Anstöße zur Moralentwicklung freisetzt. Diese Theorien beziehen sich auf Forschungen Piagets über die soziale und kognitive Entwicklung, insbesondere auf sein Buch über „Das moralische Urteil beim Kinde" (Piaget, 1973). Piagets sorgfältige Beobachtungen spielender Kinder zeigten, dass Kinder teils aus Liebe zu ihren Eltern, teils aus Gehorsam und Furcht dazu neigen, von Eltern und anderen ihnen wichtigen Personen Ansichten und Normen zu übernehmen, ohne der Sichtweise der Erwachsenen eine eigene Sichtweise entgegenzusetzen. Diese einseitige Anpassung gehe aus der Erfahrung der Kinder hervor, von seinen Eltern abhängig zu sein. Auch sind es die Eltern, die aus der Sicht der Kinder letztlich bestimmen, was geschehen soll.

Durch dieses asymmetrische Verhältnis des Kindes zu seinen Eltern entstehe, so Piaget, eine autoritätsbestimmte „heteronome Moral" im Kind. Eine heteronome Moral einseitigen Respekts gegenüber Autoritäten genüge jedoch nicht als Handlungsgrundlage für Menschen, die in einer sich wandelnden, Normen und Traditionen infrage stellenden Gesellschaft leben. Moderne arbeitsteilige Gesellschaften verlangen eine Moral, die auf gegenseitiger Achtung miteinander kooperierender Menschen beruhe. Das aber erfordert, Gesetze, Normen und moralische Prinzipien nicht als von Autoritäten gesetzte, sondern als selbst gewollte zu begreifen.

Nach Piagets Untersuchungen tragen Auseinandersetzungen unter gleichaltrigen Kindern zum Übergang von einer „heteronomen" Moral zu einer selbstbestimmten Befolgung von Normen und Vereinbarungen wesentlich bei. Diesen Übergang begünstigen die Bedingungen der Verständigung unter gleichrangigen Kindern, die sich grundlegend von denen zwischen Erwachsenen und Kindern unterscheiden. Es gibt unter Kindern keine Autorität, die mit der elterlichen vergleichbar wäre, und keinen unüberwindlichen Erfahrungs- oder Kompetenzvorsprung. Durchweg suchen die Heranwachsenden nach Spielgefährten und Freunden, mit denen sie Interessen, Können und Verhaltensmuster weitgehend teilen.

Auf dieser Basis (relativer) Gleichheit konfrontieren sich Kinder mit Erwartungen und Absichten und versuchen, Vereinbarungen zu treffen, in denen sie ihre Vorstellungen und Pläne koordinieren. Dabei gibt es Konflikte, denn Kinder nehmen doch verschiedene Positionen ein und verfügen über unterschiedliche Mittel, sich einseitig durchzusetzen, sodass der Weg zu einem Konsens, dem alle frei und aus Einsicht zustimmen, belastet wird. Eine Einigung, die alle befriedigt, ist jedoch erforderlich, um das gemeinsame Spiel oder andere Unternehmungen beginnen zu können oder auch um freundschaftliche Beziehungen zu erhalten. Kinder sammeln in diesen Konflikten Erfahrungen, unter welchen Voraussetzungen Übereinkünfte dauerhaft sind. Sie merken, wie wichtig es ist, dass alle Beteiligten ihre Meinung sagen können und niemand übervorteilt wird, weil diejenigen, die nicht mitreden dürfen oder zu kurz kommen, vom Spiel weggehen oder die Freundschaft aufkündigen können. Kinder erfahren, dass ihre Abmachungen weniger leicht zerbrechen, wenn sie sich auf einsichtige, allgemein anerkannte Grundsätze stützen. Auch wenn Kinder das selber niemals so formulieren: In diesen Streitereien geht es um die Prinzipien einer für alle akzeptablen Moral.

Für die Moralentwicklung ist entscheidend, sich in die Lage anderer versetzen zu können („Perspektivenwechsel"), denn die Gesichtspunkte, die sich aus dem Blickwinkel des Gegenübers ergeben, bringen Menschen, die nach Begründungen für ihr Handeln suchen, dazu, Sichtweisen zu entwickeln, die die eigene Auffassung relativieren, die Auffassung anderer berücksichtigen und die Vielfalt der Auffassungen in einen umfassenden Rahmen einordnen. Damit Kinder einseitige Sichtweisen überwinden, brauchen sie, wie Kohlberg (1984) betont, „Gelegenheiten zur Rollenübernahme". Die Auseinandersetzungen unter den Gleichaltrigen bieten eine gute Gelegenheit, den Streitfall aus dem Blickwinkel des Gegenübers und der Gruppe zu betrachten, denn zumeist anerkennen sie keine Autorität in ihrer Kinderrunde, der sie von vornherein recht geben wollen. Sie scheuen sich auch nicht, abweichende Meinungen mit Nachdruck zu äußern, sodass Kinder die Vielfalt der zu koordinierenden Erwartungen und Absichten entdecken können. Da Kinder einer Altersgruppe weitgehend in ähnlichen Konflikten stecken, verstehen sie im Allgemeinen auch, was die anderen vorbringen, und reden weniger aneinander vorbei, als es angesichts des ungleichen Erfahrungshintergrunds zwischen Erwachsenen und Kindern immer wieder geschieht.

Ein gründlicher Beobachter der Kinderwelt, Sullivan (1983), hat darauf aufmerksam gemacht, dass es vor allem die engen Freundinnen und Freunde sind, die sich wechselseitig in der sozialen und moralischen Entwicklung fördern. Diese Kinder gehen besonders intensiv aufeinander ein, wenn sie nicht gleicher Meinung sind, weil ihre Freundschaft darauf angewiesen ist, Konflikte zufriedenstellend zu regeln. Das legt nahe, sich auf der Grundlage gegenseitigen Entgegenkommens zu einigen auf der Basis dessen, was alle für recht und fair, für hilfreich und solidarisch halten. Freundinnen und Freunde sollten auch besonders gut wissen, wie man einander anspricht und wie man sich gegenseitig etwas klarmachen kann.

Piagets und Sullivans Gedanken wurden von Youniss (1994) zusammengeführt: Das Kind brauche zur Entwicklung neben der beschützenden und belehrenden Beziehung der Eltern zu ihren Kindern gleichfalls Beziehungen zu anderen Kindern, weil diese dem Kind relativ „gleich" seien. Sie übernähmen daher nicht einfach voneinander Ansichten oder Regeln, sondern versuchten, sie gemeinsam auszuhandeln. Für diese gemeinsame Anstrengung der Kinder, unter Berücksichtigung verschiedener Sichtweisen und Vorschläge zu bestimmen, was richtig ist und gelten soll, hat Youniss den Begriff der „Ko-Konstruktion" geprägt. Die sozialen Interaktionen der Kinder und Jugendlichen sind der Ort der „Ko-Konstruktion", die von Unstimmigkeiten und Widersprüchen ausgeht und sich in der gemeinsamen Suche nach richtigen Ergebnissen und guten Lösungen vollzieht. Vor allem im Bereich der Moralentwicklung hat Youniss die gemeinsame Konstruktion für so überaus bedeutsam angesehen, weil Moral das gemeinsam verantwortete Verhältnis von Menschen zueinander betrifft. Nur in gemeinsamer Erfahrung mit Konflikten und der Suche nach rechtfertigbaren Lösungen kann Einsicht in die moralischen Grundlagen menschlichen Zusammenlebens entstehen.

2.2 Empirische Studien zum Beitrag der sozialen Kinderwelt zur Entwicklung der Moral

Hinter den Vorstellungen über die Moralentwicklung in Kindheit und Jugend, die Piaget, Kohlberg und Youniss ausgearbeitet haben, stehen intensive Beobachtungen, ausführliche Gespräche und theoretisch wie methodisch abgesicherte Interviews mit Kindern und Jugendlichen (vgl. Kohlberg, 1974; Piaget, 1973; Youniss, 1980). Die Beobachtungen und Gespräche zeigen, dass Kinder von sich aus über moralisch relevante Probleme diskutieren und streiten, und zwar von frühen Kindheitsjahren an (Turiel, 1998). Unterhaltungen, Auseinandersetzungen und Aushandlungen gibt es in jungen Jahren vor allem mit den Eltern, denn die Familie ist für die meisten Kinder, mit denen sich die Forschung beschäftigt hat, der gewichtigste Lebensbereich. Früh spielen jedoch auch Geschwister, wenn sie vorhanden sind, eine bedeutende Rolle (Dunn, Brown & Maguire, 1995; Schmid & Keller, 1998). Viel Diskussion löst offenbar die Kindern schon mit drei oder vier Jahren aufschimmernde Unterscheidung von unbedingt verpflichtenden Normen und veränderlichen und veränderbaren Konventionen aus (Turiel, Killen & Helwig, 1987). Diese Unterscheidung ist auch in den Auseinandersetzungen unter Kindern von früh auf relevant (Nucci & Nucci, 1982). Jedoch ist seit Piagets systematischer Beobachtung und Befragung spielender Kinder (Piaget, 1973) und durch viele nachfolgende Untersuchungen bekannt, dass Kinder sich miteinander das Verständnis für die Regeln ihrer Spiele erarbeiten und immer wieder damit beschäftigt sind, faire und gerechte Lösungen zu finden, um ihr gemeinsames Spiel und andere Tätigkeiten vor dem Abbruch zu bewahren. Auch in den Beobachtungen von Jungen und Mädchen im Klassenzimmer von Grundschulen, über die Krappmann und Oswald (1995) berichten, wird sichtbar, dass Fairness und Gerechtigkeit sowie Normen der Kinder- und der Erwachsenenwelt in vielen Aushandlungen und Streitigkeiten der Kinder eine bedeutsame Rolle spielen.

In einigen Untersuchungen wurde ausdrücklich verglichen, ob die Diskussionen und Konflikte unter Kindern in etwa gleichen Alters mehr zur Ausbildung eines entwickelten moralischen Urteils beitragen als die Auseinandersetzung mit Eltern oder anderen Erwachsenen. Diese Untersuchungen greifen frühere Forschungen auf, die zeigen konnten, dass Kinder bei manchen kognitiven Aufgaben zu besseren Lösungen kommen und dauerhafter ihre Leistungsfähigkeit steigern, wenn ihnen bei ihren Lösungsversuchen ein anderes Kind und nicht ein Erwachsener widerspricht (z.B. Azmitia, 1996; Doise & Mugny, 1984; Glachan & Light, 1982; Tudge, 1992). So verglichen Damon und Killen (1982) die Ergebnisse von Diskussionen unter fünf- bis neunjährigen Kindern über ein Moralproblem mit Diskussionen zwischen Kindern und Erwachsenen. Sie stellten fest, dass die Kinder dann, wenn sie mit anderen Kindern Argumente abwogen und eine Lösung erarbeiteten, zu besser begründeten Einsichten gelangten, als wenn sie mit Erwachsenen das Problem behandelten. Die Kinder profitierten am meisten, die sich miteinander auf intensives Diskutieren einließen. Auch nach Kruger (1992) begründeten Kinder gegenüber Altersgenossen ihre Ansicht zu einem Moralproblem klarer als gegenüber ihrer Mutter. Auch hier unterschied sich die Art der Auseinandersetzung. Argumente, die sich aktiv mit den Äußerungen der Gegenseite auseinander setzten, traten vor allem unter Kindern spontan auf, während sie in der Unterhaltung der Kinder mit ihren Müttern überwiegend erst von den Müttern hervorgelockt wurden.

Weitere Studien zeigen, dass Kinder, die gut in die sozialen Netzwerke der Kinder integriert sind, ein entwickelteres moralisches Urteil haben. So fanden Bear und Rys (1994) sowie Colby u.a. (1983), dass Kinder, die in soziometrischen Tests viele positive Stimmen von anderen bekamen, auf höherer Stufe moralisch argumentierten als Kinder, die bei solchen Wahlen schlechter abschnitten oder gar sozial isoliert waren. Diesen Zusammenhang von Akzeptanz unter den Mitschülern und moralischem Urteil erklärten sich die Forscher mit den vermehrten Chancen von gut angesehenen Kindern, mit anderen zu reden, zu spielen und zusammenzuarbeiten und dabei die Verschiedenheit der Perspektiven der anderen wahrzunehmen und zu berücksichtigen. Aber es ist offenbar nicht nur die Gelegenheit, sondern auch die Art der Auseinandersetzung, die der Entwicklung der moralischen Reflexion und Begründungen zugute kommt. Bei einem Vergleich der Diskussionen von Freunden und Nicht-Freunden über ein Moral-Dilemma wurde deutlich, dass Freunde sich heftiger widersprechen und kritisieren als Nicht-Freunde und diese Konflikte ihnen helfen, zu besseren Lösungen zu kommen (Nelson & Aboud, 1985). Schonert-Reichl (1999) hat den Einfluss verschiedener Weisen einer guten Integration von 10- bis 13-jährigen Kindern in die Sozialwelt der Gleichaltrigen auf die Entwicklung des moralischen Urteils untersucht (soziale Akzeptanz, Einbindung in Freundschaften, Kooperation) und nachgewiesen, dass so gut wie alle Aspekte aktiver Teilnahme und freundschaftlicher Beziehungen in direktem oder indirektem Zusammenhang mit der Qualität dieses Urteils stehen. Das spiegelt sich auch in der Einschätzung der Kinder selber wider: Zwei Studien, in denen Kinder mit Freunden und Kinder ohne Freunde verglichen wurden, zeigten, dass den Kindern, die

Freunde hatten, von den Altersgleichen in weitaus höherem Maße moralische Verhaltensweisen zugeschrieben wurden als Kindern ohne Freunde (Berndt, Hawkins & Hoyle, 1986; Bukowski & Sippola, 1996).

Schon Sullivan (1983) hatte in seiner therapeutischen Praxis beobachtet, dass Freundschaften einen besonders intensiven Erfahrungsraum für moralische Reflexion bieten. Auch Selman und Schultz (1990) berichten über entsprechende Erfahrungen. Mit Bezug auf vorliegende Studien und eigene Daten zeigt Keller (1996), wie sehr Kinder in engen Beziehungen herausgefordert werden, ihr Handeln gegenüber der Freundin oder dem Freund unter moralischen Gesichtspunkten zu prüfen, und wie sehr die Idee der Freundschaft selber für Kinder zum Gegenstand moralischen Nachdenkens wird. Auch Bukowski und Sippola (1996) kommen nach ihrer Durchsicht der Forschung zu dem Schluss, dass Freundschaft und Moral miteinander verbunden sind, weil Erfahrungen in Freundschaften eine Grundlage dafür bieten, Konzepte wie die der Gerechtigkeit, der Fürsorge und der Bereitschaft, sich für seinen Freund, seine Freundin einzusetzen, zu entwickeln.

Bukowski und Sippola (1996) sehen sogar die Gefahr, dass die enge Verknüpfung von Freundschaft und moralischer Entwicklung dazu verleiten könnte, das moralisch begründete Handeln auf den Freundeskreis zu beschränken, also eine ausschließende Parteilichkeit zu Gunsten von Freunden und zum Nachteil anderer Menschen anzuwenden. Ergebnisse von Damon (1984) und Berndt (1981) lassen vermuten, dass Kinder sich an Gerechtigkeitsvorstellungen zunächst überwiegend in Freundschaften orientieren, diese Vorstellungen jedoch mit dem Alter zunehmend generell verfolgen. Es gibt Hinweise, dass für diese Schritte der Verallgemeinerung von Prinzipien moralischen Handelns die Integration der Kinder in erweiterte Netze sozialer Beziehungen wichtig ist, in denen Erfahrungen mit einer umfassenderen sozialen Realität erschlossen werden (LaGaipa, 1979). In dieser Hinsicht ist es gut, sich daran zu erinnern, dass die Untersuchung Schonert-Reichls (1999) nicht nur die Bedeutung der Freundschaft, sondern auch weiterer Aspekte der Sozialwelt der Kinder für ihre Moralentwicklung nachgewiesen hat. Das produktive Verhältnis von Freundschafts- und Gruppenerfahrung könnte sich gerade bei Auseinandersetzungen in der Schulklasse über moralisch relevante Sachverhalte zeigen.

2.3 Idealisierung der Sozialwelt der Kinder und Jugendlichen?

Gegen diese Vorstellung, die Kindern und Jugendlichen einen so bedeutsamen Beitrag zur Entwicklung der Grundlagen moralischen Handelns zutraut, gibt es Einwände. Wird in dieser Vorstellung die Sozialwelt der Gleichaltrigen idealisiert? Muss man nicht im Gegenteil befürchten, dass Gleichaltrige sich vor allem gegenseitig negativ beeinflussen? Wo bleiben die positiven Effekte bei Freundschaften unter delinquenten Jugendlichen? Entsteht in manchen Gruppen von Gleichaltrigen nicht ein Jugendzentrismus, der Konflikte zwischen den Generationen über Werte schürt und die Abkehr der Jugendlichen von tradierten Werten begünstigt? Nicht abzustreiten sind die Beispiele für Gruppen von Kindern und Jugendlichen, in denen Heranwachsende einen Nährboden für abweichendes Verhalten finden und keineswegs sozial akzeptabel handeln. Oft erinnert man sich in diesem Zusammenhang an Theorien des sozialen Lernens, die die Wirksamkeit schlechter Vorbilder belegen sollen.

Die Befürchtungen negativer Ansteckungseffekte legen nahe zu forden, Kinder und Jugendliche müssten unter der Aufsicht der Erwachsenen bleiben, damit sie sich sozial verantwortlich entwickeln. Zwar sollte man die Gefahr negativer Einflüsse nicht übersteigern, denn zumeist üben Freunde und andere Gleichaltrige keinen schlechten Einfluss aus, sondern unterstützen sogar oft, was Eltern erreichen wollen (Cohen, 1983; Berndt, 1989). Dennoch besteht kein Zweifel, dass Heranwachsende, wenn sie in deviante Gruppen geraten, in problematischen Verhaltensweisen bestärkt werden, so wie demgegenüber andere Heranwachsende in ihren Gruppen im so genannten prosozialen Handeln unterstützt werden (Bukowski & Sippola, 1996; Eisenberg & Fabes, 1998; Vitaro u.a., 1997). Folglich sollten Eltern und andere Erwachsene aufmerksam für die sozialen Beziehungen der Heranwachsenden sein (in einem späteren Abschnitt dieses Aufsatzes wird darüber noch gesprochen). Sie sollten aber die konstruktiven Kräfte, die in der Zusammenarbeit und in den Freundschaften und Gruppen der Kinder und Jugendlichen stecken, nicht missachten.

Im Übrigen wäre es um die Entwicklung einer Moral schlecht bestellt, wenn man annehmen müsste, dass Vorbilder gleichsam automatisch übernommen werden. Fragwürdige Beispiele finden Heranwachsende ja nicht nur unter den Gleichaltrigen, sondern nicht zuletzt unter Erwachsenen, sowohl in ihrem nahen Umfeld als auch tagtäglich in den Massenmedien. Allerdings werden Vorbilder nicht automatisch übernommen, sondern sie prägen sich über kurzfristige Nachahmungseffekte hinaus offenbar nur dann ein, wenn sie sich mit schon vorhandenen Orientierungen verbinden lassen (für Jugendliche nachgewiesen durch Sternlieb & Youniss, 1975) oder wenn man sie durch persönliche Auseinandersetzung in die Entwicklung der eigenen Orientierung integrieren kann (vgl. Lickona, 1989; Puka, 1990).

Aber vielleicht sollte man sogar noch grundsätzlicher fragen, ob Kinder nicht auch in Gruppen, die Erwachsenen fragwürdig erscheinen, und durch schlechte Vorbilder positive Anstöße für ihre Entwicklung erhalten können. Sicher gilt dies nicht generell, und es ist nicht möglich, daraus eine Handlungsanweisung abzuleiten. Jedoch kann es durchaus sein, dass Kinder aus Verletzungen von Regeln und aus Gemeinheiten, die sie erleben, Konsequenzen in der gegenteiligen Richtung ziehen, nämlich bestärkt werden, fair, gerecht und freundlich miteinander umzugehen. Wir wissen leider nicht viel darüber, unter welchen Bedingungen riskante Erfahrungen eine mitmenschlich orientierte Moral von Kindern fördern und nicht zerstören. Vermutlich wird eine positive Entwicklung gestützt, wenn Beziehungen zu Erwachsenen und anderen Kindern nicht abbrechen, in denen positiv erfahren werden kann, was Fairness, Gerechtigkeit und Anteilnahme für Menschen bedeuten können.

2.4 Übernahme der Moral oder Ko-Konstruktion?

Diese Aussage über die fortdauernde Bedeutung eines guten Verhältnisses von Kindern und Jugendlichen zu ihre Entwicklung begleitenden Erwachsenen ist Anlass, noch einmal zu betonen, dass die empirischen Belege und die theoretischen Überlegungen zum Beitrag der Sozialerfahrung unter Kindern zu ihrer moralischen Entwicklung nicht falsch verstanden werden sollten. Die Beziehungen der Kinder zu ihren Eltern und anderen erwachsenen Bezugspersonen sind für sie keineswegs unwichtig. Kinder und auch Jugendliche brauchen beide Beziehungen, die zu Eltern und anderen Erwachsenen ebenso wie die zu Gleichaltrigen, wenngleich sich mit dem Alter der Heranwachsenden die Schwerpunkte dessen ändern, was in diesen Beziehungen Vorrang hat. In der „unilateral-komplementären" Beziehung zu den Eltern finden Kinder Schutz und Versorgung, Wissen und Normen des Handelns. In den ersten Lebensjahren ist geradezu überlebensnotwendig, dass Kinder sich ihren Eltern anpassen und dass Eltern das noch fehlende Können der Kinder ausgleichen. In der „symmetrisch-reziproken" Beziehung unter Gleichaltrigen kann sich dagegen die Suche nach Wissen und Regeln entwickeln, kann ausprobiert werden, was sich am besten bewährt, und kann entdeckt werden, was wahr, was richtig und was vertretbar ist.

Welche Beziehung dem heranwachsenden Kind am besten in der Entwicklung weiterhilft, hängt vor allem davon ab, ob ein Entwicklungsschritt von einem Zuwachs an bereits vorhandenem, letztlich nicht bezweifelbarem Wissen abhängt oder von einer offenen Auseinandersetzung mit Problemen, für die es eine vorab festliegende Lösung nicht gibt. Unser Zahlensystem, die Regeln des Straßenverkehrs oder die Mechanik eines Regenschirms kann ein Kind sicherlich noch einmal erfinden; aber es ist besser beraten, sich die Erklärungen von Menschen, die Bescheid wissen, zu holen. Wenn jedoch zu beurteilen ist, ob ein Junge, der zum sportlichen Erfolg seiner Mannschaft nichts beigetragen hat, bei der Verteilung eines Preises für die Leistung berücksichtigt werden soll, gibt es niemanden, der vorab weiß, was gerecht ist, sondern die Entscheidung ist angesichts der jeweiligen Umstände auszuhandeln. Folglich sind dann, wenn es um etabliertes Wissen oder relevante Erfahrungen geht, kompetente Erwachsene oder auch ältere Kinder, die mehr wissen und können, hilfreiche Partner, weil ihr Wissen und ihre Erfahrung helfen, schneller die richtige Antwort bzw. die gute Lösung zu finden. Ein anderes Kind auf gleicher Entwicklungsstufe, das ebenfalls die richtige Antwort bzw. die gute Lösung nicht hat, kann nur dann hilfreich sein, wenn nicht die Übermittlung des bereits vorhandenen Wissens entscheidend ist, sondern die gemeinsame Suche oder die gemeinsame Ausarbeitung. Gerade im Bereich des moralischen Handelns ist immer wieder erforderlich zu klären, welche Kriterien relevant sind und wie sie auf die jetzige Situation anzuwenden sind. Hier helfen Rede und Gegenrede, Kritik und alternative Deutung, das Urteil gut abzusichern.

Aber selbst da, wo Erwachsene und ältere Kinder tatsächlich mehr wissen und mehr Aspekte überblicken, hilft ihr Vorsprung des Öfteren nicht, weil auch erforderlich ist, gut und das heißt für den Adressaten begreifbar erklären zu können, was der Kern des Arguments ist. In manchen Fällen kann ein vorangeschrittenes Kind erfolgreicher verständlich machen, was der wichtige Punkt ist. Wenn aber die Qualität des Urteils von einer offenen Auseinandersetzung mit verschiedenen Sichtweisen und Einschätzungen abhängt, dann kann es viel anregender sein, sich mit anderen um Einsicht zu bemühen, die ebenso suchend in diese Situation eintreten. In diesen Fällen kann ein Überlegener unter den Suchenden den Fortschritt in der Urteilsbildung blockieren, weil die anderen sich unterlegen fühlen, nicht hartnäckig genug fragen und Einwände voreilig aufgeben. Möglicherweise hatte das kompetente Mitglied in der Runde tatsächlich die zutreffende Antwort; aber die anderen verloren die Chance, sie in ihrem Wesen, in ihrer Logik oder in ihrer Tragweite selber zu durchdringen.

Beide Beziehungstypen, in denen Kinder zu Wissen, Können oder Urteil gelangen, haben ihre Schwächen. In der Beziehung zu Eltern und anderen Erwachsenen meinen Kinder oft zu schnell, sie hätten verstanden, was ihnen vermittelt wird. Sie widersprechen so lange nicht, bis sie wirklich begriffen haben, was der Kern des Problems ist. Es entsteht nur Scheinwissen und äußerliche Befolgung von Regeln. In den Beziehungen zu anderen Kindern können Kinder mit der gemeinsamen Suche nach Einsicht oder Lösung überfordert sein. Sie brechen ab oder gehen ermüdende Umwege, bis sie sich um des „lieben Friedens" willen oder „damit es weitergeht" auf etwas einigen, was unausgegoren oder falsch ist. Und ebenso kommt es vor, dass Kinder in Eltern und anderen Erwachsenen geduldige Begleiter auf der Suche nach Einsicht oder Lösung finden, die keineswegs besserwisserisch oder autoritär die Anstrengungen des Kindes blockieren, sondern ihr Wissen und Können didaktisch geschickt vermitteln. Dagegen können Gleichaltrige in der Suche nach der richtigen Antwort so rechthaberisch und einschüchternd vorgehen, dass keine vernünftige Lösung erreicht wird.

Es kann folglich nur die Aufgabe sein, Chancen für Entwicklungsschritte zu beschreiben. Da es in der moralischen Entwicklung besonders darauf ankommt, Argumente nicht nur zu übernehmen, sondern sie zu durchschauen, können die Konflikte unter Kindern und Jugendlichen einen wichtigen Beitrag leisten. Gerade weil sie mit ihren möglicherweise unzulänglichen oder falschen Behauptungen nicht zurückstecken, sondern weiterstreiten, bis sie einsehen, dass ihre Argumente nichts taugen, eröffnen sie einander grundlegende Erfahrungen mit Prozessen moralischer Begründung und Entscheidung. Insbesondere Freundschaften verlangen, diese Konflikte ernsthaft zu verfolgen, und ermöglichen, sie nicht nur momentan zu lösen, sondern immer wieder aufzunehmen, die Konsequenzen von Entscheidungen zu prüfen und das Problem erneut zu diskutieren. Später wird darauf hingewiesen, dass auch das Klassenzimmer einen solchen überdauernden Kontext bietet, in dem Begründungen, Entscheidungen und ihre Folgen immer wieder neu aufgenommen werden können.

Wohlgemerkt: Das alles sind nur Chancen. Die Chancen, die Moralentwicklung zu fördern, profitieren sowohl in der Beziehung des Heranwachsenden zu Eltern und anderen Erwachsenen als auch in der Beziehung zu den Gleichaltrigen davon, wenn Kinder und Jugendliche gute Beziehungen beider Art haben, sowohl vertrauensvolle Beziehungen zu der Generation, die ihnen Wichtiges weiterzugeben hat, als auch intensive Beziehungen zu Gleichaltrigen, die miteinander herausfinden wollen, ob mit dem Weitergegebenen etwas anzufangen ist. Voreilige Anpassung an die Auffassungen der Erwachsenen, „Scheinwissen", kann nämlich durch die kritischen Einwände der Altersgleichen verhindert werden. Wenn die Jungen die hohlen Kompromisse und die Doppelmoral der Alten anprangern, kann das eine produktive Herausforderung werden. Und umgekehrt können Erwachsene mit ihren kritischen Anmerkungen dazu beitragen, dass die Suche nach fairen und gerechten Lösungen nicht erschöpft aufgegeben wird oder die Heranwachsenden sich auf unzulängliche Lösungen einigen.

3. Bedingungen für moralfördernde Auseinandersetzungen unter Kindern und Jugendlichen

Die oben referierten Untersuchungen machen klar, dass Auseinandersetzungen unter Kindern und Jugendlichen in Gruppen und Freundschaften nicht „sinnlose" Streiterein darstellen, sondern die Moralentwicklung beeinflussen, weil in ihnen Begründungen verlangt werden und weiterführende Vorstellungen entstehen, denen sich andere, solange sie vernünftig miteinander umzugehen bereit sind, schwerlich entziehen können. Da Diskussionen unter Kindern nicht immer so konstruktiv verlaufen, interessiert die Frage, unter welchen Voraussetzungen und Bedingungen Kinder und Jugendliche sich gegenseitig zu wohlbegründeten moralischen Urteilen und Handlungsstrategien verhelfen.

Verschiedene Voraussetzungen und Bedingungen förderlicher Moraldiskussionen werden in den vorliegenden Untersuchungen deutlich:

Chancen der „Rollenübernahme"

Kohlberg sah die Entwicklung der Moral eng mit der Möglichkeit der Rollenübernahme verknüpft. Unter Rollenübernahme versteht er, dass denjenigen, die ein moralisches Problem diskutieren, leicht fallen solle, die mit den verschiedenen Beteiligten vorgebrachten Sichtweisen und Begründungen in ihre Überlegungen mit aufzunehmen. Das sollte bei Diskussionen unter Kindern und Jugendlichen in etwa gleichen Alters möglich sein, weil diese Heranwachsenden sich in die Lage der anderen versetzen können, weil sie die Situation junger Menschen miteinander teilen. Insbesondere in jüngeren Lebensjahren ist auch hilfreich, wenn andere Ansichten von konkret erlebbaren Personen, die ihre Realität schildern und begreiflich machen können, geäußert werden und nicht nur als denkbare Meinungen ins Gespräch gebracht werden. Kohlberg selber hat in vielen Vorhaben, in denen die moralische Entwicklung junger Menschen herausgefordert werden sollte, Diskussionen unter

Gleichaltrigen angeregt, damit die Heranwachsenden sich mit Erfahrungen und Vorschlägen auseinander setzen, die ihren eigenen Denkweisen nicht zu fremd sind. In derartigen Diskussionen kann eine Atmosphäre der Gleichheit, Offenheit und Wechselseitigkeit entstehen.

Störend wirkt sich aus, wenn unter denen, die wechselseitig die Perspektive der anderen einnehmen sollen, massive persönliche Konflikte bestehen, die die Bereitschaft ersticken, sich auf die gegenüberstehende Sichtweise einzulassen. In solchen Situationen geht es den Heranwachsenden oft nicht mehr primär um gute Begründungen, sondern sie ringen vor allem um ihre soziale Position vor den Augen der anderen. Auch harsche Zurückweisungen und herabsetzende Besserwisserei führen häufig dazu, dass förderliche Argumente nicht angenommen werden (Damon & Killen, 1982).

Bearbeitbare Verschiedenheit

Obgleich Auffassungen von Kindern und Jugendlichen in Diskussionen über Moralprobleme gelegentlich heftig aufeinander prallen, sind diese Auffassungen in der Art der Begründung einander üblicherweise nicht zu fern. Kohlberg, der sich die Entwicklung der Moral in Stufen zunehmender Qualität des Urteils vorstellte, war überzeugt, dass Heranwachsende am meisten profitieren, wenn sie einem Argument begegnen, das eine Stufe über der liegt, auf der diese Heranwachsenden bislang denken. Er sprach daher von der +1-Regel zur Förderung des moralischen Urteils. Ähnlich sah es Vygotsky (1978), der ebenfalls meinte, dass Kinder vor allem dann Entwicklungsanstöße erhalten, wenn sie in dem Bereich angesprochen werden, in dem sie bereits nachdenklich sind und in dem ihr nächster Entwicklungsschritt zu erwarten ist (in der „entwicklungsnahen Zone"). Da die moralischen Ausführungen Erwachsener, so zutreffend sie sein mögen, oft „über die Köpfe" von Kindern und Jugendlichen hinweggehen, haben Gleichaltrige bzw. im Entwicklungsstand nahe Kinder besonders gute Chancen, andere Heranwachsende in dieser entwicklungsoffenen Zone anzusprechen (Oerter, 1992).

Gemeinsame Zielgerichtetheit der Diskussion

Diskussionen, die für die Beteiligten ein klares Ziel hatten, etwa die übereinstimmende Bewältigung eines moralischen Konflikts, erwiesen sich ebenfalls als besonders förderlich für die Weiterentwicklung moralischer Begründungen und Urteile. Kinder und Jugendliche profitierten mehr von Diskussionen, die mit der Absicht begonnen wurden oder den Auftrag bekamen, eine Einigung oder Lösung zu erreichen, als von „offenen Aussprachen" ohne Zielsetzung (Blatt & Kohlberg, 1975). Auch wenn die Bemühung um eine Lösung nur von einzelnen aus der Diskussionsrunde getragen wurde, brachte dies nicht viel Erfolg (Maitland & Goldman, 1974). Die Absicht, zu einer Einigung zu gelangen, sorgt offenkundig dafür, dass die vorgebrachten Begründungen mit besonderer Aufmerksamkeit untersucht werden, um sie auf ihre Konsensfähigkeit hin zu prüfen.

Gelenkte Aufmerksamkeit

Kohlbergs eigene Untersuchungen demonstrieren, dass das moralische Urteil offenbar besonders in Diskussionen gefördert wird, in denen die Aufmerksamkeit der Teilnehmer auf weiterführende Argumente gelenkt wird. Positive Veränderungen traten nämlich vor allem dann auf, wenn ein erwachsener Moderator das Gespräch der Jugendlichen untereinander auf Beiträge aufmerksam machte, die die nächste Stufe der Urteilsbildung repräsentierten. Zwar wurden diese Begründungen nächstfolgender Stufe von den Jugendlichen selber vorgebracht, gingen aber oft im Hin und Her der Äußerungen unter. Folglich fördert der Moderator nicht direkt das moralische Urteil, denn er beteiligt sich nicht an der Suche nach den angemessenen moralischen Begründungen. Aber seine Diskussionsleitung scheint wichtig zu sein, weil sie die Diskrepanzen zwischen den Argumenten der Jugendlichen aufzudecken hilft. Dadurch wird erschwert, einer der eigenen Auffassung entgegenstehenden Argumentation auszuweichen.

Die Art der Auseinandersetzung

Der Einfluss, den die Diskussion über einen moralischen Sachverhalt auf die Kinder und Jugendlichen ausübte, steht ferner im Zusammenhang mit Merkmalen der Diskussion, die sich unter den Kindern entwickelt. In welcher Form eine Äußerung in die Diskussion eingebracht wird, steigert oder mindert die Aussicht, dass die Äußerung akzeptiert wird. Berkowitz, Gibbs und Broughton (1980) nennen Dialogformen, in denen die Beiträge wechselseitig bearbeitet werden, Transakte und unterscheiden „niedrigere" Formen wie Rückfragen, überprüfende Wiederholungen, Gegenüberstellungen, die über die bisherigen Äußerungen nicht hinausgehen, von „höheren" wie Klärungen, erweiterte Darlegungen, Abgrenzungen, Kritik oder Hinweise auf Lücken in der Argumentation. Nach Studien von Berkowitz, Gibbs und Broughton benutzen Jugendliche, die sich in der Qualität ihrer moralischen Begründungen weiterentwickeln, durchweg mehr Transakte, mit denen sie sich auf die Problematik einlassen, als Jugendliche ohne Fortschritt in der Moralentwicklung. Im Übrigen gibt es diese transaktiven Dialogformen auch schon unter Kindern. Sie entwickeln sich jedoch und sind eher für die Diskussion unter Jugendlichen charakteristisch (Berkowitz, Oser & Althof, 1987).

Die zu beobachtende Entwicklung legt nahe, Entwicklungsstadien des soziomoralischen Diskurses zu unterscheiden. Oser (1981) sah zwei Linien in dieser Entwicklung: eine Abfolge „kognitiver Interaktionsstufen" und eine zunehmende „Interaktionskompaktheit". Nach und nach werden mehr Aspekte der Problematik einbezogen und die Beiträge der Teilnehmer an einer Auseinandersetzung besser miteinander koordiniert. Auf der ersten Stufe des Diskurses werden unzusammenhängende Argumente vorgebracht, mit denen die eigene Entscheidung gerechtfertigt wird und der andere zum Einlenken gebracht werden soll. Auf Stufe 2 werden Argumente im Bestreben geordnet, zu einer gemeinsamen Lösung zu kommen, ohne sich mit ihnen inhaltlich auseinander zu setzen. Erst auf Stufe 3 beginnt der eigentliche transaktive Dialog, in dem Argumente widerlegt oder verteidigt werden. In der „gemeinsamen Analyse" der Stufe 4 werden die verschiedenen Argumente aus der Sicht von Erfahrungen oder Normen bewertet, die alle Beteiligten teilen. Die letzte Stufe bezeichnen die Autoren in Anlehnung an Habermas (1981) als „idealen Diskurs", in dem die Partner versuchen, miteinander unter immer allgemeineren Perspektiven und Prinzipien bestmögliche Lösungen auszuhandeln. Nach den Arbeiten der Forschergruppen um Oser und Berkowitz lassen sich die Diskussionsstrategien von Jugendlichen verbessern und damit auch ihre Möglichkeiten, sich erweiterte Begründungen für moralisches Handeln zu erschließen.

Neben diesen Qualitäten entwicklungsfördernder Diskussionen ist die kognitive Leistungsfähigkeit eine wichtige Voraussetzung für moralische Entwicklungsschritte, denn Kinder und Jugendliche müssen auch in der Lage sein, reale und mögliche, unklare und widersprüchliche Zusammenhänge zu durchdenken. Da auch jüngere Kinder manchmal transaktiv diskutieren, kann das hypothetisch-deduktive Denken zwar keine unverzichtbare Voraussetzung für die Förderung der moralischen Urteilsfähigkeit sein. Allerdings ist vielen Studien zu entnehmen, dass präadoleszente Kinder in moralischen Auseinandersetzungen weniger Fortschritte als ältere Jugendliche und Erwachsene machen (Schläfli, Klaghofer & Häflinge, 1985). So hat Walker (1980) für 9- bis 13-Jährige gezeigt, dass sich vor allem die Urteilsfähigkeit von Kindern, die über bessere kognitive Voraussetzungen verfügen, weiterentwickelt. Aber das kognitive Denkvermögen reicht offensichtlich nicht aus, sondern Kinder und Jugendliche brauchen weitere Anstöße, um tatsächlich den Übergang auf eine höhere Stufe der Argumentation zu vollziehen. Diese Anstöße bieten Diskussionen über moralische Probleme, in denen die Teilnehmer aufeinander hören und intensive Auseinandersetzungen mit den vorgebrachten Begründungen stattfinden.

4. Moralische Auseinandersetzungen im Klassenzimmer

Die Schulklasse ist eine institutionalisierte Gleichaltrigengruppe unter der Leitung eines Erwachsenen, die, wie schon klassische Sozialisationstheorien unterstrichen haben (Parsons, 1968), nicht nur dem Lehren und Lernen dient, sondern auch der soziale Ort ist, an dem in der Entwicklung der Heranwachsenden Besonderes und Allgemeines, kindliche Erfahrung in Familie und Freundeskreis auf der einen Seite und für alle geltende Einsichten, Gesetzmäßigkeiten und Normen auf der anderen aufeinander treffen und miteinander vermittelt werden müssen. Nicht nur der Unterricht, sondern auch die Sozialwelt der Schülerinnen und Schüler im Klassenzimmer hat diese beiden Seiten, denn die meisten Kinder und Jugendlichen haben ihre besten Freunde oder Freundinnen in ihrer Schulklasse und sind dort auch in ein weiteres Geflecht von Beziehungen integriert. Außerdem gibt es für alle Mitglieder der Klasse bestimmte Mädchen und Jungen in der Klasse, mit denen sie nicht in einer besonderen Beziehung stehen, aber doch das Klassenleben teilen. Das Verhalten ihnen gegenüber regelt sich danach, wie man sich jedem Mitmenschen gegenüber verhält, mit dem man einen Raum teilt oder eine Aufgabe gemeinsam zu erledigen hat (Krappmann & Oswald, 1995).

Folglich existieren in den Schulklassen exklusiv freundschaftliche neben zweckgerichteten und neutralen Beziehungen sowie, jedenfalls zumeist, auch einige Kinder, die einander ablehnen und ausschließen. Im Rahmen dieser sozialen Geflechte müssen vielerlei alltägliche Fragen und gelegentlich auch größere Probleme geregelt werden. Diese Fragen und Probleme haben in vielen Fällen moralrelevante Aspekte, weil sie das besondere und das allgemeine Verhältnis der Kinder und Jugendlichen im Klassenzimmer, aber auch generell von Menschen zueinander berühren. Derartige Konflikte führen sowohl zu spontanen Auseinandersetzungen unter den Jungen und Mädchen in der Klasse, die von den Lehrkäften oft gar nicht bemerkt werden, als auch zu Diskussionen, die Lehrerinnen und Lehrer mit ihren Klassen führen. In beiden Fällen sind die Mitglieder der Klasse herausgefordert, Handlungsperspektiven zu entwickeln und zu begründen, die ihr moralisches Urteil, ihr Argumentationsvermögen und ihre Verantwortungsbereitschaft berühren, jedenfalls unter der Voraussetzung, dass auch vom Lehrer initiierte Diskussionen offen geführt werden und nicht nur der Einschärfung von Normen dienen.

In diesen Auseinandersetzungen gibt es Kinder und Jugendliche, die aus freundschaftlichem Verhältnis zueinander besonders aufeinander hören und sich gegenseitig unterstützen, andere, die eher abweisend den Austausch der Argumente verfolgen, und wieder andere, die weder mit Sympathie noch mit Argwohn, sondern nur an einer guten Lösung interessiert die vorgetragenen Vorschläge und Begründungen prüfen. Die „Chancen zur Rollenübernahme", die erleichtern, eine Lösung auszuarbeiten, in der verschiedene Perspektiven zusammengeführt werden, sind in der Schulklasse groß, weil Kinder und Jugendliche einander kennen und unter dem Anspruch gleichberechtigten Miteinanders Arbeit und Vergnügen teilen. Aus diesem Grund sollten die vorgetragenen Argumente trotz aller Kontroversen eine „bearbeitbare Verschiedenheit" bieten, denn vom Erfahrungshintergrund und Entwicklungsstand her sind Mitglieder einer Schulklasse zumeist nicht weit auseinander. Weiterführende Argumente sollten daher im Allgemeinen nicht jenseits des Denkvermögens der Kinder oder Jugendlichen liegen, sondern sie in Bereichen ansprechen, in denen sie bereits nachdenklich sind und an Begründungen für ihr Handeln arbeiten.

Der Klassenkontext kann ferner dafür sorgen, dass Kontroversen und Konflikte „zielgerichtet" bearbeitet werden. Sie stehen oft im Zusammenhang mit Lernen und Schulleistungen oder beziehen sich auf Themen der Kinderwelt, die in Schule und Unterricht eindringen. Zum einen würden ausufernde Debatten und unsachliche Vorgehensweisen Unterricht und Lernen stören und nicht den Konfliktlösungsmustern der Schule entsprechen. Zum anderen muss in vielen Fällen, etwa bei Hilfen oder Kooperationsproblemen, Kindern und Jugendlichen daran gelegen sein, den Dissens konstruktiv zu überwinden, weil der Lernerfolg davon abhängt. Insofern überwindet der Rahmen des Klassenzimmers eine häufige Schwäche der Kinderinteraktionen in ihrer eigenständigen Sozialwelt, nämlich dass Konflikte gemieden oder liegen gelassen werden und somit ihr entwicklungsanregendes Potential gar nicht entfalten.

Chancen zur Rollenübernahme, Argumente, die trotz ihrer Verschiedenheit bearbeitet werden können, zielgerichtete Lösungsanstrengungen sind günstige Voraussetzungen moralischer Auseinandersetzungen, die aus der Situation der relativ homogenen Gleichaltrigengruppe im gemeinsamen Klassenzimmer heraus entstehen, auch ohne dass Lehrkräfte eingreifen. Die „Lenkung der Aufmerksamkeit" und die „Art der moralischen Auseinandersetzung" erfordern allerdings die moderierende Begleitung der Diskussionen unter den Kindern und Jugendlichen durch Lehrerinnen und Lehrer. Im Regelfall werden sie es sein, die während der Diskussion darauf hinweisen, dass Argumente eingebracht wurden, die noch nicht genügend Aufmerksamkeit erhalten haben. Lehrerinnen und Lehrer sollten mit ihren Klassen auch Stile der Diskussion entwickeln, die den beschriebenen Vorgehensweisen einer aktiven Auseinandersetzung mit Argumenten entsprechen. Gewiss ist es von Vorteil, wenn Schulklassen sich solche Diskussionsstile in Situationen erarbeiten, in denen kein Konflikt die Klasse erregt.

Insgesamt ist recht erstaunlich, wie selten Lehrerinnen und Lehrer unabhängig von aktuellen Konflikten Themen, die für die Moralentwicklung der Heranwachsenden relevant sind, mit ihren Klassen diskutieren. Nicht nur der Zeitdruck, unter dem Unterricht oft steht, sondern auch Scheu, Konflikte aufzugreifen, ist dafür verantwortlich. Unsere Schulen vergeben hier eine wertvolle Chance, mit den Heranwachsenden bei der Entwicklung moralischer Urteils- und Handlungsfähigkeit zu kooperieren. Damit solche Chancen institutionell abgesichert werden, sollte es ein Fach geben, das ausdrücklich für das Zusammenleben von jüngeren und älteren Menschen relevante Themen aufgreift. Außerdem ist dringlich, die Partizipation der Kinder und Jugendlichen an der Gestaltung des Schullebens zu stärken. Sie würden auf diese Weise in viele Situationen geraten, in denen Fragen des Zusammenlebens unter realen Bedingungen gut begründet entschieden werden müssen.

Lehrerinnen und Lehrer könnten auch etwas dazu beitragen, dass die ko-konstruktiven Kräfte in der Schulklasse als eigenständiger Gruppe von Kindern oder Jugendlichen gestärkt werden. Da die Entwicklung moralischen Urteilens und Handelns durch kommunikationsintensive Beziehungen unter diesen Kindern und Jugendlichen und in einer Atmosphäre der Gleichheit und Offenheit gefördert wird, muss den Lehrkräften daran gelegen sein, dass die Beziehungsgeflechte in ihrer Klasse intensiv und freundlich sind. Lehrkräfte können zwar keine Freundschaften unter Kindern und Jugendlichen stiften. Aber sie können integrierend wirken, Bloßstellungen von Kindern und Jugendlichen vermeiden, ein Klima des Aufeinander-Eingehens und der gegenseitigen Unterstützung schaffen und der Klassengruppe als Ganzem eine positive Funktion geben, etwa indem die Klasse gemeinsam eine Aufgabe im Schulleben übernimmt.

Derartige Schritte achten die Eigenständigkeit des Soziallebens unter den Schülern, das nicht reglementiert werden sollte, weil die Anstrengungen, eine moralisch akzeptable Lösung zu finden, die Kinder und Jugendliche von sich aus unternehmen, unverzichtbar sind. Vorstellungen von Gerechtigkeit, Fürsorglichkeit und Verantwortung werden nicht tief in ihrer personalen Handlungsstruktur verankert, wenn sie bloß anpasserisch übernommen werden. Der Entwicklungs- und Bildungsprozess muss Erfahrungen anbieten, die Einsicht in Bedingungen eines Verschiedenheit und Gemeinsamkeit achtenden Zusammenlebens erzeugen können. Das Klassenzimmer ist der Ort, an dem deutlich wird, dass diese Ko-Konstruktion der Vorstellungen von Gerechtigkeit, Fürsorglichkeit und Verantwortung zugleich eine Re-Konstruktion ist, weil aufgegriffen wird, was Menschen zu diesen Themen schon gedacht und was sie erfahren, erlitten und erreicht haben. Darüber hinaus eröffnet das Klassenzimmer viele Gelegenheiten, Vorstellungen von dem, was gerecht, fürsorglich und verantwortbar ist, in Handlungen umzusetzen. Die dabei auftretenden Schwierigkeiten können den Heranwachsenden zeigen, dass es nicht darum gehen kann, Konzepte nur zu übernehmen, sondern dass auf sie zukommt, diese Vorstellungen auch unter sich verändernden Lebensbedingungen zu verwirklichen.

Literatur

Azmitia, M. (1996). Peer interactive minds: Developmental, theoretical and methodological issues. In P. B. Baltes & U. M. Staudinger (Eds.), *Interactive minds* (pp. 133–162). New York: Cambridge University Press.

Bear, G. G., & Rys, G. S. (1994). Moral reasoning, classroom behavior, and sociometric status among elementary school children. *Developmental Psychology, 30,* 633–638.

Berkowitz, M. W., Gibbs, J. C., & Broughton, J. M. (1980). The relation of moral judgement state disparity to developmental effects of peer dialogues. *Merrill-Palmer Quarterly, 26,* 341–357.

Berkowitz, M. W., Oser, F., & Althof, W. (1987). The development of sociomoral discourse. In W. M. Kurtines & J. L. Gewirtz (Eds.), *Moral development through social interaction* (pp. 322–352). New York: Wiley.

Berndt, T. J. (1981). Effects of friendship on prosocial intentions and behavior. *Child Development, 52,* 636–643.

Berndt, T. J. (1989). Friendships in childhood and adolescence. In W. Damon (Ed.), *Child development – Today and tomorrow* (pp. 323–348). San Francisco, CA: Jossey-Bass.

Berndt, T. J., Hawkins, J. A., & Hoyle, S. G. (1986). Changes in friendship during a school year: Effects on children's and adolescents' impressions of friendship and sharing with friends. *Child Development, 57,* 1284–1297.

Blatt, M., & Kohlberg, L. (1975). The effects of classroom moral discussion upon children's levels of moral judgement. *Journal of Moral Education, 4,* 129–161.

Bukowski, W. M., & Sippola, L. K. (1996). Friendship and morality. In W. M. Bukowski, A. F. Newcomb & W. W. Hartup (Eds.), *The company they keep: Friendship in childhood and adolescence* (pp. 238–261). New York: Cambridge University Press.

Cohen, J. M. (1983). Commentary: The relationship between friendship selection and peer influence. In J. L. Epstein & N. Karweit (Eds.), *Friends in school* (pp. 163–174). New York: Academic Press.

Colby, A., Kohlberg, L., Gibbs, J., & Lieberman, M. (1983). A longitudinal study of moral judgement. *Monographs of the Society for Research in Child Development, 48* (Serial No. 200).

Damon, W. (1984). *Die soziale Welt des Kindes.* Frankfurt a.M.: Suhrkamp.

Damon, W., & Killen, M. (1982). Peer interaction and the process of change in children's moral reasoning. *Merrill-Palmer Quarterly, 28,* 347–367.

Doise, W., & Mugny, G. (1984). *The social development of the intellect.* Oxford: Pergamon Press.

Dunn, J., Brown, J. R., & Maguire, M. (1995). The development of children's moral sensibility: Individual differences and emotion understanding. *Developmental Psychology, 31,* 649–659.

Eisenberg, N., & Fabes, R. A. (1998). Prosocial development. In W. Damon (Series Ed.) & N. Eisenberg (Vol. Ed.), *Handbook of child psychology: Vol. 3. Social, emotional, and personality development* (5th ed., pp. 701–778). New York: Wiley.

Glachan, M., & Light, P. (1982). Peer interaction and learning: Can two wrongs make a right? In G. Butterworth & P. Light (Eds.), *Social cognition* (pp. 238–262). Chicago, IL: The University of Chicago Press.

Grusec, J. E., Goodnow, J. J., & Cohen, L. (1996). Household work and the development of concern for others. *Developmental Psychology, 32,* 999–1007.

Habermas, J. (1981). *Theorie des kommunikativen Handelns: Bd. 1. Handlungsrationalität und gesellschaftliche Rationalisierung; Bd. 2. Zur Kritik der funktionalistischen Vernunft.* Frankfurt a.M.: Suhrkamp.

Keller, M. (1996). *Moralische Sensibilität: Entwicklung in Freundschaft und Familie.* Weinheim: Psychologie Verlags Union.

Kohlberg, L. (1974). Stufe und Sequenz: Sozialisation unter dem Aspekt der kognitiven Entwicklung. In L. Kohlberg, *Zur kognitiven Entwicklung des Kindes* (S. 7–255). Frankfurt a.M.: Suhrkamp.

Kohlberg, L. (1984). *The psychology of moral development. The nature and validity of moral stages.* San Francisco, CA: Harper & Row (Vol. 2 of the Essays on moral development).

Krappmann, L., & Oswald, H. (1995). *Alltag der Schulkinder.* Weinheim: Juventa.

Kruger, A. C. (1992). The effect of peer and adult-child transactive discussion on moral reasoning. *Merrill-Palmer Quarterly, 38,* 191–211.

LaGaipa, J. (1979). A developmental study of the meaning of friendship in adolescence. *Journal of Adolescence, 2,* 201–213.

Lickona, T. (1989). *Wie man gute Kinder erzieht.* München: Kindt.

Maitland, K. A., & Goldman, J. R. (1974). Moral judgments as a function of peer group interaction. *Journal of Personality and Social Psychology, 30,* 699–704.

Nelson, J., & Aboud, F. E. (1985). The resolution of social conflicts between friends. *Child Development, 56,* 1009–1017.

Nucci, L. P., & Nucci, M. S. (1982). Children's social interactions in the context of moral and conventional transgressions. *Child Development, 53,* 403–412.

Oerter, K. (1992). The zone of proximal development for learning and teaching. In F. Oser, A. Dick & J.-L. Patry (Eds.), *Effective and responsible teaching: The new synthesis* (pp. 187–202). San Francisco, CA: Jossey-Bass.

Oser, F. (1981). *Moralisches Urteil in Gruppen – Soziales Handeln – Verteilungsgerechtigkeit: Stufen der interaktiven Entwicklung und ihre erzieherische Stimulation.* Frankfurt a.M.: Suhrkamp.

Parsons, T. (1968). Die Schulklasse als soziales System. In T. Parsons, *Sozialstruktur und Persönlichkeit* (S. 161–193). Frankfurt a.M: Europäische Verlagsanstalt.

Piaget, J. (1973). *Das moralische Urteil beim Kinde.* Frankfurt a.M.: Suhrkamp.

Puka, W. (1990). *Be your own hero.* Project proposal (referiert in Oser & Althof, 1992).

Reitzle, M., & Riemenschneider, U. (1996). Gleichaltrige und Erwachsene als Bezugspersonen. In R. K. Silbereisen, L. A. Vaskovics & J. Zinnecker (Hrsg.), *Jungsein in Deutschland* (S. 301–313). Opladen: Leske + Budrich.

Schläfli, A., Klaghofer, R., & Häfliger, R. (1985). *Lehrlinge zwischen Schule und Beruf. Ergebnisse einer Untersuchung an den Kaufmännischen Berufsschulen Zürich und Grenchen.* Fribourg: Pädagogisches Institut.

Schmid, C., & Keller, M. (1998). Der Einfluß von Geschwistern auf die kognitive und soziomoralische Entwicklung während der mittleren Kindheit und frühen Adoleszenz. *Zeitschrift für Entwicklungspsychologie und Pädagogische Psychologie, 30* (3), 101–110.

Schonert-Reichl, K. A. (1999). Relations of peer acceptance, friendship adjustment, and social behavior to moral reasoning during early adolescence. *Journal of Early Adolescence, 19,* 249–279.

Selman, R. L., & Schultz, L. H. (1990). *Making a friend in youth: Developmental theory and pair therapy.* Chicago, IL: The University of Chicago Press.

Stecher, L., & Zinnecker, J. (1996). Haben Kinder heute Vorbilder? In J. Zinnecker & R. K. Silbereisen (Hrsg.), *Kindheit in Deutschland* (S. 195–212). Weinheim: Juventa.

Sternlieb, J., & Youniss, J. (1975). Moral judgments one year after intentional or consequent modeling. *Journal of Personality and Social Psychology, 31,* 895–897.

Sullivan, H. S. (1983). *Die interpersonale Theorie der Psychiatrie.* Frankfurt a.M.: Fischer.

Tudge, J. (1992). Processes and consequences of peer collaboration: A Vygotskyan analysis. *Child Development, 63,* 1364–1379.

Turiel, E. (1998). The development of morality. In W. Damon (Series Ed.) & N. Eisenberg (Vol. Ed.), *Handbook of child psychology: Vol. 3. Social, emotional, and personality development* (5th ed., pp. 863–932). New York: Wiley.

Turiel, E., Killen, M., & Helwig, C. C. (1987). Morality: Its structure, functions and vagaries. In J. Kagan & S. Lamb (Eds.), *The emergence of moral concepts in young children* (pp. 155–244). Chicago, IL: The University of Chicago Press.

Vitaro, F., Tremblay, R. E., Kerr, M., Pagani, L., & Bukowski, W. M. (1997). Disruptiveness, friends' characteristics, and delinquency in early adolescence: A test of two competing models of development. *Child Development, 68,* 676–689.

Vygotsky, L. S. (1978). *Mind in society.* Cambridge, MA: Harvard University Press.

Walker, L. J. (1980). Cognitive and perspective-taking prerequisites for moral development. *Child Development, 51,* 131–139.

Youniss, J. (1980). *Parents and peers in social development: A Sullivan-Piaget perspective.* Chicago, IL: The University of Chicago Press.

Youniss, J. (1994). *Soziale Konstruktion und psychische Entwicklung.* Hrsg. v. L. Krappmann & H. Oswald. Frankfurt a.M.: Suhrkamp.

III Anwendungen

Peter Schuster

Von der Theorie zur Praxis – Wege zur unterrichtspraktischen Umsetzung des Ansatzes von Kohlberg

Vorbemerkung

Einer der bedeutsamsten Fortschritte für die Theorie und für die Erforschung der moralischen Entwicklung bestand in der Entdeckung Jean Piagets und Lawrence Kohlbergs, dass sich die Moral nicht über die Weitergabe von Verhaltensstandards und Regeln von einer Generation zur nächsten vermittelt, sondern dass die Person diese selbst „konstruiert". Diese Entdeckung widerspricht sowohl lerntheoretischen als auch psychoanalytischen Auffassungen, die moralisches Verhalten entweder als das Produkt gelungener Lern- und Behaltensprozesse oder als die Integrationsleistung von Verhaltensstandards in die Instanz des Über-Ichs verstehen. In beiden Erklärungsansätzen zur Entwicklung der Moral wird angenommen, dass die Person nach einem Modell vorgegebener Werte geprägt werden könnte.

Die pädagogisch bedeutsame Wende, die Kohlberg herbeigeführt hat, besteht darin, dass die Person auch in moralischer Hinsicht nicht als passives Wesen angesehen, sondern als aktives Subjekt ernst genommen wird. So denken Kinder und Jugendliche nicht weniger moralisch als Erwachsene – sie denken anders, da sie ihrer eigenen Logik folgen. Kohlberg hat die Entwicklung dieser Logik vom Kindes- bis zum Erwachsenenalter anhand von Interviews zu moralischen Problemen untersucht. Die Befunde zeigen, dass die Logik, mit der eine moralische Ordnung konstruiert wird, mit zunehmendem Alter komplexer wird. Pädagogisch bedeutsam ist, dass die Moralerziehung Kohlbergs das Gleichgewicht zwischen der Anerkennung der erreichten Logik und der sich noch in Entwicklung befindlichen Logik sucht. Dabei werden beide Aspekte berücksichtigt: Kinder und Jugendliche werden in ihrer Urteilsfähigkeit ernst genommen. Indessen genügt es nicht, sie in ihrer Entwicklung sich selbst zu überlassen. Es bedarf auch der Unterstützung Erwachsener, die sie in der Entwicklung zu einem komplexeren Verständnis von Moral herausfordernd begleiten.

In diesem Beitrag geht es darum, im Anschluss an die kognitiv-strukturtheoretische Forschungstradition zur Moralentwicklung, Wege zu einer entwicklungsbezogenen Gestaltung des Lehr- und Lernprozesses aufzuzeigen und so eine theoriegeleitete Unterrichtsarbeit[1] zu stützen. Dazu werden in einem ersten Teil die

---

[1] Mein Dank gilt an dieser Stelle dem Leiter des Schulpraktischen Seminars in Berlin-Steglitz, Herrn Christian Hönicke, der mich in Fragen der Methodik und Didaktik beraten hat.

theoretischen Annahmen und in einem zweiten Teil die erziehungsphilosophischen Prämissen des entwicklungsorientierten Ansatzes mit Blick auf die Erziehungspraxis ausführlich vorgestellt. Der Schwerpunkt des dritten Teils liegt auf der Präsentation der „Dilemma-Methode". Im Kanon der verschiedenen Möglichkeiten, den entwicklungsorientierten Ansatz in pädagogischen Institutionen zu installieren, gilt diese Methode als „kleine" Form, da sie sich auf den Unterrichtsbereich beschränkt und die Schulorganisation – die große Form – außen vor lässt („Gerechte Schulgemeinschaft", siehe Oser & Althof, in diesem Band). Die Dilemma-Methode zeigt, welche Möglichkeiten sich für die Förderung der Moralentwicklung ergeben.

Dieser Beitrag ist anhand folgender Leitfragen strukturiert:

– Wie lässt sich der Prozess des sozialen und moralischen Lernens aus der kognitiv-konstruktiven Perspektive heraus erklären?
– Welches sind die Kernannahmen zur Moralentwicklung?
– Was sind die erziehungstheoretischen Prämissen von entwicklungsorientierter Erziehung und Unterricht?
– Wie kann die soziomoralische Entwicklung gefördert werden?
– Welche Probleme gibt es bei der Umsetzung der Dilemma-Methode, und wie kann man mit ihnen umgehen?

1. Der Prozess des sozialen und moralischen Lernens aus kognitiv-konstruktiver Sicht

Die theoretische Vorstellung von Lernen, und speziell die vom soziomoralischen Lernen, beeinflusst in entscheidendem Maß sowohl die Auswahl der Strategien als auch die Methoden der Werterziehung. Kohlberg und Mayer (1972) unterscheiden zwischen drei historischen Theorien der Moralerziehung: Die Strategie der Wertübermittlung, die Strategie der Wertklärung und den von Kohlberg selbst vertretenen „progressiven Ansatz". Hinter dem Ansatz der *Wertübermittlung* steht ein Verständnis vom Lernen, das tradierte Werte und Regeln als eine durch Sozialisierung und Indoktrination an die nachfolgende Generation übermittelt sieht. Diese eignet sich wiederum die Empfängergeneration über imitierendes und konditioniertes Lernen an. Der *Wertklärungsansatz* hingegen setzt auf einen diskursiven Prozess unter Gleichen bzw. Gleichgestellten, in dem vorgefundene Werte vom Standpunkt der Wertrelativität reflektiert werden. Das Ziel ist, einen eigenen Standpunkt und ein Bewusstsein über die subjektiv als wichtig erachteten Werte zu gewinnen, diese zu schätzen und nach ihnen zu handeln.

Der *progressive* oder *entwicklungsorientierte Ansatz* unterscheidet sich sowohl in der pädagogischen Zielsetzung und dem Verständnis von Entwicklung von dem des Wertübermittlungsansatzes als auch von dem des Wertklärungsansatzes. Die Pädagogik zielt nicht auf die Vermittlung moralischer Werte und Regeln ab, sondern konzentriert sich auf den Aufbau moralischer Urteilskompetenzen. Gegenüber vorgefundenen Werten übernimmt die Entwicklungstheorie Kohlbergs, die seinen

Moralerziehungsansatz begründet, keine wertrelative Position. Sie berücksichtigt vielmehr unterschiedliche Vorstellungen von Werten, die je nach Entwicklungsstand verschieden sind. Der Kern der Moral ist für diesen Ansatz das Prinzip der Gerechtigkeit. Wiederholt bezeichnete Kohlberg den Menschen in verschiedenen Lebensphasen als Moralphilosophen, der aus eigenem Antrieb darüber nachdenkt, was das Richtige ist und in der Interaktion mit anderen ein eigenes Verständnis von Gerechtigkeit konstruiert (1971, 1987). Die wissenschaftlichen Befunde Kohlbergs zeigen, dass sich das Verständnis von Moral mit zunehmendem Alter wandelt. In der Weiterentwicklung der Arbeiten Piagets (1932), findet Kohlberg eine Abfolge von sechs Stufen der moralischen Entwicklung. Jede Stufe steht für eine bestimmte Ausprägung des Verstehens, des Urteilens und des Begründens, wobei jeweils die nächsthöhere Stufe die vorangegangene sowohl einschließt als auch an Komplexität übersteigt und somit eine reifere, das heißt eine verallgemeinerungsfähigere und gerechtere Form des moralischen Denkens darstellt (siehe Kohlberg, in diesem Band). Inwieweit sich eine Person moralisch entwickelt ist abhängig von Gelegenheiten der intensiven Auseinandersetzung mit anderen über Fragen und Probleme der Moral. Die Förderung der Komplexität des Verstehens ist also möglich, indem Gelegenheiten geschaffen werden, sich mit konträren Orientierungen und Lösungsansätzen auseinanderzusetzen. Demnach besteht die pädagogische Hauptaufgabe darin, Erfahrungsprozesse so zu begleiten und zu begünstigen, dass das aktive Denken herausgefordert wird und dass dieses Denken, das Reden und das Interagieren in höhere Stufen überführt wird. Werden beispielsweise Streitigkeiten auf dem Pausenhof einseitig durch die Lehrperson reguliert, indem auf die Verletzung von Regeln verwiesen und das unerwünschte Verhalten unter Androhung von Strafe unterbunden wird, so wurde eine Chance vertan, entwicklungsförderlich wirksam zu sein. Werden die Streitparteien hingegen gefragt, was eine faire Lösung für das Problem sein könnte, sind kognitive Prozesse der Rekonstruktion des je eigenen Verständnisses von fairem Handeln notwendig, um zu plausiblen Antworten zu gelangen. Der soziale Konflikt wird somit zu einer Lernsituation im Kohlbergschen Sinn. Lernen steht hierbei für die Veränderung bestehender Wahrnehmungs- und Erklärungsmuster in Richtung auf ein umfassendes Verstehen durch die aktive Auseinandersetzung des Einzelnen mit seiner Umwelt.

Kernannahmen zur Moralentwicklung

Sowohl die psychologische Theorie Kohlbergs der Moralentwicklung als auch der progressive Moralerziehungsansatz gründen auf drei sehr allgemeine Kernannahmen, die sich gegenseitig ergänzen und die ebenso für die allgemeine kognitive Entwicklung (im Sinne Piagets) gelten. Sie lauten wie folgt:

1. Wissen ist organisiert oder „strukturiert"

Die Idee der Struktur ist wesentlich für die Theorie Kohlbergs. Der Begriff charakterisiert eine Form der Organisation von Denken und Wissen über physikalische, soziale und psychologische Ereignisse und Vorgänge, die auch bei der Lösung spezifisch soziomoralischer Probleme eingesetzt werden. Übersetzt spricht man auch von Mustern oder Netzwerken von Ideen. Die Struktur selbst lässt sich nicht unmittelbar erfassen bzw. beobachten. Sie vermittelt sich jedoch beispielhaft in jeder Handlung und – im erweiterten Verständnis von Handlung – im Sprechen. Unter Strukturalisten ist jedoch die Frage strittig, ob nur eine einzige Struktur oder ob verschiedene Strukturen für unterschiedliche Anwendungsbereiche zuständig sind. Während beispielsweise Kohlberg der Auffassung ist, dass nur eine Struktur für die Lösung verschiedener soziomoralischer Probleme zuständig ist (z.B. Versprechen halten, Gehorsam gegenüber den Eltern, Helfen in Notsituationen) meinen andere Forscher, dass für unterschiedliche Anwendungsfelder verschiedene Strukturen zuständig sind (Turiel, 1983; Turiel, Killen & Helwig, 1987). Diese Frage mag für nachdenkliche Praktiker interessant sein, sie ist jedoch für den pädagogischen Anwendungskontext nur eingeschränkt bedeutsam.

2. Entwicklung folgt einer notwendigen Abfolge von Entwicklungsschritten

Im Verlauf der Entwicklung von Kindern lassen sich Unterschiede beispielsweise in ihren Vorstellungen über Gerechtigkeit beobachten. So meinen jüngere Grundschüler typischerweise, dass die einzige faire Lösung eines Streits über die Verteilung eines Preises darin besteht, dass jede Streitpartei genau das Gleiche erhält. Ältere Grundschüler hingegen meinen, dass die besonderen Bedürfnisse und die Verdienste der Streitparteien berücksichtigt werden müssten, um zu einer fairen Lösung zu gelangen.

Der Unterschied im Verständnis von gerechten Lösungen wird dadurch erklärt, dass die angeborene Neigung, Erfahrungen zu strukturieren, zu organisieren und zu integrieren zur Ausbildung von „Entwicklungsstufen" führt, die qualitativ unterscheidbare Organisationsformen des Denkens darstellen. Auf der Grundlage systematischer Beobachtungen der Vorstellungen, die Kinder, Jugendliche und Erwachsene von Gerechtigkeit entwickeln, kommt Kohlberg zu der Auffassung, dass Entwicklung als ein sich lebenslang vollziehender Prozess der Umbildung bzw. Reorganisation kognitiver (Wissens-)Strukturen zu verstehen ist. Die Wandlung umfasst vorhandene Strukturen und führt sie in komplexere und reifere Formen über. Die Strukturen werden in Interaktionen von Person und Umwelt, also aufgrund von Erfahrungen aufgebaut.

In kulturübergreifenden Untersuchungen konnte vielfach nachgewiesen werden, dass sich das individuelle soziale und moralische Wissen um Regeln kulturübergreifend gemäß dem Stufenmodell entwickelt. Von daher kann man das Modell als universell gültig ansehen. Kulturelle Einflüsse und soziale Umwelten können die

Entwicklung zwar beschleunigen, verzögern oder zum Stillstand bringen, die Abfolge ist jedoch unabänderbar.

Der *Mechanismus,* der zur Weiterentwicklung bzw. zur Umbildung von Strukturen führt, ist das Erleben kognitiver Krisen bzw. Unsicherheiten. Diese Krisen werden ausgelöst, indem erfahren wird, dass für die Lösung eines erlebten Konflikts die vorhandene Struktur ungenügend komplex ist bzw. der eigene Gedankengang als widersprüchlich erlebt wird. Die Widerlegung eines Urteils durch ein empirisches Ereignis ist ein Beispiel hierfür. Dadurch wird das kognitive System zu einer komplexeren Sichtweise herausgefordert und die Person sucht nach neuartigen Lösungen bzw. Erklärungsmöglichkeiten für ein beobachtetes Phänomen. Kommt die Person zu einer Lösung, die subjektiv als besser, stabiler und umfassender erlebt wird, wird sie in verschiedenen Erfahrungskontexten erprobt und als neu hinzugelernte Problemlösung gefestigt. Eine qualitativ neue Struktur, und zwar auf einer höheren Stufe, hat sich damit ausgebildet.

Jedes moralische Denken und Handeln weist – mit Ausnahme der höchsten Stufe des prinzipienorientierten Denkens – auf jeder Stufe in einem gewissen Sinn Unzulänglichkeiten auf. So lässt sich aus einer reifen Erwachsenenperspektive beklagen, dass jüngere Kinder bei der Lösung eines Problems die Bedürfnisse der Beteiligten und die Notwendigkeiten eines Kontexts unberücksichtigt lassen. Im Jugendalter werden dann beispielsweise die Interessen, Gefühle und Ansprüche der Bezugsgruppe oder von Freunden berücksichtigt, aber die Perspektive der Außengruppe und ihre legitimen Ansprüche haben keine Entscheidungsrelevanz und bleiben außen vor. Diese relativen Unzulänglichkeiten entsprechen einerseits dem Denken und dem Problemlösen einer Stufe. Andererseits bewirken diese Unzulänglichkeiten, wenn sie als solche empfunden werden, Konflikte, die Weiterentwicklung herbeiführen.

Unzulänglichkeit mag aus der Erwachsenenperspektive als Fehler erscheinen. Die Relevanz für den Entwicklungsprozess widerlegt die verbreitete Routine des Lehrers, solche „Fehler" unmittelbar korrigieren zu wollen. Stattdessen könnte eine pädagogische Strategie darin bestehen, solche „Fehler" als Lernanlässe zu nützen, um die Erfahrung von Unzulänglichkeit und Verunsicherung im Denken und Problemlösen auszulösen und zu verstärken. Das Interesse des Schülers ist dann gesichert, wenn es sich um ein relevantes Thema handelt. Dann nämlich kann man davon ausgehen, dass sich der Schüler bereits „natürlicherweise" in einem stillen und kontinuierlichen Prozess befindet, das Denken der eigenen Stufe zu überwinden.

3. Entwicklung ist das Ergebnis der Interaktion der Person mit seiner Umwelt

Das gesamte soziale und moralische Wissen wird durch soziale Erfahrungen gebildet; es ist die Interaktion mit anderen, die zu der Erkenntnis führt, dass Vorgänge aus unterschiedlichen Perspektiven bzw. Rollen betrachtet werden müssen. Die Ausbildung der Fähigkeit, sich gefühlsmäßig wie auch gedanklich in die Lage anderer zu versetzen, gilt aus entwicklungspsychologischer Sicht als Meilenstein in der Individualentwicklung. Um zu verstehen, wie Gegebenheiten von einer anderen Person verstanden werden, muss das Kind ableiten können, was der andere denkt, fühlt und beabsichtigt; es muss den kindlichen Egozentrismus überwinden, um die Welt mit den Augen anderer sehen zu können. Piaget (1983) prägte den Begriff des Egozentrismus und meint damit die Gewissheit einer Person, dass der andere das gleiche denkt, fühlt und wünscht wie sie selbst. Die eigene Perspektive auf solche Vorgänge wird von der einer anderen Person nicht unterschieden. Der Prozess der Erweiterung dieser einen Perspektive zu Gunsten der Berücksichtigung der Perspektiven anderer wird als Dezentrierung verstanden bzw. als die Fähigkeit, sich in verschiedene Rollen zu denken. Übertragen auf Fragen der Fairness bedeutet dies, dass eine Person, die den kindlichen Egozentrismus nicht überwunden hat, ausschließlich aus der eigenen Perspektive zu einer Lösung kommt (z.B. mit physischer Gewalt eigene Interessen durchsetzen), eine dezentrierte Person hingegen die Perspektive mindestens einer weiteren beteiligten Person in ihren Überlegungen berücksichtigen kann.

Die Überwindung des kindlichen Egozentrismus und somit die Fähigkeit zur Koordination von Interessen und Befindlichkeiten, ist Voraussetzung dafür, soziale und moralische Probleme im Rahmen von Gerechtigkeitsüberlegungen lösen zu können, da in ihr die Interessen anderer gegenüber den eigenen Interessen abgewogen werden. Danach ist die Entwicklung sozialen und moralischen Wissens untrennbar mit dem *Prozess der Perspektivenübernahme* verbunden, das heißt mit dem Bewusstsein, dass der andere auf Gegebenheiten, sei es ähnlich, sei es grundsätzlich, anders reagiert wie man selbst. Während der affektive Anteil der Rollenübernahme im Einfühlungsvermögen (Empathie) zu sehen ist, umfasst der von Mead (1934) geprägte Begriff der Rollenübernahme sowohl kognitive als auch affektive Aspekte. Kohlberg (in diesem Band) bevorzugt den Begriff der Rollenübernahme, da im Entwicklungsverlauf zunächst die Perspektive eines konkreten nahe stehenden anderen, wie ein Elternteil oder ein Freund, und in der späteren Entwicklungsphase auch die Perspektive von gesellschaftlichen Interessengruppen bzw. von gesellschaftlichen Rollenträgern berücksichtigt wird.

Aus theoretischen und empirischen Gründen wird die Entwicklung der Rollenübernahme und der Moral analytisch getrennt, obwohl beide eine Einheit bilden und sich nach der gleichen Logik (d.h. sequenziell, invariant und hierarchisch) entwickeln. Die Rollenübernahme hat insofern eine besondere Bedeutung, als sie als Vorläufer der Moral zu sehen ist. Auf die Frage, wie und durch was Dezentrierung ausgelöst wird bzw. wo der Auslöser für die Entwicklung der Fähigkeit der Perspektivenübernahme zu verorten ist, gibt es von der Wissenschaft bisher nur vorläufige Antworten: Nach Piaget sind es vor allem die Interaktionen mit Gleichaltrigen, die das Kind dazu bewegen, sich miteinander auseinanderzusetzen und die in der „unilateral" durch Autorität und Gehorsam geprägten Eltern-Kind-Beziehung untypisch ist. Die Arbeiten von Youniss (1982), Krappmann und Oswald (1995) und Keller (1996) legen insbesondere nahe, dass nicht nur die Peer-Beziehung allein aussschlaggebend sei, sondern dass die Freundschaftsbeziehung in der Entwicklung der sozialen Kognitionen und der Moral eine wichtige Rolle spielt, weil dort Erwartungen ausgehandelt, Konflikte beigelegt und Normen der Gegenseitigkeit gebildet werden.

2. Pädagogisch-theoretische Grundannahmen zur entwicklungsorientierten Erziehung

Aus den Kernannahmen der Moraltheorie leiten sich unmittelbar Kohlbergs moralpädagogische Ziele und die Methoden ab, wie diese Ziele erreicht werden können.

2.1 Entwicklung als das Ziel der Erziehung

Kohlberg als Stufentheoretiker meint mit Entwicklung zunächst die aufsteigende (vertikale) Sequenz der Stufenentwicklung, doch wie später zu zeigen ist, auch die seitliche (horizontale) Entwicklung, die durch gezielte Maßnahmen gezielt gefördert werden können und sollen.

Freilich bedeutet das umgekehrt, dass Erziehung nur in Übereinstimmung mit den Bedingungen der internen Entwicklungslogik wirken kann. Dementsprechend besteht die Aufgabe einer entwicklungsorientierten Pädagogik darin, dass sie Entwicklungsprozesse systematisch begünstigt, indem sie den Schüler auf dem jeweiligen Entwicklungsstand abholt und nicht unter Absehung des individuellen Entwicklungsstands moralisiert oder belehrt. Moralische Appelle verfehlen den Adressaten oder die Adressatengruppe, wenn sie „zu hoch" aufgehängt sind und damit Denkmöglichkeit und Sichtweise eines Schülers wesentlich übersteigen. Aus der Lehrer- bzw. Erwachsenenperspektive können Ungereimtheiten und vermeintlich logische Fehler in Argumentationen und Konfliktlösungen, aber auch die in Relation zur soziomoralischen Perspektive eines Erwachsenen weniger reife Sicht des Schülers, irritieren. Doch aus der Sicht des Schülers mag – aufgrund seines Entwicklungsstands – seine Auffassung von fairen und gerechten Lösungen höchst plausibel erscheinen, und sie kann im Vergleich zu dem bereits zurückgelassenen Entwicklungsschritt tatsächlich eine deutliche Errungenschaft bedeuten.

Worin unterscheiden sich die Sichtweisen, die Denkmöglichkeiten und die Begründungsstrukturen von Lehrern und Schülern, die aufgrund ihres Entwicklungsstands die differenzierteren moralischen Aussagen der Lehrer (noch) nicht nachvollziehen können? Um Erziehung entwicklungsorientiert zu gestalten, ist ein ungefähres Verständnis der Denkmuster auf den einzelnen Stufen notwendig. Die Stufenbeschreibung von Kohlberg (siehe Kohlberg, in diesem Band) gibt hierbei eine grobe Orientierung, wobei diese – für den Forschungsdiskurs bestimmt – bei der Einschätzung von Schüleraussagen nur mit Einschränkung nützlich ist und gelten kann.

Im Folgenden sind stufentypische Begründungen und Aussagen zusammengestellt, wie sie in Klassengesprächen zu moralischen Themen zu hören sind.

Entwicklungsstufe 1
Die Richtigkeit von Entscheidungen und Verhaltensweisen bemisst sich an den strafenden oder belohnenden Reaktionen der konkreten Autoritäten (z.B. der Lehrer) und anderer nahe stehender Personen (z.B. die Eltern) und an der Erfüllung egoistischer Interessen.

Typische Aussagen:
- Es macht mir Spaß und wenn man nicht erwischt wird, darf man stehlen.
- Meine Eltern machen es so, und deswegen ist das richtig.

Entwicklungsstufe 2
Die Situationseinschätzung erfolgt auf der Grundlage der Interessen eines nahe stehenden anderen. Es erfolgt jedoch eine Aufrechnung des Typs „Wie du mir, so ich dir." Die Interessen fern stehender anderer werden missachtet. Die moralische Tragfähigkeit von Entscheidungen und die Richtigkeit des moralischen Urteils bemisst sich an Normen der konkreten Gegenseitigkeit.

Typische Aussagen:
- Mein Freund hätte mir auch geholfen, wenn ich angegriffen worden wäre.
- Was geht denn mich das Leid anderer an?
- Das ist unfair, auf den Klassenkameraden herumzuhacken.
- Bekomme ich das Gleiche als Geschenk wie deine andere Freundin?

Entwicklungsstufe 3
Moralische Urteile berücksichtigen die Interessen von Bezugspersonen oder Gruppenmitgliedern. Richtig ist, was die Bezugspersonen von mir erwarten, was mich in ihren Augen bestätigt, ihnen nicht schadet bzw. was die eigene Rolle in der Gruppe nicht herabmindert.

Typische Aussagen:
- Was denken andere über mich, wenn ich jemandem aus einer anderen Clique helfe?
- Wenn ich sage, was ich denke, könnte der andere verletzt sein und deswegen ist es nicht richtig.
- Man lügt seine besten Freunde nicht an! Denn sonst würde keiner mir jemals mehr vertrauen.

Entwicklungsstufe 4
Die moralische Situationseinschätzung fällt im Vergleich zu den vorherigen Stufen rationaler aus. Richtig ist, was den Regeln und den Erwartungen der Gesellschaft entspricht und zur Aufrechterhaltung des gesellschaftlichen Systems beiträgt.

Typische Aussagen:
- Wenn alle Versprechen brechen würden, gäbe es keine Gemeinschaft mehr.
- Es widerspricht dem Gesetz zu stehlen, auch wenn man mit dem Diebstahl Leben rettet. Das Gesetz reguliert das Zusammenleben.
- Ich habe mich verpflichtet, meinem erkrankten Nachbarn zu helfen, deswegen muss ich das tun.

Im Folgenden werden Stufe 5 und 6 als Stufen prinzipienorientierten moralischen Urteilens zusammengefasst.

Entwicklungsstufe 5/6
Urteile werden an Prinzipien orientiert, die wiederum Rechte begründen.

Typische Aussagen:
- Das Gesetz dient dem Menschen und nicht umgekehrt.
- Es gibt Situationen, in denen das Recht des Einzelnen über dem der Allgemeinheit steht.
- Können meinem Tun alle zustimmen?
- Könnte dieses Handeln verallgemeinert werden?

In alltäglichen Kommunikationssituationen werden allerdings moralische Argumente oftmals schlagwortartig und klischeehaft verwendet. In solchen Fällen kann davon ausgegangen werden, dass die Bedeutung des verwendeten Arguments nicht verstanden wurde. So benützen etwa Kinder des 4. Grundschuljahrs häufig Argumente, die Gesetzestreue thematisieren und somit voreilig als typisches Denken der Stufe 4 eingeschätzt werden könnten. Nachfragen zur Bedeutung und Wichtigkeit des Gesetzes (Warum ist es wichtig, Gesetze zu befolgen?) ergeben, dass ein Verständnis für gesellschaftliche Anforderungen noch nicht ausgebildet ist.

2.2 Entwicklungsorientierte Erziehung unterstützt die konstruktive Auseinandersetzung des Schülers mit seiner sozialen Umwelt

In wechselnden Interaktionen wird die Bedeutung der sozialen Situation, von Wirklichkeit, von Begriffen und von Regeln mit anderen „ausgehandelt" bzw. konstruiert. Eine Person, die eine Handlung ausführt, stellt Vermutungen an, trifft Entscheidungen und muss diese mit anderen koordinieren. In dichten Interaktionen wird sie sich der Konsequenz von Entscheidungen und Handlungen bewusst, und sie wird von den Interaktionspartnern nach der Bedeutung ihres Verhaltens befragt. Während beispielsweise die dreijährige Maria damit beschäftigt ist, herauszufinden, wie sie es anstellt, die von Mike besetzte Schaukel im Kindergarten kurzfristig in Besitz zu nehmen, ohne dass die Kindergärtnerin besorgt herbeieilt, ist die Koordination von absichtsvollem Handeln unter Berücksichtigung der sozialen Folgen für den zehnjährigen Steven längst kein Problem mehr. Er hat inzwischen Kenntnis von der Existenz von Gefühlen, Gedanken und Erwartungen anderer und weiß, dass sie mit den eigenen koordiniert werden müssen, um einen störungsfreien sozialen Ablauf zu gewährleisten. Sobald er gegen Regeln der Gegenseitigkeit verstößt, muss er gute Gründe vorbringen, um sich zu rechtfertigen. Möchte Steven einen neuen Freund gewinnen, erfährt er, dass er sich in seinem Verhalten als verlässlicher, das heißt in seinem Verhalten weitgehend erwartungskonformer Partner erweisen muss. In der kognitiven Integration solch komplexer Abläufe entstehen Bedeutungsstrukturen bzw. Schemata von Konzepten wie Vertrauen und von Regeln wie „versprochen ist versprochen und wird nicht gebrochen", die aufgrund oftmals konfliktreicher und verunsichernder Erfahrungen verstanden und gebildet wurden. Dieses soziale Wissen ist aber erst dann gesichert, wenn es bei ähnlichen Anlässen wiederholt erfolgreich angewendet wurde, das heißt, wenn es sich als tragfähig und befriedigend erwiesen hat. Danach muss eine entwicklungsorientierte Erziehung Lernfelder schaffen und Methoden einsetzen, die die dichte Interaktion unter Schülern begünstigt.

2.3 Erziehung strebt die Ausweitung und die Ausdifferenzierung moralrelevanter Kompetenzen an und nicht die Beschleunigung der Entwicklung

Es wäre ein Missverständnis anzunehmen, dass der Kern des entwicklungsorientierten Ansatzes allein in einer schnellen Beförderung der Reife des moralischen Urteils liegt. Dieses Ansinnen würde für Kinder wie auch für Lehrer eine Überforderung bedeuten; ihre Realisierung wäre aber auch aus psychologischen Gründen kaum möglich: Nach einem Wechsel auf die nächsthöhere Stufe findet eine Phase der Konsolidierung statt, in der das kognitive System damit beschäftigt ist, die Tragfähigkeit der neuen Erkenntnisse zu erproben und auf verschiedene moralische Situationen anzuwenden. Nehmen wir an, dass ein Kind im Alter von zehn Jahren Denken nach Stufe 3 in bestimmten Situationen zeigt. Es wird dann voraussichtlich weitere vier Jahre dauern bis der Jugendliche das Denken auf Stufe 3 dominant und konsistent, das heißt weitestgehend unabhängig von dem Typus konkreter Situationen, in denen das Kind die Erkenntnis gewonnen hat, anwenden wird. Schnelle Beförderung einer neuen Stufe bedeutet folglich die Beschränkung der neuen Kompetenz auf einen schmalen Anwendungsbereich ohne hinlängliche Konsolidierung. Später werden sich, wenn das Denken auf Stufe 3 dominant geworden ist, am Erkenntnishorizont erneut erste Anzeichen einer neuen Stufe – Denken nach Stufe 4 – abzeichnen. Bis zu dem Zeitpunkt, an dem ein Kind das Stufe 3-Denken konsolidiert hat, wird es immer noch und immer wieder in vielen Bereichen Denken der Stufe 2 zeigen. Bildlich ausgedrückt ist dies die Phase der horizontalen Entwicklung, in der nach und nach die neuen Erkenntnisse auf die neuen Probleme in neuen Bereichen des Denkens angewendet werden. Die gewonnene Erfahrung mit der Anwendung vertieft und verfestigt wiederum die Erkenntnisse.

Der Pädagoge und Entwicklungspsychologe Lickona (1983) bezeichnet die *horizontale Entwicklung* als eine Phase, in der das Denken auf einer Stufe zum Bestandteil des moralischen Handelns einer Person wird. So ist ein Kind im Unterrichtsgespräch überzeugt, dass die Erwiderung einer moralisch als falsch beurteilten Handlung mit einer gleichartigen Handlung (nach dem Prinzip: Auge um Auge, Zahn um Zahn) nicht richtig ist – was dem Denken auf Stufe 3 entspricht. Im Falle eines körperlichen Angriffs reagiert es jedoch nach eben diesem scheinbar bereits überwundenen Prinzip, schlägt zurück und begründet seine Handlung entsprechend dem Prinzip: Es ist gerecht zurückzuschlagen, wenn man angegriffen wird. Die fehlende Konsistenz ist ein Hinweis auf die unzureichende horizontale Entwicklung.

Das natürliche soziale Umfeld kann, muss aber nicht Bedingungen bereithalten, welche die horizontale Entwicklung begünstigen. Von daher sollte die Moralerziehung neben der vertikalen auch die horizontale Entwicklung als ebenbürtiges Erziehungsziel berücksichtigen. Die Bedeutung von sozialen Interaktionen und Konflikterleben für die vertikale Entwicklung wurde bereits verdeutlicht. Doch wie lässt sich die horizontale Entwicklung stimulieren? Der Lehrer könnte beispielsweise das „Wie-Du-Mir-So-Ich-Dir-Denken" der Stufe 2, das innerhalb der Gleichaltrigen-Gruppe ausgebildet wurde, auf Probleme der Gegenseitigkeit im Lehrer-Schüler-

Kontext oder auf Fairnessthemen im Schüleraustausch lenken. Auf Stufe 3 könnte das Verständnis für erwartungskonformes Handeln, das bevorzugt gegenüber Mitgliedern der Bezugsgruppe aufgebracht wird, auf Erwartungen von Personen außerhalb der direkten Bezugsgruppe ausgedehnt werden. Man kann davon ausgehen, je mehr die dominante Stufe auf verschiedene Themen und Inhaltsbereiche angewandt wird, desto eher werden die Urteilskompetenzen der erreichten Stufe gefestigt. Dadurch wird die Weiterentwicklung begünstigt.

Ein weiterer Bestandteil, sowohl der vertikalen wie auch der horizontalen Entwicklung, ist die *Zunahme der Sensibilität für moralische Situationen*. Erst wenn eine moralische Situation als moralische erkannt wird, das heißt als eine Situation, in der verschiedene Wertorientierungen im Konflikt stehen und in der das Wohlergehen der Beteiligten betroffen ist, kann sich eine Person diese Situation kognitiv und affektiv (auch stellvertretend) zu Eigen machen und eine begründete und verantwortbare Lösung dafür suchen. Keller und Reuss (1986) sehen in der Sensibilität für den moralischen Gehalt von Situationen und Gegebenheiten den Kern einer entwicklungsorientierten Moralpädagogik. Die Sensibilität selbst gilt den Autoren als strukturelle Voraussetzung zur moralischen Entscheidungsfindung. Aufenanger, Garz und Zutavern (1981) sehen in der systematischen Einübung der Perspektivenübernahme eine Möglichkeit, Schüler für den moralischen Gehalt von Situationen zu sensibilisieren. „Denn nur wenn man erkennt, daß der andere auch eine eigene Einstellung hat und bestimmte Normen und Werte vertritt, kann eine moralische Situation identifiziert werden, in der unterschiedliche Wertorientierungen miteinander in Konflikt treten." (S. 47) Dem Einsatz der Methode des Rollenspiels wird von den Autoren eine große Bedeutung beigemessen, um über die Bewusstmachung von unterschiedlichen Perspektiven und Wertorientierungen die Auswirkungen von Lösungsvorschlägen auf sich und andere zu erforschen.

Die Entwicklung moralischer Sensibilität durch die Schaffung eines moralischen Klimas stellt weniger eine Strategie oder Methode als vielmehr eine pädagogische Haltung dar. Voraussetzung ist, dass der Lehrer selbst gewillt ist, moralische Situationen und Gegebenheiten als solche zu erkennen, sich ihnen bewusst zuzuwenden und mit einer moralischen Sprache zu belegen. Es geht hierbei weniger um Belehrung, als um eine analytische und forschende Haltung. Diese zeigt sich unter anderem darin, dass im Fall der Verletzung moralischer Regeln (z.B. Hänseln eines Mitschülers) Gefühlen wie Empörung und Ärger Ausdruck verliehen wird, explorierende Fragen zur moralischen Richtigkeit gestellt werden („Ist das fair oder gerecht?") und gemeinsam mit den Schülern alternative gerechte Entscheidungs- und Handlungsalternativen entworfen werden. Es geht darum, den Schulalltag wie auch das Erleben der Schüler aus einer moralischen Perspektive zu betrachten und Werte zu thematisieren, die selten explizit ausgewiesen sind, und damit erkennbar werden zu lassen sowie auf ihre Tragfähigkeit zu überprüfen.

Der Lehrer kommt in seiner Mehrfachfunktion als Organisator einer Lernumgebung, als Wissensvermittler wie auch als Moralerzieher sicher in Schwierigkeiten, diese Rollen und die verschiedenen Interessen zu koordinieren. Im folgenden Abschnitt wird dieses Problem beispielhaft dargestellt, und es wird der Versuch unternommen, Wege aus diesem Dilemma aufzuzeigen.

2.4 Eine entwicklungsorientierte Erziehung achtet auf die Übereinstimmung von Denken und Handeln

Jede Erziehung ist eine Erziehung zum moralischen Handeln. Es hängt jedoch von den Grundannahmen ab, was unter moralisch richtigem Verhalten zu verstehen ist und wie dies erreicht werden soll. In Abgrenzung vom Wertübermittlungsansatz sieht Kohlberg die Aufgabe des Lehrers nicht darin, moralisch gutes Verhalten mittels Überredungs-, Zwangs- und Disziplinierungsmethoden anzuerziehen, sondern „zu verstehen, was vom Standpunkt des Kindes aus an einem bestimmten Verhalten gut bzw. schlecht ist" (Kohlberg & Turiel, 1978, S. 76). Diese Sichtweise weicht erheblich von der Haltung des Lehrers ab, der unter moralischem Verhalten eines versteht, das seinen Erwartungen und Maßstäben entspricht. Da die Einschätzungen des Kindes im Hinblick auf die Richtigkeit bzw. Falschheit von Handlungen mit der Entwicklungsabfolge zunehmend komplexer und reifer werden, ist es wünschenswert, dass sich das Handeln an die höchste verfügbare Stufe annähert. Freilich lässt sich von „Annäherung" nur mit Einschränkung sprechen, weil neben dem moralischen Urteil weitere personale und situative Aspekte darauf einwirken, ob eine moralische Erkenntnis auch angewandt wird. Es erfordert unter anderem erstens ausreichende Sensibilität, die eine Situation als moralische erkennt, zweitens Mut, gegen den Druck von Mehrheitsmeinungen oder missbräuchlich eingesetzte Autorität sowie einen Willen, gegen die eigene Trägheit oder eine ungünstige Stimmung zu handeln. Des Weiteren ist denkbar, dass ein kognitiver Konflikt, eine temporäre Orientierungslosigkeit und Verunsicherung, was das richtige Handeln gewesen ist oder wäre, verantwortlich dafür ist, dass Denken und Handeln auseinander fallen.

Während die Person um Konsistenz ringt, bietet sich dem Lehrer die Möglichkeit, aus einer beratenden Position heraus Entwicklung anzuregen. Häufig werden solche günstigen Konstellationen im Schulalltag verpasst, weil sie (1) eine besondere Sensibilität für die persönliche Situation einzelner Schüler voraussetzen, weil sie (2) zeitraubend sind, und weil dies (3) womöglich auch implizieren würde, Themen aufzunehmen, deren Wertgehalt der Schule als Institution oder dem Wertsystem des Lehrers widersprechen, bzw. weil sie (4) aus der institutionell definierten Verantwortung des Lehrers herausfallen. Stattdessen ist die Agenda des Lehrers häufig mit der Organisation des Lernumfelds und mit sozialen Abläufen zeitlich ausgefüllt.

Tatsächlich stellt die Koordination der didaktischen, der organisatorischen und der erzieherischen Funktionen den Lehrer vor eine große Herausforderung. Das Ungleichgewicht zwischen unterrichtsorganisatorischen Aufgaben und moralpädagogischen Zielen lässt sich dadurch ausgleichen, dass der Lehrer zunächst für sich und dann auch vor seinen Schülern eindeutig zwischen unterrichtsorganisatorischen (geschlossene Situationen) und moralrelevanten Vorkommnissen, Gegebenheiten und Themen (offene Situationen) unterscheidet. Dies impliziert willkürlich aufgestellte Regeln, deren Einhaltung einen geordneten Unterrichtsablauf ermöglichen helfen, und reale moralische Verpflichtungen jeweils sprachlich und methodisch unterschiedlich zu behandeln. Forschungen des Entwicklungspsychologen Turiel (1983) belegen, dass Kinder ab dem dritten Lebensjahr zwischen konventionellen Regeln, deren Bedeutung lokal und wandelbar sind (z.B. Rituale bei Begrüßungen) und allgemeingültigen moralischen Regeln (z.B. einander nicht zu verletzen) unterscheiden. Es handelt sich um ein naives analytisches Bewusstsein, das bei vielen Kindern mit zunehmendem Alter zu schwinden scheint. Womöglich trägt auch die schulische Erziehung dazu bei, dass die Bereiche vermengt werden: Moralische und konventionale Regelverstöße (und Regeleinhaltungen) werden hier oftmals mit der gleichen emotionalen und sprachlichen Intensität und Bestimmtheit geahndet (bzw. belobigt). Aus der Schülerperspektive erhalten dadurch beide Bereiche ähnliches Gewicht und in extremen Fällen entsteht der Eindruck, dass das was rechtens ist, beim Lehrer nicht eingeklagt werden kann. Würde jedoch eine Unterrichtsroutine, die gewiss notwendig ist, als eben diese und mit relativer emotionaler Distanz ausgewiesen, würde das ihre Akzeptanz auf Seiten der Schüler erleichtern. Der Lehrer kann dann moralische Diskussionen und Argumente für Situationen vorbehalten, in denen die moralische Dimension tatsächlich berührt ist. Eine Moralpädagogik, welche die Bereiche trennt, erhöht die Chance, dass der Unterrichtsalltag gerechter wird und gerechter wahrgenommen wird. Er würde Anregungen zum moralischen Handeln enthalten, weil deutlich wird, dass auch der Lehrer die moralische Perspektive deutlich vertritt.

Abschließend stellt sich die Frage, zu welchem Zeitpunkt Denken und Handeln günstig miteinander verbunden werden können. In pädagogisch offenen Situationen erscheinen Regelverstöße am besten geeignet, um Interessenkonflikte unter moralischer Perspektive herauszuarbeiten und Diskrepanzen zwischen Denken und Handeln zu verdeutlichen. Kohlberg und Turiel (1978) geben indes zu bedenken, dass der Lehrer bei solchen Gelegenheiten meist nur auf defensive Rechtfertigungsstrategien trifft. Die Autoren schlagen daher vor, Begründungen für positives Verhalten geben zu lassen. Wenngleich nicht jedes positive Verhalten aus altruistischen oder empathischen Gründen, also genuin moralisch motiviert ist, so ist das Kind doch offen gegenüber den Fragen des Lehrers, die den Vergleich mit Handlungsmotiven in ähnlich gelagerten Situationen suchen. Der Vergleich erscheint als Methode geeignet, die Verbindung von Denken und Handeln zu begünstigen.

2.5 Erziehung lässt sich als gemeinsamer Prozess der Erkundung sozialer und moralischer Themen beschreiben

Im Regelfall ist unbestritten, dass der Erfahrungsschatz des Lehrers umfangreicher ist als der seiner Schüler. Das Wissen des Erwachsenen um Regeln und Konventionen kann indessen nicht direkt auf den Schüler übertragen werden. Die Sichtweisen unterscheiden sich qualitativ in einem Ausmaß, das es beiden Seiten unmöglich macht, die Bezugspunkte des Erlebens, Denkens, Interpretierens und Urteilens beim jeweiligen Gegenüber vollständig nachzuvollziehen – unabhängig davon, ob sich die höher entwickelte Seite in der Kommunikation um einfache Sprache bemüht oder die weniger reife Seite ernsthaft die Botschaft verstehen möchte. Ein Beispiel aus der Praxis soll dies verdeutlichen:

> Der siebenjährige Christoph beobachtet, wie sein gleichaltriger Freund Ludwig morgens mit einem großen Stück Kuchen in die Klasse kommt. Als er diesen Kuchen dann unter den Klassenkameraden aufteilt und dabei Christoph unbeachtet lässt, bleibt Christoph traurig zurück. Die Lehrerin beobachtet die Szene und spricht Ludwig an: „Du und Christoph, ihr seid doch die besten Freunde. Ihr müsst doch füreinander eintreten." Ludwig reagiert nicht auf die Worte der Lehrerin.

> Die Lehrerin drückt mit diesem Satz ihr Mitgefühl mit Christoph aus und versucht, Ludwig zu einem Verhalten zu bewegen, das sie richtig findet: die Erwartungen und Gefühle eines guten Freundes zu berücksichtigen. Die Worte drücken ein Verständnis von Gegenseitigkeit aus, das dem Denken eines etwa zwölfjährigen Kindes auf Stufe 3, nicht aber dem Verständnis des siebenjährigen Ludwig auf Stufe 1 entspricht. Für Ludwig – wie womöglich auch für Christoph – gilt, dass Freundschaft nur Wert hat, wenn man gut miteinander spielt und wenn der Freund die eigenen Bedürfnisse erfüllt. Ludwigs Verhalten ist also auf dem Hintergrund dieser Logik durchaus plausibel.

Die Untersuchungsergebnisse von Blatt und Kohlberg (1975) geben eine mögliche Erklärung, warum die Intervention der Lehrerin fehlgeschlagen ist: Kinder können Argumente intuitiv verstehen und als plausibel anerkennen, wenn sie dem Denken der nächsthöheren Stufe entstammen. Sobald das Argument jedoch wesentlich komplexer ist, das heißt um mehr als eine Stufe von dem Denken des Adressaten abweicht, ist es nicht mehr nachvollziehbar und verfehlt dann seine Wirkung. Ähnliches gilt auch für Argumentationen zum Beispiel zwischen Geschwistern oder in Auseinandersetzungen zwischen Kindern und Eltern. Die häufige Begegnung mit strukturell höheren Argumenten kann freilich die Moralentwicklung begünstigen. Dieses Phänomen ging als so genannte +1-Konvention in die Literatur ein und wurde zunächst als pädagogische Strategie diskutiert, um das Denken eines Schülers mit Argumenten herauszufordern, die um eine Stufe komplexer sind als die jeweils erreichte Entwicklungsstufe. In der Praxis lässt sich die +1-Konvention indessen nicht einhalten. Ein Grund ist, dass sich die Denkstrukturen der Mitglieder einer Lerngruppe untereinander qualitativ in einem solchen Maß unterscheiden, dass der Lehrer einer Stufenmischung entgegentritt, während von einer einzigen Denkstufe in der Gruppe nicht die Rede sein kann. Die Rolle des Lehrers gewinnt zudem eine Dominanz, die eine selbsttätige (konflikthafte) Erkundung und Lösung moralrelevanter Themen verhindert.

Indessen ist das Untersuchungsergebnis für die Erziehungspraxis von großem Interesse: Es entlastet die Rolle des Lehrers, da in Lerngruppen im Regelfall bereits eine Stufenstreuung vorhanden ist, die dafür Sorge trägt, dass Denkstrukturen nach der +1-Regel auf natürlichem Wege maßvoll verunsichert werden. Der Lehrer ist also *nicht* als alleiniger Motor der Entwicklung zu betrachten. Seine Rolle besteht vielmehr darin, entwicklungsbegünstigende Lernsituationen zu erkennen bzw. zu arrangieren. Andererseits stellt dieses Ergebnis auch eine Herausforderung an den Lehrer dar, weil er das Moralverständnis der Schüler erkunden muss, indem er bei moralischen Argumentationen genau zuhört und ein Gespür für deren Begründungsstrukturen entwickelt. Erst dann können moralische Argumente so formuliert werden, dass sie den Adressaten erreichen und von ihm verstanden werden. Im Hinblick auf die Unterhaltung der Lehrerin mit Ludwig wäre beispielsweise eine Einladung zur Perspektivenübernahme („Guck mal, Christoph ist traurig, er hätte auch gerne ein Stück Kuchen abbekommen!") ein beziehungsstiftender und wirkungsvoller Impuls gewesen.

Das größte Potential für die gemeinsame Erkundung der moralischen Welt des Schülers hat ein offener und nachfragender Kommunikationsstil. Piaget nennt eine solche Kommunikationsstrategie „klinische Methode". Dem Lehrer wird eine Neudefinition des Ziels der Kommunikation angeboten: Es geht in der Situation des aktiven moralischen Lernens weniger um „Wahrheitsfindung" für die Schüler als um die Konstruktion der ihrerseits entwicklungsabhängig bestmöglichen Lösung eines moralischen Problems durch den Schüler. An die Stelle der Erklärung, der Instruktion oder der Korrektur tritt die Konversation, in der die Schüler aufgefordert werden, sich gegenseitig zuzuhören und ihre Meinung mit denen anderer zu vergleichen und zu kontrastieren. So werden sie sich der eigenen Denkfehler, der Argumentationslücken oder der Inkonsistenzen im Denken und Handeln bewusst.

3. Anwendung des Kohlbergschen Ansatzes in der Schule

Obwohl moralische Konfliktsituationen im Unterricht und in der Schule an der Tagesordnung sind, gehen sie häufig in der Routine des Alltags unter oder werden – wenn sie ausagiert und damit auffällig werden – als lästige Unterbrechungen gewertet, die kurzfristig vom Lehrer gleichsam durch Anordnung geregelt werden. Als Alternative wird hier vorgeschlagen, moralisches Konflikterleben nicht nur als entwicklungsanregende Chance zu begreifen, sondern dieses kognitiv zielgerichtet und planvoll zu erzeugen. Ziel dieser Aktivität ist – wie bereits ausgeführt wurde – die Entwicklung einer Moral, die den Einzelnen zu selbstständigem Denken, Entscheiden und Handeln befähigt. Nach Oser (1988) lassen sich vier Formen möglicher Anwendung des Konzepts unterscheiden. Die *erste* Form besteht in der Diskussion soziomoralischer Dilemmata im Unterricht. Dies wird weiter unten ausführlich dargestellt. Die *zweite* Form bezieht den Moralerziehungsansatz in die Bearbeitung unterrichtsspezifischer Inhalte ein, indem moralrelevante Themen aufgespürt und etwa anhand der Dilemma-Methode bearbeitet werden. Die *dritte* Form sieht die Einrichtung spezieller Kurse vor, in denen Moralerziehung praktiziert wird. Die *vierte* Form besteht schließlich in der Einrichtung einer „Gerechten Schulgemeinschaft", in der die Strukturen des Lern- und Erfahrungsfelds Schule von Schülern und Lehrern gemeinsam nach Gerechtigkeitsprinzipien transformiert werden. Hier beschäftigen wir uns ausschließlich mit der Dilemma-Methode. Die „Gerechte Schulgemeinschaft" wird im Kapitel von Oser und Althof (in diesem Band) ausführlich dargestellt.

3.1 Die Methode der Dilemma-Diskussion

Die Dilemma-Methode entstand im Zuge der pädagogischen Folgerungen aus der kognitiven Moraltheorie Kohlbergs in den 1960er Jahren. Es handelt sich dabei um eine Form des Unterrichts, die auf das „sokratische Gespräch" zurückgeht. Sokrates führte Dialoge mit Bürgern Athens, die von Platon überliefert wurden. Sokrates befragt seine Gesprächspartner, gibt Hinweise auf Widersprüche und verunsichert sie in produktiver Weise, um sie unter Verzicht auf Belehrung zur Erkenntnis zu führen. Dieses Vorgehen unterstellt, dass der Lernende bereits über alle wesentlichen Erkenntnisse verfügt, ohne sich dessen bewusst zu sein. Im Dialog erinnert er dieses Wissen und wird sich dessen bewusst.

Kohlberg erschien die sokratische Methode geeignet, um in Diskussionen kognitiv-moralische Konflikte zu erzeugen, deren Erleben Entwicklung stimulieren. In Abgrenzung vom Wertklärungsansatz mit seiner Forderung eines akzeptierenden und gewährenden Unterrichtsklimas meint Kohlberg, dass es für die Moralentwicklung „nicht genügt, daß man sich wohlfühlt. Sie verlangt Herausforderung, den kognitiven Konflikt" (Kohlberg, Wasserman & Richardson, 1978, S. 233). Diese Methode hat sich unter einer Vielzahl von Unterrichtsexperimenten als nachhaltig wirksam erwiesen (vgl. die Analyse von Schläfli, 1986).

Bei dieser Methode geht es um Problemgeschichten, so genannte Dilemmata, mittels derer Schüler mögliche Handlungsentscheidungen der Hauptperson diskutieren. Die Geschichten sind so konstruiert, dass ein Mensch in einen unausweichlichen Wertekonflikt gerät. Dabei kann der Handlungsrahmen nicht verändert werden, sodass bloß eine wertorientierte Entscheidung möglich ist. Es gibt viele Arten von Entscheidungskonflikten, die indes erst dann moralisch relevant werden, wenn mit der Entscheidung ein wichtiger Wert verletzt wird (z.B. Leben gegen Eigentum, Gesetz gegen Altruismus, Freundschaftsnorm gegen Eigeninteresse). In einer solchen Zwangssituation ist die geltende Werthierarchie zunächst außer Kraft gesetzt, das heißt, dass die handlungsleitende Funktion eines wichtigen Werts nicht selbstverständlich gültig ist. Vielmehr muss zwischen den konkurrierenden Werten eine begründete Prioritätensetzung erfolgen. So konkurrieren beispielsweise im so genannten Heinz-Dilemma der Wert „Recht auf Leben" mit dem Wert „Eigentum". Dieses Dilemma wurde ursprünglich zu Forschungszwecken entwickelt und hat sich in internationalen und kulturvergleichenden Studien wie auch als Textgrundlage für Dilemma-Diskussionen mit Schülern der Sekundarstufe und mit Erwachsenen bewährt. Im Folgenden wird eine adaptierte Version vorgestellt:

> Eine Frau, die an einer besonderen Krebsart erkrankt war, lag im Sterben. Es gab eine Medizin, von der die Ärzte glaubten, sie könne die Frau retten. Es handelte sich um eine besondere

Form von Radium, die ein Apotheker in der gleichen Stadt erst kürzlich entdeckt hatte. Die Herstellung war teuer, doch der Apotheker verlangte zehnmal mehr dafür, als ihn die Produktion gekostet hatte. Er hatte 2.000 Dollar für das Radium bezahlt und verlangte 20.000 Dollar für eine Dosis des Medikaments.

Heinz, der Ehemann der kranken Frau, suchte alle Bekannten auf, um sich das Geld auszuleihen, und er bemühte sich auch um Unterstützung durch die Behörden. Doch er bekam nur 10.000 Dollar zusammen, die Hälfte des verlangten Preises: Er berichtete dem Apotheker, dass seine Frau im Sterben lag, und bat, ihm die Medizin billiger zu verkaufen bzw. ihn den Rest später bezahlen zu lassen. Doch der Apotheker sagte: „Nein, ich habe das Mittel entdeckt, und ich will damit Geld verdienen."

Heinz hat nun alle legalen Möglichkeiten erschöpft; er ist verzweifelt und überlegt, ob er in die Apotheke einbrechen und das Medikament für seine Frau stehlen soll.

Die Aufgabe des Lehrers (bzw. Diskussionsleiters) besteht darin, einen motivierenden Einstieg in das Entscheidungsproblem zu schaffen, „sokratisch" nachzufragen, das Gespräch unter den Schülern zu fördern und sich mit seiner Meinung zurückzuhalten.

Typen moralischer Dilemmata

Je nach Herkunft des als Dilemma-Geschichte aufbereiteten Wertekonflikts lassen sich vier Typen moralischer Dilemmata unterscheiden:

(1) das hypothetische Dilemma,

(2) das semi-reale Dilemma,

(3) der Realkonflikt,

(4) das fachspezifische Dilemma.

Die Klassifizierung der Dilemma-Typen wurde am Maßstabe ihrer Nähe zur lebensweltlichen Erfahrung, zum schulischen Alltag bzw. zum Unterricht vorgenommen. Wie bereits erwähnt, bestimmt dies nicht den Grad der Relevanz, die ein Dilemma für die Schüler tatsächlich hat. So kann eine Gruppe von einem auf den ersten Blick konstruiert wirkenden hypothetischen Dilemma wie von einem realen Dilemma gleichermaßen emotional betroffen sein.

(1) Bei einem *hypothetischen Dilemma* handelt es sich um eine fiktive Geschichte, in der ein Wertkonflikt eindeutig und zugespitzt dargestellt ist. In den ersten Untersuchungen zur pädagogischen Anwendung der Kohlberg-Theorie wurden Dilemmata wie das Heinz-Dilemma mit Kindern und Jugendlichen diskutiert. Die fiktiven Personen der Geschichte sind zwar in einen situativen Kontext eingebunden, es fehlen jedoch Hinweise zu Ort, Zeit und Persönlichkeit. Im Gegensatz zur Diskussion realer Konflikte geht es hier nicht um die Findung einer konsensuellen Lösung des Problems, sondern der Diskussionsausgang bleibt offen. Durch die beabsichtigte relative Abstraktheit und die Distanz zum Alltag wird fern vom Handlungsdruck realer Konflikte die Konzentration auf den Wertekonflikt ermöglicht. Das bedeutet jedoch nicht, dass die Diskussion unengagiert, emotionslos und undramatisch verlaufen muss. Fehlen jedoch Phantasie und Relevanzerfahrung, so wird dieser Dilemma-Typ weniger zur Teilnahme an der Diskussion motivieren.

(2) Im Gegensatz zum hypothetischen Dilemma ist das *semi-reale Dilemma* der Lebenswelt der Schüler entnommen und kann daher als erfahrungsnah beschrieben werden. Die fiktiven Personen handeln in der unmittelbaren Lebenswelt der Schüler, gehören etwa derer Alters- bzw. Peergruppe an und erleben Entscheidungskonflikte, die auch von ihnen erlebt werden könnten. Während dieser Typ des Dilemmas als real angenommen wird, bleibt die Handlungsentscheidung hypothetisch. Dadurch eröffnet sich den Schülern die Möglichkeit, frei von Handlungsdruck an selbst erlebten Konfliktsituationen anzuknüpfen. Grundsätzlich beabsichtigt das Dilemma, die Schüler in virtuelle Handlungsprobleme einzubinden, indem der fiktive Charakter des Geschehens hervorgehoben wird. Durch die Ermöglichung von Distanz wird, ähnlich wie beim hypothetischen Dilemma, der Blick auf den Wertekonflikt gelenkt.

(3) Der *Realkonflikt* ist unmittelbar den Alltagserfahrungen des Schülers entnommen oder stellt eine Dramatisierung von Schülerberichten zu selbst erlebten Konfliktsituationen dar. Beispiele hierfür sind: Eine Freundin will während einer Klassenarbeit abschreiben; ein Mann bietet Schülern vor der Schule die Möglichkeit zum Geldverdienen an, sie dürfen aber mit keinem darüber sprechen; eine Schülerin wird Zeuge, wie ein Freund zusammen mit anderen einen Mitschüler anderer Hautfarbe verprügelt. Dieser Typus nähert sich der Vieldeutigkeit alltäglicher sozialer Erfahrungen an und bietet Schülern somit die Möglichkeit, gemeinsam an gerechten Lösungen für reale Probleme zu arbeiten. Dadurch wird der moralische Gehalt von Situationen herausgearbeitet, der häufig weder wahrgenommen noch thematisiert wird. Während hierbei in der Regel ein hoher Grad an emotionaler Beteiligung und eine engagierte Diskussion zu erwarten ist, erhöht sich zugleich die Bereitschaft, defensive Rechtfertigungsstrategien an den Tag zu legen, die eine konzentrierte Bearbeitung des Konflikts unter moralischen Gesichtspunkten beeinträchtigt.

(4) Bei dem *fachspezifischen Dilemma* handelt es sich um Wertekonflikte, die sich aus dem Bereich des jeweiligen Fachs herleiten lassen. Im Fach Geschichte und in den Naturwissenschaften, in religiösen wie auch in politischen Fragen, in der Literatur usw. stehen Menschen vielfach in moralischen Entscheidungskonflikten. Die Bearbeitung dieses Dilemma-Typus zeigt dem Schüler, dass Menschen in unterschiedlichen Epochen und Kontexten Wertentscheidungen treffen mussten und müssen (vgl. Landesinstitut für Schule und Weiterbildung, 1995)

Zusammenfassend lässt sich sagen, dass alle vier Typen moralischer Dilemmata ihre Berechtigung haben, weil sie sich in der Ausprägung des Kriteriums ihrer Alltagsrelevanz und in der Nähe zum Unterricht unterscheiden. Ihre Verwendung sollte indessen mit Blick auf die Voraussetzungen der Lerngruppe und des Lehrers erfolgen. So ist der Einsatz hypothetischer bzw. semi-realer Dilemmata aus der Forschungsliteratur dann zu empfehlen, wenn die Lerngruppe in der Diskussion von Dilemmata noch unerfahren ist, und sich mit der Bearbeitung eindeutig konstruierter Dilemmata Unterrichtsroutine entwickeln lässt, und wenn der Lehrer erst anfängt, den Kohlberg-Ansatz zu praktizieren. Denn für viele hypothetische Dilemmata liegt die Einstufung möglicher Argumente bereits vor. Mit ihrer Hilfe erhält der Lehrer ein Instrument, die Argumente, die von der Schülergruppe gegeben werden, einigermaßen einer Stufe zuzuordnen. Auf dieser Basis lässt sich das Erkennen und das Reagieren auf bestimmte Urteilsstufen einüben. Im nächsten Schritt können dann reale Konflikte zum Ausgangspunkt von Diskussionen gewählt werden. Dies setzt voraus, dass Lehrer und Schüler moralrelevante Situationen wahrnehmen, von ihnen berichten und bereit sind, die Unterrichtsroutine zu unterbrechen, um in der gemeinsamen Auseinandersetzung gerechte Lösungen für Konflikte zu finden. Die Zielsetzung dieser Form von Dilemma-Diskussion unterscheidet sich jedoch grundlegend von derjenigen der Diskussion hypothetischer bzw. semi-realer Konflikte: Im Gegensatz zu diesen werden Entscheidungskonflikte nicht allein als Anlässe für die Aktivierung subjektiv erlebbarer kognitiver Konflikte genützt, sondern sie sind ein Anlass, den Schulalltag unter dem Gesichtspunkt der Gerechtigkeit zu regeln. Gelingt dieses Vorhaben, so ist ein wichtiger Schritt getan, um in der Lerngruppe die moralische Atmosphäre zu intensivieren, die wiederum die Zusammenführung von moralischem Handeln und Denken begünstigt.

Allgemein ist es wünschenswert, dass der moral-kognitive Ansatz in alle Fächer integriert wird. Würden Dilemma-Diskussionen bloß im erzieherischen – im Gegensatz zum unterrichtlichen – Bereich durchgeführt, so würde Moralerziehung innerhalb der Stundentafel nur als Sonderfall stattfinden. Edelstein (1986) hat hingegen gute Gründe dafür angegeben, dass die Überführung des Moralerziehungsansatzes in die wissensvermittelnde Tätigkeit des Lehrers eine Normalisierung bedeutet, die auf lange Sicht die größere moralpädagogische Wirkung erzielen dürfte.

Exkurs: Zur unterrichtspraktischen Bedeutung kognitiver Konflikte

Bei der Diskussion von Dilemmata ist nicht die Entscheidung bzw. ihr inhaltliches Ergebnis von Interesse, sondern das Abwägen zwischen den Werten und das Begründen der Entscheidung. In diesem Sinn ist der Weg, das heißt die intensive Auseinandersetzung mit Wertfragen und die argumentative Verteidigung von Standpunkten das unterrichtspraktische Ziel. Im Prozess einer konfliktreichen Auseinandersetzung werden die kognitiven Strukturen herausgefordert und womöglich erschüttert, wenn die Plausibilität des eigenen Standpunkts zunächst von anderen und schließlich von dem infrage gestellt wird, der ihn einnimmt.

Das Konflikterleben spielt hierbei die wesentliche Rolle. Zunächst wurde angenommen, dass vor allem strukturell komplexere Argumente der nächsthöheren Stufe das Denken erschüttern könnten. Diese auf Forschungsbefunde gestützte Annahme mündete – wie bereits ausgeführt – in der Formulierung der +1-Regel. Die Konzentration auf abstrakte, weitgehend inhaltsfreie Vorstellungen von entwicklungsförderlichen Prozessen geht auf das strukturale Verständnis der Moralentwicklung bei Kohlberg zurück. Inzwischen ist bekannt, dass auch andere Anlässe in Moraldiskussionen die Kraft besitzen, das Denken wirkungsvoll zu verunsichern. Sie lassen sich wie folgt konkretisieren:

– der in der Dilemma-Geschichte angelegte Wertkonflikt selbst führt zum Konflikterleben;
– die Diskussionsteilnehmer entscheiden sich stellvertretend für die Hauptperson für unterschiedliche Handlungsausgänge, was beim Einzelnen zu einem Rechtfertigungsdruck führt (z.B. Wie kommst du zu der Meinung, dass Person X sich so verhalten sollte?);
– ungeachtet der getroffenen Entscheidung wird die Plausibilität und die Tragfähigkeit der Entscheidungsbegründung von den anderen Diskussionsteilnehmern in Zweifel gezogen (z.B. Ich stimme mit dir überein, dass die Person X sich so verhalten sollte; deine Begründung verstehe ich aber nicht.);
– die Form der sprachlichen Interaktion unter den Teilnehmern führt zu einer bestimmten Qualität der Auseinandersetzung, die ihrerseits das Konflikterleben verstärkt (siehe die Diskussionsregeln, die weiter unten beschrieben sind).

Die Berücksichtigung der verschiedenen Typen von Konfliktanlässen erleichtert einerseits die Einschätzung von Kommunikationsprozessen, wie sie sich ungeplant in Diskussionsgruppen ergeben können, und andererseits helfen sie bei der Planung und Durchführung von Moraldiskussionen im Unterricht. So muss *erstens* der Wertekonflikt von allen Diskussionsteilnehmern deutlich nachvollziehbar sein, *zweitens* muss der Entscheidungsausgang aller Schüler deutlich sein, *drittens* müssen die Entscheidungsbegründungen als hinterfragbar ausgewiesen werden, und *viertens* muss eine bestimmte Form der sprachlichen Auseinandersetzung methodisch arrangiert und kultiviert werden. Während die +1-Konvention die grundlegende entwicklungsförderliche Bedeutung des kognitiven Konflikts und seiner Auslösung durch die Stufendifferenz in der Diskussionsgruppe verdeutlicht, weisen die weiteren Konfliktanlässe auf die Möglichkeiten hin, bei der Planung des Unterrichtsprozesses den sozialen wie den kognitiven Konflikt als Motor der Entwicklung zu organisieren.

Ziele der Moraldiskussion

Die Erziehungsziele der Dilemma-Methode überschneiden sich mit den allgemeinen Zielen des progressiven Moralerziehungsansatzes. Neben der kognitiven und affektiven Dimension tritt hier zusätzlich die kommunikative Dimension heraus:
– moralische Sensibilisierung (d.h. die unmittelbare und bewusste Wahrnehmung moralisch relevanter Gegebenheiten);
– Förderung der Stufenentwicklung (d.h. die vertikale Entwicklung);
– Förderung der horizontalen Entwicklung (d.h. die Anwendung der dominanten Urteilskompetenz in unterschiedlichen inhaltlichen Kontexten);
– Befähigung zur Übernahme der Perspektive anderer (d.h. sich in andere einfühlen und hineindenken können);
– Förderung der Diskursfähigkeit (d.h. zuhören und argumentieren);
– vertieftes Verständnis sozialer und moralischer Konzepte und moralisch relevanter Zusammenhänge.

An diesem Katalog wird deutlich, dass nicht – wie oft fälschlicherweise angenommen – ausschließlich kognitive Lernziele angestrebt werden. Dies kann und soll auch nicht der einzige Schwerpunkt der Moraldiskussion sein. Vielmehr sind verschiedene Formen des sozialen Lernens sowie gruppendynamische Prozesse an dem Gelingen der Moraldiskussion beteiligt.

Inhaltliche Beschaffenheit eines Dilemmas

Ob eine Dilemma-Diskussion gelingt, hängt vor allem davon ab, inwieweit das Konflikterleben des Protagonisten der Geschichte von der Lerngruppe nachvollzogen wird und emotionale Betroffenheit auslöst. Dies ist allerdings in der Praxis nur schwer vorauszusagen. So kann die Präsentation eines Dilemmas in zwei Lerngruppen mit ähnlichen Voraussetzungen zu ganz unterschiedlichem Relevanzerleben führen. Während die Geschichte in der einen Lerngruppe als echt und relevant erlebt wird, löst sie in der anderen keine Auseinandersetzung aus. Doch zumindest gibt es Hinweise auf Bedingungen, die eine Passung zwischen dem Material und der Lerngruppe begünstigen:
- *Die inhaltliche Ausgestaltung des Dilemmas sollte zielgruppenadäquat sein; sie sollte inhaltlich auf das Alter der Zielgruppe abgestimmt sein und deren emotionale Belastbarkeit nicht übersteigen.* Während die erstgenannte Spezifizierung eine didaktische Selbstverständlichkeit darstellt, bedarf die zweitgenannte einer Erläuterung. Die Auslösung emotionaler Betroffenheit in der Lerngruppe erhöht einerseits die Bereitschaft, sich an einer kontroversen Diskussion des Dilemmas zu beteiligen. Ist das emotionale Erleben des Entscheidungskonflikts zu groß, besteht andererseits die Gefahr, dass Abwehrmechanismen mobilisiert werden und eine engagiert geführte Diskussion verhindert wird.
- *Die inhaltliche Ausgestaltung des Dilemmas orientiert sich an der Stufenzugehörigkeit der Mehrheit der Schüler.* Befinden sich die Mitglieder einer Lerngruppe mehrheitlich zwischen den Stufen 1 und 2, dann sollte es sich in dem zur Diskussion stehenden Dilemma zwischen den eigenen Bedürfnissen und den Interessen konkreter und bedeutungsvoller anderer handeln (z.B. selbstbezogener Spaß vs. Gehorsam gegenüber Autoritäten). Überwiegt das Denken auf Stufe 2 bis Stufe 3, ist ein Szenario zu empfehlen, das den Konflikt zwischen Normen der Gegenseitigkeit und den Belangen von anderen ansiedelt (z.B. Versprechen vs. Altruismus). Bei Schülern der Urteilsstufen 3 bis 4 bietet sich die Wahl eines Dilemmas an, das den Konflikt zwischen den Interessen einer Bezugsgruppe und dem Gesetz thematisiert (z.B. Loyalität vs. Gesetz). Übersteigen die Urteilsstrukturen einiger Teilnehmer der Lerngruppe die Stufe 4, ist es sinnvoll, ein Dilemma zu wählen, das konventionelle mit postkonventionellen Orientierungen konkurrieren lässt (z.B. Gesetz vs. Prinzip der Meinungsfreiheit).
- *Die Struktur des im Dilemma thematisierten Wertekonflikts sollte eindeutig und klar sein.* Während die Diskussion mehrere Orientierungen thematisieren kann,

sollte der Lehrer in einer Vorabanalyse Klarheit darüber herstellen, worin der zentrale (bipolare) Wertekonflikt besteht. Auf diesen sollte sich dann die Diskussion konzentrieren, um das Dilemma zum Vorschein zu bringen.

– *Der Ausgang des Dilemmas muss offen sein.* Dies ist nicht nur – wie hinten ausgeführt wird – ein Gütekriterium für Dilemma-Diskussionen, sondern betrifft auch die Konstruktion der Geschichte. Sie darf nicht nahelegen, dass einer der beiden möglichen Entscheidungsausgänge der moralisch richtige ist. Voraussetzung hierfür ist, dass der Lehrer selbst beide Handlungsoptionen als gleichberechtigt und als gleichermaßen moralisch vertretbar erachtet. Favorisiert er hingegen aus moralischen Überlegungen a priori eine Handlungsoption, dann ist eine direkte oder auch indirekte Einflussnahme auf den Diskussionsausgang wahrscheinlich. Die Analyse des folgenden Dilemmas, das in der Literatur für die Primarstufe empfohlen wird, soll dieses Problem illustrieren:

Die Lehrerin kommt morgens in die Klasse und sagt zu den Kindern: „Hört mal her, Frau Scholz vom Sekreteriat hat heute morgen einen 50-DM-Schein im Treppenhaus verloren. Sollte ihn jemand finden, bitte ich euch, ihr das Geld zurückzugeben."

Britta hatte das Geld vor Unterrichtsbeginn gefunden: Es lag hinter einem Abfallkorb. Sie war sich vollkommen sicher, dass sie keiner sah, als sie den Schein aufhob. Und sie war froh über den Fund, denn ihre Mutter hatte in der nächsten Woche Geburtstag, und sie wollte ihr ein Geschenk kaufen. Doch was sollte sie tun? Britta mag Frau Scholz sehr gern und sie weiß, dass Frau Scholz das Geld braucht, denn sie hat eine große Familie.

In diesem Beispiel befindet sich die Protagonistin in einer Situation, in der die Neigung, der Mutter ein Geschenk zu machen, mit der Pflicht konfligiert, das Geld der rechtmäßigen Eigentümerin zurückzugeben. In der Konstruktion des Dilemmas wird der mögliche Entscheidungsausgang „Rückgabe des Geldes" noch dadurch verstärkt, dass die Eigentümerin als sympathisch (Britta mag Frau Scholz) und als bedürftig (sie hat eine große Familie) beschrieben wird. Neben dem Werts „Eigentum" spielt ein altruistisches Motiv wie auch Sympathie eine Rolle. In der alternativen Entscheidung (Behalten des Geldes) ist neben dem außermoralischen Motiv „der Mutter eine Freude machen wollen" zusätzlich ein Rekurs auf Klugheitserwägungen angelegt (es ist unklug, das Geld zurückzugeben, denn dann weist sich die Protagonistin als eine Person aus, die eine Pflicht verletzt hat). Gelingt im Rahmen eines Unterrichtsgesprächs die Exploration der möglichen Beweggründe, warum die Protagonistin das Geld behalten bzw. zurückgeben sollte, so erhält man die in der Analyse aufgezählten Aussagen. Das Dilemma wird hierdurch für alle nachvollziehbar und es kann sich eine Diskussion über das Für und Wider der alternativen Entscheidungsausgänge entwickeln. Gelingt hingegen die Exploration nur unvollständig, indem beispielsweise bloß Gründe für die Rückgabe des Geldes genannt werden, so besteht die Aufgabe des Lehrers (bzw. des Diskussionsleiters) darin, bei den Schülern die Gründe der alternativen Entscheidung hervorzurufen. Angenommen der Lehrer selbst kann die beiden Entscheidungsausgänge nicht guten Gewissens als gleichwertig beurteilen, so wird er dies (auch unbeabsichtigt) im Unterrichtsgespräch vermitteln und es findet eine Beeinflussung des Diskussionsverlaufs statt. Die Schüler – insbesondere im Grundschulalter – werden sich unter Umständen in ihren Äusserungen der Lehrermeinung konform verhalten, statt sich in einen offenen Diskurs zu begeben.

Zusammenfassend können wir feststellen, dass die genannten Kriterien zur Auswahl und Gestaltung von Dilemmata das Gelingen von Moraldiskussionen bedingen. Zudem wurden Merkmale genannt, welche die Qualität von Diskussionen sichern helfen. Dazu gehören: (1) Ergebnisoffenheit, die eine Konzentration auf den Austausch von Gedanken und auf die Verteidigung von Meinungen ermöglicht; (2) eine ungezwungene Gesprächsatmosphäre, die von gegenseitigem Respekt geprägt ist; (3) wiederholte Bezugnahme auf den bipolaren Wertekonflikt, sodass die Diskussion konzentriert ist und nicht ausufert; und (4) das Gespräch unter Schülern und nicht der Dialog zwischen Lehrer und einzelnen Schülern, damit sich die Schüler in ihren Argumentationen aufeinander beziehen und sich wechselseitig hinterfragen.

3.2 Die Dilemma-Methode im Unterricht

Unabhängig von der Art des Dilemmas bzw. von den Voraussetzungen der Lerngruppe erfordern Dilemma-Diskussionen folgende Schüleraktivitäten, die gleichzeitig Lernaufgaben sind:
– Standpunkte einnehmen, begründen und vergleichen,
– Perspektiven übernehmen, das heißt sich in die Position anderer einfühlen bzw. eindenken,
– Argumente und Begründungen formulieren und präzisieren,
– Argumente auf ihre Prämissen und Implikationen befragen,
– herausarbeiten des Werts, der hinter einer Entscheidung steht,
– definieren und beschreiben eines Begriffs,
– Vergleichsbeispiele aus anderen Kontexten finden,
– Begriffe auf der nächsthöheren Abstraktionsstufe bilden,
– den vorherigen Redebeitrag zusammenfassen,
– anknüpfen an die Argumentation des Vorredners,
– den Vorredner befragen,
– einen Beitrag mit einer Frage abschließen.
Bei dieser Aufstellung wird zweierlei ersichtlich: Allzu häufige Dilemma-Diskussionen können schnell zu „Methodenmüdigkeit" führen, weil sich die Schüleraktivitäten in verdichteter Form wiederholen; und zweitens wirkt die Dilemma-Diskussion künstlich und aufgesetzt, wenn sie von der Behandlung des Unterrichtsstoffs abgekoppelt ist und kein Anlass zur Diskussion erkennbar ist. Um langfristig Entwicklung zu fördern, sollte die Methode zwar regelmäßig durchgeführt werden (konkret: alle zwei bis drei Wochen), aber ihr Einsatz sollte mit Bedacht und variantenreich erfolgen. Grundsätzlich gilt, dass ein Thema das Potential besitzen muss, die Schüler emotional zu erreichen und dass diese Methode einen rational nachvollziehbaren Gewinn in der Bearbeitung von (Wissens-)Inhalten hat.

Verlaufsschema für Dilemma-Diskussionsstunden

Die Aktivitäten, die von Schülern in Dilemma-Diskussionen gefordert werden, müssen im Verlauf einer Unterrichtsstunde in einer Weise organisiert werden, die eine wirkungsvolle Auseinandersetzung mit dem Dilemma ermöglicht. Die unterrichtsinterne Organisation von Schüleraktivitäten kann als Struktur oder Ablaufschema der Stunde begriffen werden. In der Literatur finden sich zu ihrer Gestaltung verschiedene Vorschläge. Galbraith und Jones (1975; dt. in Oser & Althof, 1992) schlagen ein vierphasiges Modell vor: (1) Darbietung des Dilemmas (und Verdeutlichung der Problemstellung); (2) erste Standortbestimmung (spontane Abstimmung und Sammlung von Entscheidungsgründen); (3) Überprüfung der Begründung (Meinungsaustausch in der Lerngruppe und Einsatz sokratischer Fragen); (4) Nachdenken über eine bestimmte Begründung (Zusammenfassung der diskutierten Begründungen und Auswahl einer subjektiv als wichtig erachteten Begründung). Der Schwerpunkt liegt bei diesem Modell auf der Bewusstmachung eigener Entscheidungsgründe, auf der Konfrontation mit Inkonsistenzen im Denken und auf der probeweisen Erweiterung eigener Begründungsmuster. Folgt man diesem Modell, so kann man beobachten, dass sich vor allem in der Phase der Überprüfung der Begründung (Phase 3) eine Gesprächsdynamik entwickelt, in der das Denken der Schüler wechselseitig herausgefordert wird. Der Vorschlag von Aufenanger, Garz und Zutavern (1981) folgt zwar formal der Grundidee des dargestellten Vier-Schritte-Modells, entwickelt ihn jedoch insofern weiter, als der Schwerpunkt auf die Analyse und die Gewichtung von Argumenten verlegt wird.

An dieser Stelle soll ein Modell vorgestellt werden, das einen anderen Schwerpunkt setzt. Während die oben angeführten Modelle die Dilemma-Diskussion als Anlass sehen, die je eigenen Begründungsstrukturen zu vereinheitlichen und zu erweitern bzw. diese auf einer Meta-Ebene zu reflektieren, strukturiert sich das folgende Modell um die Entscheidung, die im Verlauf der Diskussion an zwei Stellen vorgesehen ist – als vorläufige Entscheidung probehalber unmittelbar nach der Darbietung des Dilemmas und als reflektierte nach der Diskussion.

Ablaufschema einer Dilemma-Diskussion

(1) Hinführung,
(2) Darbietung des Dilemmas,
(3) *erste* spontane Standortbestimmung mit Abfrage der Begründung,
(4) Diskussion und Überprüfung der Begründung in Kleingruppen und/oder in der Klasse,
(5) *zweite* reflektierte Standortbestimmung,
(6) Bewusstmachung der Veränderung seit der ursprünglichen Entscheidung und ihrer ursprünglichen Begründung,
(7) Zusammenfassung der Diskussion und Fragen zu einer Weiterführung.

Die Konstruktion dieses Modells stützt sich auf die Beobachtung, dass die konflikthafte Entscheidungssituation subjektiv als bedeutsamer Haltepunkt in der Auseinandersetzung mit dem Dilemma erlebt wird. Sie versetzt die Diskussionsteilnehmer stellvertretend in eine Zwangssituationen. Wesentlich ist, dass jedes Mitglied einer Diskussionsgruppe die Aufgabe erhält, zu verschiedenen Zeitpunkten für einen der Entscheidungsausgänge zu stimmen. Das Modell berücksichtigt den Umstand, dass Entscheidungen in der Gruppe getroffen werden. In der ersten Ad-hoc-Entscheidung (Schritt 2) greift die Entscheidung zunächst auf Informationen zurück, die im Dilemma und durch den Lehrer geboten werden. Auf der Grundlage bereits etablierter Problemlösestrategien bildet er Hypothesen, entwirft und durchdenkt Handlungspläne, wählt einen aus und kommt zur Entscheidung. Der Grad an Komplexität des Denkens (die kognitive Struktur) bestimmt, wie logisch die Schlussfolgerungen sind und wie weit dabei Rollentausch stattfindet. Die Wertorientierung hingegen bildet die Grundlage für die reflektierte Entscheidung am Schluss der Diskussion und für ihre Begründung. Sowohl in der Phase, in der jedes Mitglied der Lerngruppe sein Votum abgibt, als auch in der sich daran anschließenden Phase des Meinungsaustauschs lernt der Einzelne die Positionen und Meinungen anderer kennen, die entsprechend dem individuellen Entwicklungsstand und der individuellen Wertorientierung formuliert werden. Die Schüler werden folglich zum „lauten Denken" und zum Erkennen bisher noch nicht bedachter Aspekte gebracht. Durch die Möglichkeit, ein zweites Mal zu entscheiden, erhöht sich in der Diskussionsphase die Bereitschaft, den anderen Stimmen und den Antworten auf die sokratischen Fragen des Lehrers genau zuzuhören und diese in einer Neubewertung der Situation zu berücksichtigen.

Dieses Ablaufschema hat sich in vielen schulpraktischen Erprobungen auf unterschiedlichen Schulstufen und in der Erwachsenenbildung bewährt. Es hat sich vor allem gezeigt, dass die wiederholte Aufforderung zur Standortbestimmung sowohl eine Verstärkung der internen Konfliktdynamik als auch eine intensive Auseinandersetzung in der Lerngruppe begünstigt. Voraussetzung dafür ist allerdings, dass sich die Schüler auf das Dilemma einlassen.

Für die Durchführung einer Dilemma-Diskussion sind 45 bis 90 Minuten zu veranschlagen. In dem Maß, wie sich der Lehrer und die Schüler mit dem Ablauf vertraut gemacht haben, sind Variationen in Bezug auf die zeitliche Dauer der Diskussionen, die Gestaltung und die Akzentuierung der unterschiedlichen Phasen sowie in Bezug auf den Einbau weiterer Elemente möglich (Hinweise zum Einbau von Rollenspielen aus Aufenanger, Garz & Zutavern, 1981). Zu Beginn der Unterrichtsplanung sollen sich Lehrer eng an dem Ablaufschema orientieren, mögliche Probleme vorwegnehmen und sich mit den Aufgaben des Leiters von Moraldiskussionen vertraut machen. Dazu werden im Folgenden die einzelnen Phasen des Ablaufschemas erläutert, die Aufgaben des Lehrers in den einzelnen Phasen dargestellt und mögliche Probleme und Auswege aufgewiesen.

(1) Hinführung
Zunächst erfahren die Schüler, worum es in der Stunde gehen soll. Eine Form des motivierenden Einstiegs besteht darin, den Schülern die Möglichkeit zu eröffnen,

an eigene Erfahrungen anzuknüpfen. Auch sollten bereits in der Hinführungsphase Sachfragen geklärt werden. Dadurch werden die weiteren Schritte von Klärungen und möglichst auch von alterstypischen Mitteilungen entlastet.

(2) Darbietung des Dilemmas
In einem weiteren Schritt erfolgt eine altersgerechte Vorstellung des Dilemmas und die Überprüfung, ob der Inhalt der Geschichte verstanden wurde. Dabei empfiehlt es sich, Merkhilfen für die Namen der Akteure zu verwenden. Des Weiteren sollte die Vorstellung des Dilemmas in der Form variieren. Bewährte Variationsmöglichkeiten reichen von der Nacherzählung, dem Angebot von Bildern und Illustrationen über die Präsentation eines Rollenspiels bis zur Darstellung eines Dilemmas als Fotogeschichte bzw. als Videoproduktion.

Das vordringliche Ziel dieses Schritts besteht darin, den Wertekonflikt und die spezifische Situation der Akteure nachzuvollziehen. Ein Ausweichen vor der Dilemma-Situation durch Kompromissvorschläge muss vermieden werden. Dazu bietet sich das Festhalten von zwei Begriffen oder Redewendungen an der Tafel an, die von der Lerngruppe erarbeitet werden und den bipolaren Entscheidungskonflikt in sprachlich zugespitzter Form verdeutlichen. Diese können sprachlich rudimentär formuliert sein, wie zum Beispiel retten – nicht retten. Die anschließende Exploration der möglichen Folgen beider Entscheidungsalternativen stellt sicher, dass die Schüler den Entscheidungskonflikt samt seiner Begleitumstände erkannt haben.

(3) Erste spontane Standortbestimmung
In diesem Schritt werden die Schüler aufgefordert, für einen der beiden Entscheidungen zu votieren und in einem weiteren Schritt Begründungen für ihre Entscheidung zu geben.

Die Frage „Wie *soll* sich der Hauptakteur entscheiden?" indiziert, dass die Entscheidung unter einer moralischen Perspektive erfolgen soll. Die Abstimmung kann beispielsweise per Handzeichen oder durch die Notierung der Entscheidung auf einen Zettel erfolgen. Für die Primarstufe und die unteren Jahrgänge der Sekundarstufe I hat sich der „Urnengang" bewährt. Dabei werfen die Schüler entsprechend ihrer Entscheidung Abstimmungszettel in eine Urne, die mit den in der Phase 2 erarbeiteten Begriffen beschriftet ist. Ungünstig wirkt sich allerdings aus, wenn während der Abstimmung die individuelle Meinungsbildung durch missbilligendes Gelächter oder andere Formen des sozialen Drucks beeinflusst wird. In einem solchen Fall sollte die Abstimmung unbedingt geheim erfolgen. Die sich daran anschließende Visualisierung des Abstimmungsverhältnisses dient dann als Impuls für die nächste Phase.

Es kann das Problem auftauchen, dass sich einzelne Schüler trotz geduldigen Nachfragens nicht entscheiden können. Der Lehrer sollte in diesem Fall die Schüler gewähren lassen und sich ihr Entscheidungsproblem merken. In der Regel weist dies nämlich auf das Erleben eines kognitiven Konflikts hin, der während der nächsten Phase gesondert exploriert werden kann („Warum ist dir die Entscheidung so schwer gefallen?"). Dadurch erhalten auch die Schüler, die kein Problem in der Geschichte erkennen können, die Gelegenheit, sich der Ambivalenz der Entscheidungssituation bewusst zu werden.

Eine weitere, allerdings wichtigere Problemsituation kann auftreten, wenn die Abstimmung einstimmig erfolgt. Da die Übereinstimmung von den Schülern unter Umständen so interpretiert wird, dass der gewählte Entscheidungsausgang der „richtige" ist, ist ein Anlass für eine kontroverse Diskussion nicht gegeben. Der Umgang mit diesem Problem kann darin bestehen, die Bearbeitung des Dilemmas mit dem Kommentar abzubrechen, dass die Lerngruppe offensichtlich keinen Entscheidungskonflikt erkennen kann. Man kann aber auch danach fragen, ob einige Schüler Schwierigkeiten hatten, sich zu entscheiden. Findet sich nur ein Schüler, der dies bejaht, können zunächst seine Gründe für die Entscheidungsunsicherheit erfragt werden. Häufig zeigt sich, dass sich auch andere in dieser Schwierigkeit befanden und so kann der Versuch unternommen werden, deren Gründe so lange zu explorieren, bis in der Lerngruppe ein kontroverser Meinungsaustausch möglich ist.

Der Lehrer sieht sich mit einer ähnlich gelagerten Problemsituation konfrontiert, wenn die überwältigende Mehrheit für einen Entscheidungsausgang optiert und die Meinung der Minderheit ins Lächerliche gezogen wird. Dann bietet es sich an, der Minderheitengruppe den Arbeitsauftrag zu erteilen, eine starke Gegenposition aufzubauen – unter Umständen mit der Unterstützung von Helfern.

Es ist wichtig, dass Schüler wiederholt nach den Gründen für ihre Position gefragt werden. Zunächst helfen Begründungsfragen bei der Exploration (z.B. „Warum bist du dieser Meinung?"). Dann sollte der Lehrer nach der Bedeutung verwendeter Konzepte, Begriffe und Argumente fragen, um sie nicht einer falschen kognitiven Stufe zuzuordnen. Benützt ein Schüler beispielsweise das Konzept „Vertrauen", so fragt der Lehrer: „Was verstehst du unter Vertrauen?" oder „Warum meinst du, dass Vertrauen wichtig ist?" Diese „Warum-Frage" bzw. Verständnisfrage dient einerseits dem Bewusstmachen tief liegender Begründungsmuster. Andererseits unterstützen sie den Lehrer in seiner Bemühung, die Begründungen und die dahinter liegenden Sichtweisen tatsächlich zu verstehen und sie damit auch für die anderen nachvollziehbar zu machen. Als hilfreich hat sich erwiesen, einige Gründe für beide Entscheidungsalternativen für alle sichtbar an der Tafel festzuhalten.

(4) Diskussion und Überprüfung der Begründungen in Kleingruppen und im Plenum

Nachdem die Entscheidungen und ihre Begründungen veröffentlicht worden sind und sich Divergenzen im Meinungsbild gezeigt haben, kann sich nun die intensivere Phase der Moraldiskussion anschließen. Dazu werden Gruppen gebildet, deren Zusammensetzung in Abhängigkeit von der Aufgabenstellung variieren kann.

• Variante A: Zusammenstellung von Gruppen von zwei bis vier Schülern, ohne besonderes Auswahlkriterium; die Aufgabe ist, mindestens zwei stichhaltige Gründe für jede der alternativen Entscheidungen zu finden und diese zu notieren. Ziel ist es, sich – ungeachtet der eigenen Entscheidungspräferenz – gedanklich mit Gründen für beide Handlungsalternativen zu beschäftigen. Diese Variante wird für jüngere Jahrgangsstufen empfohlen.

- Variante B: Zusammenstellung von Gruppen von zwei bis vier Schülern, ohne besonderes Auswahlkriterium; die Aufgabe ist, auf einem vorbereiteten Arbeitsbogen, auf dem der Lehrer mögliche Für- und Wider-Argumente aufgelistet hat, bereits bekannte Argumente kenntlich zu machen. Das Ziel ist, Analyse, Kontrast und Vergleich von Argumenten anzuregen. Diese Variante wird ebenfalls für jüngere Jahrgangsstufen empfohlen.
- Variante C: Zusammenstellung von Gruppen von zwei bis vier Schülern, abhängig von der Entscheidungsrichtung (Pro- und Kontra-Gruppen); die Aufgabe ist, für jede Begründung der einen Seite, die vorher an der Tafel festgehalten wurde, mindestens zwei Gegenargumente zu finden und zu notieren. Die in der Gruppe notierten Argumente werden dann in der Klassendiskussion eingebracht. Ziel ist, die Argumente der Gegenseite nachzuvollziehen und auf Stichhaltigkeit zu prüfen. Diese Variante wird für die Mittelstufe empfohlen.
- Variante D: Zusammenstellung von Gruppen von fünf bis sieben Schülern ohne besonderes Auswahlkriterium; die Aufgabe ist, die Entscheidung zu treffen und zu begründen. Das Ziel ist, sich in einem engen sozialen Rahmen intensiv und prüfend mit den Argumenten anderer zu beschäftigen, bzw. die eigene Position unter dem Eindruck einer Meinungsvielfalt zu überdenken. Der Einsatz dieser Variante wird für die höheren Jahrgangsstufen und in der Erwachsenenbildung empfohlen.

Alle diese Möglichkeiten der Organisation von Lernumgebungen verfolgen das Ziel, die Auseinandersetzung mit dem Material und mit den eigenen und fremden Begründungen zu intensivieren. Dazu ist die Bildung von Kleingruppen nützlich und sinnvoll, aber nicht unbedingt erforderlich. Das in Tabelle 1 (S. 206 f.) abgedruckte Unterrichtsbeispiel der Diskussion eines Dilemmas in der Grundschule verdeutlicht dies. Da tritt die Einzelarbeit an die Stelle der Gruppenarbeit. Bei der Erteilung von Arbeitsaufträgen ist (besonders bei Variante C) zu bedenken, dass sich das kompetitive Element während der Kleingruppenarbeit nicht zu stark in den Vordergrund drängt. So kann eine Formulierung wie: „Findet Argumente, die die Gegenseite überzeugen können", die für manche Lerngruppen durchaus sinnvoll sind, in anderen Gruppen dazu führen, dass die Schüler den Eindruck haben, es sollte der Gewinner ermittelt werden.

In einem zweiten Schritt werden die wichtigsten Argumente noch einmal in der Klasse vorgestellt und abschließend diskutiert. Dazu bieten sich verschiedene Möglichkeiten an, die entsprechend den Schülervoraussetzungen variieren. Der Lehrer kann zum Beispiel vorgeschlagene Argumente auf den verschiedenen Stufen und für beide Entscheidungsalternativen auswählen und vortragen lassen. Oder er arrangiert die Lernumgebung in Form einer Debatte: Die Proponenten und die Opponenten sitzen sich dabei gegenüber und tragen im Wechsel stützende bzw. widersprechende Argumente vor, bringen weitere Argumente ein oder ziehen sie als widerlegt zurück.

Während der Diskussion muss der Lehrer jede Form von Indoktrination vermeiden. Er wendet sich jedem vorgebrachten Argument zu und würdigt sie positiv, indem er sich um wirkliches Verstehen bemüht, und spielt seine Rolle als geschickter und neutraler Moderator. Die Meinung des Lehrers ist bloß eine Meinung im Meinungsspektrum der Lerngruppe, nicht mehr. Dabei darf auf keinen Fall der Eindruck der Beliebigkeit entstehen. Argumentationsstrukturen, die komplexer sind als andere und stärker die moralische Perspektive beinhalten, müssen erkannt und ihre Vorzüge betont werden. Die Beschreibung der Entwicklungsstufen des soziomoralischen Denkens bietet da eine Hilfe.

Zur Sicherung der notwendigen Konzentration der Lerngruppe auf den moralischen Kern der Diskussion dienen Fragen, wie sie im Folgenden vorgestellt werden (vgl. dazu Hersh, Paolitto & Reimer, 1979):

- Warum-Fragen. Sie fordern zur Begründung von Positionen bzw. von Argumenten auf. Zum Beispiel: „Warum meinst du, dass (…) (X das Geld zurückgeben sollte)?"
- Fragen zur Klärung von Begriffen; zum Beispiel: „Was genau verstehst du unter (…) (Freundschaft, Ehrlichkeit, Gerechtigkeit)?"
- Themenbezogene Fragen zur Überprüfung des Geltungsbereichs eines Arguments; zum Beispiel: „Ist es immer falsch, (…) (Gesetze zu brechen)?"
- Fragen zur Universalisierung oder der Überprüfung der Tragfähigkeit von Argumenten; zum Beispiel: „Wie würde unser Leben aussehen, wenn jeder (…) (ein Gesetz übertreten würde)?"
- Fragen zum Perspektiven- bzw. Rollenwechsel; zum Beispiel: „Wir sind bisher von der Sicht einer Partei ausgegangen. Wie würde denn die Gegenseite das Problem beurteilen?"
- Beteiligungsfragen. Sie regen dazu an, die Argumente anderer in der eigenen Argumentationsführung zu berücksichtigen. Zum Beispiel: „(…) X hat eben gesagt, dass (…) Was denkst du über diese Meinung?"

Es hängt sowohl vom Grad der Kommunikations- und Diskussionsfähigkeit der Schüler ab, als auch von der Gesprächskultur in der Gruppe, wie stark der Lehrer den diskursiven Prozess steuern muss. Wünschenswert ist, dass die Diskussionsteilnehmer so weit über die erforderlichen Kompetenzen verfügen, dass sie sich gegenseitig in ihren Argumentationsmustern hinterfragen und inhaltlich auf die Argumente einwirken können.

Der amerikanische Entwicklungspsychologe Berkowitz (1986) hat festgestellt, dass Dialoge, in denen ein moralisches Dilemma unter Gleichgestellten diskutiert wird, dann entwicklungswirksam sind, wenn sie bestimmte Kommunikationselemente, wie zum Beispiel das kritische Hinterfragen oder das Erweitern eines Arguments, aufweisen. Die Gemeinsamkeiten bestehen darin, dass die Argumentation einer Person auf die Argumentation des anderen einwirkt bzw. dass ein Gesprächspartner die Sichtweise des anderen argumentativ herausfordert. Nach Berkowitz erlebt der Herausgeforderte dabei in seinem Denken eine Verunsicherung, da er unter Rechtfertigungsdruck gerät bzw. mit neuen Sichtweisen konfrontiert ist. Wird das

Tabelle 1: Unterrichtsablauf mit den Beschreibungen der Lehr- und Lernaktivität, der Methode und der Sozialform zum Dilemma: Gehorsam versus Leben (Kätzchen-Dilemma in der nachfolgenden Textbox)

Unterrichtsphase	Lehraktivität	Methode	Lernaktivität	Sozialform
Hinführung	• Überblick über Inhalte, Stundenablauf, Arbeitsformen • Vorstellung des Unterrichtsgegenstands (z.B. das Kätzchen) • Klärung von Sachfragen (z.B.: Warum können Kätzchen ohne Probleme auf den Baum klettern, aber nicht so leicht alleine herunter kommen?)	• informierender Einstieg • Impulsgebung: eröffnende Frage oder Anekdote • stummer Impuls durch Darbietung einer Zeichnung, eines Fotos usw. oder Lehrervortrag • offene Diskussion mit Explorationsfragen	• Informationsaufnahme, Zuhören • Schüler berichten von eigenen Erfahrungen mit dem Gegenstand • Hypothesenbildung, Inferenzen, Entwicklung von Empathie	Stuhlkreis, Klassenblock, Hufeisen bzw. gewohnte Sitzordnung
Problemstellung	• Vorstellung der Dilemmageschichte • Verdeutlichung des Entscheidungskonflikts • Erste Abstimmung	• Erzählen, Darbietung weiterer Zeichnungen • Vorlesen lassen • Nacherzählen lassen oder Rollenspiel • Darbietung über Tafelzeichnung oder offener Frage zur konkreten Problemstellung (Was soll X tun?) oder geschlossene Frage zur Pro-/Contra-Entscheidung (Urnenabstimmung) und/oder Warum-Fragen zu den Motiven der Akteure (z.B.: Warum wurde das Baumklettern verboten?)	• Aneignung des Inhalts • allgemein verständliche richtige Wiedergabe des Inhalts • Organisation von Informationen, Klärung der dilemmatischen Situation • Stellungnahme • Hypothesenbildung, Inferenzen, Rollenübernahme	Stuhlkreis, Hufeisen
Erarbeitungsphase I	• Visualisierung des Ergebnisses • Exploration des Entscheidungsprozesses • Exploration der Entscheidungsbegründungen • Förderung der Interaktion unter den Schülern	• stummer Impuls durch Auszählung • Spontanäußerungen, Impulse (z.B.: Warum fällt die Entscheidung schwer?) • kontrollierte Klassendiskussion, Impulsfragen, Hervorhebung abstrakterer Argumente oder Diskussion in Abteilungen (Kriterium: z.B. Pro- bzw. Contra-Position) oder Kleingruppen und anschließende Klassendiskussion • Visualisierung der Äußerungen an der Tafel • Zusammenfassung • Gruppierung • Vergleich, Kontrastierung, Generalisierung	• Erkennen unterschiedlicher/gleicher Positionen in der Klasse • Verdeutlichung des Entscheidungskonflikts • Perspektivenübernahme, Universalisierung, vertieftes Verständnis • Anregung von Transakten • Wahrnehmen und Verstehen fremder Begründungen • Wahrnehmen und Verstehen eigener und fremder Wertorientierungen • Konzeptbildung	Stuhlkreis, Hufeisen

Erarbeitungsphase II	• Verteilung von Arbeitsbögen zur Protokollierung fremder Begründungen für die Pro-Entscheidung und einer Begründung für die Contra-Entscheidung und der Begründung der eigenen Position	• Ausfüllen in stiller, eigenständiger Arbeit individuelles unterstützendes Eingehen des Lehrers auf den individuellen Stand der Einzelarbeit	• Organisation von Information • Anregung zur erneuten Reflexion • Wiedergabe und Vergleich unterschiedlicher Begründungen zu unterschiedlichen Positionen • schriftliche Stellungnahme zur eigenen Position	Klassenblock, Gruppentisch bzw. gewohnte Sitzordnung
Sicherung des Ergebnisses	• Zweite Stellungnahme • Frage nach Anzahl von Entscheidungswechseln • Schüler lesen exemplarisch ihre Eintragungen vor	• stummer Impuls durch Auszählung der Pro- und Contra-Positionen • stummer Impuls durch Auszählung der Entscheidungswechsel *oder* verbaler Impuls • Hervorhebung der abtrakteren Argumente der Pro- und Contra-Positionen	• Verdeutlichung, dass unterschiedliche moralische Gründe nicht ohne Weiteres „richtig" oder „falsch" sind • Verständnis für die Möglichkeit von Positionsänderungen nach einem Reflexionsprozess • Verdeutlichung divergierender Überzeugungen	Stuhlkreis, Hufeisen, Klassenblock, Gruppentisch bzw. gewohnte Sitzordnung
Abschluss	• Erteilung einer Hausaufgabe (z.B. Geschwisterbefragung zu diesem Dilemma oder Selbstbeobachtung, ob ähnliche Entscheidungskonflikte erlebt werden)	• nachwirkender Impuls	• Übertragung auf extraschulisches Leben	

*Das Kätzchen-Dilemma**

Diese Geschichte erzählt von Paula. Paula ist acht Jahre alt und klettert sehr gerne auf Bäume. Sie ist sogar die beste Kletterin in der Nachbarschaft. Eines Tages fällt sie von einem Baum, verletzt sich aber nicht. Ihr Vater sieht den Sturz. Er ist besorgt und sagt ihr, sie solle ihm versprechen, nicht mehr auf Bäume zu klettern. Paula verspricht es und beide geben sich die Hand. Am gleichen Tag trifft Paula ihre Freundin Anna und andere Freunde. Annas süßes Kätzchen sitzt auf einem Baum und kommt nicht mehr alleine herunter, denn sonst könnte das Kätzchen vom Baum fallen. Da Paula die beste Kletterin ist, fragen die Kinder sie, ob sie auf den Baum klettern könnte, um das Kätzchen zu retten. Doch Paula erinnert sich an das Versprechen, das sie ihrem Vater gegeben hat.

* Diese Version des Kätzchen-Dilemmas wurde übernommen aus: Arbeitsgruppe der Leiterinnen und Leiter Berliner Schulpraktischer Seminare. (1998). „Moralentwicklung und Moralerziehung nach Lawrence Kohlberg" als Thema in der Lehrerausbildung – Ein Arbeitspapier.

Denken des Gesprächspartners so weit verunsichert, dass wiederholt ein kognitiver Konflikt erlebt wird, führt dies wiederum zur stufenmäßigen Weiterentwicklung des Redens, Verstehens und Interagierens. Diese Form des Dialogs kennzeichnet Berkowitz als transaktive Interaktion oder Diskurs. Berkowitz fand in seinen Untersuchungen drei verschiedene Ausprägungsformen transaktiver Interaktionen: Die niedere Form zeichnet sich dadurch aus, dass Argumente des Dialogpartners schlicht durch Paraphrasierung wiedergegeben werden. Charakteristisch für die nächsthöhere Form ist, dass die Argumentation des anderen durch Nachfragen (z.B. Warum sagst du das?) oder durch die Bitte um Rechtfertigung herausgefordert wird. Das Merkmal der höchsten Form des transaktiven Dialogs ist, dass die Argumentation des anderen entweder einer logischen Analyse unterzogen wird, wobei weitere Argumente hinzugefügt werden oder der Argumentation insgesamt widersprochen wird, oder die Argumentation des Gesprächspartners in die eigene integriert wird. Der Autor räumt ein, dass nur die mittlere Form (Herausforderung) und die höchste Form der transaktiven Interaktion (logische Analyse und Integration) eine Überführung in die höhere Stufe des Denken bewirkt. Allerdings fand er auch in seinen Untersuchungen, dass Kommunikationsformen mittlerer und höherer Ausprägungsform geübt werden können. Danach schlägt der Autor vor, in Lerngruppen verschiedene Formen der transaktiven Argumentation langfristig zu pflegen und zu fördern.

Die folgenden Diskussionsregeln werden in Abwandlung des Befunds von Berkowitz formuliert und unter Berücksichtigung der unterrichtlichen Bedingungen, unter denen Moraldiskussionen üblicherweise erfolgen, zusammengestellt:

- Bevor ein Diskussionsteilnehmer eine Stellungnahme abgibt, kündet er an, ob er zur gesamten Gruppe, zum Lehrer oder zu einem anderen Diskussionsteilnehmer spricht.
- Ähnlich verfährt ein Diskussionsteilnehmer, wenn er (gegebenenfalls auch zeitlich verzögert) an das Argument eines Vorredners bestätigend, ergänzend oder kritisierend anknüpft: „Ich bin wie X der Meinung, dass (…)", oder: „Ein Gesichtspunkt fehlt noch in dem Argument von X, nämlich (…)", oder: „Ich denke im Gegensatz zu X, dass (…)".
- Alle Diskussionsteilnehmer bemühen sich ähnlich wie im „kontrollierten Dialog" durch Nachfragen und Zusammenfassen, die Argumente der anderen nachzuvollziehen, bevor sie eine Entgegnung formulieren („Ich habe dich so verstanden, dass […] Hast du das so gemeint?").
- Ähnlichkeiten in den Argumentationsweisen werden angezeigt, um einen Konsens zu erreichen („Wir denken ähnlich […]. Auch ich bin der Meinung, dass […]").

Diese Form der sprachlichen Interaktion zielt grundsätzlich auf eine Verbesserung der Verständigungsverhältnisse ab. Auch wenn es sinnvoll ist, sie in gesonderten Arbeitsaufträgen einüben zu lassen, darf sie deswegen nicht zur bloßen Formalie degradiert werden.

Diese Phase sollte mit einer Zusammenfassung der wichtigsten Argumente in beiden Entscheidungsrichtungen beendet werden.

(5) Zweite reflektierte Standortbestimmung
Nachdem die Schüler das Meinungsspektrum kennen gelernt haben, wird die Diskussionsphase mit einer Abstimmung abgeschlossen. Dabei werden die Schüler aufgefordert, unter Abwägung aller vorgetragenen Argumente, eine erneute moralische Entscheidung zu treffen (Wie *sollte* sich der Hauptakteur entscheiden?). Das Verfahren kann dem in der ersten Abstimmung ähnlich sein, ohne dass vom Lehrer gesondert nach den Begründungen gefragt wird.

(6) Bewusstmachung der Veränderung in Bezug auf die ursprüngliche Entscheidung bzw. die ursprüngliche Begründung
Abweichungen zwischen dem ersten und dem zweiten Abstimmungsergebnis stellen einen wichtigen Befund dar, der Diskussionsanlass sein kann. Ziel ist, die eigene Wertung in der Sache und die eigene Argumentation bewusst zu machen und die Kriterien der Einschätzung auf ihre Überzeugungskraft hin zu befragen. Die Gründe werden nicht bloß genannt, sondern sie werden in dieser Phase geprüft. Fragen, wie zum Beispiel „Was hat dich veranlasst, deine Entscheidung zu verändern?" und „Warum erscheint dir dieses Argument nun als plausibler (bzw. überzeugender)?", laden den Schüler ein, Veränderungen in der Urteilsfindung von einer höheren Warte zu reflektieren und sich der Vorzüge bestimmter, möglicherweise besser verallgemeinerungsfähiger Argumente bewusst zu werden.

In dem hier vorgestellten didaktischen Modell stellt diese Phase einen wichtigen Schritt dar. In ihr wird deutlich, dass nicht allein die kontroverse Diskussion Ziel und Zweck der Unterrichtsstunde ist, sondern dass der Prozess der diskursiven Problemlösung selbst im Rückblick durchdacht und bewertet wird.

(7) Zusammenfassung der Diskussion und Weiterführung
In der abschließenden Phase sollte der Lehrer den Diskussionsverlauf zusammenfassend darstellen und Möglichkeiten zur Weiterführung solcher Diskussionen aufzeigen. In solchen Folgestunden können dann Dilemmata ausgewählt werden, die einen ähnlichen Wertekonflikt zum Inhalt haben. Zeigen sich bei Schülern hierbei Inkonsistenzen zwischen Argumentationen zu den verschiedenen Dilemma-Geschichten, so kann der Lehrer anhand „sokratischer Fragen" behutsam darauf hinweisen. Ein Beispiel dafür wäre: „Du sagst, die Hauptperson sollte aus folgenden Gründen X tun. In der letzten Diskussion meintest du aber, er solle Y tun. Warum bist du jetzt dieser Meinung?"

Eine weitere Möglichkeit, die gedankliche Beschäftigung mit dem aktuell bearbeiteten Dilemma über die Unterrichtsstunde hinaus zu sichern, besteht in einer Hausaufgabe. Hierbei werden die Schüler beauftragt, die Geschichte einem Verwandten oder einem Freund zu erzählen, ihre Positionen zu erfragen und diese in der nächsten Stunde zu berichten. Oder die Schüler werden angeregt, eigenständig Geschichten zu schreiben, die aus der Beobachtung des Schulalltags stammen, und diese in der nächsten Stunde vorzustellen. Finden dadurch tatsächlich erlebte moralische Entscheidungskonflikte bzw. moralische Themen Eingang in den Unterricht, so ist ein Schritt in der Etablierung einer moralischeren Atmosphäre in der Klasse getan.

Abschließend ist festzuhalten, dass das hier vorgestellte Verlaufsmodell nicht statisch ist. Arbeitsweisen, die hier für bestimmte Phasen vorgeschlagen wurden, können ebenso flexibel in anderen Phasen eingesetzt werden. Auch die Verkürzung oder der Ausbau einzelner Phasen in Abhängigkeit von der konkreten Stundenplanung ist denkbar. Doch bei allen Variationsmöglichkeiten ist zu bedenken, dass der Zweck des Schemas erst dann erreicht ist, wenn der „Motor" der Entwicklung, der kognitive Konflikt, von den Schülern im Unterrichtsgeschehen erlebt wird.

Nachbemerkung

In diesem Beitrag wurde die Methode der Dilemma-Diskussion in dem allgemeineren Kontext eines entwicklungsorientierten Erziehungsansatzes vorgestellt. Es wurde deutlich gemacht, dass Kohlbergs Verfahren der Dilemma-Diskussion eine unterrichtspraktisch konstruktive Methode der Entwicklungsförderung darstellt, die sich unabhängig von der Begabung der Schüler einsetzen lässt. Deutlich wurde aber auch, dass diese Methode hohe Ansprüche an das Lehrerhandeln stellt. So hat er teils eine zurückhaltend-unterstützende, teils eine herausfordernd-argumentative Position einzunehmen, die den Schülern eine autonome, weitgehend selbstverantwortete Sicht und Entscheidung abverlangt bzw. ihnen eine solche unterstellt. Doch nicht nur innerhalb des Unterrichtsverlaufs ist ein solcher Balanceakt zu vollbringen. Beginnt man diesen Ansatz in die Praxis hineinzutragen, stellt sich bald heraus, dass die Zwänge und Rahmenbedingungen der Schule nicht ohne weiteres mit der diskursiven Struktur eines solchen Unterrichts kompatibel sind – Zensuren werden gegeben, die Pausenglocke strukturiert den schulischen Alltag. Auch ist es eine weitgehend unbeantwortete theoretische wie praktische Frage, wie die Perspektiven einer Moralerziehung in der Nachfolge Kohlbergs aussehen können, die in einer multikulturellen Schule wirksam sein möchte. Die Einflüsse der christlich-jüdischen Denktradition sind unverkennbar – vor allem in der Betonung des Werts der Einzelperson. So geht es in Dilemma-Diskussionen zunächst um individuelle Entscheidungsfindungen und auf längere Sicht um die individuelle Entwicklung soziomoralischer Kompetenzen. Inwieweit sich nun in der gemeinsamen Erziehung von Kindern unterschiedlicher kultureller und religiöser Herkunft die jeweiligen Besonderheiten auf den Verlauf und den Ertrag von Dilemma-Diskussionen auswirken, ist bislang nicht bekannt. Auch fehlen Erkenntnisse darüber, ob nicht ein diskursiver und individuenzentrierter Unterricht – wie im Fall der Dilemma-Diskussionsstunden – solche Schüler benachteiligt, die aufgrund ihrer Herkunft eher von kollektivistischen Werten geprägt sind und sich dementsprechend verhalten. Die in der Schule vorfindbare Vielfalt an Traditionen und Lebensbedingungen stellt gleichermaßen Anforderungen an Forschung und Praxis.

Doch entgegen allen offenen Fragen und strukturellen Widrigkeiten stellt die regelmäßige diskursive Bearbeitung moralrelevanter Themen nicht nur eine erprobte Methode dar, Werteerziehung durch Unterricht zu realisieren, sondern kann auch dazu beitragen, dass sich das moralische Klima in der Lerngruppe verbessert.

Literatur

Aufenanger, S., Garz, D., & Zutavern, M. (1981). *Erziehung zur Gerechtigkeit. Unterrichtspraxis nach Lawrence Kohlberg.* München: Kösel.

Berkowitz, M. (1986). Die Rolle der Diskussion in der Moralerziehung. In F. Oser, R. Fatke & O. Höffe (Hrsg.), *Transformation und Entwicklung* (S. 89–123). Frankfurt a.M.: Suhrkamp.

Blatt, M., & Kohlberg, L. (1975). The effect of classroom moral discussion upon children's level of moral judgment. *Journal of Moral Education, 4,* 129–161.

Edelstein, W. (1986). Intervention in der Schule. Skeptische Überlegungen. In F. Oser, R. Fatke & O. Höffe (Hrsg.), *Transformation und Entwicklung* (S. 327–349). Frankfurt a.M.: Suhrkamp.

Galbraith, R. E., & Jones, T. M. (1976). *Moral reasoning. A teaching handbook for adapting Kohlberg to the classroom.* Minneapolis, MN: Greenhaven Press.

Hersh, R. H., Paolitto, D. P., & Reimer, J. (1979). *Promoting moral growth. From Piaget to Kohlberg.* New York: Longman.

Keller, M. (1996). *Moralische Sensibilität: Entwicklung in Freundschaft und Familie.* Weinheim: Psychologie Verlags Union.

Keller, M., & Reuss, S. (1986). Der Prozeß moralischer Entscheidungsfindung. Normative und empirische Voraussetzungen einer Teilnahme am moralischen Diskurs. In F. Oser, R. Fatke & O. Höffe (Hrsg.), *Transformation und Entwicklung* (S. 124–148). Frankfurt a.M.: Suhrkamp.

Kohlberg, L. (1987). *Child psychology and childhood education. A cognitive-developmental view.* New York: Longman.

Kohlberg, L., & Gilligan, C. (1971). The adolescent as a philosopher: The discovery of the self in a postconventional world. *Daedalus,* 1051–1087.

Kohlberg, L., & Mayer, R. (1972). Development as the aim of education. *Harvard Educational Review, 42,* 449–496.

Kohlberg, L., & Turiel, E. (1978). Moralische Entwicklung und Moralerziehung. In G. Portele (Hrsg.), *Sozialisation und Moral* (S. 13–80). Weinheim: Beltz.

Kohlberg, L., Wasserman, E., & Richardson, N. (1978). Die Gerechte Schul-Kooperative, ihre Theorie und das Experiment der Cambridge Cluster School. In G. Portele (Hrsg.), *Sozialisation und Moral* (S. 215–259). Weinheim: Beltz.

Krappmann, L., & Oswald, H. (1995). *Alltag der Schulkinder.* Weinheim: Juventa.

Landesinstitut für Schule und Weiterbildung. (Hrsg.). (1995). *Werteerziehung in der Schule – aber wie? Ansätze zur Entwicklung moralisch-demokratischer Urteilsfähigkeit.* Bönen: Verlag für Schule und Weiterbildung.

Lickona, L. (1983). *Wie man gute Kinder erzieht. Die moralische Entwicklung des Kindes von der Geburt bis zum Jugendalter – und was Sie dazu beitragen können.* München: Kindt.

Mead, G. H. (1934). *Mind, self, and society.* Chicago, IL: The University of Chicago Press.

Oser, F. (1988). Das Innenleben einer moralerziehenden Intervention: Über Struktur und Anordnung von Inhalten, die entwicklungsfördernde Kontroversen ermöglichen. *Unterrichtswissenschaft, 16* (2), 9–22.

Oser, F., & Althof, W. (1992). *Moralische Selbstbestimmung. Modelle der Entwicklung und Erziehung im Wertebereich; ein Lehrbuch.* Stuttgart: Klett-Cotta.

Piaget, J. (1983/1932). *Das moralische Urteil beim Kinde.* Stuttgart: Klett-Cotta.

Turiel, E. (1983). *The development of social knowledge. Morality and convention.* Cambridge, UK: Cambridge University Press.

Turiel, E., Killen, M., & Helwig, C. C. (1987). Morality: Its structure, functions, and vagaries. In J. Kagan & S. Lamb (Eds.), *The emergence of morality in young children* (pp. 155–243). Chicago, IL: The University of Chicago Press.

Schläfli, A. (1986). *Förderung der sozial-moralischen Kompetenz: Evaluation, Curriculum und Durchführung von Interventionsstudien.* Frankfurt a.M.: Lang.

Youniss, J. (1982). Die Entwicklung und Funktion von Freundschaftsbeziehungen. In W. Edelstein & M. Keller (Hrsg.), *Perspektivität und Interpretation* (S. 187–209). Frankfurt a.M.: Suhrkamp.

Sigrún Adalbjarnardóttir

Zur Entwicklung von Lehrern und Schülern: Ein soziomoralischer Ansatz in der Schule

Es vergeht kaum ein Tag, an dem wir nicht mit der Aufgabe konfrontiert werden, gemeinsam Lösungen für soziale und moralische Konflikte anzustreben. Die Folgen des Versagens können wir auf unterschiedlichen gesellschaftlichen Ebenen beobachten: Fehlt auf der Makroebene bei der Beilegung politischer Konflikte die Fähigkeit, gesellschaftliche Konsense zu finden, führt dies im extremen Fall – wie im ehemaligen Jugoslawien – zu Kriegen zwischen ethnischen und religiösen Bevölkerungsgruppen. Und auf der Mikroebene erleben wir täglich Konflikte mit Kollegen, Freunden und Familien, von denen wir einige zufriedenstellend, andere hingegen weniger glücklich zu lösen vermögen.

Die soziale und moralische Erziehung in der Schule erfährt in dem Maß größere Beachtung, als die Sorge um die soziale und emotionale Entwicklung der Jugend zunimmt und anerkannt wird, dass die Jugend für eine aktive Beteiligung an der Gesellschaft vorbereitet werden muss. Psychologen, Erziehungswissenschaftler und Gesundheitsexperten haben uns wichtige Einsichten in die soziale und psychologische Befindlichkeit von Kindern und Jugendlichen geliefert: So belegen Untersuchungen, dass aggressives Verhalten gegenüber Gleichaltrigen und die Zurückweisung durch Gleichaltrige Risikofaktoren für Schulabbruch, antisoziales Verhalten und psychische Symptome darstellen (siehe hierzu den Überblick von Parker & Asher, 1987).

In diesem Kapitel stelle ich ein Projekt vor, das ich in Island im Laufe der letzten zehn Jahre unter dem Titel „Förderung der sozialen Entwicklung von Schülern" durchgeführt habe. Das Projekt besteht einerseits aus einem Präventionsprogramm, andererseits aus einem Interventionsprogramm. Wir begannen mit Beobachtungen darüber, wie Schüler die Fähigkeit entwickeln, Verständigungskonflikte mit Mitschülern und Lehrern zu lösen. Sodann haben wir Lehrer trainiert, zusammen mit ihren Schülern soziale und moralische Themen zu bearbeiten. Gleichzeitig haben wir die Wirkung des Programms im Blick auf zwei Fragestellungen evaluiert: (1) Wie entwickelt sich bei Schülern das Verständnis von Beziehungen und das Handeln in Beziehungen, und (2) wie verändert sich unter dem Einfluss der Intervention das professionelle Handeln der Lehrer in der Schule im Umgang mit soziomoralischen Themen?

Theoretischer Teil

Anna und Helga arbeiten gemeinsam an einem Sozialkundeprojekt. Anna meint, dass sie im Gegensatz zu Helga viel fleißiger bei der Sache ist. Eines Tages teilt Anna Helga ihre Meinung mit.

Die theoretische Herkunft des Projekts „Förderung der sozialen Entwicklung von Schülern" ist in unterschiedlichen Denktraditionen zu suchen: Hauptsächlich stützt es sich auf die Erziehungstheorie von Dewey (1944) und insbesondere auf seine These, dass Wissen sozial im Diskurs zwischen Gesprächspartnern konstruiert wird und dass die Schulklasse idealiter den Raum darstellt, in dem sich Schüler über die Erörterung konfligierender Standpunkte auf eine aktive Beteiligung an der demokratischen Gesellschaft vorbereiten können.

Eine weitere Wurzel findet sich in der Theorie des symbolischen Interaktionismus von Mead (1934), die die Bedeutung sozialer Interaktionsprozesse für die Ausbildung der Fähigkeit zur Rollenübernahme und für die Entwicklung des Selbst herausstellt. Drittens gründet das Projekt in der strukturgenetischen Entwicklungspsychologie von Piaget (1965) und Kohlberg (1969), die den Erwerb von kognitivem und moralischem Wissen auf die Interaktion des Individuums mit seiner physikalischen und sozialen Umwelt zurückführen. Während der theoretische Rahmen durch die Gesamtheit dieser wissenschaftlichen Traditionen gebildet wird, knüpft es direkt an die psychosoziale Theorie von Selman (1984) und seine Untersuchungen zur sozialen Entwicklung an.

Das Forschungsinteresse Selmans und seiner Mitarbeiter (Adalbjarnardóttir & Selman, 1989; Selman & Schultz, 1990) galt der Beschreibung des individuellen Entwicklungsprozesses als einem Prozess der zunehmend komplexer werdenden Ausbildung von Vorstellungen und Strategien des interpersonalen Handelns. Der Forschungsschwerpunkt lag bei der Frage, welche kognitiven und konativen Strategien Kinder und Jugendliche gebrauchen, um Meinungskonflikte mit Gleichaltrigen zu verhandeln und zu lösen. Bei der Erforschung der Aushandlungsstrategien achteten wir besonders darauf, wie je nach individuellem Entwicklungsstand Gedanken, Gefühle und Wünsche der Interaktionspartner nachvollzogen werden können, wenn es um Fragen wie Intimität und Autonomie geht. Die Fähigkeit, unterschiedliche Perspektiven zu differenzieren und zu koordinieren, also die Fähigkeit zur Perspektivenübernahme, gilt als die grundlegende Fähigkeit, Verständnis für und Konsens mit anderen zu erlangen (Habermas, 1979; Keller & Wood, 1989; Kohlberg, 1976; Selman, 1976).

In der Theorie der sozialen Entwicklung wurden nun zwei Ansätze integriert, die bis dahin die Forschung zur sozialkognitiven Entwicklung dominierten: (1) Innerhalb der strukturgenetischen Entwicklungstradition (Kohlberg, 1969; Piaget, 1965) hat Selman (1980) postuliert, dass die Fähigkeit zur Perspektivenübernahme eine eigene Entwicklungsdimension darstellt. Das Individuum durchläuft eine Reihe von vier sequentiell geordneten Niveaus, wobei jedes dieser Niveaus gegenüber dem vorausgehenden eine Zunahme von Differenzierung und Integration von Perspek-

Abbildung 1: Entwicklungsniveaus der vier funktionalen Schritte

| Niveau der Entwicklung | Schritte der Problemlösung | | | |
	Definition des Problems	Entwicklung alternativer Strategien	Auswahl einer Strategie	Evaluation des Ergebnisses
Impulsiv Egozentrisch Niveau 0	Problem wird nicht von der Lösung unterschieden	Physisch (impulsiv)	Unmittelbare Befriedigung oder Schutz für das Selbst	Unmittelbare Folgen für das Selbst oder: keine Rechtfertigung
Unilateral Ein-Weg Niveau 1	Im Hinblick auf Wünsche und Bedürfnisse einer Person	Unilaterale verbale Konfliktlösung	Kurzfristige Befriedigung für sich oder andere	Folgen legitimiert aus einer Perspektive
Reziprok Reflexiv Niveau 2	Im Hinblick auf Bedürfnisse beider Personen, wobei einer Person Priorität gegeben wird	Reziproke verbale Konfliktlösung	Befriedigung für sich und den anderen in der Beziehung	Geteilte Sache, doch Folgen für eine Person überwiegen
Kollaborativ Dritte-Person-Perspektive Niveau 3	Im Hinblick auf geteiltes Problem mit langfristiger Berücksichtigung der Bedürfnisse beider	Zusammenarbeit mit anderen aus gegenseitigem Interesse (kollaborativ)	Dialog, um eine langfristige Freundschaft zu erhalten	Positive Folgen für beide Personen in einer Beziehung

tiven aufweist. Die vier Entwicklungsniveaus des Modells repräsentieren das egozentrisch-impulsive (Niveau 0), das unilaterale (Niveau 1), das reziproke (Niveau 2) und das Niveau der Gegenseitigkeit (Niveau 3). (2) Auf der Grundlage von Deweys Arbeiten (1930) über den Modus der schrittweisen Problemlösung und aus der Perspektive der funktionalen Informationsverarbeitung (Dodge, 1986; Rubin & Krasnor, 1986) wurde ein Modell entwickelt, das in vier Schritten beschreibt, wie Personen innerhalb von Verhandlungsprozessen interpersonale Konflikte lösen. In einem ersten Schritt wird das Problem definiert; anschließend (zweiter Schritt) werden alternative Strategien entwickelt, von denen eine selegiert und erprobt wird (dritter Schritt). Im vierten und letzten Schritt wird das Ergebnis bewertet.

Das integrative Modell unterstellt, dass die vier Niveaus der Perspektivenkoordination die grundlegende Struktur für jeden der vier Schritte in dem interpersonalen Verhandlungssystem bildet. In der obigen Abbildung sind die Niveaus für jeden Einzelschritt beschrieben.

Kinder können entweder in Interviews zu *hypothetischen* Konfliktsituationen (wie die anfangs beschriebene) alternative Strategien entwickeln (Schritt 2) oder sie können in *realen* Alltagssituationen impulsiv, unilateral, reziprok oder auf der Grundlage von Gegenseitigkeit kooperativ handeln. Zur Illustrierung ein Beispiel:

Die Handlungen werden dann als impulsiv (Niveau 0) klassifiziert, wenn das Kind impulsiv angreift oder sich physisch zurückzieht; es wird als unilateral (Niveau 1) bezeichnet, wenn das Handeln durch unilaterale Unterwürfigkeit (z.B. Anna sagt zu Helga, dass sie sich stärker anstrengen werde) oder durch unilaterale Selbstsicherheit charakterisierbar ist (z.B. Anna sagt Helga, dass sie bereits fleißig genug ist); als reziprok (Niveau 2) wird die Handlung dann klassifiziert, wenn sich die Handlung durch gegenseitigen Respekt oder durch bilateralen Überzeugungswillen auszeichnet (z.B. Anna fragt, was falsch ist, und sagt, sie werde sich bessern; Anna meint über sich, sie mache es gut genug, schlägt aber Helga vor, ihr zu zeigen, was sie verbessern kann); und schließlich gilt dann eine Handlung als gegenseitig (Niveau 3), wenn sie kollaborativ ist (z.B. Anna schlägt vor, sie sollten das Problem aus den Perspektiven beider besprechen, um eine Lösung zu finden, mit der beide zufrieden sind).

Die Verhandlung konfligierender Perspektiven unter Kindern: Ergebnisse der Forschung

Fragen an die Kinder: *„ Was ist das Problem in der Geschichte? "*

Svava, 8 Jahre: Anna denkt, dass sie sehr fleißig ist.

Katrin, 10 Jahre: Anna denkt, dass sie fleißig ist, doch Helga meint, dass sie es nicht ist. Aber Helga sollte das nicht sagen, weil Anna sich ernsthaft bemüht hat.

Thora, 12 Jahre: Beide haben unterschiedliche Meinungen über die Situation; Anna denkt, dass sie fleißig ist, doch Helga sieht das nicht so. Es könnte sein, dass sie anfangen zu streiten, und das würde ihre Beziehung beeinflussen.

Unsere Untersuchung brachte folgendes Ergebnis: Der zunächst unilaterale Verhandlungsstil von Grundschulkindern entwickelt sich mit zunehmendem Alter zu einem reziproken Stil. Die Kinder sind zunächst lediglich in der Lage, die Sichtweise nur einer Konfliktpartei bzw. einer Person bei der Lösung eines hypothetischen Konflikts zu berücksichtigen. Erst später können sie die Perspektive beider Konfliktparteien in Betracht ziehen (Adalbjarnardóttir & Selman, 1989). Daraus kann man folgern, dass erst aus dem Zusammenspiel der sich erweiternden Erfahrung von Kindern mit ihrer sozialen Umwelt (Vygotsky, 1978) und den sich entwickelnden Formen ihres Denkens sich ihr soziales Verstehen entwickelt, das mit zunehmendem Alter komplexer und zugleich flexibler wird (Piaget, 1965). Die im Handeln erkennbare Reziprozität variiert jedoch in Abhängigkeit vom Interaktionspartner. Kinder verhalten sich in der Interaktion zwischen Schülern deutlicher reziprok und weniger submissiv als in der Lehrer-Schüler-Interaktion (Adalbjarnardóttir & Selman, 1989). Sie zeigen jedoch Lehrern gegenüber dann mehr Reziprozität, wenn sie für ihre schulischen Leistungen kritisiert werden, und weniger Reziprozität, wenn ihr Sozialverhalten vor der Klasse beanstandet wird (Adalbjarnardóttir & Willet, 1991). Offensichtlich zeigen Kinder untereinander in der Aushandlung von Konflikten größere Kompetenz. Dieses Ergebnis sollte Lehrer dazu anregen, Peerprojekte und -diskussionen zu organisieren, sodass Kinder frei ihre Meinung äußern und unterschiedliche Lösungswege für Beziehungsprobleme diskutieren können (Adalbjarnardóttir & Edelstein, 1989; Slavin, 1988). Außerdem stellt es für Kinder gerade dann eine besondere Schwierigkeit dar, sich gegenüber Autoritätspersonen (hier Lehrer) reziprok zu verhalten, wenn ihre Leistungen und ihr Verhalten in der Klasse infrage gestellt werden. Auch dies sollte Lehrer anregen, Methoden der Förderung von Gegenseitigkeit anzuwenden, um Schülern konfligierende Standpunkte zu vermitteln. Dadurch wird nicht nur ein verantwortlicher und respektvoller Umgang miteinander gefördert, sondern es schafft auch Möglichkeiten, Toleranz für abweichende Meinungen zu zeigen und ein Gefühl für Wertschätzung zu entwickeln.

Wir haben weiterhin untersucht, inwieweit sich soziale Ängstlichkeit, sozialer Rückzug und die Kontrollüberzeugung auf das Entwicklungsniveau der Aushandlung von konfligierenden Perspektiven auswirken (Adalbjarnardóttir, 1995). Die Ergebnisse zeigen, dass gesellige Kinder anscheinend ein stärkeres Gespür für die Reziprozität in Aushandlungssituationen haben als sozial zurückgezogene Kinder. Das Ausmaß der sozialen Ängstlichkeit moderiert jedoch dieses Verhältnis. Während unter den weniger sozial ängstlichen Kindern geselligere Kinder eine größere Reziprozität in der Aushandlung von Konflikten zeigten als sozial zurückgezogenere Kinder, wurde unter den sozial ängstlicheren eine solche Beziehung zwischen dem sozialen Rückzug und dem Niveau der Verhandlungsstrategien nicht festgestellt. Dieses Ergebnis sollte Erzieher ermutigen, Szenarien für sozial zurückgezogene Kinder zu schaffen, in denen sie ihre Verhandlungsfähigkeiten und -fertigkeiten üben und verbessern können. Während solche Kinder im schulischen Kontext häufig unbeachtet bleiben, fordern aggressive Kinder vehement die Aufmerksamkeit und Reaktionen von Erwachsenen heraus. Darüber hinaus bedarf die Förderung geselliger Kinder im Aufbau von Verhandlungskompetenz einer besonderen Aufmerksamkeit für die sozial ängstlichen unter ihnen. Da auch die Kontrollüberzeugung der Kinder in Beziehung zu ihrer Verhandlungskompetenz steht, ist es wichtig, dass den Kindern gezeigt wird, dass sie selbst das Ergebnis von Handlungen beeinflussen können: dass sie also persönlich Kontrolle darüber ausüben können, wie sie Konflikte angehen und lösen.

Weiterhin zeigt sich, dass Kinder, die über die Fähigkeit zur reziproken Konfliktlösung verfügen, im Durchschnitt bessere Noten erhalten als diejenigen, die unilaterale Strategien einsetzen (Adalbjarnardóttir & Blöndal, 1993). Dieser Zusammenhang zeigte sich unabhängig von den kognitiven Kompetenzen der Kinder. Dieses Ergebnis ist ein zusätzliches Motiv für Erzieher, neben den akademischen Fertigkeiten auch die soziale Kompetenz zu fördern.

Entwicklungsforschung kann Erziehern einen Eindruck vermitteln, was sie erwarten können, wenn sie beobachten, welche Konfliktlösungsstrategien Kinder vorschlagen. Der nächste Schritt sah vor, ein Interventionsprogramm zu entwickeln. In der Studie sollte untersucht werden, ob Lehrer, die ein besonderes Training erhielten, mit Schülern über soziomoralische Themen und Konfliktlösungsstrategien zu arbeiten, soziale Kompetenz sowohl auf der Gedankenebene als auch auf der Handlungsebene erfolgreicher fördern als Lehrer, die an einem solchen Training nicht teilnahmen.

Das Interventionsprogramm

Die Gründe eines Lehrers, am Programm teilzunehmen:

> Die Interaktion unter Schülern ist immer ein brennendes Thema, und die Fähigkeit, damit umgehen zu können, ist für Lehrer äußerst wichtig. Ich meine, dass es meine Rolle ist, ihnen zu helfen, gut miteinander zurecht zu kommen. Denn sonst würden sie sich in der Schule unglücklich fühlen. Ich denke, dass wir tatsächlich da ansetzen müssen. Wir können nicht Gruppen von Kindern unterrichten, die sich unsicher oder bedroht fühlen. (…) Ich fühlte mich häufig unsicher, wie ich auf soziale Konflikte eingehen sollte. Es ist schwierig einzuschätzen, ob man angemessen reagiert hat, und dieses Programm klingt vielversprechend. Ich hoffe, dadurch mehr Demokratie in der Gruppe schaffen zu können (…)

Ob die Förderung sozialen Verstehens und der Kompetenz, soziale Konflikte zu lösen, gelingt, hängt erstens von der Kompetenz des Lehrers, zweitens von seinem Unterrichtsansatz (DeVries, Reese-Learned & Morgan, 1991) und drittens von seiner Bereitschaft ab, soziomoralische Fragen in der Klasse zu thematisieren (Oser, 1992). Die Lehrerausbildung spielt in dieser Hinsicht eine große Rolle, wobei jedoch versäumt wird, die Lehrer auf soziomoralische oder interpersonale Fragen vorzubereiten. Von daher verwundert die Verunsicherung der Lehrer im Umgang mit diesen Themen im Lehrplan oder im Schulalltag nicht. Lehrer brauchen Wissen, Unterstützung und Ermutigung bei der Bearbeitung soziomoralischer Themen mit ihren Schülern. Zu diesem Zweck wurde ein Interventionsprogramm für Grundschullehrer entwickelt, das sie befähigen sollte, die soziale Entwicklung der Schüler zu fördern und ihre Bereitschaft zur Übernahme der Verantwortung für ihr eigenes Sozialverhalten zu steigern.

Das Interventionsprogramm läuft bereits seit acht Schuljahren. In jedem Jahr nahm eine neue Gruppe von Lehrern an dem Programm teil. In diesem Abschnitt beschreiben wir das Programm des zweiten Jahres, als wir die Veränderungen des sozialen Denkens und Handelns der teilnehmenden Schüler systematisch mit Schülern verglichen, die an dem Programm nicht teilnahmen.

Bei den Lehrern handelte es sich ausschließlich um Frauen, die sieben- bis zwölfjährige Schüler unterrichteten. Vier von ihnen nahmen an der Untersuchung teil. Ihre Schüler waren zwischen acht und zwölf Jahren alt. Sie wurden innerhalb von 20 Gruppensitzungen (einmal wöchentlich bzw. zweimal monatlich) über ein Schuljahr trainiert.

Ein Grund für die Dauer des Trainings über ein Schuljahr war der Zeitaufwand, der benötigt wird, um eine angenehme Atmosphäre in der Klasse zu schaffen, die den Schülern eine freie Meinungsäußerung ermöglicht und sie motiviert, sich gegenseitig zuzuhören, sich zu erklären, zu argumentieren und einen Konsens zu erreichen (Adalbjarnardóttir & Edelstein, 1989). Die Arbeit sollte dadurch konstruktiver werden, dass die Zeit zur Verfügung stand, programmbegleitend über die

Arbeit zu reflektieren. Da Lehrer bei der Reflexion über Auswahl und Bedeutung von Unterrichtsinhalten und ihren methodischen Umsetzungen nur wenig Unterstützung erfahren (vgl. Johnston, 1989; Rudduck, 1988), lag gerade hier ein wichtiger Schwerpunkt der Gruppensitzungen.

Die Treffen verknüpften zwei Themen: (a) psychologische Theorien der soziomoralischen Entwicklung und (b) effektive Unterrichtsstrategien. Um bei den Lehrern ein Verständnis für die schrittweise Entwicklung soziomoralischer Kompetenz bei Kindern zu schaffen, wurden sie mit verschiedenen Entwicklungstheorien bekannt gemacht (z.B. Damon, 1983; Edelstein, Keller & Wahlen, 1984; Kohlberg, 1969; Piaget, 1965; Selman, 1980). Hierbei nahm die Theorie der sozialen Entwicklung besonderen Raum ein, wobei interpersonale Verhandlungsstrategien betont wurden (Adalbjarnardóttir & Selman, 1989; Selman & Schultz, 1990).

Unser Bestreben, die Theorie der sozialen Kompetenz mit der Praxis zusammenzuführen, wird durch das nachfolgende Beispiel zur Arbeit in der Gruppe zum Thema „Freundschaft" illustriert. Bevor die Theorien zur Entwicklung des Freundschaftskonzepts bei Kindern und Jugendlichen vorgestellt wurden (Damon, 1983; Keller, 1984, 1996; Selman, 1984; Youniss & Volpe, 1978), wurden die Lehrerinnen befragt, was eine gute Freundschaft ausmacht. Sie bearbeiteten die Frage zunächst individuell zwei bis drei Minuten schriftlich und tauschten sich dann für wenige Minuten in Zweiergruppen aus. Anschließend sammelten wir ihre Antworten ein und gaben dann eine Einführung in die Theorien zur Entwicklung von Freundschaft. Die Lehrerinnen gingen mit diesem theoretischen Wissen in die Klasse und stellten ihren Schülern wiederum die gleiche Frage zum Wesen der Freundschaft und explorierten die Antworten. Beim nächsten Treffen wurden die Erfahrungen ausgetauscht und die Fragen diskutiert, welche Erwartungen man an das Freundschaftsverständnis der Schüler haben kann, wie dieses Verständnis die alltäglichen Interaktionen mit den Mitschülern beeinflusst und wie Freundschaftskompetenzen und -fertigkeiten schrittweise gefördert werden könnten. Hierbei wurden Unterrichtsmethoden vorgestellt, die sich als effektiv in der Förderung der sozialen Kompetenz erwiesen haben (Adalbjarnardóttir & Edelstein, 1989; Berkowitz & Gibbs, 1985; Brion-Meisels & Selman, 1984; Oser, 1981; Power, Higgins & Kohlberg, 1989). Diesen Unterrichtsmethoden ist gemeinsam, dass sie die Erzeugung eines kognitiven Konflikts in den Schülern anstreben. Dazu werden sie mit realen oder hypothetischen sozialen Dilemmata konfrontiert, zu denen sie anschließend befragt werden. In sozialkognitiven Entwicklungstheorien wird angenommen, dass die Reflexion eines Kindes über unterschiedliche Seiten eines Konflikts ein Ungleichgewicht (Disäquilibrium) in den soziomoralischen Gedankenstrukturen auslöst. Das Kind hat nun diese neuartigen Informationen in die eigenen Denkstrukturen aufzunehmen (Assimilierung) und diese Strukturen wiederum an neues Denken anzupassen (Akkomodation). Schrittweise führt das Ringen um die Koordinierung widersprüchlicher Perspektiven, wie es der Lehrer mithilfe der so genannten Dilemma-Methode begünstigt hat, zu komplexeren und flexibleren Denkstrukturen; dieses Ringen um die Koordination von Perspektiven wird als Motor für die soziomoralische Entwicklung betrachtet.

Das Curriculum, an dem sich die Lehrer orientierten, war um drei grundlegende interpersonale Themen konstruiert (Adalbjarnardóttir & Eliasdóttir, 1992):

(1) *Freundschaft:* Konflikte in Freundschaftsbeziehungen, was macht jemanden zu einem guten Freund, wie wird man Freunde, wie behält man den Freund, Vertrauen in Freundschaften usw.

(2) *Schulgemeinschaft:* (a) Interaktionen während der Pause: Konflikte unter Klassenkameraden (z.B. ärgern, kämpfen, Ausschluss anderer); prosoziales Verhalten (z.B. helfen, unterstützen, gemeinsames Spiel); (b) Interaktionen im Klassenraum: Unter Schülern (z.B. Meinungsunterschiede bei kooperativer Aufgabenbearbeitung); zwischen Schülern und Lehrern (z.B. unterschiedliche Perspektiven auf die Aufgaben und das Verhalten von Schülern).

(3) *Familie:* Interaktionen zwischen Eltern und Kindern, mit Themen wie „jedem Kind gehört …", „jedem Kind ist erlaubt zu …", Vertrauen, Versprechen.

Zudem nützten die Lehrerinnen die Gruppensitzungen, um reale Konflikte der Schüler und Probleme aus dem Schulalltag zu diskutieren und zu lösen.

Die Lehrerinnen wurden selber aufgefordert, in der Diskussion spezifische „offene Fragen" als Methode des interpersonalen Verhandlungsmodells zu gebrauchen. Diese Fragen stellen eine Abfolge von fünf Schritten einer Klassendiskussion dar, in der die Schüler zunächst (a) das Problem definieren, anschließend (b) die Gefühle der Beteiligten benennen, (c) alternative Wege der Problemlösung entwickeln, (d) aus diesen den besten Weg auswählen und (e) schließlich das Ergebnis evaluieren.

Die Fragen sind:

Schritt 1: *Was ist hier das Problem? Warum ist es ein Problem?*
Diese Fragen dienen der Problemdefinition. Sie ermöglichen die Herstellung von Ruhe und Reflexion unter den Parteien.

Schritt 2: *Wie fühlt sich ... (Name der Beteiligten)? Warum?*
Diese Fragen animieren die Kinder, die Gefühle der Einzelnen zu identifizieren und möglicherweise sie zu berücksichtigen.

Schritt 3: Was könntest du tun, um das Problem zu lösen?
Diese Frage dient der Entwicklung alternativer Strategien.
Was könnte ein guter Weg sein, um das Problem zu lösen?
Jede Strategie wird begründet.
Diese Fragen dienen der Reflexion unterschiedlicher Lösungswege.

Schritt 4: *Was ist der beste Weg, um das Problem zu lösen? Warum?*
Diese Fragen dienen dem Findungsprozess des effektivsten Wegs zur Konfliktlösung.

Schritt 5: Was würde geschehen, wenn er/sie so gehandelt hätte?
Diese Frage dient der Evaluation der Folgen.

Wenn Fragen zur Fairness angemessen erschienen, wurden sie gestellt. Während der Diskussion forderte der Lehrer die Kinder auf, sowohl ihre persönlichen wie auch gemeinsamen Erfahrungen zur Konfliktlösung in Beziehungen zu reflektieren. Das Motto war: „Stopp, denk erst einmal nach." Entweder nahm die gesamte Klasse an Diskussionen teil, oder es wurde in Gruppen oder paarweise gearbeitet.

Obwohl der Schwerpunkt auf der Diskussionsmethode lag, wurden die Lehrerinnen angeregt, andere Unterrichtsformen einzusetzen. Die Schüler schrieben Geschichten und Gedichte über soziale Interaktionen und Problemlösung. Sie wählten alternative Ausdrucksformen, indem sie Zeichnungen für ein „soziales Interaktionsbuch" anfertigten oder durch Rollenspiele unterschiedliche interpersonale Situationen und soziale Konflikte dar- und nachstellten.

Fortschritte der Schüler in der Aushandlung von Konflikten

Anhand einiger Aussagen eines teilnehmenden Kindes werden seine kognitiven Fortschritte in der Aushandlung von Konflikten während eines Schuljahrs beispielhaft nachgezeichnet:

> Svanur ist elf Jahre alt und denkt darüber nach, was die beste Lösung für ein hypothetisches Dilemma ist, in dem die Arbeit von zwei Jungen, Arnar und Thor, an einem gemeinsamen Projekt thematisiert wird. Arnar meint, dass er sich voll für das Projekt engagiert. Thor ist jedoch der Meinung, dass Arnar nicht hart genug daran arbeitet. Svanur wird gefragt, welche Lösung er für Arnar vorschlagen würde. Im Herbst schlägt Svanur vor, dass Arnar „zu Thor sagen sollte, dass er damit aufhören sollte (…) Sodass Thor damit aufhört und sein Freund wird." Wir erkennen darin eine einseitige und selbstbewusste Strategie, indem Thor gesagt wird, er solle aufhören, ohne die Perspektive Thors zu berücksichtigen (Niveau 1). Die Lösung ist ebenso einfach, weil angenommen wird, dass Thor damit aufhört und Arnars Freund wird. Im darauffolgenden Frühling schlägt Svanur vor, dass Arnar „mit Thor redet". (Interviewer: Was sagt er?) „Dass er sich schlecht fühlt, weil er ihm das gesagt hat." (Interviewer: Warum ist das der beste Weg?) „Dann könnte Thor es zurücknehmen." An dieser Stelle ist ein bedeutsamer Wandel eingetreten: Anstelle Thor anzuweisen aufzuhören, schlägt Arnar nun ein Gespräch vor, in dem Arnar seine Gefühle erläutert, sodass Thor das Gesagte zurücknehmen „könnte". Das heißt, die Annahme Svanurs, dass Thor die Perspektive von Arnar verstünde, wenn er die Gefühle von Arnar kennt, lässt darauf schließen, dass sich Svanur in Thors Lage versetzt (Niveau 2). Obwohl wir nach wie vor Selbstbewusstsein aus dieser Strategie heraushören (Svanur versucht, Thors Handeln oder Perspektive zu verändern), so verrät uns die Form „könnte", dass unterschiedliche Ausgänge möglich erscheinen, und dass Thor sogar selbst die Gelegenheit hat, Stellung zu beziehen.

Das wichtigste Ergebnis dieser Untersuchung war die Auswirkung des Interventionsprogramms auf das Entwicklungsniveau des interpersonalen Denkens und Handelns (Adalbjarnardóttir, 1993).

(1) Bezogen auf das *Denkniveau* zeigte sich, dass Kinder des Interventionsprogramms – im Vergleich zu Kindern des regulären Schulprogramms – einen größeren Zuwachs an Reziprozität vorweisen, das heißt, sie beziehen bei der Lösung von hypothetischen Konflikten häufiger die unterschiedlichen Perspektiven der Konfliktpartner ein. Das oben aufgeführte Beispiel von Svanurs Veränderung im Denken illustriert diesen Entwicklungsprozess.

(2) Auf dem *Handlungsniveau* zeigten die Kinder des Interventionsprogramms im Vergleich zu den Kindern des regulären Schulprogramms häufiger die Benutzung von zweiseitigen Strategien (Reziprozität) in der Aushandlung von realen Konflikten mit *Klassenkameraden*. So neigten sie mehr zur Argumentation als zu kämpferischen Auseinandersetzungen und zogen Diskussion dem Streit vor. In den Interaktionen mit Lehrern waren die Unterschiede im Verhandlungsniveau zwischen beiden Gruppen geringer als erwartet. Dieses Ergebnis zeigt, dass die Flexibilität von realen Situationen mit Klassenkameraden, die normalerweise als Gleiche

angesehen werden, Kindern günstigere Bedingungen für die Anwendung der sich entwickelnden Verhandlungsstrategien bietet als eher starr strukturierte Situationen mit Lehrern, die normalerweise als Autoritäten wahrgenommen werden.

Betrachtet man die realen Situationen mit Lehrern und Mitschülern, so scheinen sich die Jungen aus der Interventionsgruppe stärker weiterentwickelt zu haben als die Jungen aus der Vergleichsgruppe. Die Mädchen hingegen entwickelten sich in beiden Gruppen gleichermaßen positiv. Mädchen verhalten sich in der Klasse im Allgemeinen besser als Jungen, die teilweise wenig geschätzte Strategien anwenden, um Aufmerksamkeit der anderen und der Lehrer auf sich zu lenken: Sie sind oft aggressiver, lauter und rüder als Mädchen (Maccoby & Jacklin, 1974). Dieses auf die Jungen bezogene unerwartete Ergebnis mag jedoch die Effektivität des Programms illustrieren. Anstatt die Jungen unilateral für ihr notorisches Fehlverhalten in der Klasse zu kritisieren (Dweck u.a., 1978), wählten die am Programm teilnehmenden Lehrerinnen häufiger reziproke Strategien im Umgang mit Konflikten, indem sie die Jungen aufforderten, sowohl ihren eigenen als auch den Standpunkt anderer einzunehmen, wenn es um die Lösung sozialer Probleme geht.

(3) Das Entwicklungsniveau des *Denkens* stand in positiver Beziehung zum Entwicklungsniveau des *Handelns*. Das bedeutet, dass die Denkprozesse, die im Kontext der Problemlösung verwandt wurden, auch im realen Leben Verwendung finden (Shure, 1982). Die Untersuchung machte einen weiteren Schritt, indem die Beziehung zwischen der *Veränderung im Denkniveau* und der *Veränderung im Handlungsniveau* untersucht wurde; eine Beziehung, die bisher in der Forschung eher vernachlässigt wurde (Guerra & Slaby, 1990). Die Ergebnisse zeigen, dass Verbesserungen im kognitiven Verhandlungsniveau verbesserte Verhandlungen in realen Situationen bewirken, was für die pädagogische Arbeit vielversprechend ist.

Überlegungen von Lehrern zur sozialen Entwicklung in der Klasse

Anfänglich waren wir interessiert zu wissen, ob sich Schüler, die von trainierten Lehrern unterrichtet werden, im Vergleich zu denen, deren Lehrer nicht am Training teilnahmen, stärker im interpersonalen Bereich entwickelten. In dieser frühen Phase des Interventionsprogramms wurden die Lehrer aufgefordert, in Interviews und schriftlich über ihre entwicklungsfördernden Initiativen nachzudenken.

In der ersten Phase der Untersuchung zu den Überlegungen der Lehrer dokumentierten wir Veränderungen hinsichtlich ihrer Aussagen zu (a) ihrem Wissen über soziale Entwicklung, (b) ihren Unterrichtsfertigkeiten, (c) ihrer Einstellung zur Bearbeitung interpersonaler Themen in der Klasse und (d) ihrer Wahrnehmung der Fortschritte der Schüler in sozialen Interaktionen (Adalbjarnardóttir, 1994). Darüber hinaus haben wir neuerdings begonnen, zwischen den pädagogischen Ideen, Zielen und Fertigkeiten entwicklungsorientiert zu differenzieren, so wie Lehrer ihrerseits Fortschritte im Verlauf des Interventionsprogramms beschreiben (Adalbjarnardóttir & Selman, 1997).

Lehrerüberlegungen über die Veränderungen von sozialen Interaktionen unter Schülern

Die Lehrer meinten übereinstimmend, dass die Klassenatmosphäre wegen der konstruktiven Behandlung von Themen wie Freundschaft, Schulgemeinschaft und Familie entspannter und positiver wurde. Die Schüler wurden allmählich ehrlicher und freundlicher zueinander und äußerten autonomer ihre Meinung. Eine Lehrerin berichtet: „Die Schüler sind untereinander offener und ehrlicher und wagen es, das zu sagen, was sie denken." Sie berichtete, dass die Schüler anfingen, empathischer und toleranter zu werden und ein größeres Maß an sozialem Verstehen zu zeigen:

Ich habe unterschiedliche Veränderungen in den Beziehungen der Kinder beobachtet. So sind sie unglaublich empathisch und tolerant, wenn jemand aus dem Klassenverband eine schlechte Zeit durchmacht. Ich meine, dass sie mehr über Beziehungen, über das eigene und über das Verhalten anderer nachdenken. Sie verstehen und akzeptieren es nun eher, dass jeder anders ist und dass jeder ein Recht dazu hat.

Lehrer gaben auch Beispiele dafür, dass die Schüler häufiger um friedliche Konfliktlösung bemüht waren, auch wenn die gute Absicht im Eifer des Spiels häufig vergessen wurde. Einige Lehrer berichteten von einem gestiegenen Gemeinschaftssinn. Der folgende Bericht schildert die verantwortungsbewussten Reaktionen von Kindern, deren Mitschüler eines Diebstahls bezichtigt wurde:

Anna kam am vorletzten Tag vor Beginn der Ferien zu mir und fragte mich, ob ich glaubte, dass Sigga gestohlen habe. Ich sagte, dass ich es so lange nicht glaubte, wie ich es nicht mit eigenen Augen gesehen habe oder aber sie den Diebstahl zugibt. Die Gerüchte darüber gingen weiter, und in der letzten Schulstunde kamen noch weitere Kinder zu mir und berichteten, dass drei Mädchen aus der Klasse verdächtigt würden, Süßigkeiten aus einem Geschäft gestohlen zu haben. Die Kinder standen eindeutig unter Druck, die Situation vor Beginn der Ferien klären zu wollen. Sie hatten ihr Vertrauen in die Mädchen verloren und wollten die Schule nicht verlassen, ohne die Angelegenheit besprochen zu haben. An diesem Abend riefen mich sogar drei Schüler zu Hause an, und gaben mir zu verstehen, wie wichtig es sei, das Thema in der Klasse zu diskutieren.

In Anbetracht der Situation entschied ich mich, die drei Mädchen anzurufen, um sie zu einem Gespräch in der Schule eine Stunde vor Beginn des Unterrichts zu bitten. Wir diskutierten das Problem. Sie erzählten offen und ehrlich über ihre Handlung und über ihre Gefühle sowie über ihre Gedanken über die Empfindungen der Mitschüler. Ich schlug ihnen vor zu überlegen, wie sie das Problem mit den Mitschülern lösen wollten. Dann ging ich. Als sie eine Lösung gefunden hatten, stellten sie sie in der Klasse zur Diskussion. Sie erklärten, dass sie bedauerten, die Süßigkeiten genommen zu haben, und dass sie alle gleich schuldig seien. Sie entschuldigten sich und sagten, dass sie so etwas nie wieder tun wollten. Sie schlugen dann vor, das Problem nicht länger in der Klasse zu besprechen. Nach dem Austausch einiger Argumente willigte die Klasse ein.

Ich konnte die allgemeine Erleichterung über die Klärung spüren. So kamen zwei Jungen anschließend zu mir, um zu sagen, dass sie sich freuten.

Die Lehrerin war vollkommen davon überzeugt, dass sich die Kinder ohne die Teilnahme am Training nicht als besorgte und fürsorgliche Mitglieder der Klassengemeinschaft und als kompetente Problemlöser gezeigt hätten. Sie ergänzte:

Die Kinder wurden Freunde, die sich geborgen fühlten und einander zuhörten. Die Jungen, die mir von der Sache berichteten, haben nicht gepetzt, sondern sie vertrauten mir die Angelegenheit an und baten mich, es mit ihnen zu bearbeiten. Ohne das Programm – und dessen bin ich mir sicher – wäre es schwieriger geworden. Mir gefiel, dass die Kinder versuchten, das Problem zu lösen. Sie waren besorgt und fürsorglich. Es ist interessant, dass es für sie und die betroffenen Schülerinnen selbstverständlich war, über das Problem zu diskutieren; auch für die Mädchen war es ein Anliegen. Ich bin mir nicht sicher, ob sie vorher auch so mutig gewesen wären (…) ich meine, dass ich ohne das Training mit dem Problem nicht so umgegangen wäre. Die Eltern wären schnell involviert worden, und von ihnen hätten sicher einige die Ansicht vertreten, dass es nicht die Rolle der Schule sei (…)

Dieses Beispiel spiegelt nicht nur das Verständnis der Kinder wider, als verantwortliche Teile der Gemeinschaft Probleme zu lösen, um vertrauensvolle Beziehungen in der Klasse aufrechtzuerhalten. Es zeigt auch, dass die Lehrerin eine unterstützende Klassengemeinschaft geschaffen hat, indem sie die Fähigkeit gefördert hat, soziomoralische Konflikte verantwortlich zu lösen.

Obwohl sich eindeutige Erfolge einstellten, die durch die Beispiele illustriert wurden, stellten sich selbstverständlich noch viele Schwierigkeiten in den Weg, die bewältigt werden mussten.

Überlegungen von Lehrern zur Veränderung ihres Wissens, ihrer Fertigkeiten und ihrer Einstellungen

Im Folgenden werden die Überlegungen von Lehrern zu den Veränderungen in ihrer Arbeit an drei Beispielen vorgestellt.

(1) Zunächst berichtet eine Lehrerin davon, wie sich ihr Wissensstand und ihr Verständnis der Entwicklungsvoraussetzungen von Kindern erweitert hat:

> Ich bemerke, wie mir das Wissen und das Verständnis für den sozialen Entwicklungsprozess von Kindern geholfen hat, Einsichten in die Gedankenwelt von Kindern zu gewinnen, die mich zu einer faireren und – so hoffe ich – besseren Erzieherin werden lassen. Langsam begann ich, meine Erwartungen an die unterschiedlichen Fähigkeiten der Schüler anzupassen.

(2) Im Folgenden werden Kommentare von Lehrern vorgestellt, die sich auf die Fertigkeiten beziehen, mit sozialen Konflikten und persönlichen Themen in der Klasse besser umzugehen: „Ich fühle mich nun beruflich fähiger, wenn ich mit sozialen Problemen umgehe, weil ich jetzt besser verstehe, was geschieht. Früher habe ich im Dunkeln getappt." „Ich bin mir nun deutlicher bewusst, wie ich auf Probleme eingehen muss. Früher habe ich die Schwierigkeiten bei der Bewältigung solcher Themen übertrieben." „Ich bemerke, dass ich den Kindern sorgfältiger zuhöre und toleranter bin."

Alle Lehrer berichteten, dass die Fünf-Schritte-Fragestrategie als Grundstruktur für Diskussionen ein unentbehrlicher Bestandteil für die Bearbeitung sozialer Konflikte wurde. Das folgende Beispiel verdeutlicht, wie eine Lehrerin ein Problem systematisch mit der Schritte-Methode in einer Klassendiskussion angeht. Die Lehrerin berichtet:

> Zu Beginn des Schultags waren die Schüler meiner Klasse ziemlich aufgeregt. Einer von ihnen, Ragnar, war noch nicht in der Klasse aufgetaucht. Ich fand, dass er von der Mehrzahl der Mitschüler angegriffen worden war und nun zu ängstlich war, in die Klasse zu kommen. Als ich die Schüler so aufgekratzt sah, fragte ich, was geschehen war und warum es geschehen

ist. Anschließend bat ich einen von drei Schülern, die mit Ragnar sympathisierten, ihn zu suchen. Sie kamen gemeinsam zurück und wir setzten uns in die Gesprächsecke. Der Hergang schien klar zu sein. Die Schüler befanden sich auf dem Weg zum Sportunterricht. Da der Unterricht noch nicht begonnen hatte, kletterten die meisten auf die Zuschauertribüne, um eine andere Klasse beim Sport zu beobachten. Ragnar sagte zu seinen Mitschülern, dass der Lehrer es verboten hatte. Sie hörten nicht auf ihn. Er ging zum Lehrer und sagte es ihm. Der Lehrer sagte nichts zu diesem Vorfall, da die Schüler vor Beginn der Stunde wieder von den Zuschauersitzen herunterkamen. Nach dem Unterricht wurde Ragnar angegriffen, geschlagen, getreten und beschimpft. Die Mitschüler sagten, er sei eine Petze. Nur drei waren auf Ragnars Seite und meinten, dass er nur versucht hätte, die anderen davon zu überzeugen, verbotene Handlungen zu unterlassen.

Ich benützte mit ihnen die Schritte-Methode, indem ich sie die Probleme definieren und die Gefühle der Beteiligten rekonstruieren ließ. Dann fragte ich sie nach alternativen Wegen der Problemlösung, von denen sie dann den besten aussuchen sollten. Die von ihnen vorgeschlagene Lösung bestand darin, dass alle aufhören sollten, Ragnar zu ärgern, vorausgesetzt er petzt nicht mehr. Ragnar wiederum erklärte, dass er sich weniger in alles einmischen wird, und schlug vor, dass er sich aber dann einmischen wird, wenn die Mitschüler Regeln übertreten. Die Klasse stimmte dem zu.

Die Lehrerin sagte, dass die Diskussion ein ganzer Erfolg gewesen ist. Seit Wochen hatten die Mitschüler Ragnar als einen Petzer behandelt und ihm ihre Geringschätzung auf vielfältige Weise gezeigt; nach der Diskussion hielten sich die Kinder einige Monate an die Abmachung. Außerdem berichtete die Lehrerin davon, wie lebendig die Diskussion war und mit welcher gespannten Anteilnahme die Schüler das Problem lösen wollten. Für die erfolgreiche Diskussion waren – ihrer Meinung nach – die Schritte-Methode und die Standardfragen äußerst wichtig, die ihr als Methoden mehr Sicherheit in der strukturierten Bearbeitung von sozialen Konflikten gegeben hatten.

Der Anteil der Lehrerin am Erfolg ist offensichtlich: Sie hatte eine angenehme und pädagogisch wirksame Atmosphäre geschaffen, in der die Schüler sich verantwortlich fühlten, eine konsensfähige Lösung zu finden, die sich dann auch als eine tragfähige erwies. Sie hatte verantwortlich gehandelt.

Drittens wurden Veränderungen in den Einstellungen der Lehrer offenbar, die sich auf ihre Rolle in der Bearbeitung von sozialen Konflikten in der Klasse beziehen. Diese werden im folgenden Abschnitt exemplarisch beschrieben.

Die professionelle Entwicklung von Lehrern

Wir haben kürzlich (Adalbjarnardóttir & Selman, 1997) ein Entwicklungsmodell vorgestellt, das uns die Analyse von Unterschieden und Ähnlichkeiten unter Lehrern wie auch von Veränderungsprozessen bei Lehrern hinsichtlich ihres Rollenverständnisses in der Bearbeitung interpersonaler Themen ermöglicht. Das thematische Zentrum der Reflexionen von Lehrern liegt in ihren pädagogischen Vorstellungen, Zielen und ihren professionellen Kompetenzen begründet. Wir meinen, dass vier Bewusstseinsdimensionen über Entwicklungsveränderungen ausreichen, um die zunehmende Differenzierung von Lehrerreflexionen untersuchen zu können. Diese Bewusstseinsdimensionen reichen von der Fokussierung auf beobachtbare Ereignisse (z.B. das Verhalten von Schülern in der Klasse) bis hin zur Betonung von latenten Entwicklungsprozessen (z.B. die verbesserte Fähigkeit zur Perspektivenübernahme und die verbesserte Konfliktlösefähigkeit im Hinblick auf die aktive Beteiligung an der Gesellschaft). Wir meinen jedoch, dass sich professionelle Entwicklungsveränderung dadurch anzeigt, wenn Lehrer eine Brücke zwischen den psychosozialen Bedürfnissen von Lehrern und Schülern schlagen können. Haben Lehrer einmal diese Interaktion verstanden, dann wird für sie das Ziel, nämlich die Förderung der interpersonalen Entwicklung von Schülern, bedeutungsvoller.

Professionelle Veränderung bei Lehrern

Disa war eine Teilnehmerin, die zu Beginn des Trainings ihr langfristiges pädagogisches Ziel mit folgenden Worten beschrieb: „Ich erwarte, dass ich größeren Erfolg als zuvor haben werde, das Ziel zu erreichen, aus meinen Schülern gute Menschen zu machen (…)" Zu diesem Zeitpunkt ist ihr Ziel recht undifferenziert. Zum Ende des Trainings hat sich ihre Einstellung zum Stellenwert interpersonaler Themen in ihrer Arbeit als Lehrerin verändert: „Ich denke, dass ich neue Visionen entwickelt habe." Auf der Grundlage ihrer Erfahrungen entwickelte sie zum einen ein vertieftes *Verständnis der Verbindung allgemeiner pädagogischer Ziele:* „Ich begreife nun – im Vergleich zu früher – mehr, welche Bedeutung Erziehung im Blick auf emotionale und soziale Entwicklung hat (…) ich sehe nun, dass Menschen ein größeres Verständnis für die unterschiedlichen Perspektiven von Interaktionspartnern brauchen. Und ich betrachte nun genauer die Probleme, die entstehen, wenn dieses Verständnis fehlt. Dadurch sehe ich zum Beispiel die geringe Toleranz, die Menschen unterschiedlicher Religionen füreinander aufbringen." Zum anderen entwickelte die Lehrerin *spezifische pädagogische Ziele für ihre Arbeit in der Klasse:* „Die Basis für jede Arbeit mit Schülern besteht in den positiven sozialen Interaktionen unter ihnen." Disa hat also während des Trainings begonnen, ihre Ziele zu differenzieren und zu kontextualisieren.

Disa resümierte weiter, dass gerade die Umsetzung der Theorie in die Praxis ihr die Theorie näherbrachte: „Ich habe erst im Tun verstanden, wie wichtig es ist, Kinder anzuhalten, unterschiedliche Perspektiven einzunehmen. Ich habe gesehen, wie es ihr Verstehen erweiterte (…)" Disa reflektierte im Weiteren ihre eigene Rolle in diesem Prozess: „Ich habe bemerkt, dass ich sie unterstützen musste, um diese Erweiterung des Verstehens zu ermöglichen, indem ich sie aufforderte, die Meinung und Gefühle anderer in Betracht zu ziehen (…)" Sie reflektierte nicht nur die Bedeutung der Arbeit für die Entwicklung ihrer Schüler und ihre eigene Rolle, sondern ihr wurde auch zunehmend klar, wie wichtig es gewesen ist, Erfahrungen mit der Theorie und der Praxis zu machen: „Die Erfahrung, dass sich durch die Praxis mein theoretisches Verstehen vertieft hat, war sehr wichtig für mich. Dadurch wurde ich sicherer im Umgang mit interpersonalen Themen." Disa kontextualisiert ihre Pädagogik und ihre Erfahrung, indem sie die soziale Entwicklung ihrer Schüler mit ihrer eigenen Entwicklung würdigend in Zusammenhang setzt und indem sie zunehmend fähiger wird, interpersonale Themen zu behandeln.

Zusammenfassend lässt sich sagen, dass in dem Maß wie Disa während des Kurses ein größeres Verständnis für ihre pädagogischen Ideen, Ziele und die Fertigkeiten in der Leitung einer Klasse gewonnen hat, die Verbindung zwischen ihrer pädagogischen Theorie und Praxis offensichtlicher wurde.

Unterschiede in der professionellen Perspektive zwischen Lehrern

Die vier Lehrerinnen, die an der Interventionsstudie teilgenommen haben, wurden alle als Lehrer sehr respektiert. Eine Zwischenanalyse ihrer Überlegungen zu der Bearbeitung von soziomoralischen Themen erbrachte jedoch Unterschiede in der Bewertung ihrer Arbeit (Adalbjarnardóttir, 1992). Der Hauptunterschied bestand darin, dass zwei Lehrerinnen eher auf das Leben in der Klasse fokussierten, während sich die anderen beiden auf die langfristige soziale Entwicklung sowohl innerhalb der Klasse als auch darüber hinaus konzentrierten. Deutlich wird dies beispielsweise in ihren Reflexionen zu ihren Arbeitszielen. Eine Lehrerin aus der ersten Gruppe berichtete:

[Es ist wichtig,] das soziale Klima in der Klasse zu verbessern und die sozialen Interaktionen zwischen den Schülern wie auch zwischen Lehrer und Schüler zu verbessern (…) Je besser die sozialen Beziehungen sind, desto besser werden die Schulleistungen und desto angenehmer wird es für beide [Lehrer und Schüler] (…)

Eine Lehrerin berichtet:

Wir müssen unbedingt interpersonale Themen behandeln. Es ist von wesentlicher Bedeutung für den Unterricht und die Schulgemeinschaft. Die Art des Umgangs unter Schülern beeinflusst ihr weiteres Leben, wenn sie zum Beispiel spüren, dass keiner ihnen zuhört und dass sie immer herabgesetzt werden (…) In einer demokratischen Gesellschaft wie der unseren nehmen wir einfach hin, dass jeder über Partizipationsmöglichkeiten verfügt. Doch unsere Gesellschaft wird zu sehr von einigen wenigen kontrolliert, und im Allgemeinen melden sich nur wenige zu Wort, wenn es um wichtige Fragen geht. Von daher ist es wichtig, dass Kinder die Möglichkeit erhalten, genügend Selbstbewusstsein aufzubauen, indem sie ihre Anliegen vortragen können und spüren, dass ihre Ideen aufgenommen werden oder dass sie nicht mehrheitsfähig sind, was sie in diesem Fall akzeptieren müssen. Als ich in die Grundschule ging, konnten wir nichts selber bestimmen. Vielleicht ist das der Grund, warum unsere Gesellschaft heute nicht sehr offen ist. Es ist wichtig, dass sie [die Kinder] für sich selbst eintreten können, es wagen, nein zu sagen und sich nicht auf die Meinung anderer verlassen. Abhängigkeit kann zu Problemen wie zum Beispiel Drogenkonsum führen. Ich meine, dass man sich als Person besser fühlt, wenn man zu seiner Entscheidung steht und eigene Pläne verfolgt (…) Man kann unabhängig sein, ohne andere herabzusetzen (…)

Diese Lehrerin kontextualisiert offensichtlich ihr langfristiges Ziel, die Autonomie ihrer Schüler im Hinblick auf aktives Engagement in der Gesellschaft zu fördern. In diesem Fall verbindet sie bewusst die psychosozialen Bedürfnisse ihrer Schüler mit ihrer eigenen Rolle als Lehrerin.

Vergleicht man die Entwicklung der Schüler der vier teilnehmenden Lehrerinnen untereinander, so zeigen die vorläufigen Ergebnisse, dass die Schüler der professionelleren Lehrerinnen Entwicklungen auf dem Denkniveau der Konfliktaushandlung eher zeigen als die Schüler der beiden anderen Lehrerinnen[1]. Ihre Schüler beziehen die Perspektiven und Gefühle ihrer Mitschüler häufiger ein als die Schüler aus den beiden anderen Klassen[2]. Ferner reagieren Jungen empfindlicher auf die professionelle Perspektive der Lehrer als Mädchen[3].

Es ist jedoch zu bedenken, dass man in Anbetracht der Stichprobengröße von nur 48 Kindern dies als eine exploratorische und qualitative Untersuchung betrachten muss. Deshalb ist Vorsicht geboten, Verallgemeinerungen auf der Grundlage der hier vorgestellten Ergebnisse anzustellen.

Reflexionen der Eltern

Als das Thema Familie im Laufe des Interventionsprogramms bearbeitet wurde, wurden die Eltern der Schüler ermutigt, die unterschiedlichen Fragen im Curriculum zu Hause mit ihnen zu besprechen. Die Eltern reagierten positiv auf das Programm, was möglicherweise ihre Einstellung zu dieser Aufgabe widerspiegelt und sich auf die Einstellung ihrer Kinder ausgewirkt haben mag. Obwohl die Reaktionen der Eltern nicht systematisch untersucht wurden und ihre Kommentare sehr subjektiv sind, ist es trotzdem interessant, sich beispielhaft einige ihrer Reflexionen anzuschauen. Der Rektor einer teilnehmenden Schule lud die Eltern zu einer Gesprächsrunde ein, und 70 Prozent der Eltern folgten der Einladung. Während des Treffens wurden die Eltern gebeten, das Programm als Gruppe zu beurteilen (Gudjónsdóttir, 1995). Einige Reflexionen werden im Folgenden beispielhaft vorgestellt:

Was denken Sie über diese Arbeit zu interpersonalen Themen in der Schule?

- Es ist die interessanteste Arbeit, die in den letzten Jahren im Schulsystem durchgeführt wurde.
- Ohne Zweifel hat es die Entwicklung der Kinder beeinflusst.

Stellen Sie irgendeinen Unterschied in den Handlungsweisen der Kinder fest?

---

[1] Zur Überprüfung der Hypothese, ob sich die professionelle Perspektive von Lehrern auf die Stärke der positiven Veränderung hinsichtlich des Denkniveaus in der Aushandlung sozialer Konflikte auswirkt, wurde eine vierfaktorielle (Alter × Geschlecht × professionelle Perspektive × Rolle [Lehrer vs. Mitschüler]) Kovarianzanalyse mit Messwiederholung durchgeführt. Es wurden zum ersten Messzeitpunkt (Herbst) weder Geschlechtsunterschiede noch Unterschiede bezüglich des Geschlechts × professionelle Perspektive gefunden.

[2] Differenzwerte (Herbst, Frühjahr) im Denkniveau zur interpersonalen Aushandlung: Situation mit Klassenkameraden – professionellere Perspektive der Lehrer, $M = .33$, weniger professionelle Perspektive der Lehrer, $M = .13$. Situation mit Lehrer – professionellere Perspektive der Lehrer, $M = .21$, weniger professionelle Perspektive der Lehrer, $M = .20$. Professionelle Perspektive × Rolle: $F(1,40) = 6.07$, $p = .02$.

[3] Differenzwerte im Denkniveau zur interpersonalen Aushandlung: Jungen – professionellere Perspektive der Lehrer, $M = .33$, weniger professionelle Perspektive der Lehrer, $M = .10$. Mädchen – professionellere Perspektive der Lehrer, $M = .20$, weniger professionelle Perspektive der Lehrer, $M = .24$. Professionelle Perspektive × Geschlecht: $F(1,40) = 4.10$, $p = .05$.

– Sie können unsere Perspektive besser verstehen, und wir können uns besser in sie hinein-
versetzen.
– Unsere Kinder haben sich nicht vollkommen geändert, aber sie sind positiver.

Sind Sie der Meinung, dass Sie auch weiterhin die Fragemethode in Diskussionen mit Ihren
Kindern benützen werden?

– Indem wir Themen in dieser Form diskutieren, hat sich eine bestimmte Lebensweise unter
uns etabliert.
– Indem wir Themen auf die Weise angehen, wie sie von der Methode nahe gelegt wird,
wurde sie zur Standardpraxis zu Hause.

Möchten Sie irgendetwas hinzufügen?

– Die Schule als Ganzes ist nun offener und bezieht das Elternhaus besser ein.
– Die Ziele des Programms wurden eindeutig erreicht. Wir würden es begrüßen, wenn das
Programm weitergeführt wird.

Diskussion

Das Projekt „Förderung der sozialen Entwicklung von Schülern" ist ein Projekt, das
tief in Theorien verwurzelt ist. Das psychosoziale Modell (Dewey, 1933; Kohlberg,
1969; Mead, 1934; Piaget, 1965; Selman, 1980) diente als theoretische Grundlage
für die Untersuchung der Entwicklung von Aushandlungsstrategien bei Konflikten
(Adalbjarnardóttir & Selman, 1989) als auch der kognitiven Veränderungen dieser
Strategien unter der Bedingung der Intervention (angewandte Forschung:
Adalbjarnardóttir, 1993). Zweitens, dieses Modell bildete des Weiteren die Grundlage für die pädagogischen Umsetzungen des Interventionsprogramms, wie zum
Beispiel für die Unterrichtsstrategien und das curriculare Konzept des Projekts
(Adalbjarnardóttir & Edelstein, 1989; Adalbjarnardóttir & Eliasdóttir, 1992). Drit-
tens wurde das gleiche Modell auch bei der Untersuchung der professionellen Ent-
wicklung von Lehrern herangezogen (Adalbjarnardóttir, 1994; Adalbjarnardóttir &
Selman, 1997). Durch diese Arbeitsweise wurde eine Brücke zwischen der psychosozialen Theorie und ihrer pädagogischen Umsetzung geschlagen.

Man kann von dem theoretischen Ansatz dieses Projekts und seiner Ergebnisse erwarten, dass sie Lehrer auf der praktischen Suche nach einem verantwortungsvollen
und effektiven Unterricht in diesem Bereich begleiten (Oser, Dick & Patry, 1992).
Diese Arbeit sollte aber auch Schulleitern, Lehrerausbildern und Politikern Mut
machen, da hier einerseits die Förderung interpersonaler Verständigung in der Schule
angestrebt wird und andererseits Kinder im Hinblick auf die aktive Teilnahme an der
Gesellschaft vorbereitet werden.

Diese Art von Arbeit ist von vielen Quellen abhängig. So muss der politische
Wille der Regierung und des Bildungsministeriums vorhanden sein, die Arbeit mit
soziomoralischen Themen zu unterstützen, die in Erziehungscurricula und in Erzie-
hungszielen erscheinen. Sowohl die Lehrerausbildung als auch die Lehrerfortbildung spielen eine wesentliche Rolle in dem Versuch, die soziale Kompetenz und die
sozialen Fertigkeiten von Schülern zu fördern. Alle Lehrer sollten in Entwicklungs-

theorien wie in der erfolgreich erprobten Didaktik zur Förderung der sozialen Kompetenz ausgebildet werden. Ausbildungs- und Fortbildungsprogramme sollten sogar die Möglichkeit schaffen, sich als Lehramtsanwärter oder Lehrer der Soziomoral spezialisieren zu können, ähnlich wie sich andere auf Sprache oder Mathematik spezialisieren können. Es gäbe dann unter den Lehrern „Spezialisten" für Fragen der Förderung der soziomoralischen Entwicklung, die diesen Bereich in der Schule betreuen und Kollegen in der Reflexion ihrer Unterrichtspraxis und ihrer pädagogischen Ideen begleiten. Wir meinen, dass eine solche Spezialisierung eine wichtige Rolle im Unterricht zu soziomoralischen Themen spielt. Die Frage ist vor allem, ob genügend politisches Interesse und Sachverstand vorhanden sind, um Zeit, Anstrengung und Geld für eine solche anspruchsvolle Arbeit mit Lehrern und Schulleitern zu investieren (Howey, 1986). Die gleiche Frage lässt sich ebenso auf Lehrer und Schulleiter in ihrer Arbeit mit Schülern übertragen. Dies kann eine der Begrenzungen oder Schwächen eines Interventionsprogramms wie des unseren darstellen, es kann aber auch eine Stärke sein.

Die meisten Lehrer, wenigstens in der westlichen Welt, machen ähnliche Erfahrungen mit den emotionalen und sozialen Problemen der Schüler. Die Probleme mögen nach Schule, Einzugsbereich und Kultur variieren (danach unterscheiden sich auch die Erfahrungen der Lehrer), doch die Ergebnisse des Island-Projekts könnten für Lehrer anderer Länder, die ein ähnliches Projekt planen, ermutigend sein. Indem eine konstruktive Klassenatmosphäre geschaffen und eine relativ einfache Methode zur Diskussion von soziomoralischen Themen eingeführt wurde, haben Lehrer zeigen können, dass sie fähig sind, die soziale Entwicklung der Kinder zu fördern und dazu beizutragen, dass sich unter ihnen positive Beziehungen bilden.

Literatur

Adalbjarnardóttir, S. (1992, May). *Fostering children's social-cognitive growth: Tracing the effect of teacher-student interactions in the classroom.* Paper presented at the Twenty-Second Annual Symposium of the Jean Piaget Society, Montreal, Canada.

Adalbjarnardóttir, S. (1993). Promoting children's social growth in the schools: An intervention study. *Journal of Applied Developmental Psychology, 14,* 461–484.

Adalbjarnardóttir, S. (1994). Understanding children and ourselves: Teachers' reflections on social development in the classroom. *Teaching and Teacher Education, 10,* 409–421.

Adalbjarnardóttir, S. (1995). How schoolchildren propose to negotiate: The role of social withdrawal, social anxiety, and locus of control. *Child Development, 66,* 1739–1751.

Adalbjarnardóttir, S., & Blöndal, K. (1993). Namsarangur 11 ara barna: Tengsl vid vitsmunahæfni, felagshæfni og personuthætti [School achievement of 11-year-old children: Association with cognition, social competence, and personal development]. *Uppeldi og menntun, 2,* 25–40.

Adalbjarnardóttir, S., & Edelstein, W. (1989). Listening to children's voices: Psychological theory and educational implications. *Scandinavian Journal of Educational Research, 33,* 79–97.

Adalbjarnardóttir, S., & Eliasdóttir, A. (1992). *Samvera* [Being together]. Reykjavik: Namsgagnastofnun.

Adalbjarnardóttir, S., & Selman, R. L. (1989). How children propose to deal with the criticism of their teachers and classmates: Developmental and stylistic variations. *Child Development, 60,* 539–550.

Adalbjarnardóttir, S., & Selman, R. L. (1997). „I feel I have received a new vision." An analysis of teachers' professional development as they work with students on interpersonal issues. *Teaching and Teacher Education, 13,* 409–428.

Adalbjarnardóttir, S., & Willet, J. (1991). Children's perspectives on conflicts between student and teacher: Developmental and situational variations. *British Journal of Developmental Psychology, 9,* 377–391.

Berkowitz, M. W., & Gibbs, J. C. (1985). The process of moral conflict resolution and moral development. In M. W. Berkowitz (Ed.), *Peer conflict and psychological growth* (New Directions for Child Development, pp. 71–84). San Francisco, CA: Jossey-Bass.

Brion-Meisels, S., & Selman, R. L. (1984). Early adolescents' development of new interpersonal strategies: Understanding and intervention. *School Psychology Review, 13,* 278–291.

Damon, W. (1983). *Social and personality development: Infancy through adolescence.* New York: Norton.

DeVries, R., Reese-Learned, H., & Morgan, P. (1991). Sociomoral development in direct-instruction, eclectic, and constructivist kindergartens: A study of children's enacted interpersonal understanding. *Early Childhood Research Quarterly, 6,* 473–517.

Dewey, J. (1933). *How we think.* New York: D.C. Heath and Company.

Dewey, J. (1944). *Democracy and education.* New York: The Free Press.

Dodge, K. A. (1986). A social information-processing model of social competence in children. In M. Perlmutter (Ed.), *Minnesota Symposium on Child Psychology* (Vol. 18, pp. 77–125). Hillsdale, NJ: Erlbaum.

Dweck, C. S., Davidson, W., Nelson, S., & Enna, B. (1978). Sex differences in learned helplessness. *Developmental Psychology, 14,* 268–276.

Edelstein, W., Keller, M., & Wahlen, K. (1984). Structure and content in social cognition: Conceptual and empirical analyses. *Child Development, 55,* 1514–1526.

Gudjonsdóttir, E. (1995). *Parents' perspectives.* Alftanesskóli, Bessastadahreppi. Unpublished notes.

Guerra, N. G., & Slaby, R. G. (1990). Cognitive mediators of aggression in adolescent offenders: 2. Intervention. *Developmental Psychology, 26,* 269–277.

Habermas, J. (1979). *Communication and the evolution of society.* Boston, MA: Beacon Press.

Howey, K. R. (1986). School focused inservice. In D. Hopkins (Ed.), *Inservice training and educational development* (pp. 35–72). London: Croom Helm.

Johnston, M. (1989). Moral reasoning and teachers' understanding of individualized instruction. *Journal of Moral Education, 18,* 45–59.

Keller, M. (1984). Resolving conflicts in friendship: The development of moral understanding in everyday life. In W. Kurtines & J. Gewirtz (Eds.), *Morality, moral behavior, and moral development* (pp. 140–158). New York: Wiley.

Keller, M. (1996). *Moralische Sensibilität: Entwicklung in Freundschaft und Familie.* Weinheim: Psychologie Verlags Union.

Keller, M., & Wood, P. (1989). Development of friendship reasoning: A study of interindividual differences in intraindividual change. *Developmental Psychology, 25,* 820–826.

Kohlberg, L. (1969). Stage and sequence: The cognitive-developmental approach to socialization. In D. A. Goslin (Ed.), *Handbook of socialization on theory and research* (pp. 347–480). New York: Rand McNally.

Kohlberg, L. (1976). Moral stages and moralization. In T. Lickona (Ed.), *Moral development and behavior* (pp. 31–53). New York: Holt, Rinehart & Winston.

Maccoby, E. E., & Jacklin, C. N. (1974). *The psychology of sex differences.* Stanford, CA: Stanford University Press.

Mead, G. H. (1934). *Mind, self, and society.* Chicago, IL: University of Chicago Press.

Oser, F. K. (1981). *Moralisches Urteil in Gruppen* [Moral judgment in groups]. Frankfurt a.M.: Suhrkamp.

Oser, F. K. (1992). Morality in professional action: A discourse approach for teaching. In F. K. Oser, A. Dick & J. Patry (Eds.), *Effective and responsible teaching: The new synthesis* (pp. 109–125). San Francisco, CA: Jossey-Bass.

Oser, F. K., Dick, A., & Patry, J. (Eds.). (1992). *Effective and responsible teaching: The new synthesis.* San Fransisco, CA: Jossey-Bass.

Parker, J. G., & Asher, S. R. (1987). Peer acceptance and later personal adjustment: Are low-accepted children „at risk"? *Psychological Bulletin, 102,* 357–389.

Piaget, J. (1965). *The moral judgment of the child.* New York: Free Press. (Original 1932)

Power, F. C., Higgins, A., & Kohlberg, L. (1989). *Lawrence Kohlberg's approach to moral education.* New York: Columbia University Press.

Rubin, K., & Krasnor, L. (1986). Social-cognitive and social behavioral perspectives on problem solving. In M. Perlmutter (Ed.), *Minnesota Symposium on Child Psychology* (Vol. 18, pp. 1–68). Hillsdale, NJ: Erlbaum.

Rudduck, J. (1988). The ownership of change as a basis for teachers' professional learning. In J. Calderhead (Ed.), *Teachers professional learning* (pp. 205–222). London: The Falmer Press.

Selman, R. L. (1976). Social-cognitive understanding. In T. Lickona (Ed.), *Moral development and behavior* (pp. 299–316). New York: Holt, Rinehart & Winston.

Selman, R. L. (1984). *Die Entwicklung des sozialen Verstehens.* Frankfurt a.M.: Suhrkamp.

Selman, R. L., & Schultz, L. H. (1990). *Making a friend in youth: Developmental theory and pair theory.* Chicago, IL: The University of Chicago Press.

Shure, M. B. (1982). Interpersonal problem solving: A cog in the wheel of social cognition. In F. C. Serafica (Ed.), *Social-cognitive development in context* (pp. 133–166). New York: Guilford.

Slavin, R. E. (1988). Cooperative learning: A best-evidence synthesis. In R. E. Slavin (Ed.), *School and classroom organization* (pp. 129–156). Hillsdale, NJ: Erlbaum.

Vygotsky, L. S. (1978). *Mind in society: The development of higher psychological processes* (M. Cole, V. John-Steiner, S. Scribner, & E. Souberman, Eds. and Trans.). Cambridge, MA: Harvard University Press.

Youniss, J., & Volpe, J. A. (1978). Relational analysis of children's friendship. In W. Damon (Ed.), *Social cognition* (New Directions for Child Development, pp. 1–22). San Francisco, CA: Jossey-Bass.

Fritz Oser und Wolfgang Althof

Die Gerechte Schulgemeinschaft: Lernen durch Gestaltung des Schullebens[*]

Einleitung

Die Frage, welche Rolle die Schule als Ganzes bei der Erziehung der Kinder und Jugendlichen zum sozial engagierten und moralisch verantwortlichen Menschen spielt, kann nicht mit ein paar normativ gefärbten Aussagen wie „Schule als Lebenswelt" oder „Schule als Basis für Lernen" erledigt werden. Die Rolle der Schule bei dieser Aufgabe ist umfassender, betrifft mit Sicherheit die bewusste Herausbildung gemeinschaftlicher Normen, die konsequente Entwicklung von Handlungsfähigkeiten im Kontext sozialer Verwobenheit, die Entfaltung moralischer Empathie und Solidarität durch Partizipation und die Herausbildung von gemeinsam getragener Verantwortung, die am Anfang kaum da ist und nur allmählich in den Vordergrund tritt.

Problemstellung: Schule ohne Gemeinschaft und der Ruf nach Werterziehung

Wer Schule und Lernen verbessern will, wird heute besonders von zwei Seiten zum Handeln gedrängt, einmal von den Verantwortlichen der Schulleitung, die es gerne sehen würden, wenn ihre Schule „ausstrahlen", Arbeits-, Feier-, Spiel- und Geselligkeitsschwerpunkte aufweisen würde und wenn Schüler und Lehrpersonen sich mit ihrer Schule identifizieren könnten. Zweitens wird von der Schule erwartet, dass sie neben intellektuellen Fähigkeiten einen moralischen, sozial engagierten, empathiefähigen und diskursgewohnten jungen Menschen hervorbringt. Diese Erwartung kommt eher von Eltern, von Politikern und von Wissenschaftlern. Es wird beklagt, dass weder das eine noch das andere gelingt. Das Buch *The shopping mall high school. Winners and losers in the educational marketplace* (Powell, Farrar & Cohen, 1985) steht als Beispiel für das erste Versagen. Schule als „Einkaufszentrum" verhindert Gemeinschaft und Identitätsbildung, zeigt, dass die Schülerinnen

---

[*] Dieser Aufsatz stellt eine vollständige Überarbeitung und Erweiterung des folgenden Textes dar: F. Oser. (1990). Lernen durch Gestaltung des Schullebens: Der Ansatz der „Gerechten Gemeinschaft". In F. Wurst, H. Rothbucher & R. Donnenberg (Hrsg.), *Aufwachsen in Widersprüchen.* *Bericht der 38. Internationalen Pädagogischen Werktagung* (S. 100–115). Salzburg: Otto Müller.

und Schüler kaum eine Bindung an das System Schule, eine Identifizierung mit deren Zielen, Normen und Werten aufbauen können oder wollen. Das zweite Anliegen wird nicht erreicht, weil zum Beispiel Gewalt immer wieder auftaucht und Lehrpersonen die sozialen und moralischen Ziele nicht wirklich – sei es implizit oder explizit – in das Curriculum einbauen. Nicht, dass dies notwendigerweise ein Desinteresse an diesen Zielen bedeutet. Aber es ist sehr schwer, solche Ziele zu realisieren.

Nun zeigt sich aber, dass beide Ziele operationalisierbar und ein Stück weit konkret erreichbar sind. Eine bemerkenswerte Studie von Solomon u.a. (1989) geht davon aus, dass durch fünf Komponenten (Aktivitäten zum helfenden Handeln, Stimulierung prosozialen Verhaltens, Unterstützung gegenseitigen Verstehens und der Empathie, Entwicklung einer Haltung des Vertrauens und des guten Willens, von den Autoren als *developmental discipline* bezeichnet, und Förderung kooperativer Lernformen) die Schüler ein höher entwickeltes moralisches Urteil und eine intensivere soziale Identifikation mit der Schule entwickeln können. Abbildung 1 zeigt den Umfang dieser Aktivitäten an 37 Projektschulen verglichen mit ihrer Ausprägung an 30 Vergleichsschulen. Es ist beeindruckend, wie bei diesem Projekt (dem *Child Development Project*) alternative Lernformen in der gesamten Schule praktiziert werden.

Ein weiteres Element besteht in dem Bemühen um die Pflege der Schulkultur. Dies zeigt sich in Untersuchungen zur „Qualität von Schule", die in einer Reihe des hessischen Instituts für Bildungsplanung und Schulentwicklung veröffentlicht wurden (vgl. Gasser, 1989). Diese Ansätze erbrachten überzeugende Ergebnisse, zeigen

Abbildung 1: Kooperatives Lernen in Projekt- und Vergleichsschulen (nach Solomon u.a., 1989)

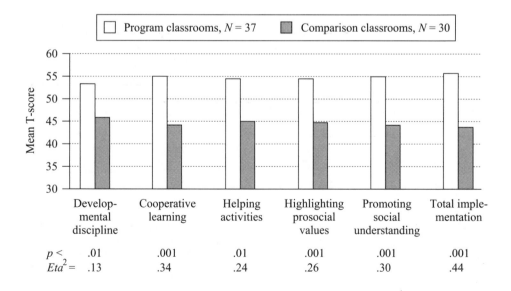

indessen, dass die Schulung sozialer Fähigkeiten nicht genügend in die Schulkultur integriert ist.

Als drittes Modell möchten wir daher an dieser Stelle den Versuch einer Integration von Schulqualität und Stimulierung sozial-moralischer Kompetenzen vorstellen. Es ist das Konzept der „Gerechten Schulgemeinschaft". In Nordrhein-Westfalen wurde dieses Modell in den Jahren 1985 bis 1989 in drei Schulen – einer Hauptschule, einer Realschule und einem Gymnasium – im Rahmen des von der Landesregierung geförderten Programms „Demokratie und Erziehung in der Schule" (DES) implementiert. Ursprünglich hat der amerikanische Psychologe und Pädagoge Lawrence Kohlberg die Idee der *Just Community* mit High School-Schülern und in Gefängnissen entwickelt. Sein Modell erfuhr jedoch durch die Adaptation an deutschen und schweizerischen Schulen wesentliche Veränderungen und gegenüber der ursprünglich moral- und entwicklungspsychologisch ausgelegten Konzeption eine pädagogisch orientierte Schwerpunktsetzung. Heute gibt es eine Reihe solcher Schulmodelle in der Schweiz, die das ursprüngliche Konzept um entscheidende Komponenten erweitern.

1. Was geschieht in einer Gerechten Schulgemeinschaft?

Um zu verstehen, welche Schwerpunkte eine Gerechte Schulgemeinschaft setzt, möchten wir in diesem Abschnitt zuerst ein Beispiel aus einer Realschule in Nordrhein-Westfalen vorstellen und das Modell skizzieren.

Kernpunkt ist die so genannte Gemeinschaftsversammlung, die hier alle zwei bis drei Wochen stattfindet und an der sämtliche Lehrpersonen der Schule und sämtliche Schüler und Schülerinnen teilnehmen. Die Versammlung wird von einer Vorbereitungsgruppe, die wir weiter unten noch beschreiben werden, gestaltet. Meistens wird die Sitzung von zwei Schülern und zwei Lehrpersonen der Vorbereitungsgruppe geleitet. Lehrer und Schüler unterschiedlicher Altersstufen, Knaben und Mädchen sitzen frei durcheinander in der Aula. Das Thema wird von der Vorbereitungsgruppe vorgetragen. Es lautet diesmal „Diebstahl in der Schule". Die leitenden Schüler zeigen sich betrübt darüber, dass immer wieder kleinere und größere Diebstähle vorkommen. Einige Schülerinnen und Schüler beschreiben, wie es ihnen ergangen ist, als man ihnen einen teuren Kugelschreiber, eine Jacke, ein Portemonnaie usw. geklaut hatte. Nach einigen Wortmeldungen wird der Vorschlag gemacht, dass man einen gemeinsamen Fonds anlegen soll, eine Kasse, aus der den bestohlenen Kindern geholfen werden könnte. Dieser Vorschlag erregt die Gemüter. Sobald der Vorschlag angenommen würde, müsste jeder etwas geben, auch wenn es nur ein Pfennig wäre. Nach der Gruppendiskussion wird heftig und kontrovers für und gegen den Vorschlag geredet. Es gibt Schüler, die die Gemeinschaftsidee betonen: Wir gehören doch zusammen und sollten einander helfen (Argument der Stufe 3)! Andere wieder bringen vor, dass man auf diese Weise Diebstahl nur unterstützen würde, weil jeder kommen und einen Diebstahl melden könnte (Argument der Stufe 2).

Die Schüler werden immer aufmerksamer und wacher. Lehrer und Lehrerinnen nehmen an der Debatte teil; auch ihre Meinung ist keineswegs einhellig. Während die einen für den Unterstützungsfonds plädieren, betonen die anderen ebenfalls die Gefahr des Missbrauchs, oder aber machen den Vorbehalt des Gesetzes geltend, das nicht zulässt, dass jemand gezwungen wird, Geld zu geben. Es gab Schülerinnen und Schüler, die gerade dies zum Anlass nahmen aufzuzeigen, wie sehr es die Schule nötig habe, Gemeinschaft zu pflegen, und wie wenig bisher einer für den anderen da gewesen sei (Stufe 3-Argument). Viele andere sind dagegen der Meinung, die Verhandlung gehe überhaupt nur die etwas an, die stehlen oder bestohlen würden (Stufe 2-Argument). Es wird eine Abstimmung durchgeführt. Eine knappe Mehrheit setzt sich gegen eine große Minderheit durch; der Fonds wird angenommen. Nachdem noch über einige klärende Zusatzbeschlüsse verhandelt – wie die Gründung eines Fundbüros und die Einführung gewisser Kontrollregeln (da ja manchmal vermeintlich Gestohlenes einfach nur verloren oder liegen gelassen wurde) – und die Versammlung dann geschlossen wird, legt sich die Aufregung unter den Schülern nicht; besonders einige Schüler der höheren Klassen (7. und 8. Klassenstufe) sind noch sehr mit dem Grundsatzbeschluss beschäftigt. Sie fragen, ob es denn keine Möglichkeit gebe, sich der Entscheidung zu entziehen, sie haben ja nicht dafür gestimmt. Ich (der Erstautor) versuche ihnen zu erklären, dass es eine solche Möglichkeit nicht geben dürfe; wenn eine Demokratie funktionieren soll, dann muss die Minderheit sich einer legal zu Stande gekommenen Mehrheitsentscheidung fügen. Allerdings könnten sie ein Referendum beantragen bzw. eine Initiative starten, eine Unterschriftensammlung für eine erneute Befassung mit dem Thema in der nächsten Versammlung. Diese Idee leuchtet ihnen ein. In allen Klassen wird das Ergebnis nochmals diskutiert. Viele Schüler kämpfen verbissen für einen Antrag auf erneute Befassung. Sie sammeln Unterschriften, versuchen Lehrer und Schüler für ihren Standpunkt zu gewinnen.

In der nächsten Versammlung liest ein Schüler den Antrag vor. Die Vorbereitungsgruppe hatte gehofft, eine Abstimmung umgehen zu können, indem sie ohne weitere Diskussion auf diesen Antrag einging. Aber der Schüler fordert eine Abstimmung, und der Antrag wird angenommen. Nun stellen einige Schüler und Schülerinnen, die für den Fonds waren, ihre vorbereiteten Begründungen vor, nachher einige Schüler, die dagegen waren. Wieder wird in kleinen Gruppen diskutiert. (Ich – F. O. – habe in einer Kleingruppe sieben Schüler um mich versammelt, die alle gegen den Fonds sind. Sie bezeichnen mich als einen Utopisten, einen Träumer. Sie haben andere Erfahrungen gemacht im Leben. Sie seien oft genug betrogen worden. Ich erkläre ihnen, dass jemand mit dem Guten anfangen müsse, und dass bei einem Unfall der betreuende Arzt auch nicht zuerst untersuchen lässt, ob das Unfallopfer ein Terrorist sei.) Im Plenum wogt die Diskussion heftig hin und her. 120 Schüler und 30 Lehrer nehmen äußerst diszipliniert, aber gespannt und motiviert an der Diskussion teil. Plötzlich, auf dem Höhepunkt, macht ein Schüler den Vorschlag, dass man zwar für Opfer von Diebstählen sammeln solle, aber nicht einen Fonds anlegen müsse, sondern von Fall zu Fall entscheiden könne, ob der Betroffene tatsächlich Hilfe brauche. Das würde dem Einzelnen mehr Freiheit geben, mitzuentscheiden, ob es sich um einen echten oder einen unechten Fall handle. Dieser Vorschlag wirkt sehr befreiend. Es kommt zur Abstimmung. Aber jetzt steht die Frage an, wie abgestimmt werden solle.

Wiederum gibt es eine heftige Diskussion: Sollte man zuerst über den Grundsatz abstimmen, ob etwas getan werden sollte oder nicht; oder wäre es besser, einfach die zwei Vorschläge ohne weitere Diskussion zur Abstimmung zu stellen? Der zweite Vorschlag, nur im Notfall eine Sammlung vorzunehmen, kommt schließlich mit hoher Stimmenmehrheit durch.

Erschöpft, aber auch wie erlöst standen Lehrpersonen und Schüler und Schülerinnen noch lange in Gruppen in den Gängen und auf dem Pausenhof und diskutierten das Ereignis. Die Schüler hatten das Gefühl, dass dies *ihr* Beschluss sei und die Schule *ihre* Schule, in der man fair mitbestimmen könne. Die Lehrer diskutierten, was man hätte besser machen können, wo die pädagogischen Fehler lagen. Alle jedoch waren erregt und zugleich begeistert, denn diese Zusammenkünfte machten die Schule lebendig, das Denken des Einzelnen sichtbar, kristallisierten Meinungsbilder und Meinungsgruppen heraus, schafften gemeinsame Handlungspläne und die Möglichkeit der Herausbildung gemeinsam geteilter Normen.

Dieses Beispiel einer Versammlung der Gerechten Gemeinschaft an der Johann-Gutenberg-Schule in Langenfeld unter Direktor Hans Henk zeigt das Prinzip und die Praxis dieses Schulmodells: Durch Beteiligung, Mitbestimmung und Verantwortungsübernahme wird die Schule zu einem Lebensraum, mit dem sich Schüler und Lehrer identifizieren. Dieser Lebensraum wird zum Kernbereich demokratischen Verhaltens, prosozialen Handelns, moralischen Urteilens und der Entwicklung von so genannten geteilten Normen, selbst hervorgebrachten und dadurch leichter internalisierbaren Sollensvorstellungen. Von gerechter Gemeinschaft wird nicht gesprochen, weil andere Gemeinschaften weniger gerecht sind, sondern weil hier auf der Basis eines partizipatorischen Demokratiemodells in bestimmten, das allgemeine Schulleben betreffenden Fragen Gerechtigkeit „geschaffen", das heißt hervorgebracht wird.

2. Geschichte und Prinzipien der Gestaltung der Gerechten Schulgemeinschaft

1983 kam Kohlberg mit Higgins auf Initiative von Lind und Brockmeyer nach Nordrhein-Westfalen, um sein Modell vorzustellen (vgl. Lind & Raschert, 1987). Ermutigt durch eine Reihe von Workshops, die von Oser, Schirp, Reinhardt, Lind und anderen anschließend durchgeführt wurden, meldeten sich drei Schulen für das Modellprojekt, ein Gymnasium in Düren, eine Hauptschule in Hamm und eine Realschule in Langenfeld. So entstand das Programm „Demokratie und Erziehung in der Schule". Die DES-Schulen waren unterschiedlich erfolgreich. Die Daten zeigen, dass sich Demokratievorstellungen, das handlungsbezogene Engagement, das Ausmaß an gemeinsamen Normen (Schulkultur) und die Stufenhöhe des moralischen Urteils in unterschiedlicher Weise veränderten (vgl. Dobbelstein-Osthoff u.a., 1991). Die qualitativen Daten zeigen ein hohes Einverständnis mit dem Projekt auf Seiten von Lehrpersonen, Eltern und Schülern, eine starke Auseinandersetzung mit Fragen der moralischen Sensibilität und auch eine gute strukturelle Führung des Projektes durch staatliche Unterstützung, die Schulleitungen und pädagogischen Betreuer.

Ohne dass wir an dieser Stelle die Genese des Schulmodells im Allgemeinen analysieren können (vgl. dazu Oser & Althof, 1997, S. 337–457), seien hier einige Gestaltungsprinzipien erwähnt. Damit meinen wir generalisierte pädagogische Regelsysteme, die unter bestimmten Bedingungen zu bedeutsamen Erfolgen führen.

(a) Entwicklung als Ziel der Erziehung. Statt die praktische Vernunft des Schülers nur an künstlichen, hypothetischen moralischen Dilemmata zu schulen und auf diese Weise zu ermöglichen, eine höhere Stufe des moralischen Urteilens zu erreichen, wird hier die Urteilsbildung an realen Problemen des Schul- und Klassenlebens angeregt. Dies ermöglicht nicht bloß eine Ausdifferenzierung der Urteilsfähigkeit entsprechend der universellen Stufentheorie, sondern mit dieser Ausdifferenzierung auch eine Integration substantieller Inhalte. Man kann nun nicht mehr behaupten, dass auf dem langen Weg zur höchsten, der postkonventionellen Stufe die Inhalte gleichgültig seien, was für Kohlbergs Entwicklungspsychologie der Fall war. Im Gegenteil, die Inhalte sind die Gestaltungsfelder des Lebens, und an ihnen wird die je höhere Reversibilität des moralischen Urteils erprobt (vgl. Kohlberg & Turiel, 1978; Oser & Althof 1997, S. 35 ff.).

(b) Das Verhältnis von Urteil und Handeln verbessern. Studien zur Entwicklung des moralischen Urteilens und zur Bereitschaft, ein Urteil auch in Handeln umzusetzen, zeigen, dass dieses Verhältnis von Urteilen und Handeln noch keineswegs befriedigend geklärt ist (vgl. die Überblicke bei Blasi, 1980, 1983; Garz, Oser & Althof, 1999; Kohlberg & Candee, 1995, 1999; Oser, 1987; Oser & Althof, 1997). Die Annahme, dass eine höhere Stufe eine größere Garantie für ein begründet gutes Handeln darstelle, dass sich also mit der höheren Stufe mehr oder minder automatisch ein moralisch adäquateres Handeln einstelle, ist nicht gesichert (vgl. Oser, 1999b). Damit dieses Handeln auch tatsächlich eintritt, muss eine Reihe weiterer, auch außermoralischer Bedingungen erfüllt sein. Bei Testergebnissen zum Experiment von Milgram (1974), wo zum – angeblichen – Lernen von Vokabeln bei falschen Antworten Elektroschocks verabreicht werden, und genauso bei alltäglich relevanteren Fragen wie etwa der Einhaltung von vertraglichen Vereinbarungen oder der Frage, ob man in angetrunkenem Zustand Auto fahren soll, klaffen Urteil und Handeln auch auf den höheren Stufen der moralischen Entwicklung auseinander, wenn dort auch signifikant weniger als auf niedrigen Stufen. In einer Schule vom Typ der Gerechten Gemeinschaft fallen Urteil und Handeln dagegen eher zusammen; das reflektierte, diskutierte, begründete und beschlossene Urteil wird institu-

tionell in Handeln umgesetzt, Handeln wird geübt. Damit keine Kluft zwischen diesen beiden Größen entsteht, werden schulische Garantien eingebaut, und jeder Beteiligte weiß, dass ein Beschluss immer einen Zwang zum Handeln beinhaltet. Eine dieser Garantien besteht darin, dass ein gewählter Vermittlungsausschuss in unterstützender Weise die Handlungsausführung kontrolliert.

(c) Geteilte Normen entwickeln. Im Klassenzimmer werden immer wieder Regeln für das Verhalten von Kindern und Jugendlichen formuliert und oft plakativ an die Wand geheftet. Aber oft genug hält sich niemand daran, es sei denn, die Lehrperson erzwingt diese Einhaltung. Anders in der Gerechten Schulgemeinschaft. Da die Normen durch Partizipation und gemeinsame Beschlüsse entstehen, werden sie auf ganz andere Weise integriert, das heißt, sie werden zu gemeinsam geteilten Normen. Sie existieren im Bewusstsein eines jeden Schülers. Sie sind das vertragliche Moment, das die Individuen bei aller Verschiedenheit ihrer Standpunkte und Interessen zusammenhält. Sie stellen die gemeinsame Verankerung, den unsichtbaren Kern der Übereinstimmung dar. Es gibt Messinstrumente zur Einschätzung dieser geteilten Normen bzw. der jeweiligen Normakzeptanz (vgl. Althof, 1998; Korte, 1987; Lind, 1988; Power, Higgins & Kohlberg, 1989; Solomon u.a., 1988). Die normativen Werte „Gemeinschaft", „Gruppenleben", „Gerechtigkeit", „Helfen", „Teilen" usw. werden durch die Auseinandersetzung mit den anstehenden Problemen und durch echte Partizipation qualitativ je anders rekonstruiert. Ein Beispiel für die Entwicklung der gemeinsamen Normen hinsichtlich des Helfens stellt Abbildung 2 dar.

Korte (1987) hat im Jugendwohnheim der Salesianer Don Boscos in Berlin-Wannsee eine Intervention zur Verbesserung der moralischen Atmosphäre durchgeführt und bemerkenswerte Ergebnisse erzielt. 103 männliche Jugendliche zwischen 10 und 20 Jahren lebten dort in sieben Wohngruppen. Die Jugendlichen wurden von den Jugendämtern der Berliner Bezirke meist bei familiären Defiziten eingewiesen. An acht sehr sorgfältig geplanten Abenden wurden heimbezogene, echte Dilemmata und moralisch relevante Probleme des sozialen Umgangs im Heim diskutiert und eine Art „gerechte Gemeinschaft" eingerichtet, in deren Versammlungen die Gemeinschaftsnormen des „Sich-umeinander-Kümmerns", die Erfahrung von „Vertrauen und Offenheit" und Werte wie „Gemeinschaft", „Solidarität", „Gerechtigkeit" im Mittelpunkt standen. Da wir es hier mit einer wissenschaftlichen Untersuchung zu tun haben, ging es um einen Vergleich. Welche Art der Durchführung von gemeinsamen Treffen der Heimbewohner hat die größeren Effekte? Während die einen Gruppen ein mehr diskussionsorientiertes Rollenübernahme-Treatment erfuhren, hatten die zweiten Treatmentgruppen eher gruppendynamisch gestaltete Zusammenkünfte. Die Kontrollgruppe erfuhr während der Interventionszeit keine Beeinflussung. Das Interessante an Kortes Arbeit ist, dass er nicht so sehr die Stufen des moralischen Urteils, sondern Stufen der *gemeinsamen* normativen Werte „Gemeinschaft", „Ordnung" und „Gerechtigkeit" stimulierte und maß, wobei diese Art der Sichtweise der *shared norms* auf Power (1979) zurückgeht. Abbildung 3 zeigt als Beispiel ein Strukturmodell des gemeinsamen normativen Werts „Gemeinschaft".

Abbildung 2: Die Entwicklung der gemeinsamen Norm des Helfens als Entwicklung der sozialen Perspektive (aus Korte, 1987, S. 78)

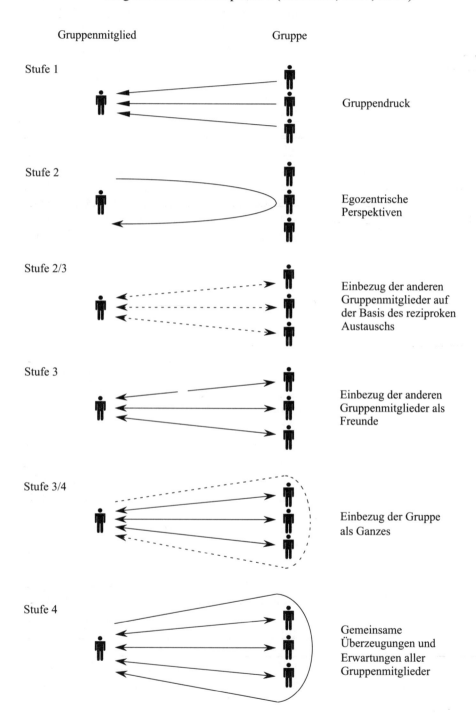

Abbildung 3: Ein Strukturmodell des gemeinsamen normativen Werts „Gemeinschaft" (aus Korte, 1987, S. 91)

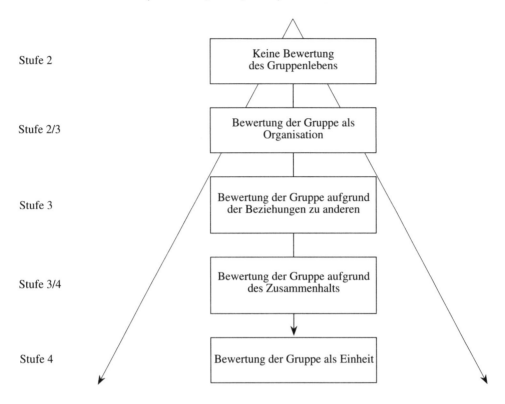

Der Erfolg der Studie ist bemerkenswert. Abbildung 4 zeigt als Beispiel die graphische Darstellung der Differenzierung nach Experimentalgruppe I und II und nach Kontrollgruppe. Die Experimentalgruppe zeigt die höchste Zunahme der Werte im Posttest (Gruppe × Zeit: $p = 0.013$).

Ähnliche, etwas weniger starke Effekte finden sich für die Dimensionen „Gerechtigkeit" und „Ordnung" (bzw. Regelhaftigkeit).

(d) „Abfälle des Lebens" als Eigenerfahrungen. Das vierte Prinzip besagt, dass, was normalerweise durch Lehrpersonen und Schulleitung „geregelt" wird, weil es störend und dysfunktional ist, zum eigentlichen Movens für Lernprozesse gemacht werden muss. Es stellt jenes Verbrauchsmaterial dar, das Strukturen erzeugt und den Aufbau von Verhaltensnetzen in der Gemeinschaft ermöglicht. Wir sprechen von „Sozialabfällen" des Schullebens, die üblicherweise nur aufgeräumt und weggekehrt, hier aber zum eigentlichen Humus für Entwicklung werden.

Wenn also Schülerinnen und Schüler in unterschwelliger Aggression die Tische und Stühle im Klassenzimmer verkratzen und bemalen, so liegt die Gefahr nahe, dass dies Lehrer oder Schuldirektoren zunächst nur als Verhalten betrachten, das

Abbildung 4: Graphische Darstellung der Wechselwirkung bei den Faktoren „Gruppe" und „Zeit" für den gemeinsamen normativen Wert „Gemeinschaft" (aus Korte, 1987, S. 183)

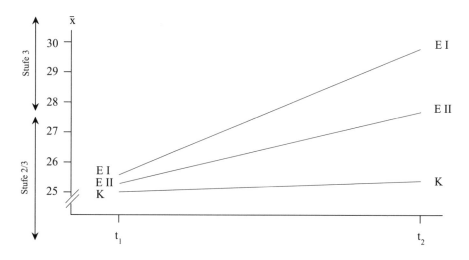

unterbunden werden muss, und dementsprechend „durchgreifen". Solche Erzieher sind häufig im Kollegium und bei den Behörden als „Regler" und „Manager" sehr beliebt; sie genießen auch gesellschaftliches Ansehen. Aber unter dem Gesichtspunkt der Genese „geteilter Normen" sind sie Verhinderer von Lernprozessen; aus Strafe und Strafpredigt erwächst selten Einsicht – es sei denn die Einsicht, sich beim nächsten Mal besser nicht erwischen zu lassen. Wird dagegen dieses „abweichende" Verhalten, etwa das Beschädigen von Tischen, zum Thema einer Versammlung der Gerechten Gemeinschaft gemacht, ohne diese zu einem Kindergericht werden zu lassen, dann besteht die Chance, das Verhalten und seine Folgen aus einer Gemeinschaftsperspektive zu sehen. Schüler, die später möglicherweise am gleichen malträtierten Tisch sitzen müssen, werden sich sehr als Betroffene vorkommen. Über das Problem der „Beschädigung gemeinsamen Eigentums" und die partizipatorische Bearbeitung des Falls kann Gemeinschaftssinn erst entwickelt werden.

(e) *Demokratisierung als soziales Prinzip und als Lernangebot.* Ein weiteres Prinzip zeigt sich im Willen der Verantwortlichen der Schule, diese zu demokratisieren. Auch wenn dies den wohl zwiespältigsten Begriff des ganzen Ansatzes darstellt, so wird darin eine ganz spezifische Transformationsart deutlich, nämlich die sehr langsame, aber wohldurchdachte Übergabe von Entscheidungsmacht an die Schüler. *Demokratisierung der Lebenswelt* bedeutet, dass eine Gemeinschaft selbst bestimmen darf, was im öffentlichen Diskurs (Versammlung der Gerechten Gemeinschaft) im Abstimmungsverfahren und im Ausführungswillen der Beschlüsse zum Ausdruck kommt. Foren für – auch kontroverse – Argumentation und Beratung schaffen ein Bewusstsein des gemeinsam Beschlossenen, dessen Umsetzung und Anwendung und der damit verbundenen Verantwortung. Selbstredend muss dabei das Spektrum und die Komplexität der zu behandelnden Themen auf die Altersgruppe und den Entwicklungsstand der beteiligten Schülerinnen und Schüler zugeschnitten werden, der Weg vom Erstklässler zum Abiturienten ist lang. Selbstredend kann auch eine Schule – wenigstens eine Regelschule – ihren Grundauftrag und den gesetzlichen Rahmen, in dem sie sich bewegt, nicht zur Debatte stellen; sie kann auch nichts daran ändern, dass nicht alle Kinder und Jugendlichen gern zur Schule gehen und diese als den Ort ansehen, an dem sie ihre Talente verwirklichen können. Die Koinzidenz lebensübergreifend geteilter und zur Anerkennung gebrachter Richtlinien für das Verhalten in der gemeinsamen Lebenswelt Schule ist auch in dieser Hinsicht gebunden an die Besonderheiten der jeweiligen Schule; sie ist partikulär, aber immer reflektiert auf den Hintergrund kultur- bzw. schulübergreifender, universeller Prinzipien, was in der Verantwortung der sich an der *Just Community* beteiligten Lehrpersonen und der Schulleitung steht. Wir sprechen vom „Orestes-Effekt" der Normentstehung, welcher darin besteht, dass die Verpflichtung gegenüber dem durch die eigene Gruppe oder kommunale Gemeinschaft geschaffenen Gesetz größer ist als gegenüber tradierten Gesetzen (Oser, 1999a, S. 358). Dies mahnt zur Vorsicht. Jeder Beschluss muss daraufhin überprüft werden, ob er dem geltenden Recht und den bisher geltenden gesellschaftlichen Regeln widerspricht. Insofern die so entstehende Demokratie in der Verantwortung der Schule steht und auf dem Boden einer partikulären Situation entsteht, ist sie relativ und unvollständig, ein zerbrechliches Gebilde; insofern sie an in der Gesellschaft geltenden oder philosophisch begründeten Normen gemessen wird, hat sie einen begrenzten Status. Das Überlieferte und Entstehende wird akzeptiert, auch wenn es niemals vollständige Geltung und eine genügend umfassende, gar universelle Rechtfertigung haben kann.

Die so erstellte Demokratie der Gerechten Gemeinschaftsschule ist nicht ein strukturell von oben nach unten Auferlegtes oder Geschaffenes; sie stellt vielmehr ein zerbrechliches Gleichgewicht der entstehenden öffentlich gemachten Moralität und der durch kontroverse Aushandlung erzeugten jeweiligen Beschlussfassung dar. Es ist eine in Teilbereichen wahrgenommene und ausgeübte Macht, an der man lernen kann, wie diese in die partikulären täglichen Verhaltensmuster einer Gemeinschaft eingreift. Es ist der politisch gefärbte relevante Teil des ganzen auf Veränderung der Schulwirklichkeit von unten angelegten Wandels.

Reichenbach (1999, S. 448 ff.) spricht von der Unvermeidlichkeit, dass wir als politisch Handelnde Dilettanten bleiben. Wir stehen vor der Notwendigkeit, mit einer Kultur der Imperfektion zu leben, mit der ewigen Baustelle „Demokratie", die nur durch die Wichtigkeit der diskutierten Inhalte, die Relevanz der Entschlüsse und dem Willen, diese aus der zusammengekommenen Gemeinschaft herauszuarbeiten, zusammengehalten wird. Ganz ähnlich erinnerte Mosher – neben Kohlberg ein weiterer Pionier der amerikanischen *Just Community*-Schulen – im Titel eines

Aufsatzes (1979) an ein Wort von Brogan, der autoritäre Regime mit majestätischen Schiffen verglich, die versinken, sobald sie mit Wucht auf einen Felsen laufen; dagegen: „Demokratie ist wie ein Floß. Es sinkt nie, aber, verdammt, deine Füsse sind dauernd im Wasser." Es ist im Grunde genommen nicht eine Demokratie, die entsteht, sondern ein Prozess der partikulären demokratischen Willensbildung, der so sehr im Einzelnen stecken bleibt, dass er in der Tat nur ein Übungsfeld zur Erfahrung möglicher Irritationen, möglicher Widersprüche und möglicher Konsens auf dem Hintergrund eines erahnten Ideals ist.

(f) Rollenübernahme praktizieren. Das Prinzip der Rollen- bzw. Perspektivenübernahme ist das am wenigsten klar formulierte Leitmotiv des *Just Community*-Ansatzes. Die Idee ist, dass sich Schüler in der öffentlichen Versammlung durch den Prozess der Darlegung und Offenlegung von Bedürfnissen und Sichtweisen mit dem und den anderen emotional, aber auch inhaltlich identifizieren. Die Entwicklung des sozialen Verstehens, der Aufbau der Fähigkeit zur Übernahme von Perspektiven (vgl. Edelstein & Keller, 1982; Selman, 1984) in der Familie und der Peergruppe – der ausreichende *Gelegenheiten* zur Rollenübernahme erfordert – wird als wichtige Voraussetzung für die Entwicklung des moralischen Urteils gesehen (vgl. Edelstein, 1995; Hoffman, 1970; Keller, 1976; Kohlberg, 1995; Lempert, 1993). Die vielfältigen klassen- und schulübergreifenden Aktivitäten in einer Gerechten Gemeinschaft sind darauf angelegt, dass die einzelnen Mitglieder sowohl die Motive als auch die Intentionen, Gefühle und Handlungsstrategien anderer zum eigenen Urteil in Beziehung setzen und so das Argument, der Standpunkt, die Bedürfnisse von anderen (a) „verstehbar", (b) „nachvollziehbar" und schließlich (c) sogar „akzeptierbar" für sie wird. In diesen drei Begriffen zeigen sich die im Kampf der Auseinandersetzung analytisch nie ganz unterscheidbaren Intensitäten der Annäherung an den Anderen, die letztlich, jenseits der schon vorhandenen kollektiv-solidarischen Tradition und der immer vorhandenen – und legitimen – Eigeninteressen, zu neuer Solidarität führt. Somit trägt der Prozess der Auseinandersetzung mit dem Argument des Anderen und die damit einhergehende Rollenübernahme zur Entstehung solidarischer Handlungsorientierungen im Kontext Schule bei. Nicht bloß die gemeinsam entwickelten Normen und Handlungsrichtlinien, sondern auch diese verstehende, nachvollziehende und den Anderen anerkennende Argumentation schafft Solidarität und ein Gleichgewicht der moralischen, klimatischen und innenpolitischen Kräfte der Schule. Nichts von alledem lässt sich aber ein für alle Mal institutionalisieren. Die beschriebene Haltung kann sich nur behutsam entwickeln, und sie muss immer wieder mit Leben erfüllt werden, muss sich im Alltag beweisen. Die Aufforderung zur Orientierung am Anderen darf dem Einzelnen nicht die Luft zum Atmen nehmen – die Freiheit, auch einmal einfach den eigenen Bedürfnissen zu folgen (solange sie andere nicht daran hindern, ihre Bedürfnisse zu realisieren). Das erhoffte Gleichgewicht ist immer fragil, das gemeinsame Netz muss immer wieder neu geknüpft werden. Und doch ist gerade das gemeinsame Projekt „Unsere Schule" und ist insbesondere die gemeinsame Versammlung – sofern es gelingt, sie als inhaltlich wichtig zu erfah-

244

ren – der Nährboden für die Genese und die Transformation dieses zerbrechlichen Gleichgewichts (vgl. auch Krettenauer, 1998).

(g) Eine Welt möglicher sozialer Selbstwirksamkeit schaffen. Angesichts der Festigkeit und der erfahrenen Unbeweglichkeit des Schulsystems kommen sich Kinder und Jugendliche in der Schule im Allgemeinen recht hilflos vor. Die Vorstellung, dass es da nichts zu verändern gäbe und dass die Zustände nun einmal einfach zu akzeptieren seien, beruht auf der Erfahrung der Tyrannei des Status quo im Bildungssystem und Erfahrungen abgeblockter Initiativen über Generationen hinweg. Wenn Schule nicht bloß eingerichtet wurde, damit Kinder Inhalte lernen, sondern damit sie in sinnvoller Weise in die Gesellschaft hineinsozialisiert werden (vgl. Fend, 1980), dann ist sie genau der Ort, wo diese Sozialisation oft sehr auf Konformismus und traditionelle Werte hin orientiert umgesetzt worden ist. Eben dies aber schafft und bestärkt die erwähnte Vorstellung.

Der *Just Community*-Ansatz ermöglicht nun die Entwicklung einer sozialen (und politischen) Selbstwirksamkeitsüberzeugung. Denn mit jeder vorgenommenen Veränderung steigert sich die empfundene Zuversicht, dass gemeinsame Anstrengungen zu einem gewollten Ergebnis führen. Das System wird als veränderbar erfahren, und es wird die Überzeugung herausgebildet, es gäbe durchaus die Möglichkeit, einen ungerechten Zustand zu verändern, ein Problem der Gemeinschaft zu lösen und eine an äußere Autoritäten gebundene, bislang immer wieder realisierte unsinnige Verhaltensgewohnheit aufzulösen (vgl. Oser, 1995, S. 63 ff.). Herausgebildete höhere Selbstwirksamkeitsüberzeugung bezüglich des Systems Schule kann aber nur durch ausgeführte und gemeinsam gestaltete Kontrolle aufrechterhalten werden. Bandura (1997, S. 37) meint, dass „efficacy beliefs operate as a key factor in a generative system of human competence". Das bedeutet, dass auch die Person als Teil eines erlebten Systems (hier die Schule) durch Teilhabe an diesem jene Fähigkeiten entwickeln und jene prozeduralen Wege verstehen lernen muss, die dieses in Bewegung setzen und ihm langsam und transformativ eine partizipativere Struktur ermöglichen (oder sanft aufzwingen).

Ein selten ausgesprochenes Problem bezüglich dieser zu entwickelnden Fähigkeit betrifft die notwendige, komplementäre Bereitschaft. Gerade Jugendliche zeigen oft Resistenz, Verantwortung zu übernehmen und tatsächlich Mitentscheidungen durch öffentliche Diskurse herbeizuführen. Schüler äußern sich dann etwa dahingehend, dass sie zum Ausdruck bringen, dass der Schulleiter oder der Projektbetreuer viel besser entscheiden könne und letztlich ja dazu da sei, die Dinge zu regeln („Herr Oser, Herr Althof entscheiden sie doch für uns, wozu brauchen sie dazu unsere Versammlung? Sie sind doch gescheite Menschen und wissen, was sich gehört."). Wie bei der Abstimmungsabstinenz junger Erwachsener geht es hier oft nicht um bösen Willen oder Desillusionierung, sondern um eine Zufriedenheit mit dem System, die genau dessen Weiterentwicklung verhindert.

(h) „Zu-Mutung" praktizieren. Das Prinzip der Zu-Mutung ist ein Element der Lösung von Problemen am „runden Tisch", dem Forum der Gemeinschaftsversammlung, das im Allgemeinen viel zu wenig in Betracht gezogen wird. Dieses

Phänomen der „Als-ob-Unterstellung", das wie ein Motor für das Übernehmen von Verantwortung wirkt, kann als eine der wichtigsten pädagogischen Grundhaltungen bezeichnet werden (vgl. dazu Oser, 1998), denn hier wird „ernsthaft" so getan, als ob das Kind das, was man ihm zutraut, schon a priori könne, beherrsche oder bewältige. Lehrpersonen trauen somit ihren Kindern zu, beim „großen Palaver" der Gerechten Gemeinschaft zu argumentieren, aufmerksam und vorurteilsfrei zuzuhören, authentisch zu votieren und auf diese Weise moralisch und sozial überzeugend das Leben der Schule mitzugestalten – obwohl sie wissen, dass dieses Zutrauen oft kontrafaktischer Natur ist. Die gemeinte Fähigkeit oder Bereitschaft ist tatsächlich längst noch nicht vollständig vorhanden. Aber nur dadurch, dass man den entsprechenden Erwartungen Ausdruck gibt, bekommt sie eine Chance dazu. Untersuchungen zum Pygmalion-Effekt (Brophy & Good, 1976; Rosenthal & Jacobson, 1968) zeigen, dass über das Prinzip der sich selbst erfüllenden Prophezeiung Kinder, an die Lehrpersonen die höhere Erwartung stellen, auch höhere Leistungen vollbringen (und umgekehrt). Wendet man dieses Prinzip auf die *Just Community* an, dann stellt es die Durchbruchskraft schlechthin für die Ausgestaltung der erwünschten demokratischen und soziomoralischen Fähigkeiten und Handlungsbereitschaften dar. Denn in dem Maße, wie Menschen gegen das offensichtliche Nichtvorhandensein von Fähigkeiten die Bereitschaft unterstellen, diese Fähigkeiten zu erwerben, in dem Maße entstehen sie gegen die Widerstände der offensichtlichen Unreife, des Unvermögens und des entwicklungsbedingten Egoismus. Nur zwei Möglichkeiten haben Lehrpersonen gegen die kindliche Vernunft; einmal den Zwang, und dann die Kraft gelebter Präsupposition von demokratischen und solidaritätsbildenden Fähigkeiten – wenn sie kontrafaktisch glauben, dass Kinder und Jugendliche eine Gerechte Gemeinschaft bilden und leben können.

Diese Prinzipien sind miteinander verbunden, und sie stellen Leitlinien für pädagogisches und organisatorisches Handeln im Rahmen der *Just Community* dar (vgl. Oser & Althof, 1996a).

3. Die Struktur des Schulmodells der „Gerechten Gemeinschaft"

Es ist nun notwendig, die äußere Struktur des Schulmodells aufzuzeigen und seine integrative Adaptation in unser Schulsystem transparent zu machen. Dazu dient Abbildung 5. Sie zeigt, dass die verschiedenen Gremien um den Kern, die Gemeinschaftsversammlung, angeordnet sind. Die einzelnen Komponenten sollen kurz dargestellt werden.

(a) Die Gemeinschaftsversammlung. Hier ist das Zentrum des Meinungsaustauschs, der gemeinsamen Planung und Beschlussfassung aller Schulangehörigen (der Schülerinnen und Schüler, der Lehrkräfte, des Hauswarts). In unterschiedlichen Schulen haben sich verschiedene Zeitraster für die Durchführung dieser Schulversammlung bewährt. Wichtig ist Kontinuität: Die Existenz und Bedeutung des Plenums muss den Schülerinnen und Schülern präsent sein. In manchen

Abbildung 5: Elemente der Struktur einer Gerechten Gemeinschaft (nach Oser & Althof, 1997, S. 365)

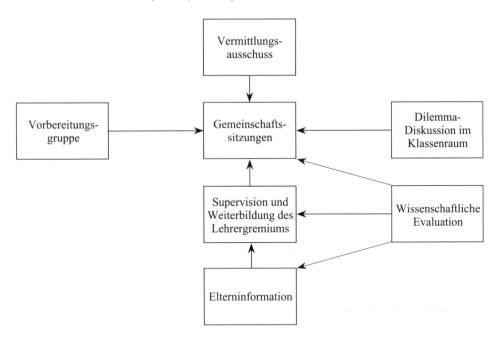

Schulen findet die Versammlung übers Jahr hinweg regelmäßig statt, <u>etwa alle 14 Tage</u>. Andere Schulen – vor allem Grundschulen – haben bessere Erfahrungen damit gemacht, <u>im Jahr mehrere projektorientierte „Parlamentszeiten" einzuführen</u>: Innerhalb weniger Wochen finden zwei oder drei Versammlungen statt, die ein bestimmtes Thema vom ersten Brainstorming bis zur Entscheidung und Ausführung behandeln, danach widmet man sich für eine Weile den „Alltagsgeschäften", und die Versammlung tritt nur aus besonderen, aktuellen Anlässen zusammen. Der Vorteil ist, dass man bestimmte Jahreszeiten, in denen alle Schulangehörigen angespannt oder müde sind (speziell die Adventszeit und den Monat vor den großen Schulferien), von zusätzlichen Aktivitäten entlasten und so vermeiden kann, dass diese zur bloßen Pflichtübung degenerieren.

Auch die Tageszeit für die Versammlung muss den lokalen Bedingungen angepasst werden. <u>Die Versammlungen der Gerechten Gemeinschaft sind integrativer Bestandteil des Lehrplans</u>. Sie werden nicht auf „freiwilliger Basis" durchgeführt; Schüler, die daran teilnehmen, sollen nicht durch Mehrbelastung bestraft werden. Die Versammlung findet deshalb nicht nach der Schule, in der Freizeit, sondern während des normalen Schultags statt. An manchen Schulen wird sie ans Ende des Vormittags oder ans Ende der Schulzeit gelegt (an der Gutenberg-Realschule fiel die Gemeinschaftsversammlung meistens in die fünfte und sechste Stunde, anschließend hatten die Schüler frei); andere Schulen vermeiden bewusst Randstunden, in denen möglicherweise nicht alle Schülerinnen und Schüler Unterricht haben. Längere Versammlungen können durch eine Pause und Essenseinnahme unterbrochen werden; bei jüngeren Schülern empfiehlt sich eine Durchführung ohne Pause, dafür mit einer Dauer von nicht länger als 45 bis 60 Minuten.

Ein gravierender Faktor ist die Größe der Schule. Eine gemeinsame Versammlung kann nur stattfinden, wenn es einen Versammlungsort gibt, in den alle hineinpassen. So ergeben sich Probleme, wenn die Schule deutlich mehr als 200 Schüler umfasst. Hier müssen andere Modelle entwickelt werden, etwa Gemeinschaftstreffen der Jahrgangsklassen, die dann, wenn sie parallel das gleiche Thema behandeln, eine Koordination der Ergebnisse durch Repräsentanten verlangen oder, wie es später in den nordrhein-westfälischen Projektschulen geregelt wurde, im Sinne einer teilpartizipatorischen und teilrepräsentativen Demokratie mit je der Hälfte der Schüler der Klassen, die dann jeweils die andere Hälfte informieren und gegebenenfalls überzeugen muss (unter Mitarbeit der Klassenlehrer). Dieser letzte Vorschlag ist deshalb pädagogisch interessant, weil die Schüler im Sinne des Kollegialprinzips Entscheidungen der Gerechten Gemeinschaft nochmals rekonstruieren und verteidigen müssen, die Funktionen der Demokratie (Initiativen, Anträge zur erneuten Befassung usw.) werden auf diese Weise aktiviert und für die Regelungen anstehender Probleme zu Hilfe genommen.

(b) Die Vorbereitungsgruppe. Sie wird gewählt aus Personen, die alle Klassen repräsentieren, zum Beispiel pro Klasse ein oder zwei Schüler und zwei Lehrpersonen für die Gesamtheit des Kollegiums. Das Mandat wechselt regelmäßig, zum Beispiel bleiben ein Schüler und ein Lehrer über zwei Versammlungen der Gerechten Gemeinschaft hinweg in der Gruppe, dazwischen wechseln je ein Schüler und ein Lehrer (rotierendes Verfahren). Die Aufgabe der Vorbereitungsgruppe ist es, die Themen für die nächste Versammlung in den Klassen zu sammeln, die Tagesordnung vorzubereiten, die Gestaltung des Ablaufs zu planen und die Versammlung zu leiten. Themen in der Sekundarstufe I waren zum Beispiel Rauchen in den Toiletten, Zerstörung von Tischen und Bänken, Rache durch Zerstörung von Fahrrädern, Planung einer Weihnachtsfeier, das Zuspätkommen von Lehrern usw. In Grundschulen sind die Themen oft ähnlich. Allerdings sollte man hier besonders darauf achten, nicht zu viele Versammlungen aneinander zu reihen, die sich mit der Einführung und Kontrolle von Regeln beschäftigen. Die Kinder nehmen mit größerer Freude teil, wenn es zwischendurch genügend Anlässe für Formen der Mitgestaltung des Schullebens gibt, die nicht aus Konflikten entstehen und nicht auf Konflikte gerichtet sind, etwa eine gemeinsam geplante und realisierte Verschönerung der Flure oder des Schulhofs oder die gemeinsame Planung und Durchführung eines schulweiten Ausflugs oder Schulfests. Gelegenheiten zum sozialen Lernen gibt es auch hier allemal, zum Beispiel wenn bei diesen Aktivitäten speziell darauf geachtet werden muss, dass die Jüngeren wie die Älteren kooperieren und ein gemeinsamer Nenner gefunden werden muss, der den Bedürfnissen aller gerecht wird.

(c) Der Vermittlungsausschuss. Es ist das ausführende und beratende Organ. Im Gegensatz zum Vorbereitungsausschuss muss hier die Gruppe über längere Zeit

stabil beisammen bleiben, das heißt, die Wahl der Mitglieder muss sehr sorgfältig vorbereitet sein, da sie über längere Zeiträume hinweg die Aufgabe wahrnehmen müssen.

Dieser Vermittlungsausschuss (in den amerikanischen *Just Community*-Schulen *Fairness Committee* genannt) achtet darauf, dass die Beschlüsse des Parlaments ausgeführt werden, berät Schüler, die solche Beschlüsse übertreten, oder andere Jugendliche, die Schwierigkeiten haben, und – daher der Name – er vermittelt im Streit zwischen Einzelnen oder zwischen Gruppen (etwa zwischen zwei Klassen). Auch der Schulleiter ist im Vermittlungsausschuss präsent. Der Vermittlungsausschuss ist ein sehr wirksames Instrument der Verhaltensreflexion. Denn die Schüler und Schülerinnen ziehen es meist vor, von den Lehrern bestraft zu werden, als sich vor dem Vermittlungsausschuss zu rechtfertigen und Ratschläge von Klassenkameraden anhören zu müssen. In einer Sitzung des Vermittlungsausschusses der Gutenbergschule wurden folgende drei Themen behandelt: Ein Schüler hatte Schwierigkeiten, die Regeln des „Friedenstiftens" einzuhalten. Er wollte beständig überall kleine Streitigkeiten beginnen. Er musste sich rechtfertigen. Es wurde beschlossen, ihm einen anderen Schüler als Paten oder als Hilfe beizugeben. Ein zweiter Schüler hatte Konflikte mit einem Lehrer. Beide wollten vor dem Vermittlungsausschuss sprechen. Ein dritter Schüler war nicht fähig, sich nach der Beschädigung von Gegenständen vor anderen zu entschuldigen. Weil dies zwei-, dreimal vorgekommen war, wollte die Klasse, dass er sich vor dem Vermittlungsausschuss rechtfertigt. – In den seltensten Fällen spricht der Vermittlungsausschuss Strafen aus. Die Forschergruppe um Kohlberg hat ein Manual mit Verhaltensregeln für das *Fairness Committee* ausgearbeitet (Wasserman u.a., 1979). Jeder, der hineingewählt wird, muss lernen, vertrauenswürdig zu sein. In keinem Fall ist der Vermittlungsausschuss ein Kindergericht. Es hat sich erwiesen, dass es eher umgekehrt ist: Kinder suchen mit der Zeit Hilfe für ihre Sorge beim Vermittlungsausschuss. Und dieses Gremium versucht, gemeinsam mit den Kindern Lösungen zu finden.

Eine erfolgreich praktizierte Analogie auf Klassenebene hinsichtlich der Vermittlungsaufgaben findet sich in pädagogischen Mediationskonzepten, insbesondere in den so genannten Streitschlichter-Programmen (z.B. Faller, 1998; Faller, Kerntke & Wackmann, 1996). Eine schweizerische *Just Community*-Grundschule hat ein solches Programm zum Zentrum ihrer Arbeit gemacht. In den Versammlungen wurde zuerst über Streitanlässe gesprochen, um die Kinder für die Entstehung von Gewalt zu sensibilisieren, dann darüber, wie man Konflikte („Streit") vermeiden und wie man intervenieren kann. Danach wurde in den Klassen das Amt des „Streitschlichters" eingeführt. Die Auswirkungen auf das Schulklima waren beeindruckend: Mehr und mehr wurden die „Rowdys" nicht mehr – je nachdem – gefürchtet oder bewundert, sondern sie gerieten in den Ruf, etwas Wesentliches nicht verstanden zu haben; der Zeitgeist an dieser Schule drehte sich, die Fähigkeit, Konflikte friedlich beizulegen, hat dort einen hohen Status.

(d) Fächerspezifische Dilemma-Diskussion. Jede Klasse sollte regelmäßig, möglichst sogar einmal pro Woche an Dilemma-Diskussionen teilnehmen, in denen

moralische Probleme bearbeitet und auf moralische Fragen moralische Antworten gesucht werden. Ein Dilemma entsteht dann, wenn sich in einem Entscheidungskonflikt zwei Werte gegenüberstehen, die man nicht preisgeben möchte, von denen aber einer unweigerlich verletzt werden muss, wenn man sich zu einer Entscheidung durchringt. Dies ist das Grundmuster der Tragödie. Bei vielen Wertkonflikten geht es aber nicht um Leben und Tod. Auch Kinder erleben Dilemmata, etwa wenn sie entscheiden müssen, ob sie einen Freund „verpetzen", der etwas ausgefressen hat (dies ist das Dilemma zwischen freundschaftlicher Loyalität und Wahrheit bzw. Gesetzestreue, siehe Faller, Kerntke & Wackmann, 1996). Der erzieherische Wert der Beschäftigung mit verschiedenartigen Dilemmata im Kontext der Unterrichtsfächer besteht darin, dass Schülerinnen und Schüler argumentieren lernen, dass sie die moralisch relevanten Seiten der Fächer kennenlernen und dass sie Anregungen zur Entwicklung zu einer höheren Stufe des moralischen Urteils erhalten. Wir haben seinerzeit über die drei am DES-Projekt teilnehmenden Schulen hinweg eine Arbeitsgruppe gegründet, die fachspezifische Dilemmata entwickelte. Ihre Aufgabe war es, im Zusammenhang mit den lehrplanmäßig vorgesehenen Themen in Deutsch, Religion, Sozialkunde, Geschichte, Biologie, Sport usw. jene Konflikte herauszukristallisieren, die eine sinnvolle Dilemma-Diskussion mit den Schülern zulassen (vgl. Reinhardt, 1999; Landesinstitut für Schule und Weiterbildung, 1992). Andererseits trafen sich Lehrer mit dem Projektbegleiter in Klassen, beurteilten gemeinsam die Dilemma-Stunden und halfen sich gegenseitig bei der Vorbereitung. Ein Beispiel eines solchen Dilemmas im Bereich der Literatur war ein Text, in dem dargestellt wurde, dass eine Familie mit drei Kindern mit finanzieller Unterstützung des Großvaters endlich eine größere Wohnung kaufen konnte. Jedes Kind hat nun ein eigenes Zimmer. Sobald dieses eingerichtet war, wurde der Großvater schwer krank. Doch er wollte absolut nicht in ein Pflegeheim. Er hatte Angst davor. Dieses würde allerdings weniger kosten als die Pflege zu Hause, weil dann die Mutter nicht mehr arbeiten könnte. Das Ziel der Dilemma-Diskussion bestand nicht darin, eine schlaue Lösung zu finden, sondern die besten, gerechtesten, fürsorglichsten und wahrhaftigsten Argumente für einen Lösungsvorschlag zu generieren.

Bei diesen und ähnlichen Dilemma-Diskussionen gibt es nun allerdings eine Reihe von Problemen, die manchmal fast unüberwindlich erscheinen. Einige davon sollen hier angedeutet werden:

Erstens ist die Konstruktion von Dilemmata mit zwei sich wirklich widersprechenden Grundwerten eine äußerst zeitaufwendige Sache. Denn diese zwei Werte müssen ja in etwa die gleiche Valenz aufweisen, damit durch die Wahl des einen Wertes der andere in schockierender Weise verletzt wird. Man muss sich stets klarmachen, dass solche Dilemmata letztlich nicht auflösbar sind, dass sie aber einen Sprung in die Entscheidung mit nachheriger exhaustiver Begründung stimulieren. Sie sind moralische Kontingenzerzeuger, die ein je neues kognitives Gleichgewicht erfordern. Dieses kann nur durch echte Kontroverse und Abarbeitung erreicht werden. Wirklich kräftige moralische Dilemmata können – wie gesagt – ethisch-philosophisch nicht vollständig harmonisiert werden, und man schleppt sie als Unruhestifter in seinem moralischen Urteil mit herum. Sie sind denn auch eher als Mittel der Diskursintensivierung zu verstehen denn als moralische Wirklichkeiten, die die Menschen in ihrer Kommunität immer schon gelöst haben.

Zweitens ist es für Lehrpersonen äußerst schwer, das Basismodell der Dilemma-Diskussion durchzuführen und den Schluss einer solchen Stunde offen zu lassen und damit der immer wiederkehrenden Irritation anheim zu geben. Unter Basismodell verstehen wir die Kette der Schritte (a) Dilemma-Erfahrung, (b) Kontroverse, (c) +1-Konvention (Konfrontation mit Argumenten, die eine Stufe höher anzusiedeln sind als die Stufe des eigenen Denkens), (d) Prozessreflexion, die notwendig ist, um wirksam in Richtung der nächsthöheren Stufe des soziomoralischen Urteils zu entwickeln. Unter Offenlassen der Dilemmadiskussion verstehen wir den bewussten Verzicht auf eine „Auflösung", auf das Bekanntgeben der so genannt richtigen Lösung nach der Kontroverse. Wenn Lehrpersonen die Gewohnheit haben, beim Aufbau von Wissen auf Fragen Antwort zu geben und Experte/Expertin im Wissensmanagement zu sein, haben sie nicht selten Schwierigkeiten mit der ganz anderen unterrichtlichen Fähigkeit, die hier zählt, nämlich die Unterstützung der gegensätzlichen – gleichwohl respektvollen – Argumentation, die die Legitimationskraft jedes Schülers und jeder Schülerin in Gang zu setzen hilft.

Drittens besteht die Gefahr, dass das Argumentationsmaterial einer höheren Stufe, das Lehrpersonen unter Umständen vorbringen, in eine moralisierende Bewertung der Schülerargumente abrutscht. Statt zu entgegnen, auf neue Gesichtspunkte hinzuweisen, stellt man dann Fragen wie: „Meinst du das wirklich so?", „Sollte diese Frau wirklich so handeln?" usw. Indirekte Moralisierung bedeutet immer zweierlei. Zum einen zeigt sie, dass man eine „richtige" Lösung wüsste, sie aber nicht zum besten geben möchte. Zum anderen signalisiert man der Schülerin oder dem Schüler, dass man sie in ihren Gedankengängen und Argumenten nicht ernst nimmt. Der Effekt wird gegebenenfalls der gleiche sein, wie wenn man sich verleiten lässt, am Ende der Stunde eine Lösung als die richtige zu präsentieren: Die Schüler vertrauen nicht mehr darauf, dass die Übung „Suche nach den besten Argumenten" ernst gemeint ist. Sie stellen über kurz oder lang das Denken ein, exponieren sich nicht mehr und beschränken sich auf das, was der „heimliche" Lehrplan an Schulen ihnen sowieso als kluges Verhalten empfiehlt: frühzeitig die erwünschte Meinung aufspüren und im richtigen Moment bei der Lehrperson Punkte machen.

(e) Die Begleitung des Lehrerkollegiums. Das Lehrerkollegium muss einerseits das ganze Modell kennen, verstehen und mittragen, andererseits muss das Kollegium die theoretischen Grundlagen verstehen. Für die Dilemma-Diskussion zum Beispiel gilt der Grundsatz „Entwicklung als Ziel der Erziehung" und nicht etwa „Wissensvermittlung als Ziel der Didaktik". Dies immer neu zu erarbeiten, ist die Aufgabe des Projektleiters in Zusammenarbeit mit dem Lehrerkollegium. Zwei Schwerpunkte wurden im DES-Projekt deshalb für die alle zwei bis drei Wochen stattfindende Lehrerweiterbildung gewählt: (1) die Aufarbeitung der Probleme, die in der Versammlung der Gerechten Gemeinschaft aufkamen (Analyse des Verlaufs, Rekonstruktion des Denkens der Schüler, Analyse des Lehrerverhaltens), oder die

Aufarbeitung von Problemen der Arbeit in den Klassen, und (2) die Erarbeitung neuer theoretischer Anhaltspunkte für das Gesamtkonzept. Einige seien hier genannt: Die Funktion des Demokratiemodells, das dem Ansatz zu Grunde liegt; Entwicklung als Ziel der Erziehung; universelle Werte; moralische Entwicklung sensu Kohlberg; die Generierung gemeinsamer Regeln und Normen *(shared norms)*; der Aufbau moralischen Wissens im Unterschied zum strukturtheoretischen Ansatz der Entwicklung. Es hat sich als sehr hilfreich erwiesen, wenn ein Schulprogramm dieser Art nicht nur von einer internen Projektleitung organisiert wird, sondern darüber hinaus von externen Fachleuten betreut, auf dem Wege zur Assimilation des Verfahrens der Entwicklung einer Gerechten Gemeinschaftsschule begleitet wird. So bekommen die einzelnen Lehrpersonen eine zusätzliche Hilfe dabei, ihre Ängste, Besorgnisse und Unsicherheiten zu überwinden, Phasen der Müdigkeit zu überstehen, in denen man dazu neigt, betriebsblind zu werden und die eigentlichen Ziele aus den Augen zu verlieren, aber auch ihre Erfolge miteinander austauschen zu lernen.

In diesem Sinn ist die schulinterne Lehrerfortbildung ein nicht zu verletzendes Gebot der Begleitung der Entstehung einer Gerechten Schulgemeinschaft. Lehrer und Lehrerinnen müssen den theoretischen Hintergrund eines jeden Schritts kennen, um Misserfolge zu verstehen, Erschütterungen zu ertragen, Krisen zu meistern und aus ihnen zu lernen. Eine Gerechte Gemeinschaft entsteht nicht von selbst, sie ist ein mitunter schmerzlicher Prozess, der das eigene moralische Ich infrage stellt.

Soweit also die wichtigsten strukturellen Elemente der Adaptation des Modells der „Gerechten Gemeinschaft" in einer Schule in unseren Breitengraden. Diese Elemente beziehen sich aufeinander: Der Vermittlungsausschuss beeinflusst die Themenfindung für die nächste Versammlung der Gerechten Gemeinschaft. Diese wiederum beeinflusst die fachspezifische Dilemma-Diskussion. Das Verstehen des theoretischen Hintergrunds, das Verstehen der Entwicklung und des Prozesses der Normintegration hilft, den Vermittlungsausschuss besser zu gestalten und so fort. Vom Gesamt dieser Prozesse kann man erwarten: erstens eine entscheidende Verbesserung der moralischen Atmosphäre der Schule, zweitens eine stärkere Identifikation mit der Schule, drittens die nachhaltige Intensivierung des Normaufbaus und der Demokratisierung, und viertens die Förderung der Entwicklung des sozialen Verstehens, des moralischen Urteilsvermögens und der moralischen Sensibilität des Einzelnen. Wir werden diese Ziele im Zusammenhang mit der Evaluation nochmals kurz aufgreifen.

4. Wissenschaftliche Begleitung und Evaluation

Eine Evaluation des DES-Modells liegt in Form eines leider nie offiziell veröffentlichten Berichts des nordrhein-westfälischen Landesinstituts für Schule und Weiterbildung vor (Dobbelstein-Osthoff u.a., 1991; vgl. auch Garz & Aufenanger, 1995; Lind & Althof, 1992). Die hauptsächlich verwendeten Forschungsinstrumente waren (a) der „Moralische-Atmosphäre-Fragebogen" (MAF) von Lind und Link (1986),

Abbildung 6: Entwicklung der moralischen Urteilsfähigkeit in den drei *Just Community*-Schulen (100 Punkte entsprechen einer vollen Entwicklungsstufe)

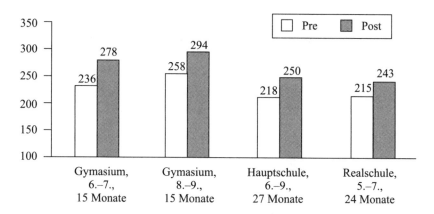

der auch einen „Verantwortungsurteils-Test" beinhaltet, (b) das *Sociomoral Reflection Measure* (SRM) von Gibbs, Widaman und Colby (1982) in einer deutschsprachigen Version; (c) wurden Interviews mit einem Teil der Schülerinnen und Schüler sowie mit Lehrkräften durchgeführt; schließlich (d) haben die Schulen selbst eine Eigenevaluation durchgeführt. Wichtige Ergebnisse dieser Begleitforschung sollen hier zusammengefasst werden.

– Die „moralische Atmosphäre" betrifft den Umgang der Schüler untereinander und ihre Gruppen- und Beziehungsstrukturen, das Ist-Erleben und die Bereitschaft zur Partizipation und gemeinschaftlichen Behandlung von Problemen, das Ausmaß von Normakzeptanz und von deviantem oder aber prosozialem Handeln. An den beteiligten Schulen hat sich die moralische Atmosphäre in diesem Sinne positiv entwickelt. So wird betont, dass die gegenseitige Hilfsbereitschaft zugenommen hat. Die Übereinstimmung mit den – gemeinsam beschlossenen – Regeln ist gewachsen, einschließlich der Regel, die das Mogeln verbietet.

– Die moralische Urteilsfähigkeit ist merklich angestiegen, wenn auch an den verschiedenen Schulen in unterschiedlichem Ausmaß. Die SRM-Daten (in Bezug auf eine Schule unvollständig) liefern das oben in Abbildung 6 dargestellte Ergebnis.

Im Bericht von Dobbelstein-Osthoff u.a. (1991, S. 47) heißt es hierzu:

Der hier in Zahlen ausgedrückte Zuwachs steht für einen psychologisch außerordentlich bedeutsamen Übergang in der Urteilsfähigkeit. Stufe 2 (...) ist die Stufe des konkreten und individualistischen Gerechtigkeitsverständnisses, das für jede Leistung eine Gegenleistung, für jede Unbill eine Vergeltung verlangt. In der zweiten Erhebung sind die SchülerInnen auf dem Weg nach Stufe 3 (und viele haben diesen Weg schon bewältigt), und damit zur Moral der Gruppe, in der aufeinander Rücksicht genommen werden muss, und zu einem Gerechtigkeitsverständnis, das zum ersten Male etwas mit Begriffen wie ‚Zuverlässigkeit', ‚Treue', ‚Loyalität'

‚Engagement für eine gemeinsame Sache' anfangen kann – also zu einem Denken, das es überhaupt erst umfassend ermöglicht, Schule als Gemeinschaft und nicht nur als Ansammlung von Individuen, von denen jedes ‚sein Ding macht', zu verstehen.

Deutliche Veränderungen im Urteilen zeigen sich auch im Verantwortungsurteil-Test, die ebenfalls nicht als einfach altersbedingte Effekte verstanden werden können (vgl. Dobbelstein-Osthoff u.a., 1991, S. 42 ff.).

Die Interviews mit den Lehrpersonen und den Schulleitern bestätigen den Eindruck, dass sich Schülerinnen und Schüler stärker mit der Schule identifizierten. Aber auch die Lehrer traten stärker in einen Austausch miteinander und erfuhren einen intensiveren Zusammenhalt – was natürlich zeitweilige Krisen nicht ausschließt.

In der Schweiz, wo die Verfasser dieses Beitrags viel dafür getan haben, das Konzept „Schule als gerechte und fürsorgliche Gemeinschaften gestalten" bekannt zu machen, arbeiten – nach unserem Wissen – gegenwärtig etwa zehn Schulen nach diesem Modell. Nicht alle jedoch lassen sich wissenschaftlich begleiten, nicht alle auch realisieren alle Elemente des Modells (und verzichten beispielsweise auf Moralerziehung im engeren Sinne, z.B. in Form von regelmäßigen Dilemma-Diskussionen).

Die Vorreiterrolle kam einer Grundschule im Kanton Basel-Land zu, die sich in der Anfangsphase ihres Projekts (1994–1996) wissenschaftlich begleiten ließ, das heißt einen externen Berater einlud und regelmäßige Datenerhebungen gestattete, und ihre Version von *Just Community* seitdem aus eigener Kraft weiterführt. Das extrem förderalistische schweizerische Schulwesen erlaubt eine sehr niedrigschwellige Realisierung von Schulversuchen. Eine Genehmigung der lokalen Schulaufsicht genügt, und diese ist in der Regel leicht zu bekommen (wobei die Beschaffung finanzieller Mittel eine andere Frage ist). Die genannte Schule im Kanton Basel-Land wagte sich auf ein unbekanntes Terrain: die Transplantation der *Just Community*-Idee auf die Primarstufe, und sie war erfolgreich. Eine gute Öffentlichkeitsarbeit (einschließlich einer Reihe von Artikeln in Zeitungen und Zeitschriften und einer detaillierten Videodokumentation; vgl. Althof, 1996) weckte das Interesse einer Reihe weiterer Schulen.

Fast alle Projekte in der Schweiz seitdem wurden ebenfalls in Grundschulen realisiert. Und tatsächlich sind die institutionellen Bedingungen hier in mindestens zweierlei Hinsicht außerordentlich günstig: *(a) Die Schulgröße.* Die Schulen, mit denen wir in den letzten Jahren arbeiteten, haben ein Kollegium von 8 bis etwa 20 Lehrkräften und eine Schüler-/Schülerinnenzahl zwischen 80 und 250. Das Kollegium kann sich zu Sitzungen um einen Tisch versammeln und sich auch informell problemlos verständigen. Die Schulversammlung passt in die Aula oder die Turnhalle, und es braucht nur mehr logistische Überlegungen (Lautsprecheranlage, Arbeit in Kleingruppen zu einem großen Teil der Versammlungszeit), um das Gespräch aller mit allen zu organisieren. Komplizierte Mischungen aus direkter und repräsentativer Demokratie (z.B. in Form von Teil-*Just Communities,* die durch Delegierte ihre Arbeitsergebnisse synchronisieren müssen) sind nicht nötig. *(b) Das*

254

Klassenlehrerprinzip. Die Kinder einer Klasse sind während der ganzen Woche als Gruppe mehr oder weniger beisammen, und sie werden zu drei Vierteln oder mehr der Schulzeit von der gleichen Lehrperson unterrichtet. Dies erleichtert die zeitliche Planung von Projektaktivitäten enorm. Unterrichtsstoff, der einer Schulversammlung oder der vorbereitenden bzw. auswertenden Diskussion in der Klasse geopfert werden muss, kann problemlos zu anderer Zeit nachgeholt werden; der Stundenplan ist flexibel und wird auch durch die unweigerlich höhere Sitzungsdichte des Kollegiums nicht gefährdet.

Für den Erfolg von *Just Community*-Programmen in der Grundschule notwendig war allerdings eine Adaptation der Grundideen auf der Entwicklungsstufe der Schülerinnen und Schüler des entsprechenden Alters. Der Gemeinschaftsaspekt (und damit Angebote zum sozialen Lernen durch gemeinschaftlich geplante und realisierte Aktivitäten) rangiert klar vor dem Gerechtigkeitsaspekt in Form von Diskussionen und Entscheidungen über Regeln und die entsprechenden Sanktionen. Über faire Regeln und Konfliktlösungen wird immer dann gesprochen, wenn die Kinder aufgrund einer Erfahrung mit einem Problem die Notwendigkeit einer Regelung ohne Schwierigkeiten einsehen können. Die Versammlungen sind relativ kurz (nicht mehr als eine Schulstunde), sie haben in der Regel einen einzigen, klar definierten Tagungsordnungspunkt, die Debatte dreht sich um ein überschaubares und plastisch verdeutlichtes Spektrum von Entscheidungsalternativen (einführender Sketch, schriftliche Vorgaben zur Erinnerung). Die Entscheidung wird häufig erst in einer zweiten Versammlung – nachdem alle sich die auf Plakaten fixierten Voten der Kleingruppen noch einmal gründlich haben anschauen können – und möglichst oft im Konsensverfahren (d.h. ohne eine Abstimmung, die immer mit der Konstituierung einer klar identifizierbaren Minderheit und der entsprechenden Gefahr von Reaktanz verbunden ist) gefällt.

In unsere Grundschul-Konzeption von *Just Community* ist unter anderem das Gedankengut des kalifornischen *Child Development Project* eingeflossen. Dieses Programm des Developmental Studies Center in Oakland (CA) – unter der Leitung von Schaps und mit Watson, Solomon und Battistich als Hauptträgern – stellt ein elaboriertes Konzept des Lernens in der Gemeinschaft und durch die Gemeinschaft dar. Beispielsweise werden Lernpartnerschaften zwischen Klassen unterschiedlicher Altersstufe vorgeschlagen (Developmental Studies Center, 1996), die sich als effektiver Motor sowohl des unterrichtlichen wie des sozialen Lernens erweisen. Insofern unsere Konzeption von „*Just Community* auf der Primarstufe" als – sehr eigenes – Amalgam von Kohlberg und *Child Development Project* beschrieben werden kann, lag es nahe, für die wissenschaftliche Begleitung einige der im Rahmen des *Child Development Project* entwickelten Instrumente zu adaptieren. Das geschah für einen Schüler/innen-Fragebogen, einen Lehrer-Fragebogen und für ein – bislang selten genutztes – Manual zur Unterrichtsbeobachtung.

Der Fragebogen für Schülerinnen und Schüler, der in zwei Versionen von der zweiten bis zur fünften bzw. sechsten Klasse der Grundschule eingesetzt wird, enthält 29 Skalen zu den folgenden Bereichen: Klassen- und Schulklima, Qualität der

Gruppeninteraktion im unterrichtlichen Kontext, Haltung zum unterrichtlichen Lernen, Vertrauen in die Lehrpersonen, soziale Einstellungen und selbstberichtete soziale Kompetenzen, Einsamkeitsgefühl, Selbstwertschätzung und Selbstwirksamkeit, interpersonale Verhandlungsstrategien, selbstberichtetes Sozialverhalten (prosoziales und deviantes Handeln, Erfahrungen als Opfer von Schikane).

Der Fragebogen für die Lehrkräfte befasst sich mit den folgenden thematischen Bereichen: Haltungen zum Lernen (bezüglich verschiedener akademischer und sozialer Lernziele und Lernformen), Lehrerrolle (Einbezug der Schüler und Schülerinnen bei Entscheidungen, Belohnung/Bestrafung, Vermittlung bei Konflikten, Vertrauen in Schüler), kollegiale Zusammenarbeit und wechselseitige persönliche und fachliche Unterstützung (einschließlich Einschätzung der Schulleitung) sowie die Haltung zum eigenen Beruf.

Seit 1996 ist auch eine kurze, wiewohl noch nicht ausreichend validierte Papier-und-Bleistift-Version von Selmans Tests zur Ermittlung des jeweiligen Niveaus der Fähigkeit zur Perspektivenkoordination, des Konzepts von Freundschaft und Autorität und der interpersonalen Verhandlungsstrategien verfügbar, die Selman zusammen mit Schultz entwickelt hat und deren zwei Versionen (Kindergarten bis dritte Klasse, Ältere) wir adaptiert haben.

Diese Instrumente wurden in zwei Projektschulen und einer Vergleichsschule längschnittlich flächendeckend, das heißt bei der jeweiligen Gesamtpopulation eingesetzt. Im Fall der erwähnten Schule im Kanton Basel-Land wurde vor Projektbeginn (1994), nach dem ersten Projektjahr, am Ende der wissenschaftlichen Begleitung nach zwei Jahren (1996) und in einer nachfolgenden Messung nach weiteren zwei Jahren (1998) erhoben. Im Fall einer zweiten Schule im Kanton Solothurn erstreckte sich der Erhebungszeitraum über drei Jahre (1996–99) und vier Messzeitpunkte. Andere Schulen haben, wie erwähnt, auf eine wissenschaftliche Begleitung verzichtet, oder diese hat nur die Form einer Post-Evaluation, oder aber die Projekte sind noch zu jung (drei Schulen haben gerade die erste Erhebung hinter sich), um bereits von Effekten berichten zu können.

Im Fall der zwei erwähnten, im Längsschnitt gründlich evaluierten Schulen wurden die quantitativen Messungen ergänzt durch qualitative Teilstichproben (Interviews mit Lehrkräften, weiteren Angestellten – wie den Hauswarten – und Schülern und Schülerinnen zur Haltung zur Schule allgemein und zum Projekt, Interviews zum moralischen Urteilen usw.) und durch Prozessdaten (Videoprotokolle der Schulversammlungen und der schulübergreifenden Aktivitäten, Spontaninterviews mit Beteiligten, Unterrichtsbeobachtungen, Dokumentenanalysen). Im Sinne einer Perspektiventriangulation wurden auch die Eltern befragt. Sporadisch wurden auch Leistungstests in Deutsch und Mathematik durchgeführt (die, um dies vorwegzunehmen, zeigten, dass die Betonung des sozialen Lernens nicht mit Leistungseinbußen in den Unterrichtsfächern erkauft werden muss).

Einige Ergebnisse dieser wissenschaftlichen Begleitung der genannten Projekte sollen im Folgenden zusammengefasst werden. Konzentrieren wir uns zunächst auf die Auswirkungen von *Just Community* bei den *Schülerinnen und Schülern*:

Abbildung 7: „Schule als Gemeinschaft erleben" (Vergleich von Projekt- und Vergleichsschule vor Projektbeginn, nach dem 1. und nach dem 2. Projektjahr)

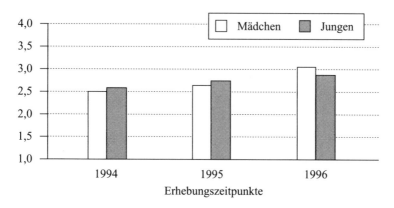

Pauschal gesagt: Die Kinder der Schule in Basel-Land schnitten in Bezug auf praktisch alle untersuchten Dimensionen (Gefühle der Zugehörigkeit, soziale und moralische Orientierungen und Verhaltensweisen, Haltung zur Schule und zum Lernen usw.) nach zwei Projektjahren signifikant besser ab als die Kinder der Vergleichsschule (die sich für Erhebungszwecke zur Verfügung stellte, ohne selbst ein Projekt durchzuführen). Das Schulprojekt hat zu einem besseren Klima in der Schülerschaft geführt. Es kommt natürlich immer noch vor, dass man sich streitet oder die Außenseiter hänselt. Was sich geändert hat, ist die Konfliktlösekompetenz vieler Kinder und die Gesamtatmosphäre. Der Umgang miteinander in der Klasse und im gesamten Schulhaus wird unterstützender und respektvoller erlebt. Problemverhalten (Schikane, Diebstahl, Prügeleien) wurden seltener, Hilfsbereitschaft und Toleranz gegenüber Außenseitern ausgeprägter. Die Bereitschaft, Konflikte friedlich zu lösen, ist stark gewachsen. Speziell seit es in den Klassen die Funktion des „Streitschlichters" gibt (ein Amt, das zwischen den Kindern in regelmäßigen Abständen wechselt), bemühen sich die Kinder häufiger, Streitigkeiten selber zu beenden – die Lehrkräfte werden seltener in Anspruch genommen, Petzen ist nicht mehr „in". Abbildung 7 zeigt, wie sich das Gefühl, einer unterstützenden, fairen Gemeinschaft anzugehören, bei den Mädchen und den Jungen dieser Schule über die Projektjahre hinweg entwickelt hat.

Das Projekt hat nicht nur das unterrichtliche Lernen nicht gestört, sondern bei vielen Kindern die Haltung zum Lernen verbessert. Der Grund für diese Änderung in der Haltung zum unterrichtlichen Lernen ist augenscheinlich der, dass die zwischenmenschlichen Reibungsverluste im Klassenraum geringer geworden sind. Der ab der dritten Schulklasse normalerweise stetige Anstieg der Schulunlust konnte einigermaßen gebremst werden. Abbildung 8 zeigt das eher übliche, nach unten zeigende Verlaufsmuster bei der Vergleichsschule; die Freude an der Schule

Abbildung 8: „Schule gern haben" (Vergleich von Projekt- und Vergleichsschule vor Projektbeginn, nach dem 1. und nach dem 2. Projektjahr)

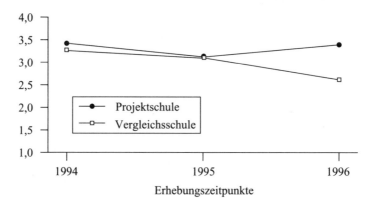

Erhebungszeitpunkte

ist dagegen an der Projektschule langfristig konstant. Auch an diese Schule gehen
die Kinder der oberen Klassen weniger gern als die Erst- und Zweitklässler. Aber
insgesamt gibt es eine klare Zunahme in der Lust, aus Interesse an der Sache zu lernen (und nicht nur, um Lob und gute Noten zu ernten); insgesamt ist speziell die
Tendenz zur Arbeitsvermeidung (also die Neigung, nur das Allernötigste zu tun)
stark zurückgegangen, wie Abbildung 9 zeigt. Bei allgemeineren Fragen danach, ob
die Kinder die *Schule gern haben* – also gern zur Schule gehen und sich dort wohl
fühlen –, verbleiben die Werte in der Fragebogenuntersuchung über die Zeit hinweg
bei einem erstaunlichen Mittel von etwa 3,5 (1 = „gar nicht gern"; 4 = „total gern").

Das Bedürfnis der Kinder, als Partner bei Entscheidungen, die sie betreffen, se
ernst genommen zu werden, ist ebenfalls gewachsen. Viele Kinder zeigen überra-
schende Fähigkeiten, was das Zuhören, Mitdenken und auch die Bereitschaft zum
Kompromiss angeht. Allerdings sind sie auch kritischer geworden: Sie wollen mitreden, gehört werden, und nehmen nicht mehr jede Entscheidung „von oben" unbe-
fragt hin.

An dieser Schule gab es eine Gruppe, die speziell vom Schulprojekt profitierte.
Die Schule beherbergt eine Reihe von Sonderklassen, die von Kindern aus der ganzen Gemeinde (nicht nur von solchen aus dem Stadtteil) besucht werden. Diese ver-
haltensauffälligen oder lernbehinderten Kinder, die häufig wirklich keinen Grund
sehen, besonders gern zur Schule zu gehen, die früher immer schnell zu Sünden-
böcken abgestempelt wurden, fühlten sich nach Etablierung von *Just Community*
im Schulhaus und in ihren Klassen deutlich wohler. Sie hatten das Gefühl, viel mehr
Einfluss auf das Geschehen im Unterricht nehmen zu können, das Gefühl, dass man
sich untereinander viel mehr unterstützt als früher. Ihre Neigung zu deviantem Verhalten (Diebstahl, mutwillige Zerstörung von Gegenständen, körperliche Gewalt)
sank dramatisch. Und sie besonders sind es, die eine geänderte, positivere Haltung
zum Lernen zeigten.

258

Mädchen und Jungen unterscheiden sich in Bezug auf viele Fragen nicht; die Verlaufskurven bei vielen Skalen sind ausgesprochen parallel. Bei einzelnen Themen hatten die Mädchen aber einen offenkundigen Nachholbedarf. Und sie haben aufgeholt – beispielsweise in Bezug auf Autonomie, also im Gefühl, im Leben selber Entscheidungen treffen zu können. Ein Detailergebnis scheint uns besonders berichtenswert. Aus der Unterrichtsforschung ist folgendes Phänomen bekannt: Die Jungen ziehen einen Großteil der Aufmerksamkeit der Lehrkraft auf sich; die – vergleichsweise – meist ruhigeren Mädchen kommen weit schlechter zum Zuge. Wenn nun versucht wird, dies auch nur geringfügig zu ändern – die Mädchen also etwas mehr am Unterrichtsgeschehen partizipieren zu lassen –, fühlen die Jungen, an ihre Privilegien gewöhnt, sich benachteiligt und protestieren. Dieses Phänomen scheint in der Projektschule im ersten Projektjahr aufgetreten zu sein. Alle Kinder waren sich nach diesem Jahr einerseits einig, dass sie in der Klasse mehr mitreden und mitentscheiden durften. Andererseits zeigen die Antworten zum Fragenbereich „Unterstützendes Klima in der Klasse", dass die Mädchen sich wohler fühlten als vor Projektbeginn, die Jungen aber weniger wohl. Offensichtlich waren sie nicht sehr begeistert davon, dass nun eben auch die Mädchen sich stärker einbringen konnten. In der Befragung nach dem zweiten Projektjahr zeigte sich dann, dass die Jungen sich inzwischen an die neuen Verhältnisse gewöhnt hatten. Jungen wie Mädchen fanden das Klima in den Klassen jetzt gleich gut – und besser als vor Beginn der *Just Community*.

Die Befunde an der zweiten längsschnittlich begleiteten Schule weisen in ähnliche Richtungen. Diese Schule allerdings führte das Projekt „Schule als gerechte und fürsorgliche Gemeinschaft" nicht mit dem Zweck der stetigen Entwicklung einer bereits guten Schule, sondern mit dem Ziel der Rettung aus desolaten Verhältnissen aus. Vor Projektbeginn herrschte ein mehr oder minder asozialer Zeitgeist; Vandalismus, Gewalt und ein verächtliches Verhältnis gegenüber dem Unterricht und dem „Lernen-Müssen" waren nicht selten. Die Schule ging also in Bezug auf das Sozialklima in der Schülerschaft, das soziale Verhalten und die Haltung zum Lernen bei vielen Kindern (vor allem unter den Knaben) von einem weit niedrigeren Plateau aus als die eben berichtete, und sie erreichte bescheidenere Verbesserungen. Ein erstaunlicher Effekt, der sich auch in der vorher beschriebenen Projektschule zeigte, besteht in einer durchweg gravierenden Veränderung der Haltung zum unterrichtlichen Lernen. Abbildung 9 zeigt die Veränderungen in Bezug auf die Neigung, Arbeit zu vermeiden, die nicht direkt verlangt und kontrolliert wird; die Graphik verdeutlicht, dass die Knaben einen großen Rückstand aufholen. In einem Abschlussinterview formulierte der interne Projektleiter die Einschätzung, dass das Projekt es dieser Schule ermöglicht habe, zu einer „normalen Schule" zu werden – zu einer Schule also, die ihre Stärken und Schwächen hat, wie andere Schulen auch, aber eben nicht nur Schwächen.

Ergänzend sollen einige Ergebnisse der Befragungen der *Lehrerinnen und Lehrer* berichtet werden. Wenn Schulleitungen und Lehrkräfte sich selbst und ihren Schülerinnen und Schülern die Chance geben, die durch eine partizipatorische

Abbildung 9: „Neigung zur Arbeitsvermeidung beim Lernen" (Vergleich von Projekt- und Vergleichsschule vor Projektbeginn, nach dem 1. und nach dem 2. Projektjahr)

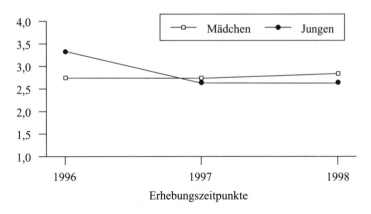

Schuldemokratie ausgelösten Lern- und Entwicklungsprozesse zu durchleben, kann die Erfahrung auch für sie selbst sehr fruchtbar werden. Dies zeigen zum Beispiel die Daten, die im Rahmen des Projekts im Kanton Basel-Land erhoben wurden. In den Befragungen der Lehrkräfte zeigen sich bereits nach einem Jahr *Just Community*-Erfahrung große Unterschiede zwischen dem Kollegium der Projektschule und dem Kollegium der Vergleichsschule.

Der Konsens im Lehrkörper, der den Ausgangspunkt des Projekts bildete, richtete sich dabei nicht oder nur am Rande auf die eigene individuelle oder kollektive Berufsrolle, sondern auf den Wunsch, das soziale Klima unter den *Schülerinnen und Schülern* zu verbessern und, sozusagen als Belohnung, selbst den Schulalltag als weniger anstrengend zu erleben. Der „runde Tisch", um den sich das Kollegium setzen musste, um *diese* Arbeit zu beginnen und zu gestalten, war also am Anfang nicht viel mehr als ein bloßes Mittel zum Zweck. Bald jedoch zeigte sich, dass das Kollegium der *Just Community*-Schule neue pädagogische Schwerpunkte setzte und sich sehr viel stärker als Team verstand, das Schulentwicklung selbst in die Hand nimmt. Einige Befunde, die jeweils auf einem Vergleich der Selbsteinschätzung der Lehrkräfte an beiden Schulen basieren, sollen dies illustrieren (alle genannten Unterschiede sind statistisch bedeutsam):

In Bezug auf pädagogische Zielvorstellungen kann man von den Lehrkräften der *Just Community*-Schule sagen, dass sie, im Vergleich zur Kontrollschule, nicht nur soziale Lernziele stärker betonen, sondern auch offener sind für eigenverantwortliches und erfahrungsreiches Lernen im Normalunterricht, ein Lernen, das eine „Fehlerkultur" ausdrücklich einschließt. Eine solche Bereitschaft, kind- und wertorientiert zu arbeiten, macht ein neues Nachdenken darüber unausweichlich, worin – gerade auch im Unterrichtlichen – die Hauptaufgaben der Lehrperson bestehen. Einige Skalen des Fragebogens geben indirekte Hinweise auf ein gewandeltes Berufsverständnis: Die Lehrkräfte an der Projektschule pochen deutlich weniger auf die mit der Lehrerrolle verbundene formale Autorität, sie bemühen sich stärker um gute (d.h. respekt- und verständnisvolle) Beziehungen zu ihren Schülerinnen und Schülern und nehmen sich deutlich mehr Zeit für informelle Gespräche in der Klasse und mit einzelnen Kindern.

In Bezug auf die Zusammenarbeit unter Kolleginnen und Kollegen unterscheiden sich beide Schulen zwar nicht im Ausmaß des Austauschs über Unterrichtsfragen und im Ausmaß gemeinsamer Unterrichtsplanung; in der Projektschule herrscht aber viel stärker das Gefühl, dass sie selbst auf Unterstützung zählen können und dass insgesamt im Kollegium ein Klima der Unterstützung, der gegenseitigen Hilfe und der Zusammenarbeit für gemeinsame Ziele und Werte herrscht; dass die Schulleitung kompetent, innovativ und offen für Anliegen und neue Ideen ist; dass sie – die Lehrkräfte – in Entscheidungen einbezogen sind und eine wichtige Rolle bei der Gestaltung des Schullebens spielen können. Einer der hervorstechendsten Unterschiede zwischen der Projekt- und der Vergleichsschule besteht darin, dass die Lehrkräfte der Projektschule in starkem Maße das Gefühl haben, es bestehe in wichtigen Fragen ein wirklicher Konsens hinsichtlich gemeinsamer Ziele und Wertvorstellungen an der Schule. In der Vergleichsschule, die kein derartiges Projekt durchgeführt hat, existiert ein solcher Konsens überhaupt nicht.

Neue Formen der Zusammenarbeit, der Konsensfindung und der Erarbeitung gemeinsamer Werte lassen sich nicht ohne Zweifel an der Sache und an der eigenen Kompetenz, nicht ohne Reibungen und Enttäuschungen finden. Trotzdem erleben die Lehrkräfte an der *Just Community*-Schule nach einem Jahr Projektdauer ihren Beruf viel stärker als lohnend als die Lehrerinnen und Lehrer an der Vergleichsschule. Sie haben ein deutlich höheres Erfolgsgefühl in ihrem Beruf, spüren eine deutlich stärkere Freude am Unterrichten, sprechen von einer spürbaren Verbesserung ihrer Arbeitsbedingungen; sie haben auch eine stärkere Motivation, ihre professionellen Fähigkeiten zu verbessern, und sind sich viel sicherer, dass sie – müssten sie nochmals entscheiden – den Lehrberuf wieder wählen würden.

Die Lehrkräfte ziehen besondere Befriedigung aus der Tatsache, dass sich die Atmosphäre unter den Kindern so sehr verbessert hat. Ein Lehrer äußert sich im Interview über das Wochenabschluss-„Ritual" und die Gruppenaktivitäten innerhalb der *Just Community*:

Ich staune ja immer wieder über die wunderbar friedliche Stimmung, wenn alles erwartungsvoll dasitzt, auch die Rücksichtnahme – keine Kinder, die sich ihren Weg ‚durchtanken‘, so mit einem ‚Geh mal weg‘, sondern man steigt höflich über die Erstklässler. (…) Ich denke auch an die ganzen Entscheidungsprozesse, die man ausgedehnt hat, nicht einfach dem Kollegium vorbehält (…) Das gibt den Kindern so ein Gefühl von Wichtigkeit, ein Gefühl von Selbstbewusstsein, und als Abfallprodukt vom Ganzen – eben, weil man so viele Sachen zusammen macht – entsteht natürlich auch wesentlich mehr Zusammenarbeit.

Eine Lehrerin bestätigt:

Ich sehe einfach immer mehr die Früchte. Jeden Tag! Die Kinder sorgen füreinander, denken aneinander, helfen sich gegenseitig. (…) In der Klasse sehe ich auf Schritt und Tritt, welche Entwicklungen sich da ergeben haben. Und ich habe es eben auch wachsen lassen; früher habe ich sicher viel mehr unterdrückt.

Ein weiterer Zeuge hat ganz ähnliche Beobachtungen gemacht, der Hauswart des Schulhauses:

> Also was ich *sehr* positiv finde, es hat – als ich hier anfing, hatten wir viel mehr, *sehr* viel mehr Streitereien auf dem Pausenplatz, und da muss man auch als Hauswart zwischendurch mal einen ein bisschen am Kragen packen und sagen ‚Du, so geht es nicht'. Und seit das Projekt läuft, hat es sich gewaltig verbessert. Nicht nur das, das ganze Klima in der Schule hat sich verbessert.

Der vorher bereits zitierte Lehrer kommt an späterer Stelle auf die Folgen des Projekts im Lehrerteam zu sprechen:

> Was Aufwand und Ertrag angeht: Das hat sich gelohnt, auf alle Fälle hat es sich gelohnt – für mich, für unser Kollegium. Eigentlich hatten wir es im großen und ganzen immer gut. Aber heute, der Zusammenhang, das Miteinander-Reden und das Einander-Verstehen und Großzü-gig-Sein, also ich denke, das ist ganz eindeutig durch das Projekt bedingt. Dadurch, dass du immer wieder zusammenhocken und dich finden musst. Also, das ist eindeutig das Resultat von *Just Community*.

Die *Elternbefragungen* (durchgeführt jeweils nach einer gewissen Verlaufsdauer des Projekts) waren eine wichtige Möglichkeit zu erfahren, ob die an der Schule be-obachteten Veränderungen im Sozialverhalten der Kinder auch zu Hause aufgefal-len waren. Tatsächlich haben die Eltern mehrheitlich festgestellt, dass die Kinder in den Jahren des jeweiligen Projekts hilfsbereiter, rücksichtsvoller und toleranter ge-worden sind. Während viele derartige Veränderungen selbstverständlich nicht nur auf den Einfluss der Schule zurückgehen, sondern stark von der Familie mitgeprägt sind, „schmecken" zwei wiederkehrende Ergebnisse sehr nach einer Wirkung des Schulprojekts: 89 Prozent der Eltern in der ersten, 74 Prozent in der zweiten Pro-jektschule berichten, dass ihr Kind „bei Entscheiden in der Familie oder beim Fest-legen von Regeln, die es selbst betreffen, mehr mitreden" möchte; 86 bzw. 74 Pro-zent stellen fest, dass ihr Kind „mehr Wert darauf legt, dass Regeln, Entscheide und Konfliktlösungen gerecht sind".

Nur noch ein weiteres Ergebnis. Die Eltern wurden unter anderem direkt ge-fragt, ob sie das Schulprojekt für „sinnvoll" oder für „nicht sinnvoll" halten. In 97 (1. Projektschule) bzw. 94,5 Prozent der Fälle (2. Projektschule) lautete das Urteil „sinnvoll", nur in wenigen Fällen „nicht sinnvoll". Eine offene Anschlussfrage er-möglichte die Begründung der jeweiligen Haltung. Eine Mutter gab die folgende stichwortartige Begründung dafür, dass sie die „gerechte und fürsorgliche Schulge-meinschaft" als sinnvoll und richtig erachtet: „Konfliktlösen will gelernt sein. Toll, eine Unterstützung zu erhalten bei dem, was wir zu Hause im kleinen üben. (…) Die Fragen (im Fragebogen) waren schwer zu beantworten. Das Projekt finde ich aber ganz toll."

5. Schwierigkeiten bei der Realisierung des Modells

Trotz des Erfolgs des Schulversuchs und der deutlich feststellbaren Transformation dieser Schule gibt es eine Anzahl von Schwierigkeiten, aus denen wir lernen müs-sen und die bei der Planung und Durchführung eines Modells der „Gerechten

Gemeinschaft" in Rechnung gestellt werden müssten. Wir möchten fünf solcher Schwierigkeiten zum Schluss ansprechen und kurz behandeln:

(a) Die Integration fachspezifischer Dilemmata in den Fachunterricht. Dass es für viele Lehrpersonen nicht einfach ist, angemessene Dilemmata zu entwickeln und die Dilemma-Diskussionen auf angemessene Weise zu führen, haben wir am Ende des Abschnitts 2 (d) bereits dargestellt. Die Aufgabe ist ungewohnt und muss sorgfältig angepackt werden. Lehrer müssen die Strategie des Stimulierens einer höheren Stufe einerseits und die Merkmale eines Dilemmas andererseits im Langzeitgedächtnis speichern. Mit diesen beiden Elementen im Sinn entwerfen sie den Unterricht inhaltlich. Sobald nun etwa in einem geschichtlichen Kontext die Protagonisten vor gleichwertigen, aber nicht gleich moralischen Alternativen stehen, sollte der Unterrichtende ohne die Ankündigung einer „Dilemma-Stunde" fähig sein, die Basisstrategie „Stimulierung einer höheren Stufe der sozial-moralischen Entwicklung" zu aktivieren. Statt Wissensaufbau oder Erlebnisunterricht durch Erzählung usw. gilt es jetzt, „Entwicklung als Ziel der Erziehung" zu praktizieren – eingebaut in den Gesamtablauf des Kurses. Das erfordert schnelle methodische Differenzierung. Und es erfordert zugleich, dass der Unterrichtende erkennt, für welche unterrichtlichen Situationen welche Ziel- und Inhaltsstrukturen modifiziert werden müssen, und das in seiner Vorbereitung und in der Durchführung der Stunde berücksichtigt. Die Erkenntnis des Dilemmas und der Einsatz der Strategie sind folglich Leistungen, die im Unterricht einen „Experten" erfordern. Dieser muss fähig sein, Ziel und Inhalt durch die Verwendung der neuen Strategien sinnvoll zu koordinieren und in den Unterricht insgesamt einzuordnen.

(b) Bürokratische oder juristische Regelungen verbieten angeblich die Diskussion konfliktueller Situationen. Oft ist es, als ob sich Bürokratie und Schulrecht miteinander verschwägern, um Reformen zu verhindern. Es wird gesagt, es sei verboten, zum Beispiel das Euthanasiedilemma mit Schülern zu diskutieren. Es wird gesagt, dass es an bestimmten Schulen keine Probleme gebe, keine Diebstähle, keinen Streit, keine Vorurteile; aber falls es dies gäbe, sei es die Aufgabe des Direktors, es zu regeln. Man wendet ein, dass die Kinder in Versammlungen der Gerechten Gemeinschaft die Würde und Intimität anderer verletzen können. Dieselben Personen fragen freilich nicht, wie Kinder die Würde und Intimität anderer achten lernen sollen. Wo soll dies gelernt werden, wenn nicht dort, wo gelegentlich ein Kind sich weigert, über etwas zu reden, weil es davon persönlich betroffen ist; oder wo ein Lehrer beide Hände erhebt (sofortige Verfahrensintervention; Geschäftsordnungsantrag!) und darum bittet, spöttische Bemerkungen zu unterlassen; oder wo der Schulleiter die Grenzen der Veränderungsmöglichkeiten zeigt? Rechtliche oder bürokratische Regelungen dürften nicht verhindern, die Schulkultur weiterzuentwickeln, die Eigenerfahrung zu fördern, die Schule zu öffnen, zum Beispiel die Beziehung zur Arbeitswelt zu vertiefen. Insbesondere dürfen sie die Gerechte Gemeinschaft in ihrem Funktionieren nicht hemmen.

(c) Die Außenseiter in der Lehrerschaft gefährden die Realisierung des Modells. Wenn ein Kollegium beschließt, in einen solchen Versuch einzusteigen, gibt es je

nach Größe der Schule stets einzelne Kolleginnen oder Kollegen, die sich nicht beteiligen möchten. Ihre Gründe können sehr unterschiedlicher Natur sein. Die Innovationsfeindlichkeit mag allgemeiner Art sein und sich eigentlich nicht speziell gegen dieses Projekt richten; vielleicht geht sie zurück auf frühere, gescheiterte Reformvorhaben. Bei vielen Lehrkräften ist ein Gefühl dominant, sowieso schon überlastet oder in Bezug auf andere Aufgaben noch zu unsicher zu sein, um sich noch eine zusätzliche Verpflichtung aufzuhalsen. In anderen Fällen ist der schulische Konsens hinsichtlich pädagogischer Leitziele noch nicht weit genug gediehen, und die skeptischen Kollegen sind diejenigen, die unterrichtliche Wissensvermittlung als einzig wesentliche Hauptaufgabe der Schule und soziales Lernen bzw. Persönlichkeitsentwicklung als peripher betrachten.

Kommt es zu einer solchen Konstellation der Uneinigkeit mit einer Minderheit im Kollegium, ist dies zunächst bedauerlich, weil ja gerade die Gemeinschaft und die Kultur der gesamten Schule verbessert werden sollten. In einem solchen Falle muss vertraglich vereinbart werden, dass diese Kollegen weder bei Schülern noch öffentlich gegen das Projekt agitieren; aber auch dass die Träger des Modells nichts gegen sie und ihre Einstellung unternehmen – weder gegenüber den Schülern in der Klasse oder der Gemeinschaftsversammlung noch gegenüber Dritten – und dass sie nicht abwertend über sie reden.

(d) Schulorganisatorisch findet sich weder Zeit noch Raum für ein solches Modell. Gründe für eine solche Meinung liegen etwa in der häufig beklagten Stoffüberlastung. Die Ausrede, dass die Integration der Gerechten Gemeinschaft mit ihren Hauptelementen von den schulischen Aufgaben zu viel Zeit wegnehme, beruht auf Wertsetzungen wie „Die Erfüllung der Vorschriften über den Durchgang durch den Stoff ist wichtiger als moralische Erziehung" bzw. auf Einkapselung in konventionellen Zielen. So vertraut man der Forschung nicht, die zeigt, dass verantwortungsbewusste Schüler, Schüler auf höheren moralischen Stufen oder Schüler, die sich mit der Schule stärker identifizieren, bessere Leistungen erbringen als Schüler mit niedrigeren Punktwerten für diese Bereiche – obwohl all dies gut belegt ist (Hanson & Ginsburg, 1988). Es ist durchaus möglich, Modelle der Gerechten Gemeinschaft in den Stundenplan einer Schule so einzufügen, dass die Organisation der Schule nicht auf den Kopf gestellt wird. Dabei ist eine positive Rückwirkung von der Schulkultur auf die Arbeit in den Fächern deutlich zu spüren. Die Arbeit am Modell wird zur übergreifenden Klammer der gemeinsamen Arbeit und dient der moralischen Durchdringung des Fächerunterrichts, dessen Aufsplitterung Lehrpersonen sonst häufig beklagen.

(e) Schulleiter und Lehrer müssen eine Haltung einnehmen, die das Modell in Krisen trägt. Eine solche Haltung bezeichnen wir als pädagogische Diskurshaltung (vgl. oben). Darin kommt die Bereitschaft zum Ausdruck, sich auf den Prozess der Konfliktregelung so einzulassen, dass den Schülerinnen und Schülern oder einem erwachsenen Gegenüber stets unterstellt wird, dass sie ebenfalls ihre Vernunft gebrauchen und bei der Offenlegung der Geltungsansprüche bei einem Thema der Gemeinschaftsversammlung die Dimensionen Gerechtigkeit, Fürsorge und Wahrhaf-

tigkeit ausbalancieren können. Ein Schulleiter, der das Modell unterstützt, muss es eine Zeitlang tragen und die Lehrer in ihren Schwierigkeiten überzeugt schützen und ermutigen. Ein Berater sollte zur Verfügung stehen, das Modell als Intervention auffassen und dafür sorgen, dass die Wirkungen der Intervention zuverlässig festgestellt und an die Beteiligten zurückgemeldet werden. Der Berater muss also zugleich Wissenschaftler und Fortbildungsexperte sein. Die Zusammenarbeit muss von gutem Einverständnis mit der Schulleitung und dem Kollegium geprägt sein. Ohne diese Voraussetzungen bricht das Modell zusammen (vgl. Edelstein, 1999).

Dies sind Schwierigkeiten, mit denen sich – in dieser oder jener Form – jedes Schulreformprojekt auseinander setzen muss. Diese Schwierigkeiten kann nur überwinden, wer vom Grundgedanken des Modells überzeugt ist und es als wünschenswert in vielen Schulen realisieren möchte. Dieser Grundgedanke, der dem Ganzen Kraft und Stärke verleiht, ist der Gedanke des (eingeschränkten) Konstruktivismus. Kinder und Jugendliche sind selbst Gestalter ihrer Entwicklung. Der Aufbau ihres Denk- und Urteilsvermögens und ihres zwischenmenschlichen Handlungsrepertoires ist ihre ganz eigene Leistung – obgleich sie in diesem Prozess natürlich auf das Wissen zurückgreifen und die unterstützenden Angebote nutzen, die wir, die Erzieherinnen und Erzieher, ihnen vermitteln oder anbieten. In gleichem Sinne ist auch die Entwicklung einer gelebten Demokratie und Gemeinschaft in der Schule das generative Werk der Beteiligten selber. Piaget hat einen ähnlichen Grundgedanken bereits 1948 in seinem Bericht über Erziehung an die UNESCO formuliert. Er bekräftigt dort, dass nur mithilfe von Modellen ethisch-generativer Erziehung sinnvolle Ergebnisse zustande kommen können:

> It becomes evident that neither the teacher's authority nor the best lessons he can give on the subject suffices to engender living dynamic relationships comprised of both, independence and reciprocity. Only a social life among the students themselves – that is, self government taken as far as possible and parallel to the intellectual work carried out in common – will lead to this double development of personalities, masters of themselves and based on mutual respect. (Piaget, 1973, S. 110)

Die Schule müsste von einer auf postkonventioneller Moral ruhenden gemeinschaftlichen Konstruktion ihrer Werte, Normen und prosozialen Geltungskriterien durchdrungen sein. Nur so kann sie *Demokratie verwirklichen* und *demokratisches Handeln als Lernprozess* auch für später ermöglichen.

Literatur

Althof, W. (1996). *Eine Schule geht neue Wege – Schule als gerechte und fürsorgliche Gemeinschaft gestalten. Momentaufnahmen aus einem Schulprojekt an der Primarschule Frenke in Liestal.* Videodokumentation. Fribourg: Pädagogisches Institut der Universität.

Althof, W. (1998, April). *Transforming schools into just and caring communities. Conceptions and outcomes.* Vortrag auf dem Annual Meeting of the American Educational Research Association (AERA). San Diego, CA.

Bandura, A. (1997). *Self-efficacy. The exercise of control.* New York: Freeman.

Blasi, A. (1980). Bridging moral cognition and moral action. A critical review of the literature. *Psychological Bulletin, 88,* 1–45.

Blasi, A. (1983). Moralische Kognition und moralisches Handeln: Eine theoretische Perspektive. In D. Garz, F. Oser & W. Althof (Hrsg.), *Moralisches Urteil und Handeln* (S. 47–81). Frankfurt a.M.: Suhrkamp.

Brophy, J. E., & Good, T. L. (1976). *Die Lehrer-Schüler-Interaktion.* München: Urban & Schwarzenberg.

Developmental Studies Center. (1996). *That's my buddy! Friendship and learning across the grades.* Oakland, CA: DSC.

Dobbelstein-Osthoff, P., Lind, G., Reinhardt, S., Oser, F., & Schirp, H. (1991). *„Demokratie und Erziehung in der Schule" (DES). Förderung moralischer Urteilsfähigkeit. Bericht des Landesinstituts für Schule und Weiterbildung.* Soest.

Edelstein, W. (Hrsg.). (1995). *Entwicklungskrisen kompetent meistern. Der Beitrag der Selbstwirksamkeitstheorie von Albert Bandura zum pädagogischen Handeln.* Heidelberg: Asanger.

Edelstein, W. (1999). Bedingungen erfolgreicher Schultransformation. In E. Risse & H.-J. Schmidt (Hrsg.), *Von der Bildungsplanung zur Schulentwicklung* (S. 119–132). Neuwied: Luchterhand.

Edelstein, W., & Keller, M. (1982). Perspektivität und Interpretation. Zur Entwicklung des sozialen Verstehens. In W. Edelstein & M. Keller (Hrsg.), *Perspektivität und Interpretation. Beiträge zur Entwicklung des sozialen Verstehens* (S. 9–13). Frankfurt a.M.: Suhrkamp.

Faller, K. (1998). *Mediation in der pädagogischen Arbeit. Ein Handbuch für Kindergarten, Schule und Jugendarbeit.* Mülheim: Verlag an der Ruhr.

Faller, K., Kerntke, W., & Wackmann, M. (1996). *Konflikte selber lösen. Mediation für Schule und Jugendarbeit. Das Streitschlichter-Programm.* Mülheim: Verlag an der Ruhr.

Fend, H. (1980). *Theorie der Schule.* Weinheim: Beltz.

Garz, D., & Aufenanger, S. (1995). Was sagen die Kinder? Die Just Community aus der Sicht der Schüler – eine ethnographische Analyse. In H. Eberwein & J. Mand (Hrsg.). *Forschen für die Schulpraxis* (S. 73–87). Weinheim: Deutscher Studien Verlag.

Garz, D., Oser, F., & Althof, W. (1999). *Moralisches Urteil und Handeln.* Frankfurt a.M.: Suhrkamp.

Gasser, P. (1989). *Eine neue Lernkultur für Sekundar-, Bezirks- und Mittelschulen.* Biel: Graphische Anstalt Schüler AG.

Gibbs, I. C., Widaman, K. F., & Colby, A. (1982). *Social intelligence: Measuring the development of sociomoral reflection.* Englewood Cliffs, NJ: Prentice Hall.

Hanson, S. L., & Ginsburg, A. L. (1988). Gaining ground: Values and high school success. *American Educational Research Journal, 25,* 334–365.

Hoffman, M. L. (1970). Moral development. In P. H. Mussen (Ed.), *Carmichael's manual of child psychology* (Vol. II, 3rd ed., pp. 261–359). New York: Wiley.

Keller, M. (1976). *Kognitive Entwicklung und soziale Kompetenz. Zur Entstehung der Rollenübernahme in der Familie und ihrer Bedeutung für den Schulerfolg.* Stuttgart: Klett.

Kohlberg, L. (1987). Moralische Entwicklung und demokratische Erziehung. In G. Lind & J. Raschert (Hrsg.), *Moralische Urteilsfähigkeit. Eine Auseinandersetzung mit Lawrence Kohlberg über Moral, Erziehung und Demokratie* (S. 25–43). Weinheim: Beltz.

Kohlberg, L. (1995). Moralstufen und Moralerwerb: Der kognitiv-entwicklungstheoretische Ansatz. In L. Kohlberg, *Die Psychologie der Moralentwicklung* (S. 123–174). Frankfurt a.M.: Suhrkamp.

Kohlberg, L., & Candee, D. (1995). Die Beziehung zwischen moralischem Urteil und moralischem Handeln. In L. Kohlberg, *Die Psychologie der Moralentwicklung* (S. 373–493). Frankfurt a.M.: Suhrkamp.

Kohlberg, L., & Candee, D. (1999). Die Beziehung zwischen moralischem Urteilen und moralischem Handeln. In D. Garz, F. Oser & W. Althof (Hrsg.), *Moralisches Urteil und Handeln* (S. 13–46). Frankfurt a.M.: Suhrkamp.

Kohlberg, L., & Turiel, E. (1978). Moralische Entwicklung und Moralerziehung. In G. Portele (Hrsg.), *Sozialisation und Moral. Neuere Ansätze zur moralischen Entwicklung und Erziehung* (S. 13–80). Weinheim: Beltz.

Korte, M. (1987). *Die Entwicklung der moralischen Atmosphäre in einem Jugendwohnheim. Eine Intervention.* Frankfurt a.M.: Lang.

Krettenauer, T. (1998). *Gerechtigkeit als Solidarität. Entwicklungsbedingungen sozialen Engagements im Jugendalter.* Weinheim: Deutscher Studien Verlag.

Landesinstitut für Schule und Weiterbildung. (1992). *Demokratisch Urteilen und Handeln lernen. Vorschläge für den Unterricht.* Soest: Landesinstitut für Schule und Weiterbildung.

Lind, G. (1988). Ansätze und Ergebnisse der „Just Community-Schule". *Die Deutsche Schule, 79,* 13–27.

Lind, G., & Althof, W. (1992). Does the Just Community experience make a difference? Measuring and evaluating the effect of the DES project. *Moral Education Forum, 17*(2), 19–28.

Lind, G., & Link, L. (1986). *Moralischer Atmosphäre-Fragebogen (MAF). Theoretische Grundlagen und Instrument.* Universität Konstanz.

Lind, G., & Raschert, J. (Hrsg.). (1987). *Moralische Urteilsfähigkeit. Eine Auseinandersetzung mit Lawrence Kohlberg über Moral, Erziehung und Demokratie.* Weinheim: Beltz.

Milgram, S. (1974). *Obedience to authority. An experimental view.* New York: Harper & Row. (Dt.: *Das Milgram-Experiment. Zur Gehorsamkeitsbereitschaft gegenüber Autorität.* Reinbek: Rowohlt, 1974.)

Mosher, R. (1979). A democratic high school: Damn it, your feet are always in the water. In R. Mosher (Ed.), *Adolescents, development and education. A Janus knot* (pp. 497–516). Berkeley, CA: McCutchan.

Oser, F. (1987). Das Wollen, das gegen den eigenen Willen gerichtet ist. Über das Verhältnis von Urteil und Handeln im Bereich der Moral. In H. Heckhausen, P. M. Gollwitzer & F. E. Weinert (Hrsg.), *Jenseits des Rubikon. Der Wille in den Humanwissenschaften* (S. 225–285). Heidelberg: Springer.

Oser, F. (1995). Selbstwirksamkeit und Bildungsinstitutionen. In W. Edelstein (Hrsg.), *Entwicklungskrisen kompetent meistern. Der Beitrag der Selbstwirksamkeitstheorie von Albert Bandura zum pädagogischen Handeln* (S. 63–73). Heidelberg: Asanger.

Oser, F. (1998). *Ethos – die Vermenschlichung des Erfolgs. Zur Psychologie der Berufsmoral von Lehrpersonen.* Opladen: Leske + Budrich.

Oser, F. (1999a). Grundsätze einer umfassenden Moralerziehung: Der vergessene Orestes-Effekt. In G. Pollak & R. Prim (Hrsg.), *Erziehungswissenschaft und Pädagogik zwischen kritischer Reflexion und Dienstleistung. Festschrift zum 65. Geburtstag von Helmut Heid* (S. 350–365). Weinheim: Deutscher Studien Verlag.

Oser, F. (1999b). Die mißachtete Freiheit moralischer Alternativen: Urteile über Handeln, Handeln ohne Urteile. In D. Garz, F. Oser & W. Althof (Hrsg.), *Moralisches Urteil und Handeln* (S. 168–219). Frankfurt a.M.: Suhrkamp.

Oser, F., & Althof, W. (1996a). Probleme lösen am „Runden Tisch": Pädagogischer Diskurs und die Praxis von „Just Community"-Schulen. *Beiträge zur Lehrerbildung, 14*(1), 29–42.

Oser, F., & Althof, W. (1996b). Vertrauensvorschuß: Zum Berufsethos von Lehrern. In P. E. Kalb, C. Petry & K. Sitte (Hrsg.), *Werte und Erziehung. Kann Schule zur Bindungsfähigkeit beitragen?* (S. 99–131). Weinheim: Beltz.

Oser, F., & Althof, W. (1997). *Moralische Selbstbestimmung. Modelle der Entwicklung und Erziehung im Wertebereich* (3. Aufl.). Stuttgart: Klett-Cotta.

Piaget, J. (1973). *To understand is to invent. The future of education.* New York: Grossmann Publishers.

Powell, A. G., Farrar, E., & Cohen, D. K. (1985). *The shopping mall high school. Winners and losers in the educational marketplace.* Boston: Houghton Mifflin.

Power, C. (1979). *The moral atmosphere of a Just Community high school: A four year longitudinal study.* Unveröff. Dissertation, Harvard University, Cambridge, MA.

Power, C., Higgins, A., & Kohlberg, L. (1989). *Lawrence Kohlberg's approach to moral education.* New York: Columbia University Press.

Reichenbach, R. (1999). *Das demokratische Selbst. Zur Bedeutung demokratischer Bildung und Erziehung in der Spätmoderne.* Unveröff. Habilitationsschrift, Universität Fribourg (Schweiz).

Reinhardt, S. (1999). *Werte-Bildung und politische Bildung. Zur Reflexivität von Lernprozessen.* Opladen: Leske + Budrich.

Rosenthal, R., & Jacobson, L. (1968). *Pygmalion in the classroom: Teacher expectation and pupils' intellectual development.* New York: Holt, Rinehart & Winston.

Selman, R. L. (1984). *Die Entwicklung des sozialen Verstehens. Entwicklungspsychologische und klinische Untersuchungen.* Frankfurt a.M.: Suhrkamp.

Solomon, D., Watson, M. S., Delucchi, K. L., Schaps, E., & Battistich, V. (1988). Enhancing children's prosocial behavior in the classroom. *American Educational Research Journal, 25,* 527–554.

Solomon, D., et al. (1989). Cooperative learning as part of a comprehensive classroom program designed to promote prosocial development. In S. Sharan (Ed.), *Cooperative learning: Theory and research.* New York: Praeger.

Wasserman, E., Schwartz-Hunt, N., Chamberlain, P., & Bretholz, P. (1979). *The fairness committee. A manual for students and teachers – A community approach to grievances.* Hektographiert, Cambridge, MA.

Reihe »Beltz Handbuch«

Klaus Hurrelmann / Dieter Ulich
(Hrsg.)
**Handbuch
der Sozialisationsforschung**
Studienausgabe.
5., neu ausgestattete Auflage 1999.
XIV, 750 Seiten. Broschiert.
ISBN 3-407-83143-9

In einer interdisziplinären Gesamt-
darstellung werden die Theorien,
Methoden und Ergebnisse der
Sozialisationsforschung behandelt.

Das Handbuch vermittelt dabei nicht
nur einen geschlossenen Überblick,
sondern ist gleichzeitig Nachschlage-
werk und bietet aktuelle Informationen.
35 Autorinnen und Autoren haben
dazu beigetragen, die gesamte Spann-
breite der Forschung zur menschlichen
Entwicklung in der sozialen und
ökologischen Umwelt zu thematisieren.
Als ausgewiesene Fachleute in ihren
Gebieten repräsentieren diese Autorinnen und Autoren nicht nur die
wesentlichen theoretischen Zugänge
zum Feld, sondern zeigen auch neue
integrative und interdisziplinäre
Forschungsansätze auf, informieren
anschaulich über die zentralen
Instanzen der Sozialisation (Familie,
Kindergarten, Gleichaltrigengruppe,
Schule, Betrieb, Hochschule, sozial-
pädagogische Institutionen, Institutionen der psychosozialen Versorgung,
Massenmedien) und berichten über
die Forschung zu den wesentlichen
Dimensionen des menschlichen
Entwicklungsprozesses (kognitive,
sprachliche, emotionale, politische
Sozialisation und Selbstkonzept-
entwicklung).

F0005

Beltz Verlag · Postfach 10 01 54 · 69441 Weinheim · www.beltz.de

Reihe »Beltz Handbuch«

Christoph Wulf (Hrsg.)
Vom Menschen
Handbuch Historische Anthropologie
1997. 1160 Seiten. Gebunden.
ISBN 3-407-83136-6

Ambivalenz und Verunsicherung, Vielfalt und Komplexität bestimmen menschliches Leben am Ende des 20. Jahrhunderts. Immer schwieriger wird es, sich in der Welt, der Gesellschaft und in sich selbst zu orientieren. In dieser Situation drängt sich die Frage auf, was man vom Menschen und seinen Grundverhältnissen wissen könne.

Normative Anthropologien haben ihre Überzeugungskraft verloren. Nicht mehr dem universellen Menschen, der männlich, europäisch und abstrakt gedacht wurde, sondern dem Partikularen und der Vielgestaltigkeit menschlicher Erscheinungen gilt das Interesse. Die Erkenntnissuche richtet sich auf ein anthropologisches Wissen, das sich seiner Geschichtlichkeit und kulturellen Bedingtheit bewusst ist.
Die etwa neunzig Artikel dieses Handbuchs gliedern sich in sieben Abschnitte: Kosmologie – Welt und Dinge – Genealogie und Geschlecht – Körper – Medien und Bildung – Zufall und Geschick – Kultur.
Das Handbuch wird unterstützt vom Interdisziplinären Zentrum für Historische Anthropologie der Freien Universität Berlin und der Gesellschaft für Historische Anthropologie.

»Ein bahnbrechendes und großartiges Buch, das menschliche Grundbefindlichkeiten, Existenzweisen und Lebenshorizonte beschreibt und zu verstehen sucht. Auf dem deutschen Buchmarkt gibt es kein vergleichbar gründliches und reichhaltiges Werk, das Fachleuten wie Laien großen Lesegewinn verspricht.«
Publik-Forum

BELTZ

F0008

Beltz Verlag · Postfach 10 01 54 · 69441 Weinheim · www.beltz.de